21 世纪本科院校土木建筑类创新型应用人才培养规划教材

工程经济与项目管理

主　编　都沁军
副主编　邢秀青
参　编　李星　王兆刚

内 容 简 介

本书全面系统地介绍了工程经济与项目管理的基本内容。全书共分12章，主要内容包括绪论、工程经济分析要素、工程项目经济评价、不确定性分析、工程项目财务评价、工程项目管理组织、网络计划、工程项目进度控制、工程项目成本控制、工程项目质量控制、工程项目安全与环境管理、工程项目竣工验收。

本书可作为应用型本科院校土木类、水利类、交通运输类等相关专业的教材或教学参考书，也可供建筑业、房地产业、工程投资咨询业等部门和单位的工程技术与工程经济专业人士学习参考。

图书在版编目(CIP)数据

工程经济与项目管理/都沁军主编. —北京：北京大学出版社，2015.1
（21世纪本科院校土木建筑类创新型应用人才培养规划教材）
ISBN 978-7-301-25472-1

Ⅰ. ①工… Ⅱ. ①都… Ⅲ. ①工程经济学—高等学校—教材②工程项目管理—高等学校—教材 Ⅳ. ①F062.4②F284

中国版本图书馆 CIP 数据核字(2015)第 026206 号

书　　　名	工程经济与项目管理
著作责任者	都沁军　主编
责 任 编 辑	伍大维
标 准 书 号	ISBN 978-7-301-25472-1
出 版 发 行	北京大学出版社
地　　　址	北京市海淀区成府路205号　100871
网　　　址	http://www.pup.cn　　新浪微博：@北京大学出版社
电 子 邮 箱	编辑部 pup6@pup.cn　总编室 zpup@pup.cn
电　　　话	邮购部 010-62752015　发行部 010-62750672　编辑部 010-62750667
印 刷 者	北京圣夫亚美印刷有限公司
经 销 者	新华书店
	787毫米×1092毫米　16开本　22.5印张　524千字
	2015年1月第1版　2024年1月第7次印刷
定　　　价	55.00元

未经许可，不得以任何方式复制或抄袭本书之部分或全部内容。
版权所有，侵权必究
举报电话：010-62752024　电子邮箱：fd@pup.cn
图书如有印装质量问题，请与出版部联系，电话：010-62756370

前　言

工程经济与项目管理是适应现代工程项目决策与管理科学化的客观要求，在工程学、经济学和管理学基础上发展起来的一门实用性新兴学科，包括工程经济学与项目管理两部分主要内容。工程经济学主要研究如何分析工程项目活动的代价以及目标实现程度，并在此基础上寻求实现目标最有效的途径。项目管理主要研究在项目实施过程中如何通过有效的控制措施，实现项目的目标。任何工程项目活动都需要消耗资源，所以最大限度地节约资源，使工程项目的活动结果满足人们的需要显得尤为重要。

随着工程项目建设规模越来越大，以及投资主体和投资渠道的多元化，如何通过资源优化配置来实现建设目标，成为相关各方首先应考虑的问题。因此，当今时代，更需要工程经济与项目管理的知识来解决工程项目建设中的问题。

学习工程经济与项目管理的知识，掌握工程经济分析和决策的方法，掌握项目管理的基本知识，有利于项目在方案的制定和实施过程中建立起经济意识和控制意识，充分考虑通过技术措施和组织措施等的改变来降低成本、增加利润，以提高竞争力。

为了满足应用型本科院校土木类、矿业类、交通运输类等相关专业人才培养目标的需要，编者结合多年的教学经验，编写了本书。在编写过程中编者始终坚持以下指导原则。

第一，坚持理论联系实际，力求做到内容的系统性。根据土木工程等专业的特点，编者参考了大量国内外相关教材及应用实例，力图对工程经济和项目管理的基本理论和方法进行较为全面的阐述，做到理论与实践相结合，突出相关知识的应用性，较为系统地反映工程经济与项目管理的知识体系。

第二，编写内容反映了我国工程经济分析方面新的要求和规范。结合相关内容的讲解，本书尽可能将最新的规范要求介绍给读者；同时对大多数知识点配有相应的例题和习题，便于学生掌握和运用。此外，考虑到学生将来参加相关执业资格考试对工程经济学知识的要求，在保证教材体系完整性的同时，考虑了与执业资格考试内容要求的接轨。

第三，在编写的形式上，每章的前面明确提出了该章的学习目标，每章结束有本章小结及习题，这样的结构体系设计，便于学生学习和巩固所学的知识。

本书主要服务于应用型本科院校土木工程等专业的学生，同时兼顾了工程项目管理人员对工程经济知识的需求，具有较广泛的适用性。

本书由都沁军担任主编，由邢秀青担任副主编，李星、王兆刚参编。本书共分12章，其中第1、2、3、4、5章由都沁军编写，第6章由王兆刚编写，第7、8、9、10章由邢秀青编写，第11、12章由李星编写。全书由都沁军和邢秀青共同提出编写大纲、编写体例，并负责统稿。本书在编写过程中，参考了大量同类专著和教材，书中直接或间接引用了参考文献所列书目中的部分内容，在此向相关文献作者表示感谢。

由于编者水平有限，书中难免有不当之处，恳请广大读者批评指正。

编者
2014 年 10 月

目 录

第1章 绪论 …… 1
1.1 工程经济与项目管理的相关概念 …… 2
1.1.1 工程经济学的相关概念 …… 2
1.1.2 项目管理的相关概念 …… 4
1.2 工程经济与项目管理的发展 …… 8
1.2.1 工程经济学的发展 …… 8
1.2.2 工程项目管理的发展 …… 9
1.3 工程经济与项目管理的研究内容 …… 11
1.4 学习工程经济与项目管理的意义 …… 12
本章小结 …… 13
习题 …… 14

第2章 工程经济分析要素 …… 15
2.1 投资 …… 16
2.1.1 投资的概念 …… 16
2.1.2 工程造价 …… 17
2.1.3 项目资产 …… 18
2.2 成本费用 …… 19
2.2.1 成本费用的基本概念及其特点 …… 19
2.2.2 工程经济分析中常用的成本费用 …… 20
2.3 营业收入、税金 …… 24
2.3.1 营业收入 …… 24
2.3.2 税金 …… 25
2.4 利润 …… 27
2.4.1 利润总额指标 …… 27
2.4.2 利润率指标 …… 28
2.4.3 所得税计算及净利润分配 …… 28
本章小结 …… 29
习题 …… 29

第3章 工程项目经济评价 …… 31
3.1 资金时间价值 …… 32
3.1.1 资金时间价值概述 …… 32
3.1.2 现金流量图 …… 37
3.1.3 普通复利公式 …… 39
3.1.4 名义利率和实际利率 …… 43
3.2 工程项目单方案经济评价 …… 44
3.2.1 工程项目经济评价指标概述 …… 44
3.2.2 时间型评价指标 …… 46
3.2.3 价值型评价指标 …… 49
3.2.4 效率型评价指标 …… 54
3.2.5 清偿能力指标 …… 58
3.3 工程项目多方案经济评价 …… 60
3.3.1 工程项目方案类型 …… 60
3.3.2 互斥型方案的经济评价 …… 61
3.3.3 独立型方案的经济评价 …… 70
3.3.4 其他类型方案的经济评价 …… 72
本章小结 …… 75
习题 …… 75

第4章 不确定性分析 …… 79
4.1 不确定分析概述 …… 80
4.1.1 不确定性问题的产生 …… 80
4.1.2 主要的不确定性因素 …… 81
4.1.3 不确定性问题的分析方法 …… 81
4.2 盈亏平衡分析 …… 82
4.2.1 盈亏平衡分析的概念 …… 82
4.2.2 线性盈亏平衡分析 …… 83
4.2.3 互斥方案的盈亏平衡分析 …… 85
4.3 敏感性分析 …… 86
4.3.1 相关概念 …… 86
4.3.2 单因素敏感性分析 …… 88
4.3.3 多因素敏感性分析 …… 91
4.3.4 敏感性分析的局限性 …… 93
本章小结 …… 94
习题 …… 94

第5章 工程项目财务评价 …… 96
5.1 可行性研究概述 …… 97
5.1.1 工程项目建设程序 …… 97

5.1.2 可行性研究的含义 …………… 99
5.1.3 可行性研究的阶段划分 …… 99
5.1.4 可行性研究的程序 ………… 102
5.1.5 可行性研究报告 …………… 103
5.2 财务评价概述 …………………… 106
　　5.2.1 财务评价的概念 …………… 106
　　5.2.2 财务评价的任务 …………… 106
　　5.2.3 财务评价的内容和步骤 … 107
5.3 财务评价报表与财务评价指标 … 108
　　5.3.1 财务评价报表的种类 …… 108
　　5.3.2 财务评价基本报表的内容 … 109
　　5.3.3 财务评价基本报表与评价
　　　　指标的关系 ………………… 115
本章小结 …………………………… 116
习题 ………………………………… 116

第6章　工程项目管理组织 ………… 118
6.1 概述 ……………………………… 119
　　6.1.1 工程项目结构分析 ………… 119
　　6.1.2 工程项目管理的组织形式 … 129
　　6.1.3 工作任务分工分析 ………… 135
　　6.1.4 管理职能分工分析 ………… 138
　　6.1.5 工作流程图的建立 ………… 139
6.2 项目经理 ………………………… 140
　　6.2.1 项目经理的任务 …………… 141
　　6.2.2 项目经理的素质 …………… 141
　　6.2.3 项目经理的责、权、利 … 142
　　6.2.4 项目经理的选配 …………… 143
　　6.2.5 项目经理责任制 …………… 147
6.3 项目经理部 ……………………… 149
　　6.3.1 项目经理部的设立 ………… 149
　　6.3.2 项目经理部的管理制度 … 150
　　6.3.3 项目经理部的解体 ………… 151
6.4 项目的组织协调 ………………… 152
　　6.4.1 组织协调概述 ……………… 152
　　6.4.2 内部关系的组织协调 …… 153
　　6.4.3 外层关系的组织协调 …… 154
本章小结 …………………………… 157
习题 ………………………………… 157

第7章　网络计划 …………………… 159
7.1 概述 ……………………………… 160

7.1.1 工期计划过程 ……………… 160
7.1.2 计划总工期的确定和分解 … 161
7.1.3 工作活动持续时间的确定 … 162
7.1.4 工作活动逻辑关系的安排 … 164
7.2 横道图 …………………………… 165
　　7.2.1 横道图的形式 ……………… 165
　　7.2.2 横道图的特点 ……………… 165
7.3 网络计划方法 …………………… 166
　　7.3.1 概述 ………………………… 166
　　7.3.2 几种常用的网络计划形式 … 167
　　7.3.3 工程活动时间参数的定义 … 177
　　7.3.4 网络分析过程 ……………… 179
7.4 工期计划中的其他问题 ………… 191
　　7.4.1 关键工作及关键线路 …… 191
　　7.4.2 里程碑事件 ………………… 192
本章小结 …………………………… 193
习题 ………………………………… 193

第8章　工程项目进度控制 ………… 195
8.1 流水施工原理 …………………… 196
　　8.1.1 概述 ………………………… 196
　　8.1.2 流水施工的主要参数 …… 200
　　8.1.3 流水施工的基本方式 …… 205
8.2 工程项目进度控制工作内容 …… 213
　　8.2.1 施工准备阶段进度控制 … 213
　　8.2.2 施工阶段进度控制 ………… 214
　　8.2.3 竣工验收、交付使用阶段
　　　　进度控制 …………………… 215
8.3 工程项目施工进度控制方法 …… 215
　　8.3.1 横道进度计划实施中的控制
　　　　方法 ………………………… 215
　　8.3.2 网络进度计划实施中的控制
　　　　方法 ………………………… 217
　　8.3.3 S形曲线控制方法 ………… 219
　　8.3.4 香蕉曲线控制方法 ………… 222
本章小结 …………………………… 223
习题 ………………………………… 223

第9章　工程项目成本控制 ………… 225
9.1 概述 ……………………………… 226
　　9.1.1 工程项目成本管理的任务 … 226
　　9.1.2 工程项目成本管理的措施 … 227

9.1.3 工程项目成本的影响因素 … 229
9.2 工程项目成本计划 … 229
　　9.2.1 工程项目成本预测 … 229
　　9.2.2 工程项目目标成本的确定 … 230
　　9.2.3 工程项目目标成本的分解 … 231
　　9.2.4 工程项目成本计划表 … 231
　　9.2.5 工程项目成本目标的风险分析 … 233
9.3 工程项目成本控制的实施 … 233
　　9.3.1 工程项目成本控制的原则 … 233
　　9.3.2 工程项目成本控制的基础工作 … 234
　　9.3.3 工程变更和索赔的管理 … 235
　　9.3.4 工程项目成本控制的方法 … 236
9.4 工程项目成本核算 … 239
　　9.4.1 工程项目成本核算的方法 … 239
　　9.4.2 工程项目成本核算的指标体系 … 240
9.5 工程项目成本分析与考核 … 241
　　9.5.1 工程项目成本分析的内容 … 241
　　9.5.2 工程项目成本分析的方法 … 242
　　9.5.3 工程项目成本的考核 … 243
本章小结 … 244
习题 … 245

第10章 工程项目质量控制 … 247

10.1 概述 … 248
　　10.1.1 工程项目质量的概念和特点 … 248
　　10.1.2 工程项目质量控制目标的分解 … 250
　　10.1.3 全面质量管理思想 … 251
　　10.1.4 质量管理的PDCA循环方法 … 252
10.2 工程项目施工质量控制 … 253
　　10.2.1 施工质量控制的目标、依据与基本环节 … 253
　　10.2.2 施工质量计划的内容与编制 … 255
　　10.2.3 施工生产要素的质量控制 … 256
　　10.2.4 施工准备工作的质量控制 … 258
　　10.2.5 施工过程的作业质量控制 … 259

10.3 工程项目施工质量不合格的处理 … 262
　　10.3.1 工程质量问题和质量事故的分类 … 262
　　10.3.2 施工质量事故的预防 … 263
　　10.3.3 施工质量事故的处理 … 264
10.4 数理统计方法在施工质量管理中的应用 … 266
　　10.4.1 分层法 … 266
　　10.4.2 因果分析图法 … 267
　　10.4.3 排列图法 … 269
　　10.4.4 直方图法 … 269
　　10.4.5 控制图法 … 273
　　10.4.6 相关图法 … 275
　　10.4.7 调查表法 … 276
本章小结 … 276
习题 … 276

第11章 工程项目安全与环境管理 … 278

11.1 工程项目安全管理 … 279
　　11.1.1 工程项目安全管理的概念 … 279
　　11.1.2 工程项目安全管理的工作程序 … 280
11.2 职业健康安全管理体系 … 280
　　11.2.1 职业健康安全管理体系的标准 … 280
　　11.2.2 职业健康安全管理体系的结构和模式 … 280
11.3 工程项目安全生产管理 … 282
　　11.3.1 安全生产管理制度 … 282
　　11.3.2 危险源的识别和风险控制 … 289
　　11.3.3 施工安全技术措施和安全技术交底 … 292
　　11.3.4 安全生产检查的类型与内容 … 293
　　11.3.5 安全隐患的处理 … 295
11.4 工程项目生产安全事故应急预案和事故处理 … 297
　　11.4.1 生产安全事故应急预案的内容 … 297
　　11.4.2 生产安全事故应急预案的管理 … 301

11.4.3　职业健康安全事故的分类与
　　　　　　处理 …………………… 303
　11.5　工程项目施工现场文明施工和环境
　　　　保护的要求 …………………… 307
　　　11.5.1　施工现场文明施工的要求及
　　　　　　措施 …………………… 307
　　　11.5.2　施工现场环境保护的要求及
　　　　　　措施 …………………… 310
　11.6　安全与环境管理体系的建立与
　　　　运行 …………………………… 314
　　　11.6.1　职业健康安全管理与环境
　　　　　　管理体系的建立流程 …… 314
　　　11.6.2　职业健康安全管理与环境
　　　　　　管理体系的运行 ………… 315
　本章小结 ……………………………… 316
　习题 …………………………………… 317

第12章　工程项目竣工验收 …………… 319

　12.1　概述 …………………………… 320
　　　12.1.1　工程项目竣工与竣工验收的
　　　　　　概念 …………………… 320
　　　12.1.2　工程项目竣工验收的依据 … 320
　　　12.1.3　工程项目竣工验收的作用 … 321
　12.2　工程项目竣工质量验收 ………… 322
　　　12.2.1　单位工程竣工质量验收 … 322
　　　12.2.2　工程项目质量不符合要求的
　　　　　　处理规定 ………………… 329
　12.3　工程项目竣工验收的条件及程序 … 329
　　　12.3.1　工程项目竣工验收应具备的
　　　　　　条件 …………………… 329
　　　12.3.2　工程项目竣工验收的
　　　　　　程序 …………………… 330
　12.4　工程项目交付使用与档案移交 …… 332
　　　12.4.1　工程项目档案资料的主要
　　　　　　内容 …………………… 332
　　　12.4.2　竣工图的有关规定 ……… 334
　　　12.4.3　工程档案资料的验收与
　　　　　　移交 …………………… 334
　　　12.4.4　工程保修与回访 ………… 334
　12.5　工程项目总结与综合评价 ……… 337
　　　12.5.1　工程项目经验总结 ……… 337
　　　12.5.2　工程项目综合评价 ……… 337
　本章小结 ……………………………… 339
　习题 …………………………………… 340

附录　部分章节习题答案 …………… 341

主要参考文献 ………………………… 347

第 1 章 绪论

学习目标

(1) 掌握工程、项目、工程经济学、项目管理等概念。
(2) 熟悉工程经济学和项目管理的国内外发展历程。
(3) 了解工程经济学和项目管理的主要研究内容。

导入案例

造成许多重大工程技术项目投资决策失误，不是因为技术原因，而是经济分析失算所致。英法两国联合试制的"协和"式超音速客机，在技术上完全达到了设计要求，是世界上最先进的飞机。尽管其飞行速度快，但由于耗油多、噪声大，不能吸引足够的客商，由此蒙受了巨大的损失。在同等的通货膨胀率下，"协和"式飞机票价的上涨速度比普通客机快很多，很昂贵，远远超过了人们的承受能力。仅经过27年的商业运营，"协和"式飞机终于在2003年10月结束了飞行生涯，它给"航空迷"留下了美好的回忆，但却成为商界公认的投资决策失误的典型。很多高科技项目如新能源汽车、新型材料和生物技术产品，在技术上是先进的，但由于成本过高、经济性差而无法实现其商业价值。

案例分析："协和"式超音速客机的运营失败的主要原因是决策前没有进行项目的经济分析，实施过程中没有进行目标控制。这正是我们本门课程所要讲述的主要原理和方法。

1.1 工程经济与项目管理的相关概念

1.1.1 工程经济学的相关概念

1. 工程

工程是指按一定计划进行的工作，其任务是运用科学知识解决满足人们需要的生产和生活问题。工程包括两方面的含义，一是指土木建筑或其他生产、制造部门用比较大而复杂的设备来进行的工作，如土木工程、机械工程、化学工程、采矿工程等；二是投入较多的人力、物力来完成的工作，如211工程、希望工程等。工程经济学中的工程指第一种含义。

一项工程能被人们接受，有两个条件：一是技术上的可行；二是经济上的合理。要想建造一个技术上不可行的项目是不可能的，因为其建造的内在客观规律人们还没有掌握；另外，一项工程如果只讲技术可行，而忽略经济合理性，也就违背了工程建造的当初目的。为了最大限度地满足市场和社会的需要，实现工程技术服务于经济的目的，就应该探究工程技术和经济的最佳结合点，在特定条件下，获得投入产出的最大效益。

2. 科学与技术

科学是人们对客观规律的认识和总结。技术是人们在利用自然和改造自然的过程中积累起来并在生产劳动中体现出来的经验和知识。技术是生产和生活领域中，运用各种科学所揭示的客观规律，进行各种生产和非生产活动的技能，以及根据科学原理改造自然的一切方法。技术一般包括自然技术和社会技术两方面，自然技术是根据生产实践和自然科学原理而发展形成的各种工艺操作方法、技能和相应的生产工具及其他物质设备。社会技术是指组织生产和流通技术。

3. 经济的含义

经济一词，一般有以下四个方面的含义。

（1）经济是指生产关系。经济是人类社会发展到一定阶段的社会经济制度，是生产关系的总和，是政治和思想意识等上层建筑赖以建立起来的基础。

（2）经济是指一国国民经济的总称或国民经济的各部门，如工业经济、农业经济、运输经济等。

（3）经济是指社会生产和再生产，即指物质资料的生产、交换、分配、消费的现象和过程，是研究社会和部门经济发展规律的科学。

（4）经济是指节约或节省，是指人、财、物、时间等资源的节约和有效使用。

工程经济学中的"经济"更多的是指工程项目或其他社会经济活动中的"相对节约""相对节省"，即项目的经济合理性问题。

本书以特定的工程项目为背景，研究各种工程技术方案的经济效益的影响因素、评价准则和评价指标，通过对不同方案经济效果的计算，以求找到最优的经济效果的技术方案，作为决策者进行工程技术决策的依据。

4. 工程技术和经济的关系

工程技术是经济发展的手段和方法，经济是工程技术进步的目的和动力。技术的先进性和经济合理性是社会发展中一对相互促进、相互制约的既有统一又有矛盾的统一体。

工程技术的进步是经济发展的重要条件和手段。人类历史已发生的几次重大技术革命，每一次都是由于有新的科学发展和技术的发展而产生的。这些新的发现和发展导致生产手段和生产方法的重大变革，促进了新的生产部门的建立和经济水平的提高。新技术的出现，不仅改善了劳动条件和环境，减轻了人们的劳动强度，使人们在广度和深度上合理利用自然资源，而且开辟了广泛的工业领域。如蒸汽机的广泛使用，促进了纺织业和交通运输业的发展；内燃机技术的成熟，则出现了汽车工业、拖拉机工业和航空工业等。

经济的发展为工程技术的进步提供了物质基础。技术发展是受经济条件制约的，一项新技术的发展、应用和完善，主要取决于是否具备必要的经济条件，是否具备广泛使用的可能性。因此，任何一项新技术的产生和发展都是由于社会经济发展的需要而引起的，也是在一定的社会经济条件下应用和推广的。

在工程技术和经济的关系中，经济占据支配地位，起决定作用。工程技术是人类进行生产活动和改善生活的手段，技术的进步是为经济发展服务的。一般情况下，技术的发展会带来经济效益的提高，技术的不断发展过程也正是经济效益不断提高的过程。随着技术的进步，人们能够用越来越少的人力、物力和时间消耗获得越来越多的产品或服务。因此，技术的先进性和经济的合理性是一致的，具有较高技术水准的项目，往往也具有较高的经济效益。但是，技术的先进性并不等同于经济的合理性，不是在任何情况下，先进技术的应用都能带来经济上的高效益。

为保证工程技术更好地服务于经济，最大限度地满足社会需要，有必要研究技术与经济的最佳结合点，在特定的条件下，获得较大的产出效益。

5. 经济学

经济学是研究如何使有限的生产资源得到有效的利用，从而获得不断扩大、日益丰富的商品和服务。正如萨谬尔森所说："经济学是研究人类和社会怎样进行选择的，也就是借助或不借助货币，使用有其他用途的稀缺资源来生产各种物品；并且，为了当前和未来的消费，在社会的各个成员之间或集团之间分配这些物品。"

6. 工程经济学

工程经济学是建立在工程学和经济学之上，围绕工程项目的设想、设计、施工及运营的经济合理性展开研究，是在资源有限的条件下，运用特定的方法，对各种可行方案进行评价和决策，从而确定最佳方案的学科。

随着现代社会经济活动的日益增加，企业组织或个人投资者经常面临着工程项目建设决策及投资决策等问题。例如，企业为提升竞争力或扩大生产能力，可能要开工建设新的项目或生产线，随之而来的问题是，不同的方案如何进行比较？比较的标准和方法是什么？新的建设项目其最合理的建设规模是多大？如何考虑项目从设想到建成投产过程中的各类不确定性因素？对个人投资者来说，当积累一定数额的资金后，以何种方式保证其保值增值？是进行固定资产投资，还是投资股票或基金？等等。这些问题有以下特点：第一，每个问题都涉及多个方案，实质是要研究多方案选择问题；第二，每个问题研究的核心应当是经济效益，实质是要研究经济效益评价的标准和方法；第三，每个问题都是站在现在研究未来的情况，其中的不确定性因素对决策的结果有很大影响。在这样影响因素众多的情况下，要做出正确的决策，仅仅依靠工程学的知识是不够的，还必须具备经济学的知识，并且掌握一些工程经济的分析方法。

1.1.2 项目管理的相关概念

1. 项目与工程项目

1) 项目的概念

项目是指在一定约束条件(资源、时间、质量)下，具有专门组织和特定目标的一次性活动。比较有代表性的项目定义有以下几种。

（1）美国项目管理协会(PMI)对项目的定义为：项目是为提供某项独特产品、服务或成果所做的临时性努力。

（2）英国标准化协会(BSI)发布的《项目管理指南》一书对项目的定义为：具有明确的开始和结束点、由某个人或某个组织所从事的具有一次性特征的一系列协调活动，以实现所要求的进度、费用以及各种功能因素等特定目标。

（3）国际质量管理标准 ISO10006 对项目的定义为：具有独特的过程，有开始和结束日期，由一系列相互协调和受控的活动组成。过程的实现是为了达到规定的目标，包括满足时间、费用和资源约束条件。

项目可以是一个组织的任务或努力，也可以是多个组织的共同努力，它们可以小到只涉及几个人，也可以大到涉及几千人，甚至可以大到涉及成千上万的人员。完成项目的时间长短也不同，有的在很短时间内就可以完成，有的则需要很长时间，甚至很多年才能完成。

2）项目的特征

（1）项目具有一次性。任何项目都有确定的起点和终点，而不是持续不断地工作。从这个意义来讲，项目都是一次性的。因此，项目的一次性可以理解为：每一个项目都有自己明确的时间起点和终点，都是有始有终的；项目的起点是项目开始的时间，项目的终点是项目目标已经实现，或者项目目标已经无法实现，从而中止项目的时间；项目的一次性与项目持续时间的长短无关，不管项目持续多长时间，一个项目都是有始有终的。

（2）项目具有目标性。项目目标性是指任何一个项目都是为实现特定的组织目标服务的。因此，任何一个项目都必须根据组织目标确定出项目目标。这些项目目标主要分两个方面：一是有关项目工作本身的目标；二是有关项目可交付成果的目标。例如，就一栋建筑物的建设目标而言，项目工作的目标包括项目工期、造价和质量等；项目可交付成果的目标包括建筑物的功能、特性、使用寿命和使用安全性等。

（3）项目具有独特性。项目独特性是指项目所生产的产品或服务与其他产品或服务相比都具有一定的独特之处。每个项目都有不同于其他项目的特点，项目可交付成果、项目所处地理位置、项目实施时间、项目内部和外部环境、项目所在地的自然条件和社会条件等都会存在或多或少的差异。

（4）项目具有特定的约束条件。每个项目都有自己特定的约束条件，可以是资金、时间、质量等，也可以是项目所具有的有限的人工、材料和设备等资源。

（5）项目的实施过程具有渐进性。渐进性意味着项目是分步实施、连续积累的。由于项目的复杂性，项目的实施过程是一个阶段性的过程，不可能在短期内完成，其实施过程要经过不断的修正、调整和完善。项目的实施需要逐步地投入资源，持续地积累才可以交付成果。

（6）项目的其他特性。项目的其他特性包括项目的生命周期、多活动性、项目组织的临时性等。项目包含着一系列相互独立、项目联系、相互依赖的活动，包括从项目的开始到结束整个过程所涉及的各项活动。另外，项目组织的临时性也主要是由于项目的一次性造成的。项目组织是为特定项目而临时组建的，一次性的项目活动结束以后，项目组织就会解散，项目组织的成员需要重新安排。

3）工程项目的概念及分类

工程项目是一项固定资产投资，它是最为常见的，也是最典型的项目类型。工程项目一般经过前期策划、设计、施工等一系列程序，在一定的资源约束条件下，形成特定的生产能力或使用效能并形成固定资产。

工程项目种类繁多，可以从不同的角度进行分类：①按投资来源，可分为政府投资项目、企业投资项目、利用外资项目及其他投资项目；②按建设性质，可分为新建项目、扩建项目、改建项目、迁建项目和技术改造项目；③按项目用途，可分为生产性项目和非生产性项目；④按项目建设规模，可分为大型、中型和小型项目；⑤按产业领域，可分为工业项目、交通运输项目、农林水利项目、基础设施项目和社会公益项目等。

4）工程项目的特点

工程项目除具有一般项目的特征外，还具有如下特征。

（1）工程项目投资大。一个工程项目的资金投入少则几百万元，多则上千万元、数亿元。

（2）建设周期长。由于工程项目规模大，技术复杂，涉及的专业面广，投资回收期长，因此，从项目决策、设计、建设到投入使用，少则几年，多则几十年。

（3）不确定性因素多，风险大。工程项目由于建设周期长，露天作业多，受外部环境影响大，因此，不确定性因素多，风险大。

（4）项目参与人员多。工程项目是一项复杂的系统工程，参与的人员众多。这些人员来自不同的参与方，他们往往涉及不同的专业，并在不同的层次上进行工作，其主要的人员包括建设单位人员、建筑师、结构工程师、机电工程师、项目管理人员、监理工程师、其他咨询人员等。此外，还涉及行使工程项目监督管理的政府建设行政主管部门以及其他相关部门的人员。

2. 项目管理与工程项目管理

1）项目管理

（1）项目管理的概念。

项目管理是通过项目组织的努力，运用系统理论和方法，在一定的约束条件下，对项目及资源进行计划、组织、协调、控制，以达到项目特定目标的管理活动。

（2）项目管理的职能。

项目管理主要有计划、组织、协调和控制四种职能。

① 计划职能。即将项目全过程、全部目标和全部活动都纳入计划，使整个项目按照计划有序进行，使各项工作具有可预见性和可控性。

② 组织职能。即建立一个以项目经理为中心的项目组织，并为项目组织中的部门和岗位确定职责，授予权力，制定责任制并建立规章制度，以确保项目目标的实现。

③ 协调职能。在项目实施过程中，项目组织必须在资源配置合理的条件下通过协调等方式来开展工作，使整个实施活动处于一种有序状态。所谓协调就是及时调整与解决各个过程、各个环节和各职能部门之间的矛盾，以实现项目目标。

④ 控制职能。项目目标的实现靠控制职能来保证的，在项目实施过程中，偏离目标的现象经常会出现，因此，要不断地对目标实施控制。控制就是通过信息反馈系统，对各个目标和实际完成情况及时进行对比，发现问题，立即采取措施加以解决。

2）工程项目管理

（1）工程项目管理的概念。

工程项目管理是项目管理的一大类，其管理对象主要是指工程项目。工程项目管理是以工程项目为对象，在一定的约束条件下，为实现工程项目目标，运用科学的理念、程序和方法，采用先进的管理技术和手段，对工程项目建设周期内的所有工作进行计划、组织、协调和控制等系列活动。

（2）工程项目管理的类型。

按照工程项目实施主体的工作性质、组合特征和各阶段的任务不同，工程项目管理可划分为如下类型。

① 建设单位的项目管理。建设单位的项目管理是站在建设单位的立场上对工程项目进行的综合性、全过程的管理，包括对工程项目从提出设想与策划到项目实施和交付使用全过程所涉及的各个环节进行计划、组织、协调和控制。管理的目标包括总投资目标、总工期目标和质量目标。

由于工程项目实施的一次性特征，项目建设单位自行进行工程项目管理往往有很大的局限性，在技术和管理方面缺乏相应的配套力量，即使建设单位具有配套健全的管理机构，如果没有持续不断的工程项目管理任务也是不经济的。为此，建设单位需要委托专业化、社会化的工程项目管理单位为其提供工程项目管理服务。

② 设计单位的项目管理。设计单位的项目管理是由设计单位根据工程设计合同所界定的工作范围和目标，对自身参与的工程项目在设计阶段的工作进行管理，主要服务于项目的整体利益和设计单位本身的利益。

设计单位的项目管理不仅仅局限于工程项目设计阶段，建设单位可根据自身的需要将工程设计的范围向前、向后延伸，如延伸到决策阶段的可行性研究或后期的施工阶段，甚至收尾阶段。

③ 施工承包单位的项目管理。施工承包单位的项目管理是站在施工承包单位的立场上根据施工承包合同所界定的工程范围，对其承包的工程项目进行管理。其管理范围取决于建设单位选择的发包方式，无论是施工总承包单位还是分包单位，均应按合同所界定的范围进行管理，主要服务于项目的整体利益和施工承包单位本身的利益。

④ 供货单位的项目管理。供货单位的项目管理是站在供货单位的立场上根据加工生产制造和供应合同所界定的范围对其供应的建筑材料、设备进行管理，主要服务于项目的整体利益和供货单位本身的利益。

⑤ 总承包单位的项目管理。总承包单位的项目管理是站在总承包单位的立场上对其承包的工程项目进行管理，其范围与建设单位要求有关。建设单位通过招标择优选定总承包单位全面负责工程项目的实施过程，直至最终交付使用功能和质量标准符合合同文件规定的工程项目。

3. 项目管理知识体系

项目管理知识体系是指在项目管理过程中使用的各种理论、方法和工具，以及所涉及的各种角色的职责和它们之间的相互关系等一系列项目管理理论与知识的总称。

项目管理知识体系内容不仅包括已经被实践证明并得到广泛应用的知识领域，而且还包括仅在有限范围之内应用的、创新的做法，以及一般管理知识和项目所涉及的具体专业领域知识，这些内容可以按多种方式去组织，从而构成一套完整的项目管理知识体系。

项目管理知识体系，应用领域知识、标准与规章制度，理解项目环境，通用管理知识与技能和处理人际关系技能等知识领域之间，虽然表面上自成一体，但是一般都有重叠之处，任何一方都不能单独存在。有效的项目管理团队在项目实施过程中都要综合运用这些知识和技能。虽然项目管理团队的每一个成员没有必要都具备项目所需要的所有知识和技能，但是项目管理团队应具备这些知识和技能。熟悉项目管理知识领域和其他专业领域的知识，对于有效地管理项目是十分必要的。

1.2 工程经济与项目管理的发展

1.2.1 工程经济学的发展

1. 国外工程经济学的形成与发展

工程经济学的历史渊源可追溯到 1887 年惠灵顿（Arthur M. Wellington）的《铁路布局的经济理论》的出版。惠灵顿作为一个铁路建筑工程师，他认为资本化的成本分析法，可应用于铁路最佳长度或路线曲率的选择，从而开创了工程领域中的经济评价工程。惠灵顿认为，工程经济学并不是建造艺术，而是一门少花钱多办事的艺术，他的这一见解被许多学者所认可。斯坦福大学的菲什（J. C. L. Fish）教授于 1915 年出版了第一本《工程经济学》（*Engineering Economics*）专著，研究的内容包括投资、利率、初始费用与运营费用、商业组织与商业统计、估价与预测等。

惠灵顿的学说对后来的工程学家和经济学家的思想和研究都产生了重大的影响。20 世纪 20 年代，戈尔德曼（O. B. Goldman）发表了著作《财务工程学》（*Financial Engineering*），在此书中，他提出了复利计息的计算方法，并且在书中提出，工程师最基本的要求是结合成本限制，以使工程项目达到最大的经济性，从而将工程学当中的经济性问题提高到学术研究的高度。

真正使工程经济学成为一门系统化科学的学者，则是格兰特（E. L. Grant）教授。他在 1930 年发表了被誉为工程经济学经典之作的《工程经济原理》（*Principles of Engineering Economy*），该书于 1976 年出了第 6 版。格兰特教授不仅在该书中剖析了古典工程经济学的局限性，而且以复利计算为基础，讨论了判别因子和短期评价理论和原则。他的许多理论贡献获得了社会公认，被誉为工程经济学之父。其著作《工程经济原理》被美国很多大学作为教材选用。

至此，工程经济学获得了公众的认可，作为一门独立的系统的学科而存在。第二次世界大战之后，工程经济学受凯恩斯主义经济理论的影响，研究内容从单纯的工程费用效益分析扩大到市场供求和投资分配领域，取得了重大进展。1978 年，布西（L. E. Bussey）的著作《工程投资项目的经济分析》一书出版，在该著作中，布西引用了大量的文献数据，全面系统地总结了工程项目的资金筹集、经济评价、优化决策以及项目的风险和不确定性分析等。1982 年，里格斯（J. L. Riggs）的《工程经济学》出版，该书系统地阐述了货币的时间价值、经济决策和风险以及不确定性分析等工程经济学的内容，把工程经济学的学科水平又向前推进了一步。

在日本与工程经济学相近的学科被称为"经济性工学",是在第二次世界大战后出现,并在20世纪五六十年代逐渐发展和完善起来的一门新兴学科,其研究内容和工程经济学基本相似。在英国与工程经济学相近的学科称为"业绩分析",它主要研究企业经营活动中的贷款、管理等问题。法国类似工程经济学的学科称为"经济计算",它相当于西方的工程项目评价。

2. 我国工程经济学的发展情况

我国的工程经济学作为一门独立的学科,产生于20世纪50年代末60年代初。主要经历了以下几个阶段。

第一阶段:创建时期。50年代末期至60年代初期,1963年还列入了全国科学发展规划。这一时期属于经济分析方法与经济效果学发展阶段,经济分析方法开始应用于工程技术中,并在工程建设和许多领域得到广泛应用,是发展较快的时期。

第二阶段:停止时期。主要是文化大革命时期,这一时期工程经济学被否定,工程经济研究机构被撤销,属于停滞、涣散阶段。

第三阶段:快速发展时期。改革开放之后,工程经济研究又活跃起来,开始了工程经济的讨论。1978年成立了中国技术经济研究会,从那以后,工程经济研究在全国的发展越来越快。1981年国务院批准成立技术经济研究中心。中心的成立,标志着我国工程经济学的发展进入了一个新阶段。这一时期,各省市部门的技术经济研究会相继成立,各高等院校工程经济课程也逐渐恢复,而且不断发展。这一时期,工程经济学的原理和方法在经济建设的项目评价中得到系统、广泛的应用;学科体系、理论与方法、性质与对象的研究不断深入,形成了较完整的学科体系,属于快速发展阶段。

1.2.2 工程项目管理的发展

工程项目管理的产生是由于工程项目建设过程的特殊性、复杂性所致。尽管工程项目管理与项目管理具有紧密的联系,但由于被管理对象——工程项目的一系列特征,如工程项目的规模大、投资高、周期长等,使得相应的项目管理有其特定的内容。

1. 国外工程项目管理的发展

国外工程项目管理的发展历程虽然很长,但形成完整、系统的现代项目管理理论体系的时间并不长,一般认为其起源于20世纪80年代。工程项目管理的发展基本上可以划分为两个阶段:20世纪80年代之前称为传统项目管理阶段;80年代之后称为现代项目管理阶段。

1) 传统项目管理阶段

20世纪40年代中期到60年代,项目管理主要应用于发达国家的国防工程建设和工业与民用工程建设方面。此时采用的项目管理方法主要是致力于项目的预算、规划和为达到项目目标而借鉴一般的运营管理方法,是在相对较小的范围内开展的一种管理活动。从60年代起,国际上许多人对项目管理产生了浓厚的兴趣,随后建立了两大国际性项目管理协会,即以欧洲国家为主的国际项目管理协会IPMA和美国项目管理协会PMI。之后,各国也相继成立了项目管理协会,这些协会为推动项目管理的发展发挥了积极作用。在传统项目管理阶段,发达国家的国防部门对于项目管理的研究与开发占据了主导地位。

2)现代项目管理阶段

20世纪80年代之后项目管理进入现代项目管理阶段,随着全球性竞争的日益加剧,项目数量的急剧增加,项目活动的日益扩大和复杂,项目相关利益者冲突的不断增加,项目团队规模的不断扩大,降低项目成本的压力不断上升等一系列情况的出现,迫使作为项目建设的一些政府部门与企业先后投入了大量的人力、物力去认识和研究项目管理的基本理论,开发和使用项目管理的具体方法。随着大型工程项目的建设、高科技项目的研究与开发以及互联网在信息化管理中的广泛应用,项目管理在理论、方法等方面得到不断的发展和完善,使得现代项目管理在这一时期获得了快速的发展和长足的进步。同时,项目管理在社会生产与生活的各个领域和各行业的应用在这一时期也得到了迅速扩展。

3)项目管理发展趋势

项目管理的全球化,主要表现在国际项目合作日益增多、国际化的专业活动日益频繁、项目管理专业信息的国际共享。同时,项目管理在各行业领域中的应用,项目类型的多样性,衍生了各种各样的项目管理方法,从而促进了项目管理的多元化发展以及项目管理的专业化。

2. 我国工程项目管理的发展

我国对工程项目管理的理论研究和管理实践起步较晚,尤其是在现代项目管理方面,不管从现代项目管理的职业化发展,还是从现代项目管理的学术性研究,以及现代项目管理的实践方面,与发达国家都有一定差距。

1)我国在传统项目管理方面的发展

我国在传统项目管理方面的研究和实践起步较早,但是后续发展却十分缓慢。早在2000多年前就已经开始了项目管理的实践,并且创造了许多很好的传统项目管理方法。如都江堰工程从工程项目策划、设计、施工等各个方面都使用了系统思想。但是,宋朝以后却未能跟上世界科技与管理的快速发展,在项目管理理论和方法方面开始落后于世界发达国家。

2)我国工程管理在实践方面的发展

20世纪80年代初,我国才开始引进工程项目管理的概念和方法。世界银行和一些国际金融机构要求接受贷款的项目建设单位必须采用项目管理的思想、组织、方法和手段来组织实施工程项目建设。云南鲁布革水电站工程是我国第一个利用世界银行贷款,并按世界银行规定采用国际竞争型招标和项目管理的工程,结果大大缩短了工期,降低了项目投资,取得了明显的经济效益,创造了著名的"鲁布革工程项目管理经验"。

自2003年以来,政府行政主管部门出台了一系列推动、发展和规范项目管理的指导意见。如原建设部颁发了《关于进一步培养和发展工程总承包企业和项目管理公司的指导意见》《建设工程项目管理试行办法》,以及住建部颁发的《关于大型工程监理单位创建工程项目管理企业的指导意见》等文件,从政策上明确了要尽快培育和发展工程总承包企业和项目管理公司,从而全面推进了工程总承包和工程项目管理的发展。

工程项目管理作为一门科学，将随着社会、经济的发展而不断完善和发展；作为一种管理组织模式，它在工程项目建设中将会得到更加广泛的应用和推广。

1.3 工程经济与项目管理的研究内容

工程经济与项目管理的研究内容主要包括以下几方面。

1. 工程经济分析的要素

具体内容包括投资的构成及估算，成本费用的概念、构成及计算，销售收入、销售税金及附加的计算，利润总额和所得税的计算，净利润的分配。

2. 工程项目经济评价

具体内容包括：资金时间价值的意义、衡量尺度及计算公式；时间型指标、价值型指标、效率型指标的概念、计算方式、经济意义、评价标准等；多方案比较选优的方法。

3. 不确定性分析

主要包括：不确定因素的概念，不确定问题的产生，以及主要的不确定性因素；不确定性分析的主要方法——盈亏平衡分析和敏感性分析。

4. 工程项目财务评价

主要包括可行性研究和项目财务评价两部分内容。可行性研究是我国建设程序中要求项目投资方或业主必须要做的工作，否则项目就不可能立项，由此可以看出项目可行性研究对于项目的重要性。可行性研究的内容包括技术、经济、安全、环境和管理四个大类，而项目财务评价是其中的一个组成部分，通过项目财务评价可以获知项目在经济上是否可以有利可图，项目的经济性是衡量项目是否可行的重要标准之一。

5. 工程项目管理组织

工程项目结构分解是将整个项目系统分解成可控制的活动，是项目管理的基础工作。设置工程项目管理的组织机构包括多个环节。建设项目和施工项目有不同的管理组织形式，应根据具体情况加以选择。项目经理是企业法定代表人在建设工程项目上的委托代理人，项目经理应根据授权的范围、时间和内容，对施工项目自开工准备至竣工验收，实施全过程、全面管理。设置项目经理部，有利于各项管理工作的顺利进行。施工项目管理的组织协调一般包括三大类：一是"人员/人员界面"；二是"系统/系统界面"；三是"系统/环境界面"。

6. 网络计划

主要包括双代号网络进度计划、单代号网络进度计划、双代号时标网路计划、单代号搭接网络计划等几种网络计划的绘制规则和绘制方法，各项时间参数的计算规则等。里程碑事件和关键线路的确定对工程项目的计划工期完成有重要作用。

7. 工程项目进度控制

主要包括流水施工的原理，工程项目进度控制的内容及控制方法。流水施工的原理主要介绍了流水施工的各项参数和流水施工的几种基本组织形式。工程项目进度控制的方法主要有基于横道图的进度控制方法、网络计划的进度控制方法、S形曲线控制方法和香蕉形曲线的控制方法。

8. 工程项目成本控制

主要包括工程项目成本计划的制订、成本控制的实施、成本核算、成本分析与考核等内容。工程项目成本计划的制订包括工程项目目标成本的确定、目标成本的分解、工程项目目标成本计划表的编制等内容。工程变更和索赔是工程项目成本控制中遇到的不可避免的问题，必须坚持成本控制的原则，做好成本控制的基础工作，运用成本控制的方法做好工程项目的成本控制。工程项目成本核算包括业务核算、会计核算、统计核算。工程项目成本分析的方法包括因素分析法、差额计算法和比率法。赢得值法是工程项目成本控制的重要方法，是将工程项目的成本问题和进度问题联系在一起。

9. 工程项目质量控制

主要包括工程项目质量及质量控制的概念和特点，全面质量管理的原理，PDCA循环法在工程项目质量管理中的应用，工程项目质量控制的工作内容和质量不合格时的处理规定，质量管理中的7种数理统计的方法等内容。

10. 工程项目安全与环境管理

具体包括工程项目安全管理的概念、工作程序和职业健康安全体系标准；工程项目安全生产管理制度、危险源的识别和风险控制、施工安全技术措施和安全交底、安全隐患的处理及安全检查等内容；工程项目生产安全事故应急预案和事故处理；施工现场文明施工和环境保护的要求与职业健康安全管理和环境管理体系的建立与运行。

11. 工程项目竣工验收

具体内容包括工程项目竣工与竣工验收的概念，竣工验收的依据和作用；工程项目质量不符合规定要求的处理规定，工程项目竣工验应具备的条件和程序；竣工图的有关规定与工程保修和回访；工程项目的总结与评价指标。

1.4 学习工程经济与项目管理的意义

1. 工程师应掌握必要的经济管理学知识

工程师所从事的工作是以技术为手段把各类资源（如矿产资源、资金等）转变为能被市场所接受的产品或服务，以满足人们的物质和文化生活需要。这一过程中，技术所要达到的目的是经济性的，而技术所要存在的基础也是经济性的。工程师的任何技术活动都离不开经济，工程师的任何工程技术活动，包括任何计划过程和生产过程，都应考虑收入和支出情况，最终考虑经济目标实现的程度，并由这一标准去检验工程技术和工程管理活动的效果。因此，工程师应掌握基本的经济管理知识，为今后在工作中更好地履行职责打下基础。正如里格斯教授在《工程经济学》（J.L.里格斯著，吕薇等译，中国财政经济出版社，1989年)写道："工程师的传统工作是把科学家的发明转变为有用的产品。而今，工程师不仅要提出新颖的技术发明，还要能够对其实施的结果进行熟练的财务评价……缺少这些分析，整个项目往往很容易成为一种负担，而收益不大。"这也是工程类专业学生学习工程经济学的原因。

实现对工程的科学管理，首先就要调整和充实广大工作者的知识结构，使他们在实际工作中不但能够完善地解决各种技术问题，而且还能灵活运用一些软科学知识对工程进行综合评价及决策等活动。使工程在前期规划、设计、施工等阶段都尽可能做到技术与经济的统一。

2. 通过经济管理的手段可以提高社会资源利用效率

人类社会经济的快速发展，面临的是资源有限的世界，应尽可能合理分配和有效利用现有的资源(包括资金、原材料、劳动力和能源等)，来满足人类的需要。所以，如何使产品或服务以最低的成本可靠地实现产品的必要功能是我们必须考虑和解决的问题，而要合理分配和有效利用资源的决策，则必须同时考虑技术与经济各方面的因素，学习工程经济和项目管理的知识，有助于这一目的的实现。

3. 进行工程经济分析和项目管理可以降低项目风险

工程项目的建设是在未来进行的，在项目正式建设前进行各种备选方案的论证和评价，可以实现决策的科学化：一方面，这样的论证和评价可以在投资前发现问题，并及时采取相应措施；另一方面，这样的论证和评价可以及时发现不可行的方案并加以否定，避免不必要的损失，实现投资风险最小化的目的。不进行科学的决策和多方案的评价选优，其结果就是造成人力、物力和财力的浪费。只有加强工程经济分析，才能降低投资风险，为每项投资获得预期的收益提供保障。

4. 进行工程经济分析和项目管理可以提高产品竞争力

尽管一般产品是在生产过程中制造出来的，但是产品的技术先进程度和制造费用很大程度是由工程设计人员在产品设计和选择工艺过程中已基本确定的。如果工程技术人员在设计产品、选择工艺时不考虑市场需要的生产成本，产品就没有市场竞争力，生产这种产品的企业也就失去了生存的基础。通过学习经济管理知识，工程技术人员将会有意识地在产品设计及制造过程中既注意提高其性能和质量，又注意降低其生产成本，做到物美价廉，达到提高产品竞争力的目的。

本 章 小 结

工程经济和项目管理是在工程项目建设的实践中逐渐发展及完善起来的，合理这一领域的知识可以促进投资决策和工程建设的科学化。通过本章的学习，要全面掌握工程经济和项目管理内涵，熟悉工程技术与经济之间的辩证关系，了解工程经济学和项目管理的发展过程，为学好本课程打下基础。

习 题

一、思考题

1. 简述工程、技术与经济的概念。
2. 试分析工程技术与经济的关系。
3. 工程经济学和项目管理的研究内容包括哪些?

二、单项选择题

1. 工程经济学是运用(　　)有关知识相互交融而形成的工程经济分析原理与方法,是为实现正确的投资决策提供科学依据的一门应用性经济学科。

  A. 工程学 B. 经济学 C. 工程学和经济学 D. 工程经济学

2. 项目是指在一定的约束条件下具有(　　)的一次性任务。

  A. 专门组织和特定目标 B. 专门组织和特定的过程
  C. 一个总体设计 D. 职能管理特征

3. 项目管理是通过项目组织的努力,运用系统理论和方法,在(　　),对项目及资源进行计划、组织、协调、控制,以达到项目特定目标的管理活动。

  A. 一个总体设计下 B. 一定的约束条件下
  C. 项目经理管理下 D. 一定生命周期中

4. 施工项目的管理者应该是(　　)。

  A. 施工企业 B. 业主 C. 监理单位 D. 业主与监理单位

三、多项选择题

1. 工程的含义有(　　)。

  A. 土木工程
  B. 菜篮子工程
  C. 土木建筑或其他生产、制造部门用比较大而复杂的设备来进行的工作
  D. 某项需要投入巨大人力和物力的工作

2. "经济"的含义主要有(　　)。

  A. 经济关系或经济制度
  B. 一个国家经济部门或总体的简称
  C. 节约、精打细算
  D. 物质资料生产、交换、分配、消费等生产和再生产活动

第 2 章 工程经济分析要素

学习目标

(1) 掌握投资、工程造价的概念。
(2) 掌握工程经济分析中常用到的成本费用概念。
(3) 掌握利润总额指标、利润率指标、所得税的计算方法。
(4) 熟悉销售收入及销售税金的估算方法。
(5) 了解净利润的分配顺序。

导入案例

为保证工程项目建设的有效性及成功，需要事先测算与项目建设及运营相关的要素，称之为工程经济分析要素。例如某一工程项目预计投资 2 800 万元，投产后预计每年可获得总收入 480 万元，预计每年的总支出为 280 万元，试问这一工程项目是如何预测出投资的资金额、总收入的资金额及每年总支出额的？

案例分析：工程项目的建设首先是一个投资活动，要对其经济效益与社会效益进行分析和评价。投资、成本费用、销售收入、税金及利润是工程建设项目经济分析的基本要素，是工程经济分析的基础。本章将要分析这些要素的含义及计算方法。

2.1 投　　资

2.1.1 投资的概念

投资是指一种特定的经济活动，即为了将来获得收益或避免风险而进行的资金投放活动。投资活动按其对象分类，可分为证券投资和产业投资两大类。证券投资是指投资者用积累起来的货币购买股票、债券等有价证券，借以获得收益的行为。产业投资是指经营某项事业或使真实资产存量增加的投资，它是为了保证项目投产和生产经营活动的正常进行而进行的投资活动。

对于一般的建设项目来说，建设项目总投资是指投资主体为获取预期收益，在选定的建设项目上所需投入的全部资金。建设项目按用途可分为生产性建设项目和非生产性建设项目。生产性建设项目总投资包括固定资产投资和流动资产投资两部分；非生产性建设项目总投资只包括固定资产投资，不含流动资产投资。

固定资产投资是指用于建设或购置固定资产投入的资金。固定资产投资由建筑工程费用、安装工程费用、设备及工器具购置费用、建设期利息，以及其他工程费用、不可预见费等构成，如图 2.1 所示。

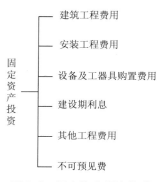

图 2.1　固定资产投资构成

流动资产投资是指项目在投产前预先垫付，在投产后生产经营过程中周转使用的资金。它由货币资金、应收及预付款项以及存货等项目组成，如图2.2所示。

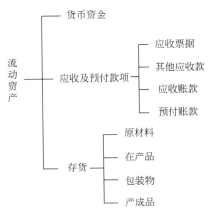

图2.2　流动资产构成

2.1.2　工程造价

工程造价通常是指工程的建造价格。角度不同，工程造价有不同的含义。

从投资者(业主)的角度分析，工程造价是指建设一项工程预期开支或实际开支的全部固定资产投资费用。投资者为了获得投资项目的预期效益，就需要对项目进行策划、决策及实施，直至竣工验收等一系列投资管理活动。在上述活动中所花费的全部费用，就构成了工程造价。从这个意义上讲，建设工程造价就是建设工程项目固定资产的总投资。

从市场交易的角度分析，工程造价是指为建成一项工程，预计或实际在土地市场、设备市场、技术劳务市场，以及工程承包发包市场等交易活动中所形成的建筑安装工程价格和建设工程总价格。显然，工程造价的第二种含义是指以建设工程这种特定的商品形式作为交易对象，通过招标投标或其他交易方式，在进行多次预估的基础上，最终由市场形成的价格。这里的工程既可以是涵盖范围很大的一个建设工程项目，也可以是其中的一个单项工程，甚至可以是整个建设工程中的某个阶段，如土地开发工程、建筑安装工程、装饰工程，或者其中的某个组成部分。

随着经济发展中技术的进步、分工的细化和市场的完善，工程建设中的中间产品也会越来越多，商品交换会更加频繁，工程价格的种类和形式也会更为丰富。尤其值得注意的是，投资主体的多元格局、资金来源的多种渠道，使相当一部分建设工程的最终产品作为商品进入了流通领域。如技术开发区的工业厂房、仓库、写字楼、公寓、商业设施和住宅开发区的大批住宅、配套的公共设施等，都是投资者为实现投资利润最大化而生产的建筑产品，它们的价格是商品交易中现实存在的，是一种有加价的工程价格(通常被称为商品房价格)。承发包价格是工程造价中的一种重要的、也是较为典型的价格交易形式，是在建筑市场通过招标投标，由需求主体(投资者)和供给主体(承包商)共同认可的价格。

工程造价的两种含义实质上就是以不同角度把握同一事物的本质。对市场经济条件下的投资者来说，工程造价就是项目投资，是"购买"工程项目要付出的价格；同时，工程造价也是投资者作为市场供给主体，"出售"工程项目时确定价格和衡量投资经济效益的尺度。对规划、设计、承包商以及包括造价咨询在内的中介服务机构来说，工程造价是他们作为市场供给主体出售商品和劳务价格的总和。

2.1.3 项目资产

1. 固定资产

固定资产是指使用期限超过一年的房屋、建筑物、机器、机械运输工具，以及其他与生产经营有关的设备、工具、器具等。固定资产属于企业耐用资产，在生产经营中经常使用，可供企业在几年甚至更长的时间内为企业生产产品或提供劳务服务，而不是为了出售。建设投资包括基本建设投资、更新改造投资、房地产开发和其他固定资产投资4个部分。其中基本建设投资是用于新建、改建、扩建和重建项目的资金投入行为，是形成固定资产的主要手段，在建设资产投资中占的比重最大，占社会建设投资总额的50%~60%。更新改造投资是在保证固定资产简单再生产的基础上，通过先进技术改造原有技术，以实现扩大再生产的目的，占社会建设投资总额的20%~30%，是固定资产再生产的主要方式之一。房地产开发投资是房地产企业开发厂房、宾馆、写字楼、仓库和住宅等房屋设施和开发土地的资金投入行为，约占社会建设总投资的20%。其他资产投资是按规定不纳入投资计划和占用专项基本建设和更新改造基金的资金投入行为，在建设资产投资中所占比重较小。

由于固定资产使用的期限长，在参与生产的过程中，其特点是：从实物形态上看，固定资产能以同样的实物形态为连续多次的生产周期服务，而且在长期的使用过程中始终保持原有的实物形态；从价值形态上看，固定资产由于可以以同样的实物形态为连续多次的生产过程服务，因此，固定资产的价值应当随着固定资产的使用而磨损，其损耗的价值以折旧的形式逐渐转移到产品成本中去，并通过销售收入得以补偿；固定资产使用一段时间后，其原值扣除累计的折旧费称为固定资产净值，固定资产报废时的残余价值称为固定资产的残值。

2. 流动资产

流动资产是指可以在一年或者超过一年的一个营业周期内变现或者耗用的资产。流动资产的特点是：在生产过程中，流动资产的实物形态不断发生变化，在一个生产周期中，其价值一次全部转移到产品成本中去并在产品销售后以货币形态获得补偿。每一个生产周期流动资产完成一次周转，但是流动资产的货币形态在整个项目寿命周期内始终被占用，到项目寿命结束时，全部流动资产才以货币资金的形态退出生产和流通，并如数收回。

3. 无形资产

无形资产是指没有物质实体，但却可使拥有者长期受益的资产。它是企业拥有的一种特殊权利，有助于企业取得高于一般水平的收益。无形资产主要包括专有技术、专利权、商标权、土地使用权、经营特许权、商誉权等。无形资产的价值随着无形资产的使用而磨损,其损耗的价值以无形资产摊销的方式逐渐转移到产品成本中去,并通过销售收入得到补偿。

无形资产是一种特殊的资产,与其他资产相比,具有以下特点:①不存在实物形态;②可以在较长时期内为其拥有者提供经济效益;③与特定企业或企业的有形资产具有不可分离性;④有偿取得;⑤所提供的未来经济效益具有不确定性。无形资产包括可辨认无形资产和不可辨认无形资产两大类。前者包括专利权、非专利技术、商标权、著作权、土地使用权等;后者是指外购商誉。

4. 递延资产

递延资产是指不能全部计入当年损益,应当在以后的年度内分期摊销的各项费用。它包括开办费、固定资产改良支出、租入固定资产的改良支出以及摊销期限在一年以上的其他待摊费用。递延资产价值的损耗一般以递延资产摊销的方式逐渐转移到产品成本中去,并通过销售收入得到补偿。

开办费是指企业在筹建期间所发生的各种费用,主要包括注册登记和筹建期间起草文件、谈判、考察等发生的各项支出,销售网的建立和广告费用,筹建期间人员工资、办公费、培训费、差旅费、印刷费、律师费、注册登记费,以及不计入固定资产和无形资产购建成本的汇兑损益和利息等项支出。

2.2 成本费用

2.2.1 成本费用的基本概念及其特点

1. 成本费用的概念

总成本费用是指在项目生产经营期内发生的为组织生产和销售应当发生的全部成本和费用,通常按年反映。它主要包括生产成本和期间费用。

1) 生产成本

生产成本由生产过程中消耗的原材料、直接材料、直接工资、其他直接支出和制造费用构成,即包括各项直接支出和制造费用。生产成本的具体内容包括以下几项。

(1) 直接材料。是指项目在生产经营过程中实际消耗的原材料、辅助材料、备品配件、外购半成品、燃料、动力、包装物、低值易耗品以及其他直接材料。

(2) 直接工资。包括直接从事产品生产人员的工资、奖金、津贴和补贴。

(3) 其他直接支出。是指按照直接工资的一定百分比计算的直接从事产品生产人员的职工福利费。

(4) 制造费用。是指企业内的分厂、车间管理人员工资、折旧费、维修费、修理费及其他制造费用(办公费、差旅费、劳保费等)。

2) 期间费用

期间费用是与生产成本相对立的概念,它是指那些不能归属于特定产品成本,而是与特定的生产经营期密切相关,直接在当期得以补偿的费用。期间费用包括销售费用、管理费用和财务费用三项内容。

(1) 销售费用。是指项目产品在销售过程中所发生的有关费用,以及专设销售机构所发生的各项费用,包括为销售产品而发生的运输费、装卸费、包装费、保险费、展览费和广告费,以及为销售本项目商品而专设的销售机构(含销售网点、售后服务网点)的职工工资、福利费、类似工资性质的费用、业务费等。

(2) 管理费用。是指为组织和管理企业生产经营所发生的各项费用,包括企业的董事会和行政管理部门在企业经营管理中发生的,或者应当由企业统一负担的公司经费(包括行政管理部门职工工资及福利费、修理费、物料消耗、低值易耗品摊销、办公费和差旅费等),还包括工会经费、待业保险费、劳动保险费、董事会费、聘请中介机构费、咨询费、诉讼费、业务招待费、房产税、车船使用税、土地使用税、印花税、技术转让费、矿产资源补偿费、无形资产递延资产摊销、职工教育经费、研究与开发费、排污费等。

(3) 财务费用。是指为筹集生产经营所需资金而发生的费用,包括生产经营期间发生的利息净支出、金融机构手续费及汇兑净损失等。

2. 工程经济分析中成本费用的特点

工程经济分析中成本费用具有以下特点。

(1) 工程经济分析中既要用到财务会计中的成本费用概念(产品生产成本、期间费用),还要用到财务会计中没有的成本概念(机会成本、资金成本)。

(2) 工程经济着重对方案现金流量的考察分析,从这个意义上成本和费用具有相同性质,成本费用概念不严格区分。

(3) 会计中对成本费用的计量分别针对特定的会计期间的企业生产经营活动和特定生产过程,而工程经济分析成本费用针对某一方案实施结果。

(4) 财务会计中的成本、费用是对企业经营活动和产品生产过程中实际发生的各种费用的真实记录,具有唯一性;工程经济分析中成本和费用是在一定假设前提下对拟实施投资方案未来情况的预测,具有不确定性。

2.2.2 工程经济分析中常用的成本费用

1. 年成本费用的计算

为了便于计算,在工程经济中将工资及福利费、折旧费、修理费、摊销费、利息支出进行归并后分别列出,另设一项"其他费用"将制造费用、管理费用、财务费用和销售费用中扣除工资及福利费、折旧费、修理费、摊销费、维简费、利息支出后的费用列入其中。其计算公式为

$$
\begin{aligned}
年成本费用 = &外购原材料 + 外购燃料动力 + 工资及福利费 + 折旧费 + \\
&修理费 + 维简费 + 摊销费 + 利息支出 + 其他费用
\end{aligned} \tag{2.1}
$$

1) 外购原材料成本计算

原材料成本是成本的重要组成部分,其计算公式为

$$原材料成本=年产量\times 单位产品原材料成本 \tag{2.2}$$

式(2.2)中,年产量可根据测定的设计生产能力和投产期各年的生产负荷加以确定;单位产品原材料成本是依据原材料消耗定额和单价确定的。企业生产经营过程中所需要的原材料种类繁多,在计算时,可根据具体情况,选取耗用量较大的、主要的原材料为对象,依据有关规定、原则和经验数据进行估算。

2) 外购燃料动力成本计算

燃料动力成本计算公式为

$$燃料动力成本=年产量\times 单位产品燃料和动力成本 \tag{2.3}$$

3) 工资及福利费计算

工资及福利费包括在制造成本、管理费用、销售费用之中,为便于计算和进行经济分析,可将以上各项成本中的工资及福利费单独计算。

(1) 工资。

工资的计算可以采取以下两种方法。

一是按整个企业的职工定员数和人均年工资额计算年工资总额,其计算公式为

$$年工资成本=企业职工定员数\times 人均年工资额 \tag{2.4}$$

二是按照不同的工资级别对职工进行划分,分别估算同一级别职工的工资,然后再加以汇总。一般可分为五个级别,即高级管理人员、中级管理人员、一般管理人员、技术工人和一般工人等。若有国外的技术人员和管理人员,应单独列出。

(2) 福利费。

福利费主要包括职工的保险费、医药费、医疗经费、职工生活困难补助,以及按国家规定开支的其他职工福利支出,不包括职工福利设施的支出。一般可按职工工资总额的一定比例提取。

4) 折旧费计算

折旧费包括在制造费用、管理费用和销售费用中。为便于计算和进行经济分析,可将以上各项成本费用中的折旧费单独计算。

折旧费是指在固定资产的使用过程中,随着资产损耗而逐渐转移到产品成本费用中的那部分价值。将折旧费计入成本费用是企业回收固定资产投资的一种手段。按照国家规定的折旧制度,企业把已发生的资本性支出转移到产品成本费用中去,然后通过产品的销售,逐步回收初始的投资费用。

根据我国财务会计制度的有关规定,计提折旧的固定资产范围包括:房屋、建筑物;在用的机器设备、仪器仪表、运输车辆、工具器具;季节性停用和在修理停用的设备;以经营租赁方式租出的固定资产;以融资租赁方式租入的固定资产。结合我国的企业管理水平,将固定资产分为三大部分、二十二类,按大类实行分类折旧。在进行工程项目的经济分析时,可分类计算折旧,也可综合计算折旧,要视项目的具体情况而定。

5) 修理费计算

为便于计算和进行经济分析,可将以上各项成本中的修理费单独估算。修理费包括大

修理费用和中小修理费用。在估算修理费时，一般无法确定修理费具体发生的时间和金额，可按照折旧费的一定百分比计算。该百分比可参照同行业的经验数据加以确定。

6）维简费计算

维简费是指采掘、采伐工业按生产产品数量（采矿按每吨原矿产量、林区按每立方米原木产量）提取的固定资产更新和技术改造资金，即维持简单再生产的资金，简称"维简费"。企业发生的维简费直接计入成本，其计算方法与折旧费相同。这类采掘、采伐企业不计提固定资产折旧。

7）摊销费计算

摊销费是指无形资产和递延资产在一定期限内分期摊销的费用。

无形资产和递延资产的原始价值要在规定的年限内，按年度或产量转移到产品的成本之中，这一部分被转移的无形资产和递延资产的原始价值，称为摊销。企业通过计提摊销费，回收无形资产及递延资产的资本支出。计算摊销费采用直线法，并且不留残值。

计算无形资产摊销费的关键是确定摊销期限。无形资产应按规定期限分期摊销，法律、合同或协议规定有法定有效期和受益年限的，按照法定有效期或合同、协议规定的受益年限孰短的原则确定；没有规定期限的，按不少于10年的期限分期摊销。

递延资产按照财务制度的规定在投产当年一次摊销。

若各项无形资产摊销年限相同，可根据全部无形资产的原值和摊销年限计算出各年的摊销费；若各项无形资产摊销年限不同，则要根据《无形资产和其他资产摊销估算表》计算各项无形资产的摊销费，然后将其相加，即可得运营期各年的无形资产摊销费。

8）利息支出计算

利息支出是指筹集资金而发生的各项费用，包括运营期间发生的利息净支出，即在运营期所发生的建设投资借款利息和流动资金借款利息之和。建设投资借款在生产期发生利息的计算公式为

$$\text{每年利息支付} = \text{年初本金累计额} \times \text{年利率} \tag{2.5}$$

为简化计算，还款当年按年末偿还，全年计息。

流动资金借款属于短期借款，利率较长期借款利率低，且利率一般为季利率，三个月计息一次。在工程经济分析中，为简化计算，一般采用年利率，每年计息一次。

流动资金借款利息计算公式为

$$\text{流动资金利息} = \text{流动资金借款累计额} \times \text{年利率} \tag{2.6}$$

需要注意的是，在运营期利息是可以进入成本的，因而每年计算的利息不再参与以下各年利息的计算。

9）其他费用计算

其他费用是指在制造费用、管理费用、财务费用和销售费用中扣除工资及福利费、折旧费、修理费、摊销费和利息支出后的费用。

在工程项目经济分析中，其他费用一般可根据成本中的原材料成本、燃料和动力成本、工资及福利费、折旧费、修理费、维简费及摊销费之和的一定百分比计算，并按照同类企业的经验数据加以确定。将上述各项合计，即得出运营期各年的总成本。

2. 经营成本

经营成本是指项目从总成本中扣除折旧费、维简费、摊销费和利息支出以后的成本,即

$$经营成本 = 总成本费用 - 折旧费 - 维简费 - 摊销费 - 利息支出 \qquad (2.7)$$

经营成本是工程经济学特有的概念。它涉及产品生产及销售、企业管理过程中的物料、人力和能源的投入费用,它反映企业的生产和管理水平。在工程项目的经济分析中,经营成本被应用于现金流量的分析。

计算经营成本之所以要从总成本中提出折旧费、维简费、摊销费和利息支出,主要原因如下。

(1) 现金流量表反映项目在计算期内逐年发生的现金流入和流出。与常规会计方法不同,现金收支何时发生,就在何时计算,不作分摊。由于投资已按其发生的时间作为一次性支出被计入现金流出,所以不能再以折旧费、维简费和摊销费的方式计为现金流出,否则会发生重复计算。因此,作为经常性支出的经营成本中不包括折旧费和摊销费,同时也不包括维简费。

(2) 因为全部投资现金流量表以全部投资作为计算基础,不分投资资金来源,利息支出不作为现金流出,而自有资金现金流量表中已将利息支出单列,因此经营成本中也不包括利息支出。

3. 固定成本与变动成本计算

从理论上讲,年成本费用可分为固定成本、变动成本和混合成本三大类。

(1) 固定成本是指在一定的产量范围内不随着产量变化而变化的成本,如按直线法计提的固定资产折旧费、计时工资及修理费等。

(2) 变动成本是指随着产量的变化而变化的成本,如原材料费用、燃料和动力费用等。

(3) 混合成本是指介于固定成本和变动成本之间,既随产量变化又不成正比例变化的成本,又被称为半固定和半变动成本,即同时具有固定成本和变动成本的特征。在线性盈亏平衡分析时,要求对混合成本进行分解,以区分出其中的固定成本和变动成本,并分别计入固定成本和变动成本总额之中。在工程项目的经济分析中,为便于计算和分析,可将总成本费用中的原材料费用及燃料和动力费用视为变动成本,其余各项均视为固定成本。之所以做这样的划分,主要目的就是为盈亏平衡分析提供前提条件。

4. 机会成本

机会成本是指将有限资源用于某种特定的用途而放弃的其他各种用途中的最高收益。机会成本这个概念的产生来源于这样一个现实:资源是稀缺的。资源的稀缺性决定了人类只有充分考虑了某种资源用于其他用途的潜在收益后,才能作出正确的决策,使有限的资源得到有效的利用。

由此可见,机会成本并不是实际发生的成本,而是方案决策时所产生的观念上的成本,因此,它在会计账本上是找不到的,但对决策却非常重要。例如某企业有一台多用机

床，可以自用，也可以出租，出租可以获得 7 000 元的年净收益，自用可产生 6 000 元的年净收益。当舍弃出租方案而采用自用方案时，其机会成本为 7 000 元，其利益为－1 000元；当舍去自用方案而采用出租方案时，其机会成本为 6 000 元，利益为 1 000 元。很显然，应采用出租方案。

5. 沉没成本

沉没成本是指过去已经支出而现在已无法得到补偿的成本。它对企业决策不起作用，它主要是指过去发生的事情，费用已经支付，事后尽管可能认识到这项决策是不明智的，但木已成舟，今后的任何决策都不能取消这项支出。例如，某企业一个月前以 3 300 元/吨的价格购入钢材 500 吨（这是不能改变的事实，3 300 元/吨是沉没成本），现该规格的钢材市场价格仅为 3 000 元/吨，该企业在决策是否出售这批钢材时，不应受 3 300 元/吨购入价格这一沉没成本的影响，而应分析钢材价格的走势。若预计价格将上涨，则继续持有，若有剩余资金，并可逢低吸纳；若预计价格将继续下跌，则应果断出货。

2.3 营业收入、税金

2.3.1 营业收入

1. 营业收入的计算

销售是企业经营活动的一个重要环节，产品销售过程是产品价值的实现过程。营业收入也称销售收入，是指企业在生产经营活动中，由于销售产品、提供劳务等取得的收入，包括基本业务收入（即产品销售收入）和其他业务收入（即其他销售收入）。基本业务收入包括销售产成品、自制半成品、提供工业性劳务等取得的收入。其他业务收入包括材料销售、固定资产出租、包装物出租、外购商品销售、无形资产转让、提供非工业性劳务等取得的收入。

营业收入是项目建成投产后补偿成本、上缴税金、偿还债务、保证企业再生产正常进行的前提，它是进行利润总额、营业税金及附加和增值税估算的基础数据。营业收入的计算公式为

$$年营业收入 = 产品销售单价 \times 产品年销售量 \qquad (2.8)$$

在工程项目经济分析中，产品年销售量应根据市场行情，采用科学的预测方法确定。产品销售单价一般采用出厂价格，也可根据需要选用送达用户的价格。

2. 销售价格的选择

估算营业收入，产品销售价格是一个很重要的因素，一般而言，工程项目的经济效益对其变化是最敏感的，一定要谨慎选择。一般可在以下三种价格中进行选择。

1) 口岸价格

如果项目产品是出口产品,或者是替代进口产品,或者是间接出口产品,可以以口岸价格为基础确定销售价格。出口产品和间接出口产品可选择离岸价格(FOB),替代进口产品可选择到岸价格(CIF),或者直接以口岸价格定价,或者以口岸价格为基础,参考其他有关因素确定销售价格。

2) 市场价格

如果同类产品或类似产品已在市场上销售,并且这种产品既与外贸无关,也不是计划控制的范围,则可选择现行市场价格作为项目产品的销售价格。当然,也可以以现行市场价格为基础,根据市场供求关系上下浮动作为项目产品的销售价格。

3) 根据预计成本、利润和税金确定价格

如果拟建项目的产品属于新产品,则可根据式(2.9)~式(2.11)估算其出厂价格

$$出厂价格 = 产品计划成本 + 产品计划利润 + 产品计划税金 \quad (2.9)$$

其中:

$$产品计划利润 = 产品计划成本 \times 产品成本利润率 \quad (2.10)$$

$$产品计划税金 = \frac{(产品计划成本 + 产品计划利润)}{1 - 税率} \times 税率 \quad (2.11)$$

以上几种情况,当难以确定采用哪一种价格时,可考虑选择可供选择方案中价格最低的一种作为项目产品的销售价格。

3. 产品年销售量的确定

在工程经济分析中,应首先根据市场需求预测确定项目产品的市场份额,进而合理确定企业的生产规模,再根据企业的设计生产能力确定年产量。在现实经济生活中,产品年销售量不一定等于年产量,这主要是因市场波动而引起库存变化导致产量和销售量的差别。但在工程项目经济分析中,难以准确地估算出由于市场波动引起的库存量变化。因此在估算营业收入时,不考虑项目的库存情况,而假设当年生产出来的产品当年全部售出。这样,就可以根据项目投产后各年的生产负荷确定各年的销售量。如果项目的产品比较单一,用产品单价乘产量即可得到每年的营业收入;如果项目的产品种类比较多,则要根据营业收入和营业税金及附加估算表进行估算,即应首先计算每一种产品的年营业收入,然后汇总在一起,求出项目运营期各年的营业收入;如果产品部分销往国外,还应计算外汇收入,并按外汇牌价折算成人民币,然后再计入项目的年营业收入总额中。

2.3.2 税金

营业税金是根据商品或劳务的流转额征收的税金,属于流转税的范畴。营业税金包括增值税、消费税、营业税、城市维护建设税、资源税。附加是指教育费附加,其征收的环节和计费的依据类似于城市维护建设税。所以,在工程项目的经济分析中,一般将教育费附加并入营业税金项内,视同营业税金处理。

1. 增值税

增值税是对我国境内销售货物、进口货物以及提供加工、修理修配劳务的单位和个

人,就其取得货物的销售额、进口货物金额、应税劳务收入额计算税款,并实行税款抵扣制的一种流转税。

在工程经济分析中,增值税作为价外税可以不包括在营业税金及附加中,也可以包含在营业税金及附加中。如果不包括在营业税金及附加中,产出物的价格不含有增值税种的销项税,投入物的价格中也不含有增值税种的进项税。但在营业税金及附加的估算中,为了计算城市维护建设税和教育费附加,有时还需要单独计算增值税额,作为城市维护建设税和教育费附加的计算基数。增值税是按增值额计税的,其计算公式为

$$增值税应纳税额 = 销项税额 - 进项税额 \tag{2.12}$$

式中,销项税额是指纳税人销售货物或提供应税劳务,按照销售额和增值税率计算并向购买方收取的增值税额,其计算公式为

$$\begin{aligned}销项税额 &= 销售额 \times 增值税率 \\ &= 营业收入(含税销售额) \div (1 + 增值税率) \times 增值税率\end{aligned} \tag{2.13}$$

进项税额是指纳税人购进货物或接受应税劳务所支付或者负担的增值税额,其计算公式为

$$进项税额 = 外购原材料、燃料及动力费 \div (1 + 增值税率) \times 增值税率 \tag{2.14}$$

2. 消费税

消费税是对工业企业生产、委托加工和进口的部分应税消费品按差别税率税额征收的一种税。消费税是在普遍征收增值税的基础上,根据消费政策、产业政策的要求,有选择地对部分消费品征收的一种特殊的税种。目前,我国的消费税共设 11 个税目,13 个子目。消费税的税率有从价定率和从量定额两种,其中,黄酒、啤酒、汽油、柴油产品采用从量定额计征的方法;其他消费品均为从价定率计税,税率为 3%~45%。

消费税采用从价定率和从量定额两种计税方法计算应纳税额,一般以应税消费品的生产者为纳税人,于销售时纳税。应纳税额计算公式为

实行从价定率办法计算的

$$\begin{aligned}应纳税额 &= 应税消费品销售额 \times 适用税率 \\ &= \frac{销售收入(含增值税)}{1 + 增值税率} \times 消费税率 \\ &= 组成计税价格 \times 消费税率\end{aligned} \tag{2.15}$$

实行从量定额方法计算的

$$应纳税额 = 应税消费品销售数量 \times 单位税额 \tag{2.16}$$

应税消费品销售额是指纳税人销售应税消费品向买方收取的全部价款和价外费用,不包括向买方收取的增值税税款。销售数量是指应税消费品数量。

3. 城市维护建设税

城市维护建设税是以纳税人实际缴纳的流转税额为计税依据征收的一种税。城市维护建设税按纳税人所在地区实行差别税率;项目所在地为市区的,税率为 7%;项目所在地为县城、镇的,税率为 5%;项目所在地为乡村的,税率为 1%。

城市维护建设税以纳税人实际缴纳的增值税、消费税、营业税额为计税依据,并分别

与上述 3 种税同时缴纳。其应税额计算公式为

$$应纳税额＝(实纳增值税税额＋实纳消费税税额＋实纳营业税税额)×适用税率 \tag{2.18}$$

4. 教育费附加

教育费附加是为了加快地方教育事业的发展，扩大地方教育经费的资金来源而开征的一种附加费。根据有关规定，凡缴纳消费税、增值税、营业税的单位和个人，都是教育费附加的缴纳人。教育费附加随消费税、增值税、营业税同时缴纳。教育费附加的计征依据是各缴纳人实际缴纳的消费税、增值税、营业税的税额，征收率为 3％。其计算公式为

$$应纳教育费附加额＝(实纳消费税税额＋实纳增值税税额＋实纳营业税税额)×3\% \tag{2.19}$$

5. 资源税

资源税是国家对在我国境内开采应税矿产品或者生产盐的单位和个人征收的一种税，实质上，它是对因资源生产和开发条件的差异而客观形成的级差收入征收的。资源税的征收范围包括如下内容。

(1) 矿产品。包括原油、天然气、煤炭、金属矿产品和非金属矿产品。

(2) 盐。包括固体盐、液体盐。

资源税的应纳税额，按照应税产品的课税数量和规定的单位数额计算。应纳税额的计算公式为

$$应纳税额＝应税产品课税数量×单位税额 \tag{2.20}$$

课税数量：纳税人开采或者生产应税产品用于销售的，以销售数量为课税数量；纳税人开采或者生产应税产品自用的，以自用数量为课税数量。

2.4 利 润

2.4.1 利润总额指标

利润总额是企业在一定时期内生产经营活动的最终财务成果，集中反映了企业生产经营各方面的效益。

现行会计制度规定，利润总额等于营业利润加上投资净收益、补贴收入和营业外收支净额的代数和。其中，营业利润等于主营业务收入减去主营业务成本和主营业务税金及附加，加上其他业务利润，再减去销售费用、管理费用和财务费用后的净额。在对工程项目进行经济分析时，为简化计算，在估算利润总额时，假定不发生其他业务利润，也不考虑投资净收益、补贴收入和营业外收支净额，本期发生的总成本等于主营业务成本、销售费用、管理费用和财务费用之和。并且视项目的主营业务收入为本期的营业(销售)收入，主营业务税金及附加为本期的营业税金及附加。则利润总额的估算公式为

$$利润总额 = 产品营业(销售)收入 - 营业税金及附加 - 总成本费用 \qquad (2.21)$$

根据利润总额可计算所得税和净利润,在此基础上可进行净利润的分配。在工程项目的经济分析中,利润总额是计算一些静态指标的基础数据。

2.4.2 利润率指标

1. 资本金利润率

资本金利润率是企业的利润总额与资本金总额的比率。资本金是企业吸收投资者投入企业经营活动的各种财产物质的货币表现。资本金利润率的计算公式为

$$资本金利润率 = \frac{利润总额}{资本金总额} \times 100\% \qquad (2.22)$$

资本金利润率是衡量投资者投入企业资本金的获利能力。在市场经济条件下,投资者不仅关心企业全部资金所提供的利润,更关心投资者投入的资本金所创造的利润。资本金利润率指标越高,企业资本的获利能力越大。

2. 销售收入利润率

销售收入利润率是企业的利润总额与销售净收入的比率。销售收入利润率反映企业每百元销售收入所创造的利润。一般情况下,销售收入利润率越高越好。其计算公式为

$$销售收入利润率 = \frac{利润总额}{销售净收入} \times 100\% \qquad (2.23)$$

3. 成本费用利润率

成本费用利润率是企业的利润总额与成本费用总额的比率。它反映了投入与产出之间的比例关系,一般情况下,企业在一定时期内的成本费用水平越低,利润总额越高,则企业的投入产出效果越好。成本费用利润率的计算公式为

$$成本费用利润率 = \frac{利润总额}{成本费用总额} \times 100\% \qquad (2.24)$$

2.4.3 所得税计算及净利润分配

1. 所得税计算

根据税法的规定,企业取得利润后,先向国家缴纳所得税,即凡在我国境内实行独立经营核算的各类企业或者组织者,其来源于我国境内与境外的生产、经营所得和其他所得,均应依法缴纳企业所得税。

企业所得税以应纳税所得额为计税依据。

纳税人每一纳税年度的收入总额减去准予扣除项目的余额,为应纳税所得额。

纳税人发生年度亏损的,可用下一纳税年度的所得弥补;下一纳税年度的所得不足弥补的,可以逐年延续弥补,但是延续弥补期最长不得超过5年。企业所得税的应纳税额计算公式为

$$\text{所得税应纳税额} = \text{应纳税所得额} \times 25\% \tag{2.25}$$

在工程项目的经济分析中,一般是按照利润总额作为企业的所得,乘以25%税率计算所得税,即

$$\text{所得税应纳额} = \text{利润总额} \times 25\% \tag{2.26}$$

2. 净利润的分配

净利润是指利润总额扣除所得税后的差额,计算公式为

$$\text{净利润} = \text{利润总额} - \text{所得税} \tag{2.27}$$

在工程项目的经济分析中,一般视净利润为可供分配的净利润,可按照下列顺序分配。

(1) 提取盈余公积金。一般企业提取的盈余公积金为两种:一是法定盈余公积金,在其金额累计达到注册资本的50%以前,按照可供分配的净利润的10%提取,达到注册资本的50%,可以不再提取。

(2) 向投资者分配利润(应付利润)。企业以前年度未分配利润,可以进入本年度向投资者分配。

(3) 未分配利润,即未作分配的净利润。可供分配利润减去盈余公积金和应付利润后的余额,即为未分配利润。

本 章 小 结

本章主要介绍了工程经济学分析的要素,具体内容包括投资的构成及估算,成本费用的概念、构成及计算,营业收入、销售税金及附加的计算,利润总额和所得税的计算、净利润的分配。

习 题

一、思考题

1. 简述固定资产与流动资产的区别。
2. 简述无形资产的概念及特点。
3. 简述总成本费用的概念,以及在工程经济分析中年成本费用的估算方法。
4. 简述经营成本的概念。为什么经营成本要从总成本中扣除折旧费、维简费、摊销费和利息支出?
5. 什么是机会成本?试举例说明。
6. 增值税、资源税、所得税的征税对象是什么?

7. 简述净利润的分配顺序。

二、单项选择题

1. 拟新建一个有 3 000 个床位的综合性医院,已知同类型医院投资为 6 000 元/床位,则采用的估算方法应该是(　　)。
   A. 生产能力指数法　B. 指标估算法　　C. 资金周转率法　　D. 比例估算法

2. 下列费用中,不属于工程造价构成的是(　　)。
   A. 用于支付项目所需土地而发生的费用
   B. 用于建设单位自身进行项目管理所支出的费用
   C. 用于购买安装施工机械所支付的费用
   D. 用于委托工程勘察设计所支付的费用

3. 我国现行建设项目总投资及工程造价构成中,流动资金投资应是(　　)。
   A. 铺底流动资金　　　　　　　　　　B. 预备费
   C. 工器具及生产家具购置费　　　　　D. 建设期贷款利息

4. 建设期利息是(　　)。
   A. 建设期银行借款与债务的利息　　　B. 经营期银行借款与债务的利息
   C. 建设期投资的利息　　　　　　　　D. 建设期投资、银行借款与债务的利息

5. 经营成本是(　　)。
   A. 总成本－折旧－摊销－利息　　　　B. 总成本－期间费用
   C. 总成本－生产成本　　　　　　　　D. 期间费用＋折旧＋摊销＋利息

三、多项选择题

1. 工程项目的基本经济要素具体包括(　　)。
   A. 投资　　　　　B. 成本　　　　　C. 费用
   D. 收入　　　　　E. 利润和税金

2. 下列各项中,属于建设投资的工程建设其他费用的是(　　)。
   A. 建设用地费用　　B. 生产准备费　　C. 基本预备费
   D. 建设管理费　　　E. 场地准备及建设单位临时设施费

3. 营业税金及附加包括(　　)。
   A. 增值税　　　　B. 营业税　　　　C. 消费税　　　　D. 营业税附加

第 3 章

工程项目经济评价

学习目标

(1) 掌握资金时间价值及资金等值的概念。
(2) 掌握普通复利计算公式。
(3) 掌握净现值的计算公式及评价标准。
(4) 掌握内部收益率的计算方法及评价准则。
(5) 掌握静态投资回收期的计算公式及评价准则。
(6) 掌握互斥型方案经济评价方法。
(7) 掌握独立型方案经济评价方法。
(8) 熟悉名义利率和实际利率的概念及应用。
(9) 熟悉净年值的计算方式及适用范围。
(10) 了解净现值率、投资收益率的含义。
(11) 了解混合相关型方案经济评价方法。
(12) 了解现金流量相关型方案经济评价方法。

导入案例

某集团公司拟在北京、上海、天津、重庆、广州五个大城市投资项目,每个城市又可在三个不同的区位选址,则该公司将有如表3-1所示的不同备选方案。

表3-1 某公司选址方案一览表

选 址	北京A	上海B	天津C	重庆D	广州E
选址1	A1	B1	C1	D1	E1
选址2	A2	B2	C2	D2	E2
选址3	A3	B3	C3	D3	E3

案例分析:本项目的方案选择首先应根据该公司的资金情况确定方案之间的关系类型,然后选择相应的评价方法进行评价,最后得出最优的方案组合。这正是本章所讲述的经济评价问题。对于多个投资项目方案比选或选优的问题,需要明确方案之间的关系类型。不同的方案类型,所采用的经济评价指标也是不同的。

3.1 资金时间价值

3.1.1 资金时间价值概述

1. 资金时间价值的概念及意义

1) 资金时间价值的概念

在工程经济分析中,无论是技术方案所发挥的经济效益还是所消耗的人力、物力和自然资源,最后基本上都是以货币形态,即资金的形式表现出来的。资金运动反映了物化劳动和活劳动的运动过程,而这个过程也是资金随时间运动的过程。因此,在工程经济分析时,不仅要着眼于方案资金量的大小(资金收入和支出的多少),而且也要考虑资金发生的时点。因为今天可以用来投资的一笔资金,即使不考虑通货膨胀的因素,也比将来同等数量的资金更有价值。这是由于如果将这笔资金存入银行会获得利息,如果投资到工程项目中则可获得利润。而如果向银行借贷,也需要支付利息。这反映出资金是时间的函数,在运动过程中,会随着时间的推移而增值。增值的这部分资金就是原有资金的时间价值。

资金的时间价值的实质是资金作为生产要素,在扩大再生产及资金流通过程中,随时间的变化而产生的增值。资金的增值过程是与生产和流通过程相结合的,离开了生产过程和流通领域,资金是不可能实现增值的。资金的增值过程示意图如图3.1所示。

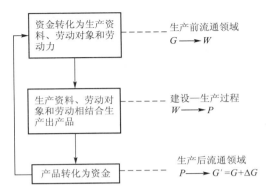

图 3.1 资金增值过程(G—W—G')示意图

在产品生产前,首先需用一笔资金(G),购买厂房和设备作为该企业生产资料的固定资产,同时还需垫支流动资金采购生产所需要的原材料、辅助材料、燃料等劳动对象和招聘工人所需支出的工资;然后在生产过程中,资金以物化形式出现(W),劳动者运用生产资料对劳动对象进行加工,生产制作新的产品,这里生产出来的新产品(P)比原先投入的资金(G)具有更高的价值(G');最后这些新产品(P)必须在生产后的流通领域(商品市场)里作为商品出售给用户,才能转化为具有新增价值的资金(G'),使物化的资金(P)转化为货币形式的资金(G'),这时的 $G' = G + \Delta G$,从而使生产过程中劳动者创造的资金增值部分 ΔG 得以实现。这样就完成了"G—W—G'"形式表示的、完整的资金增值过程。

资金在生产过程和流通领域之间如此不断地周转循环,这种循环过程不仅在时间上是连续的,而且在价值上也是不断增值的,因此,整个社会生产就是价值创造过程,也是资金增值过程。

由于资金时间价值的存在,使不同时点上发生的现金流量无法直接加以比较,因此,要通过一系列的换算,在同一时点上进行对比,才能符合客观的实际情况。

2) 资金时间价值的意义

对时间内涵的理解常常因人们的活动不同而不同。对学生,时间就是知识;对于生命处于危险之中的人来说,时间就是生命;对于农民,时间就是粮食,等等。可见在一定意义上讲,时间是一种最宝贵也是最有限的"资源"。那么在工程经济活动中,时间又是什么呢?

在工程经济活动中,时间就是经济效益。因为经济效益是在一定时间内创造的,没有时间,也谈不上效益。如 100 万元的利润,是一个月创造的,还是一年创造的,其效果是大不一样的。因此,重视时间因素的研究,对工程经济分析有着重要的意义。

在工程项目经济效果评价中,常常会遇到以下几类问题。

(1) 投资时间不同的方案评价。例如,是早投资还是晚投资,是集中投资还是分期投资,它们的经济效果是不一样的。

(2) 投产时间不同的方案评价。投产时间也有早投产和晚投产,分期投产和一次投产等问题,在这种情况下经济效果也是不一样的。

(3) 使用寿命不同的方案评价。

(4) 实现技术方案后,各年经营费用不同的方案评价。例如,有的方案前期经营费用大,后期小;有的方案前期费用小,后期费用大等。

上述问题都存在时间因素的不可比现象,要正确评价工程项目技术方案的经济效果,就必须研究资金的时间价值及其计算,从而为消除方案时间上的不可比奠定基础。

2. 衡量资金时间价值的尺度

利息是资金时间价值的一种重要表现形式。通常,用利息额作为衡量资金时间价值的绝对尺度,用利率作为衡量资金时间价值的相对尺度。

1) 利息

在借贷过程中,债务人支付给债权人超过原借贷款金额(常称作本金)的部分就是利息。

在工程经济分析中,利息常常被看作是资金的一种机会成本。这是因为,如果债权人放弃资金的使用权力,也就放弃了现期消费的权利。而牺牲现期消费又是为了能在将来得到更多的消费。从投资者角度看,利息体现为对放弃现期消费的损失所作的必要补偿,为此,债务人就要占用债权人的资金付出一定的代价。在工程经济分析中,利息是指占用资金所付出的代价或者是放弃使用资金所得的补偿。

2) 利率

利率是指在单位时间内(如年、半年、季、月、周、日等)所得利息额与借贷款金额(本金)之比,通常用百分数表示。即

$$利率\ i = \frac{单位时间内所得的利息额\ I_t}{本金\ P} \times 100\% \quad (3.1)$$

式中用于表示计算利息的时间单位称为计息周期,计息周期通常为年、半年、季、月、周、日。

3) 影响利率的主要因素

利率的高低主要由以下因素决定。

(1) 社会平均利润率。利率随社会平均利润率的变化而变化。在通常情况下,平均利润率是利率的最高界限。因为如果利率高于利润率,无利可图就不会有人去借款。

(2) 借贷资本的供求情况。在平均利润率不变的情况下,借贷资本供过于求,利率便下降;反之供不应求,利率便上升。

(3) 借贷风险。借出资本要承担一定的风险,风险越大,利率也就越高。

(4) 通货膨胀。通货膨胀对利息的波动有直接影响,资金贬值往往会使利息无形中成为负值。

(5) 借出资本的期限长短。借款期限长,不可预见因素多,风险大,利率也就高;反之,利率就低。

4) 利息和利率在工程经济活动中的作用

(1) 利息和利率是以信用方式动员和筹集资金的动力。以信用方式筹集资金的一个重要特点是自愿性,而自愿性的动力在于利息和利率。比如一个投资者,他首先要考虑的是投资某一项目所得到的利息(或利润)是否比把这笔资金投入其他项目所得的利息(或利润)多。如果多,他就可能给这个项目投资;反之,他就可能不投资这个项目。

(2) 利息促进企业加强经济核算，节约使用资金。企业借款需付利息，增加支出负担，这就促使企业必须精打细算，把借入资金用到刀刃上，减少借入资金的占用以少付利息，同时可以使企业自觉压缩库存限额，减少各环节占压资金。

(3) 利息和利率是国家管理经济的重要杠杆。国家在不同的时期制定不同的利率政策，通过调整利率的高低，来调控整个国民经济的资金使用情况。

3. 计算资金时间价值的基本公式

利息计算有单利和复利之分。当计息周期在一个以上时，就需要考虑单利与复利的问题。

1) 单利计算

单利是指在计算利息时，仅用最初本金来加以计算，而不计入先前利息周期中所累计增加的利息，即通常所说的"利不生利"的计息方法。其计算公式为

$$I_t = Pi \tag{3.2}$$

式中：I_t——第 t 计息期的利息额；

P——本金；

i——计息周期单利利率。

设 I_n 代表 n 个计息周期所付或所收的单利总利息，则有下式

$$I_n = \sum_{t=1}^{n} I_t = \sum_{t=1}^{n} Pi = Pin \tag{3.3}$$

在以单利计息的情况下，总利息与本金、利率及计息周期数成正比，而 n 期末单利本利和 F 等于本金加上利息，即

$$F = P + I_n = P(1 + n \times i) \tag{3.4}$$

式中：$(1 + n \times i)$——单利终值系数。

同样，本金可由本利和 F 减去利息 I_n 求得，即

$$P = F - I_n = F/(1 + n \times i) \tag{3.5}$$

式中：$1/(1 + n \times i)$——单利现值系数。

在利用式(3.4)计算本利和 F 时，要注意式中 n 和 i 反映的时期要一致。如 i 为年利率，则 n 应为计息的年数；若 i 为月利率，则 n 应为计息的月数。

【例 3-1】设以单利方式借入 1 000 万元，年利率 8%，4 年末偿还，试计算各年利息与本利和。

解：计算过程及结果见表 3-2。

表 3-2 例 3-1 各年单利利息与本利和计算表　　　单位：万元

使 用 期	年初款额	年末利息	年末本利和	年末偿还
1	1 000	1 000×8%=80	1 080	0
2	1 080	1 000×8%=80	1 160	0
3	1 160	1 000×8%=80	1 240	0
4	1 240	1 000×8%=80	1 320	1 320

单利的年利息额仅由本金所产生，其新生利息，不再加入本金产生利息。由于没有反映资金随时都在"增值"的规律，即没有完全反映资金的时间价值，因此，单利在工程经济分析中使用较少。

2）复利计算

复利是指将其上期利息结转为本金一并计算的本期利息，即通常所说的"利生利""利滚利"的计息方法。其计算公式为

$$I_t = iF_{t-1} \tag{3.6}$$

式中：i——计息周期复利利率；

F_{t-1}——表示第$(t-1)$年年末复利本利和。

而第t年年末复利本利和F_t的表达式为

$$F_t = F_{t-1} \times (1+i) = F_{t-2} \times (1+i)^2 = \cdots = P \times (1+i)^n \tag{3.7}$$

【例3-2】数据同例3-1，如果按复利计算，则得表3-3。

表3-3 例3-2各年复利利息与本利和计算表   单位：万元

使用期	年初款额	年末利息	年末本利和	年末偿还
1	1 000	1 000×8%=80	1 080	0
2	1 080	1 080×8%=86.4	1 166.4	0
3	1 166.4	1 166.4×8%=93.312	1 259.712	0
4	1 259.712	1 259.712×8%=100.777	1 360.489	1 360.489

比较表3-2和表3-3可以看出，同一笔借款，在利率和计息周期均相同的情况下，用复利计算出的利息金额数比用单利计算出的利息金额数大。如果本金越大、利率越高、计息周期数越多，则两者差值就越大。复利反映利息的本质特征，复利计息比较符合资金在社会生产过程中运动的实际状况。因此，在工程经济分析中，一般均采用复利计算。

复利计算有间断复利和连续复利之分。按期（年、半年、季、月、周、日）计算复利的方法称为间断复利（即普通复利），按瞬时计算复利的方法称为连续复利。在实际应用中，一般采用间断复利。

4. 资金等值

资金有时间价值，即使金额相同，因其发生的不同时点，其价值就不相同；反之不同时点绝对值不等的资金在时间价值的作用下却可能具有相等的价值。资金等值是指在考虑资金时间价值因素后，不同时点上数额不等的资金在一定利率条件下具有相等的价值，如现在的100元与1年后的112元，其数额并不相等，但如果年利率为12%，则两者是等值的。因为现在的100元，在12%利率下，1年后的本金与资金时间价值之和为112元。同样，1年后的112元在年利率为12%的情况下等值于现在的100元。不同时点上数额不等的资金如果等值，则它们在任何相同时点上的数额必然相等。

影响资金等值的因素有三个：资金额大小、资金发生的时间和利率，它们构成现金流量的三要素。

利用等值概念，将一个时点发生的资金金额换算成另一个时点的等值金额，这一过程叫资金等值计算。进行资金等值换算还需建立以下几个概念。

1) 贴现与贴现率

把将来某一时点的资金金额换算成现在时点的等值金额称为贴现或折现。贴现时所用的利率称为贴现率或折现率。

2) 现值

现值是指资金"现在价值"。需要说明的是,"现值"是一个相对的概念,一般地说,将 $t+k$ 个时点上发生的资金折现到第 t 个时点,所得的等值金额就是第 $t+k$ 个时点上资金金额在 t 时点的现值。现值用符号 P 表示。

3) 终值

终值是现值在未来时点上的等值资金,用符号 F 表示。

4) 等年值

等年值是指分期等额收支的资金值,用符号 A 表示。

3.1.2 现金流量图

1. 现金流量的概念

在工程经济分析中,通常将所考察的对象视为一个独立的经济系统。这个系统可以是一个工程项目、一个企业,也可以是一个地区、一个国家。而投入的资金、花费的成本、获取的收入,均可看成是以货币形式体现的该系统的资金流出或资金流入。在某一时点 t 实际流入系统的资金称为现金流入,记为 CI_t;实际流出系统的资金称为现金流出,记为 CO_t;同一时点上的现金流入与现金流出的代数和称为净现金流量,记为 NCF 或 $(CI-CO)_t$。现金流入量、现金流出量、净现金流量统称为现金流量。

2. 现金流量的构成

在工程经济分析中,构成系统现金流量的要素,主要有以下一些方面。

1) 固定资产投资及其借款利息

作为项目的固定资产投资,一般而言,在建设期已全部投入了系统,而固定资产投资借款建设期利息也已转为本金投入了系统。因此,在工程经济分析中,要将固定资产投资及其建设期借款利息均作为系统的现金流出项计算。

2) 流动资金投资

在项目建成投产时要向系统投入流动资金,以保证生产经营活动的正常进行。因此,在工程经济分析中,要将流动资金投资作为现金流出项计算。

3) 经营成本

经营成本是在项目建成投产后整个运行使用期间内,为生产产品或提供劳务而发生的经常性成本费用支出。因此,在工程经济分析中,要将经营成本作为现金流出项计算。

4) 销售收入

销售收入是项目建成投产后出售商品和提供劳务的货币收入,是直接反映项目真实收益的重要经济参数。因此,在工程经济分析中,要将销售收入作为重要的现金流入项计算。

5) 利润

利润是项目系统经济目标的集中体现，是项目的最终财务成果，也是反映项目经济效益的重要综合指标。企业利润总额包括销售利润、投资净收益及营业外收支净额。利润总额若为正数，则表示盈利；若为负数，则表示亏损。因此，在工程经济分析中，要将利润作为重要的现金流入项计算。

6) 税金

目前国家颁布实行的与企业生产经营活动有密切关系的税种有10多种以上。在工程经济分析中，对项目进行财务评价时，将税金作为重要的现金流出项计算。但进行国民经济评价时，企业缴纳的税金，并未减少国民收入，也未发生社会资源的变动，只是相应资源的分配使用权从项目转移到政府手中，是整个国民经济系统的内部转移支付，不是经济费用，故在国民经济评价中既不是现金流出，也不是现金流入。

7) 补贴

对项目的补贴，是与企业缴纳税金相反方向的一种货币流动。如果是专为鼓励或扶持项目系统而发生的补贴，那么财务评价时应作为现金流入项计算。如果补贴是体现在价格、税收、汇率等方面的优惠政策上，那么补贴效益已体现在项目收入的增加或支出的减少，因此财务评价时就不必再单列现金流入或现金流出项计算。对项目进行国民经济评价时，由于补贴既未增加社会资源，也未减少社会资源，而国民收入也并未因补贴发生变化，仅是货币在项目与政府之间的一种转移。因此，在国民经济评价中，补贴既不作为现金流入项计算，也并不作为现金流出项计算。

8) 新增固定资产投资与流动资金投资

在项目建成投产后的运营过程中，如果需要增加投资，那么新增加的固定资产投资和流动资金投资，在工程经济分析中均作为现金流出项计算。

9) 回收固定资产净残值

在项目经济寿命(使用年限)周期终了固定资产报废时的参与价值扣除清理费用之后的余额，即为固定资产的净残值。在工程经济分析中，回收固定资产净残值要作为现金流入项计算。

10) 回收流动资金

在项目经济寿命(使用年限)周期终了停止生产经营活动时，要如数回收投产时或投产后投入的流动资金金额。在工程经济分析时，回收流动资金要作为现金流入项目计算。

3. 现金流量与财务收支的区别

现金流量与财务收支的区别如下。

(1) 工程经济学研究的是拟建项目未来将发生的现金流量，是预测出的系统的现金流出量、流入量，精确性非常重要。会计学研究的是已发生的财务收支的实际数据，因而记录的完整性、真实性非常重要。

(2) 工程经济学现金流量的计算是以特定的经济系统为研究对象的，凡是已流入或流出系统的资金，都视为现金流量而计入发生时点。例如，固定资产投资和无形资产已在建设期发生的时点，作为一次性支出而计入了现金流出，因此，就不能在生产经营期以产品成本费用中的折旧、摊销费的形式再计入现金流出,以免重复计算。但是在会计核算中,却以产品成本费用要素的形式逐期计提和摊销。

(3) 在工程经济分析中由于考察范围和角度不同,现金流量包括的内容不同。例如,企业上缴给国家的税金从企业角度看是现金流出量,但从国民经济角度看则既不是现金流出也不是现金流入,因为社会资源量未变化,国民收入也未变化,只是在国家范围内资金分配权与使用权的一种转移。而税金在会计学中视为企业财务支出。

(4) 工程经济学中现金流量的概念不仅指现钞,还包括转账支票等结算凭证。而会计学中的现金仅指现钞。

4. 现金流量图

现金流量图是一种反映经济系统资金运动状态的图式,运用现金流量图可以全面、形象、直观地表示现金流量的三要素:大小(资金数额)、方向(资金流入或流出)和作用点(资金发生的时间点),如图 3.2 所示。

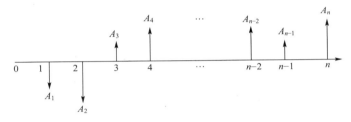

图 3.2 现金流量示意图

现以图 3.2 为例,说明现金流量图的绘制规则如下。

(1) 横轴为时间轴,0 表示时间序列的起点,n 表示时间序列的终点。轴上每一间隔代表一个时间单位(计息周期),可取年、半年、季或月等。整个横轴表示的是所考察的经济系统的寿命期。

(2) 与横轴相连的垂直箭线代表不同时点的现金流入或现金流出。在横轴上方的箭线表示现金流入(收益);在横轴下方的箭线表示现金流出(费用)。

(3) 现金流量的方向(流入与流出)是对特定的系统而言的。贷款方的流入是借款方的流出;反之亦然。通常工程项目现金流量的方向是针对资金使用者的系统而言的。

(4) 垂直箭线的长短要能适当体现各时点现金流量的大小,并在各箭线上方(或下方)注明其现金流量的数值。

(5) 垂直箭线与时间轴的交点即为现金流量发生的时点。

3.1.3 普通复利公式

1. 一次支付终值计算

一次支付又称整付,是指所分析系统的现金流量,无论是流入或是流出,均在一个时点上一次发生,如图 3.3 所示。一次支付情形的复利计算公式是复利计算的基本公式。在

图3.3中：i为计息期利率；n为计息期数；P为现值（即现在的资金价值或本金），或资金发生在（或折算为）某一特定时间序列起点时的价值；F为终值（n期末的资金值或本利和），或资金发生在某一特定时间序列终点的价值。

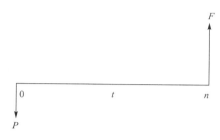

图3.3 一次支付现金流量图

现有一项资金P，按年利率i计算，n年以后的本利和为多少？

根据复利的定义即可求得本利和F的计算公式，其计算过程如表3-4所示。

表3-4 终值计算过程表

计息期	期初金额	本期利息额	期末本利和 $F_t=(1)+(2)$
1	P	$P \cdot i$	$F_1=P+P \cdot i=P(1+i)$
2	$P(1+i)$	$P(1+i) \cdot i$	$F_2=P(1+i)+P(1+i) \cdot i=P(1+i)^2$
3	$P(1+i)^2$	$P(1+i)^2 \cdot i$	$F_3=P(1+i)^2+P(1+i)^2 \cdot i=P(1+i)^3$
...	...	...	...
N	$P(1+i)^{n-1}$	$P(1+i)^{n-1} \cdot i$	$F_n=P(1+i)^{n-1}+P(1+i)^{n-1} \cdot i=P(1+i)^n$

由表3-4可以看出，n年年末的本利和F与本金的关系为

$$F=P(1+i)^n \tag{3.8}$$

式中$(1+i)^n$称之为一次支付终值系数，用$(F/P,i,n)$表示，故式(3.8)又可写成

$$F=P(F/P,i,n) \tag{3.9}$$

在$(F/P,i,n)$这类符号中，括号内斜线上的符号表示所求的未知数，斜线下的符号表示已知数。整个$(F/P,i,n)$符号表示在已知i，n和P的情况下求解F的值。

2. 一次支付现值计算

由式(3.8)即可求出现值P。

$$P=F(1+i)^{-n} \tag{3.10}$$

式中$(1+i)^{-n}$称为一次支付现值系数，用符号$(P/F,i,n)$表示，并按不同的利率i和计息期n列于表中。工程经济分析中一般是将未来值折现到零期，即未来一笔资金乘上一次支付现值系数就可求出其现值，计算现值P的过程叫折现或贴现，其所使用的利率常称为折现率、贴现率或收益率。贴现率、折现率反映了利率在资金时间价值计算中的作用，而收益率反映了利率的经济含义，故$(1+i)^{-n}$或$(P/F,i,n)$也可叫折现系数或贴现系数。式(3.10)常写成

$$P=F(P/F,i,n) \tag{3.11}$$

【例3-3】 某人希望5年年末得到10 000元的资金,年利率$i=10\%$,复利计息,试问现在他必须一次性投入多少元?

解: 由式(3.11)得

$$P=F(P/F,i,n)=10\ 000(P/F,10\%,5)$$

从普通复利系数表中查出系数$(P/F,10\%,5)$为0.620 9,代入式中得:

$$P=10\ 000\times 0.620\ 9=6\ 209(元)$$

从上面计算可知,现值和终值的概念正好相反,两者互为逆运算。现值系数和终值系数互为倒数,两者乘积为1。在P一定,n相同时,i越高,F越大;在i相同时,n越长,F越大。在F一定,n相同时,i越高,P越小;在i相同时,n越长,P越小。

在工程项目多方案比较中,由于现值评价常常是选择现在为同一时点,把方案预计的不同时期的现金流量折算成现值,并按现值之代数和大小作出决策。因此,在工程经济分析时应当注意以下两点。

(1) 正确选取折现率。折现率是决定现值大小的一个重要因素,必须根据实际情况灵活选用。

(2) 注意现金流量的分布情况。从收益方面来看,获得的时间越早、数额越大,其现值也越大,因此,应使建设项目早日投产,早日达到设计生产能力,早获收益,多获收益,才能达到最佳经济效益。从投资方面看,投资支出的时间越晚、数额越小,其现值也越小,因此,应合理分配各年投资额,在不影响项目正常实施的前提下,尽量减少建设初期投资额,加大建设后期投资比重。

3. 等额分付终值公式

在工程经济实践中,多次支付是最常见的支付情形。多次支付是指现金流量在多个时点发生,而不是集中在某一个时点上。如果用A_t表示第t期末发生的现金流量大小,可正可负,用逐个折现的方法,可将多次现金流量换算成现值,即

$$P=A_1(1+i)^{-1}+A_2(1+i)^{-2}+\cdots+A_n(1+i)^{-n}=\sum_{i=1}^{n}A_t(1+i)^{-t} \tag{3.12}$$

或

$$P=\sum_{i=1}^{n}A_t(P/F,i,t) \tag{3.13}$$

同理也可将多次现金流量换算成终值

$$F=\sum_{i=1}^{n}A_t(1+i)^{n-t} \text{ 或 } F=\sum_{i=1}^{n}A_t(F/P,i,n-t) \tag{3.14}$$

在上述公式中,虽然那些系数都可以计算或查复利表得到,但如果n较大,A_t较多时,计算也是比较麻烦的。如果多次现金流量A_t是连续的,且数额相等,即:$A_t=A=$常数$(t=1,2,3,\cdots,n)$,则可大大简化计算。如图3.4所示为等额系列现金流量示意图。A为年金,发生在某一特定时间序列各计息期末(不包括零期)的等额资金序列的价值。

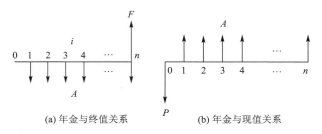

(a) 年金与终值关系　　(b) 年金与现值关系

图 3.4　等额系列现金流量示意图

由式(3.14)展开得

$$F=\sum_{t=1}^{n}A_t(1+i)^{n-t}=A[(1+i)^{n-1}+(1+i)^{n-2}+\cdots+(1+i)+1]$$
$$=A\frac{(1+i)^n-1}{i} \quad (3.15)$$

式中 $\frac{(1+i)^n-1}{i}$ 称为等额系列终值系数或年金终值系数，用符号 $(F/A,i,n)$，则式(3.15)又可写成

$$F=A(F/A,i,n) \quad (3.16)$$

此系数可从普通复利系数表中查得。

【例 3-4】若某人 10 年内，每年年末存入银行 1 000 元，年利率 8%，复利计息，问 10 年末他可从银行连本带利取出多少钱？

解：$F=A(F/A,i,n)=1\,000(F/A,8\%,10)=1\,000\times14.486\,6=14\,486.6$(元)

4. 等额分付现值公式

由式(3.10)和式(3.16)得：

$$P=F(1+i)^{-n}=A\frac{(1+i)^n-1}{i(1+i)^n} \quad (3.17)$$

式中 $\frac{(1+i)^n-1}{i(1+i)^n}$ 称为等额系列现值系数或年金现值系数，用符号 $(P/A,i,n)$ 表示，则式(3.17)又可写成 $P=A(P/A,i,n)$。

等额系列现值系数 $(P/A,i,n)$ 可从复利系数表中查得。

【例 3-5】如果某人期望今后 5 年内每年年末可从银行取回 1 000 元，年利率为 10%，复利计息，问他必须现在存入银行多少钱？

解：$P=A(P/A,10\%,5)=1\,000\times3.790\,8=3\,790.8$(元)

5. 等额分付偿债基金公式

等额分付偿债基金计算是等额系列终值计算的逆运算，故用式(3.15)即可得

$$A=F\frac{i}{(1+i)^n-1} \quad (3.18)$$

式中 $\frac{i}{(1+i)^n-1}$ 称为等额系列偿债基金系数，用符号 $(A/F,i,n)$ 表示，则式(3.18)又可写成

$$A=F(A/F,i,n)$$

等额系列偿债基金系数$(A/F, i, n)$可从普通复利系数表中查得。

【例3-6】 某人欲在第5年年末获得10 000万,若每年存款金额相等,年利率为10%,复利计息,则每年年末需存款多少元?

解:$A=F(A/F, i, n)=10\,000(A/F, 10\%, 5)=10\,000\times0.163\,8=1\,638$(元)

6. 资金回收公式

由式(3.17)可知,等额系列资金回收计算是等额系列现值计算的逆运算

$$A=P\frac{i(1+i)^n}{(1+i)^n-1} \tag{3.19}$$

式中$\frac{i(1+i)^n}{(1+i)^n-1}$称为等额系列资金回收系数,用符号$(A/P, i, n)$表示,则式(3.19)又可写成

$$A=P(A/P, i, n) \tag{3.20}$$

等额系列资金回收系数$(A/P, i, n)$可从普通复利系数表中求得。

【例3-7】 若某人现在投资10 000元,年回报率为8%,每年年末等额获得收益,10年内收回全部本利,则每年应收回多少元?

解:$A=P(A/P, i, n)=10\,000(A/P, 8\%, 10)=10\,000\times0.149\,0=1\,490$(元)

3.1.4 名义利率和实际利率

在复利计算中,通常所说的年利率都是名义利率,如果计息周期不加以说明,则表示1年计息1次,此时的年利率也就是实际利率。当利率周期与计息周期不一致时,就出现了名义利率和实际利率的概念。

1. 名义利率

所谓名义利率r是指计息周期利率i乘以一个利率周期内的计息周期数m所得的利率周期利率,即

$$r=i\times m \tag{3.21}$$

若月利率为1%,则年名义利率为12%。可见,计算名义利率时忽略了前面各期利息再生的因素。通常所说的利率周期利率都是名义利率。

2. 实际利率

若用计息周期利率来计算利率周期利率,并将利率周期内的利息再生因素考虑进去,这时所得的利率周期利率则称为利率周期实际利率(又称有效利率)。

根据利率的概念可推导出实际利率的计算式。

已知名义利率r,一个利率周期内计息m次,则计息周期利率$i=r/m$。在某个利率周期初有资金P,根据一次支付终值公式可得该利率周期的F,即

$$F=P\left(1+\frac{r}{m}\right)^m \tag{3.22}$$

根据利息的定义可得该利率周期的利息I为

$$I=(F-P)=P\left(1+\frac{r}{m}\right)^m-P=P\left[\left(1+\frac{r}{m}\right)^m-1\right] \tag{3.23}$$

再根据利率的定义,可得该利率周期的实际利率 i_{eff} 为

$$i_{\text{eff}}=\frac{I}{P}=\left(1+\frac{r}{m}\right)^m-1 \tag{3.24}$$

3. 名义利率与实际利率的关系

现设年名义利率 $r=10\%$,则年、半年、季、月、日的年实际利率如表 3-5 所示。

表 3-5 实际利率与名义利率的关系

年名义利率(r)	计息期	年计息次数(m)	计息期利率($i=r/m$)	年实际利率(i_{eff})
10%	年	1	10%	10%
	半年	2	5%	10.25%
	季	4	2.5%	10.38%
	月	12	0.833%	10.47%
	日	365	0.0274%	10.52%

从表 3-5 可以看出,每年计息期 m 越多,i_{eff} 与 r 相差越大。名义利率与实际利率的关系就如同单利和复利的关系一样,所不同的是名义利率和实际利率是用在计息周期小于利率周期时。所以在工程经济分析中,如果各方案的计息期不同,就不能简单地使用名义利率来评价,而必须换算成实际利率进行评价,否则会得出不正确的结论。

3.2 工程项目单方案经济评价

3.2.1 工程项目经济评价指标概述

为了确保投资决策的正确性和科学性,研究工程项目经济评价的指标和方法是十分必要的。工程项目经济评价的方法和指标是多种多样的,这些指标从不同的侧面反映投资项目的某一工程技术方案的经济性。在具体选用哪一种方法或指标时,评价者可以依据可获得资料的多少,以及项目本身所处条件的不同,选用不同的指标和方法。

工程项目经济评价指标和方法可以从不同的角度进行分类,常见的分类有以下几种。

1. 按评价指标计算所依据的经济要素是否确定

根据评价指标计算所依据的经济要素是否确定,工程项目经济评价的方法包括确定性评价方法和不确定性评价方法两类。确定性评价方法的指标计算所依据的相关经济要素是确定的;不确定性经济评价方法的指标计算所依据的相关经济要素是可变的,不是唯一的,盈亏平衡分析、敏感性分析属于不确定性分析。一般而言,同一个投资项目应同时进行确定性评价和不确定性评价。

2. 按评价指标的计算是否考虑资金时间价值

按工程项目经济评价指标是否考虑资金的时间价值,可将项目经济评价方法分为动态评价指标和静态评价指标。

(1) 静态评价方法是不考虑资金时间价值的方法,其特点是计算较简便、直观、易于掌握;但也存在着项目经济效益反映不准确等问题,静态投资回收期、投资收益率等属于静态投资回收期。

(2) 动态评价指标是考虑资金时间价值的指标,如动态投资回收期、净现值、内部收益率等。动态评价指标克服了静态评价指标的缺点,但计算需要依据较多的数据和资料,过程也较复杂。

3. 按评价指标所反映的经济性质

工程项目的经济性质体现在所投入资金的回收速度、项目的盈利能力和资金的使用效率等三个方面。同样可将工程项目的评价指标分为时间型评价指标、价值型评价指标和比率型评价指标。

(1) 时间型评价指标是根据时间长短来衡量项目对其投资回收能力的指标;常用的时间型评价指标有静态投资回收期、动态投资回收期、增量静态投资回收期、增量动态投资回收期。

(2) 价值型评价指标是反映项目投资的净收益绝对量的大小的指标;常用的价值型评价指标有净现值、净年值、费用现值和费用年值等。

(3) 比率型评价指标是反映项目单位投资获利能力或项目对贷款利率的最大承受能力的指标。常用的比率型评价指标有投资收益率、内部收益率、净现值率和费用效益比等。

4. 按评价指标所反映的内容

工程项目经济评价指标可以从贷款者和借款者两个方面进行分析,评价指标可以分为反映盈利能力的指标和反映清偿能力的指标。

(1) 反映盈利能力的指标有静态投资回收期、动态投资回收期、净现值、内部收益率、投资收益率等。

(2) 反映清偿能力的指标有借款偿还期、利息备付率、偿债备付率等。

5. 按评价指标在评价过程中所起的作用

工程项目经济评价指标根据其在评价过程中所起的作用可分为单方案评价指标和多方案优选指标。

(1) 单方案评价指标仅能进行单一方案的可行性评价,如静态投资回收期、动态投资回收期、内部收益率、投资收益率、净现值率、费用效益比等。

(2) 多方案优选指标适用于对两个或多个可行方案进行选优,如增量静态投资回收期、增量动态投资回收期、增量内部收益率等。

由于计算公式本身的特殊性,净现值、净年值等指标既可用于单方案的评价,也可用于多方案的选优。

表3-6给出了工程项目评价常用的指标,这些指标的意义、计算及应用将在以后各章节中分别进行讨论。

表 3-6　工程项目评价常用的指标

评价指标		时间型评价指标	价值型评价指标	比率型评价指标
静态评价指标	单方案评价指标	静态投资回收期		投资收益率
	多方案评价指标	增量静态投资回收期		增量投资收益率
动态评级指标	单方案评价指标	动态投资回收期	净现值、净年值	内部收益率、净现值率、费用效益比
	多方案评价指标	增量动态投资回收期	净现值、净年值、费用现值、费用年值	增量内部收益率

3.2.2　时间型评价指标

时间型评价指标指的是投资回收期，一般也称作返本期或投资返本年限，它是反映项目或方案投资回收速度的重要指标。它是以项目的净收益（包括利润和折旧）抵偿其全部投资所需要的时间，通常以年表示。投资回收期一般从投资开始年算起，如果从投产开始年算起，应加以说明。根据是否考虑资金的时间价值，投资回收期分为静态投资回收期和动态投资回收期。

1. 静态投资回收期（P_t）

1）静态投资回收期的定义

静态投资回收期是指在不考虑资金时间价值的条件下，以项目净收益抵偿全部投资所需要的时间。

2）静态投资回收期的计算式

（1）基于概念的计算式。

根据静态投资回收期的定义，P_t 的计算式为

$$\sum_{t=0}^{P_t}(CI-CO)_t = \sum_{t=0}^{P_t} NCF_t = 0 \tag{3.25}$$

式中：CI——某年份的现金流入量，元；

CO——某年份的现金流出量，元；

NCF——某年份的净现金流量，元；

t——年份，年。

（2）实际计算式。

实际的计算过程中，当累计净现金流量等于零时，往往不是某一自然年份。这时，可采用下列公式计算

$$P_t = \begin{pmatrix}累计净现金流量开始\\出现正值的年份数\end{pmatrix} - 1 + \begin{pmatrix}上年累计净现金流量的绝对值\\当年净现金流量\end{pmatrix} \tag{3.26}$$

（3）项目或方案净收益相等时。

如果项目或方案的总投资为 I，项目或方案投产后年净收益相等且均为 R，则有

$$\sum_{t=0}^{P_t} NCF_t = \sum_{t=0}^{m} I_t - \sum_{t=m}^{P_t} R = 0 \tag{3.27}$$

$$\sum_{t=0}^{m} I_t - \sum_{t=m}^{P_t} R = I - R(P_t - m) = 0 \tag{3.28}$$

$$P_t = \frac{I}{R} + m \tag{3.29}$$

以上各式中，m 为项目或方案的建设期。

3) 静态投资回收期的评价准则

将方案或项目计算得到的静态投资回收期 P_t 与行业或投资者设定的基准投资回收期 P_c 进行比较，若 $P_t \leq P_c$，可以考虑接受该项目或方案；若 $P_t > P_c$，可以考虑拒绝该项目或方案。静态投资回收期主要用于判断单一方案的可行与否，进行项目的盈利能力分析。

4) 静态投资回收期的特点

(1) 静态投资回收期 P_t 的优点在于：第一，其含义明确、直观、计算过程较方便；第二，静态投资回收期在一定程度上反映了项目或方案的抗风险能力，静态投资回收期评价项目或方案的标准是资金回收期限的长短，而风险随着时间的延长可能会增加，资金回收速度快表明项目在时间尺度上有一定的抗风险能力。由于静态投资回收期综合反映了项目的盈利能力和抗风险能力，该指标是人们容易接受和乐于使用的一种经济评价指标。

(2) 静态投资回收期 P_t 这一指标也有不足之处，主要表现为：第一，该指标没有考虑资金的时间价值，如果作为项目或方案的取舍依据，可能会做出错误的判断；第二，该指标舍弃了投资回收期以后的现金流量情况，没有从整个项目周期出发来考虑，有一定的局限性；第三，基准回收期 P_c 确定问题。P_c 的确定取决于项目的寿命，而决定项目寿命的因素既有技术方面的，也有产品的市场需求方面的。随着技术进步的加速，各部门各行业的项目寿命相对缩短，从而导致部门或行业的 P_c 各不相同，而且应及时加以调整。部分行业的基准投资回收期见表 3-7。

表 3-7　部分行业基准投资回收期

行　　业	基准投资回收期/年
冶金	8.8~14.3
煤炭	8~13
有色金属	9~15
油田开采	6~8
机械	8~15
化工	9~11
纺织	10~13
建材	11~13

注：据吴锋、叶锋主编《工程经济学》(2007)，机械工业出版社。

总之,静态投资回收期没有从项目的寿命周期出发去考虑分析,也没有考虑资金的时间价值,有可能导致判断的失误;另外,由于没有公认的行业基准投资回收期,也给项目的经济评价工作带来了不明晰性。静态投资回收期不是全面衡量项目经济效益的理想指标,可以作为辅助指标与其他指标结合起来使用。

【例 3-8】 某项目的现金流量见表 3-8,试计算其静态投资回收期。若该项目的基准投资回收期为 5 年,则该项目是否可以考虑接受?

表 3-8 例 3-8 现金流量表　　　　　　　　　　　　　　单位:元

年份	0	1	2	3	4	5	6	7	8
净现金流量	-6 000	-3 000	3 600	3 600	7 200	7 200	7 200	7 200	7 200
累计净现金流量	-6 000	-9 000	-5 400	-1 800	5 400	12 600	19 800	27 000	34 200

解: 根据式(3.26),有

$$P_t = 4 - 1 + \frac{|-1\ 800|}{7\ 200} = 3.25 (年)$$

由于该项目的静态投资回收期 $P_t = 3.25$ 年 < 5 年

该项目可以接受。

2. 动态投资回收期(P_t')

1)动态投资回收期的定义

动态投资回收期是指在考虑资金时间价值的条件下,以项目净收益抵偿全部投资所需要的时间。该指标克服了静态投资回收期的缺陷,一般也从投资开始年算起。

2)动态投资回收期的评价准则

将方案或项目计算得到的动态投资回收期 P_t' 与行业或投资者设定的基准投资回收期 P_c 进行比较,若 $P_t' \leqslant P_c$,可以考虑接受该项目或方案;若 $P_t' > P_c$,可以考虑拒绝该项目或方案。动态投资回收期用于判断单一方案的可行与否,反映项目的盈利能力。

3)动态投资回收期的计算式

(1)基于概念的计算式。

根据动态投资回收期的定义,P_t' 的计算式为

$$\sum_{t=0}^{P_t'} (CI - CO)_t (1 + i_c)^{-t} = \sum_{t=0}^{P_t'} NCF_t (1 + i_c)^{-t} = 0 \quad (3.30)$$

式中:CI——某年份的现金流入量,元;

　　　CO——某年份的现金流出量,元;

　　　NCF——某年份的净现金流量,元;

　　　t——年份,年;

　　　i_c——基准收益率。

(2)实际计算式。

实际的计算过程中,当累计净现金流量折现值等于零时,往往不是某一自然年份。这时,可首先根据各年净现金流量可采用下列公式计算

$$P'_t = \begin{pmatrix} 累计折现值出 \\ 现正值的年数 \end{pmatrix} - 1 + \frac{上年累计折现的绝对值}{当年净现金流量的现值} \quad (3.31)$$

【例 3-9】 求例 3-8 的动态投资回收期,设基准收益率为 10%,并从动态投资回收期的角度考虑项目是否可以接受。

表 3-9 计算结果,代入式(3.31)可得

$$P'_t = 4 - 1 + \frac{|-3\,047.6|}{4\,917.6} = 3.62(年)$$

由于 $P'_t = 3.62$ 年 < 5 年

该项目可以考虑接受。

表 3-9 例 3-9 计算表 单位:元

年 份	0	1	2	3	4	5	6	7	8
净现金流量	-6 000	-3 000	3 600	3 600	7 200	7 200	7 200	7 200	7 200
10%的折现系数	1	0.909 1	0.826 4	0.751 3	0.683 0	0.620 9	0.564 5	0.513 2	0.466 5
净现金流量折现值	-6 000	-2 727.3	2 975.0	2 704.7	4 917.6	4 470.5	4 064.4	3 695.0	3 358.8
累计净现金流量折现值	-6 000	-8 727.3	-5 752.3	-3 047.6	1 870.0	6 340.5	10 404.9	14 099.9	17 458.7

与静态投资回收期为 3.25 年相比较,项目的动态投资回收期要长一些。

4) 动态投资回收期的特点

(1) 动态投资回收期的计算,考虑了资金的时间价值,结果较为合理。

(2) 动态投资回收期同样没有考虑投资回收期之后现金流量情况,不能反映项目在整个寿命期内的真实经济效果。

3.2.3 价值型评价指标

价值型评价指标是通过计算各个项目方案在整个寿命期内的价值作为判断其经济可行性及选优的基础。

1. 净现值(NPV)

净现值(Net Present Value,NPV)指标是对投资项目进行动态评价的最重要的指标之一,该指标考察了项目寿命周期内各年的净现金流量。

1) 概念

所谓净现值是指把项目计算期内各年的净现金流量,按照一个给定的标准折现率(基准收益率)折算到建设期初(项目计算期第一年年初)的现值之和。净现值是考察项目在计算期内盈利能力的主要动态指标。

2) 表达式及计算方法

(1) 基于概念的表达式。

根据净现值的概念,净现值的表达式为

$$NPV = \sum_{t=0}^{n}(CI_t - CO_t)(1+i_c)^{-t}$$

$$= \sum_{t=0}^{n}CI_t(1+i_c)^{-t} - \sum_{t=0}^{n}CO_t(1+i_c)^{-t}$$

$$= \sum_{t=0}^{n}NCF_t(P/F, i_c, t) \tag{3.32}$$

式中：NPV——某方案或项目的净现值；

n——计算期(1, 2, 3, …, n)；

CI_t——第 t 年现金流入量；

CO_t——第 t 年现金流出量；

i_c——设定的基准收益率；

$(1+i_c)^{-t}$——第 t 年的折现系数；

NCF_t——第 t 年的净现金流量。

(2) 特殊表达式。

设工程项目只有初始投资 I_0，以后各年具有相同的净现金流量 NB，则净现值的表达式为

$$NPV = NB(P/A, i_c, n) - I_0 \tag{3.33}$$

(3) 净现值的计算。

净现值 NPV 通常利用公式计算，也可以利用现金流量表逐年折现累计而求得。利用现金流量表逐年折现累计计算时，计算结果一目了然，便于检查，适用于寿命期较长而各年现金流量值不同且没有规律可循时的计算。

3) 判别准则

根据式(3.32)计算出净现值后，结果不外乎三种情况，即：$NPV>0$，$NPV=0$，$NPV<0$。在用于工程项目的经济评价时其判别准则如下。

若 $NPV>0$，说明该项目或方案可行。因为这种情况说明投资方案实施后的投资收益水平不仅能够达到基准收益率的水平，而且还会有盈余，也即项目的盈利能力超过其投资收益期望的水平。

若 $NPV=0$，说明该项目或方案也可考虑接受。因为这种情况说明投资方案实施后的投资收益水平恰好等于基准收益率，也即其盈利能力能达到所期望的最低盈利水平。

若 $NPV<0$，说明方案不可行。因为这种情况说明投资方案实施后的投资收益达不到所期望的基准收益率水平。

【例 3-10】某工程项目的现金流量如表 3-10 所示，已知 $i_c=12\%$，试用净现值指标确定其经济可行性。

表 3-10 某项目各年现金流量　　　　　　　　单位：万元

年　　份	0	1	2~8
销售收入			3 000
投　　资	4 000	4 000	
经营成本			200
净现金流量	-4 000	-4 000	2 800

解：利用式(3.32)和表 3-9 中各年的净现金流量可得

$NPV = -4\,000 - 4\,000(P/F, 12\%, 1) + 2\,800(P/A, 12\%, 7)(P/F, 12\%, 1)$
$\quad\quad = -4\,000 - 4\,000 \times 0.892\,9 + 2\,800 \times 4.563\,8 \times 0.892\,9$
$\quad\quad = 3\,838.45(万元)$

计算结果表明，该投资方案除达到预定的 12% 的收益率以外，还有现值为 3 838.45 万元的余额。因此，该方案可行。

【例 3-11】 某项目第 1 年年初固定资产投资为 150 万元，建设期为 2 年，第 2 年年底建成并投产运行，投产时需要流动资金 30 万元，年经营成本为 60 万元。若项目每年可获得销售收入为 98 万元，项目服务年限为 10 年，到时回收残值 20 万元，年利率为 10%。试计算该项目的净现值。

解：利用式(3.32)和题意可得

$NPV = -150 - 30(P/F, 10\%, 2) + (98 - 60)(P/A, 10\%, 10)(P/F, 10\%, 2) + (20 + 30)(P/F, 10\%, 12)$
$\quad\quad = -150 - 30 \times 0.826\,4 + 38 \times 6.144\,6 \times 0.826\,4 + (20 + 30) \times 0.318\,6$
$\quad\quad = 34.15(万元)$

由于计算出的 $NPV > 0$，表明该项目用其项目生产期所获得的全部收益的现值补偿了全部投资现值之后，还有 34.15 万元的现值净收益。因此，该项目的经济效益是好的，方案是可行的。

4）基准收益率的确定

从净现值的计算式(3.32)可以看出，一个方案或项目净现值的大小不仅取决于其本身的现金流量，还与基准收益率 i_c 有关系，在现金流量一定的情况下，基准收益率越高，项目的净现值就越低。基准收益率也可称为基准折现率，是投资者以动态的观点确认的，可以接受的投资方案最低标准收益的收益水平，也代表了投资者所期望的最低的盈利水平。基准收益率的确定应综合考虑以下几个因素。

(1) 资金成本和机会成本。

资金成本是指项目或方案为筹集和使用资金而付出的代价，主要包括资金筹集成本和资金使用成本。

资金筹集成本又称融资费用，指资金在筹措过程中支付的各项费用，包括手续费、发行费、印刷费、公证费和担保费等。资金使用成本又称为资金占用费用，包括股利和各种利息。资金筹集成本属于一次性费用，使用资金过程中不再发生，而资金的使用成本却在资金使用过程中多次发生。

机会成本是指投资者将有限的资金用于拟建项目而放弃的其他投资机会所能获得的最好收益。

一般来说，基准收益率不应低于单位资金成本和资金的机会成本。

(2) 投资风险。

由于工程项目的收益在未来才可能取得，随着时间的推移，这种收益具有不确定性，相应会产生风险。为了补偿可能产生的风险损失，在确定基准收益率时要考虑一个适当的风险报酬。风险报酬率的大小要考虑未来工程项目经营风险的大小来定。一般来说，风险大的项目,风险报酬率也相应大。

(3) 通货膨胀。

通货膨胀是指由于货币的发行量超过商品流通所需的货币量而引起的货币贬值和物价上涨的现象。通常用通货膨胀率这一指标来表示通货膨胀的程度。当出现通货膨胀时,会造成工程项目在建设和经营过程中材料、设备、土地和人力资源费用等的上升,在确定基准收益率时,应考虑通货膨胀对其的影响。

综合以上分析,基准收益率的计算公式为

$$I_c=(1+r_1)(1+r_2)(1+r_3)-1 \approx r_1+r_2+r_3 \qquad (3.34)$$

式中:I_c——基准收益率;

r_1——年单位资金成本和单位投资机会成本中较大者,$r_1=\text{MAX}$(单位资金成本,单位投资机会成本);

r_2——年风险报酬率;

r_3——年通货膨胀率。

在采用不变价格计算项目现金流量的情况下,基准收益率可表示为

$$I_c=(1+r_1)(1+r_2)-1 \approx r_1+r_2 \qquad (3.35)$$

式(3.34)和式(3.35)近似处理的前提条件是 r_1、r_2、r_3 均为小数。

5) 计算期的确定

项目计算期 n 也影响着净现值及其他相关指标的最终计算结果。项目计算期也称项目经济寿命,是指对项目进行经济评价时应确定的项目服务年限。一般来说,项目计算期包括拟建项目的建设期和生产期两个阶段。

项目建设期是指项目从开始施工到全部建成投产所需要的时间。一个拟建项目建设期的长短和其行业性质、建设方式及建设规模有关,应根据实际需要和施工组织设计来确定。从现金流量分析的角度看,建设期内只有现金流出,没有或很少有现金流入;另一方面,过长的计算期会推迟项目获利时间点的到来,从而影响到项目预期的投资效益。因此,在确保工程项目建设质量的前提下,应尽可能缩短建设期。

生产期指项目从建成到固定资产报废为止所经历的一段时间。项目生产期的确定应根据项目的性质、设备技术水平、产品技术进步及更新换代的速度综合确定。对工业生产类项目其生产期一般不超 20 年,而水利、交通等项目的生产期可延长到 30 年。

6) 净现值的优缺点

净现值指标的优点在于,它不仅考虑了资金时间价值,是一个动态评价指标;而且考虑了项目方案整个计算期内的现金流量情况,能够比较全面地反映方案的经济状况;此外,该指标经济意义明确,能够直接以货币额表示项目的净收益。

该指标的缺点在于,首先必须确定一个较合理的基准收益率,在实际的操作中,基准收益率的确定是非常困难的;另外,基准收益率只能表明项目方案的盈利能力超过、达到或未达到要求的收益水平,而实际的盈利能力究竟比基准收益率高多少或低多少,则反映不出来,不能真实反映项目方案投资中单位资金的效率。

7) 净现值的适用范围

净现值可用于独立方案的评价及可行与否的判断,当 $NPV \geqslant 0$ 时,项目方案可行,

可以考虑接受；当 $NPV<0$ 时，项目方案不可行，应予拒绝。此外，净现值还适用于多方案的比较和优选，通常以净现值大的为优。

2. 净年值(NAV)

1）概念及表达式

净年值(Net Annual Value，NAV)，也称净年金，该指标是通过资金时间价值的计算将项目方案的净现值换算为计算期内各年的等额年金，是考察项目投资盈利能力的指标。

净年值的表达式为

$$NAV = \sum_{t=0}^{n}(CI-CO)_t(1+i_c)^{-t}(A/P, i_c, n) = NPV(A/P, i_c, n) \quad (3.36)$$

2）判别准则

由 NAV 的表达式可以看出，NAV 实际上是 NPV 的等价指标，也即在对于单个投资项目来说，用净年值指标和净现值指标进行评价，其结论是相同的。其评价准则如下。

当 $NAV \geq 0$ 时，可以认为项目方案可以考虑接受。

当 $NAV<0$ 时，项目方案不可行。

3）适用范围

净年值指标主要用于寿命期不同的多方案比选中。

要指出的是，用净年值指标评价工程项目投资方案的经济可行与否的结论与净现值是一致的。但是，这两个指标所给出的信息的经济含义是不同的。净现值所表达的信息是项目在整个寿命期内所获得的超出最低期望盈利的超额收益现值；净年值给出的信息是项目在整个寿命期内每年的等额超额收益。

【例 3-12】题意同例 3-11，试用净年值判断其可行性。

某项目第 1 年年初固定资产投资为 150 万元，建设期为 2 年，第 2 年年底建成并投产运行，投产时需要流动资金 30 万元，年经营成本为 60 万元。若项目每年可获得销售收入为 98 万元，项目服务年限为 10 年，到时回收残值 20 万元，年利率为 10%。试计算该项目的净年值。

解：利用式(3.36)和题意可得

$NAV = -150(A/P, 10\%, 12) - 30(P/F, 10\%, 2)(A/P, 10\%, 12) + (98-60)(P/A, 10\%, 10)(P/F, 10\%, 2)(A/P, 10\%, 12) + (20+30)(P/F, 10\%, 12)(A/P, 10\%, 12)$

$= -150 \times 0.1468 - 30 \times 0.8264 \times 0.1468 + 38 \times 6.1446 \times 0.8264 \times 0.1468 + 50 \times 0.3186 \times 0.1468$

$= -22.02 - 3.64 + 28.33 + 2.34$

$= 5.01(万元)$

由于计算出的 $NAV>0$，表明该项目方案用其生产期所获得的全部收益的现值补偿了全部投资现值之后，每年还会有 5.01 万元的超额收益。因此，该项目的经济效益是好的，方案是可行的。

3.2.4 效率型评价指标

效率型评价指标反映了工程项目投资效率的高低,且以比率的形式体现的一类经济评价指标。

1. 内部收益率(IRR)

1) 概念

内部收益率是净现值为零时的折现率,即在该折现率水平下,项目方案的现金流出量的现值等于现金流入量的现值。该指标同净现值一样是被广泛使用的项目方案经济评价指标。由于其所反映的是项目投资所能达到的收益率水平,其大小完全取决于方案本身,因而被称为内部收益率。

依据工程项目经济评价的层次不同,内部收益率又分别称为用于财务评价的财务内部收益率(FIRR)和用于费用效益分析的经济内部收益率(EIRR)。本章的分析是围绕项目方案现金流量展开,为不失一般性,用 IRR 表示内部收益率。

2) 表达式

根据内部收益率的概念,内部收益率的表达式可以写成如下形式

$$\sum_{t=0}^{n}(CI-CO)_t(1+IRR)^{-t}=0 \quad (3.37)$$

从经济意义上讲,内部收益率 IRR 的取值范围应是:$-1<IRR<\infty$,大多数情况下的取值范围是 $0<IRR<\infty$。

3) 计算方式

由式(3.37)可知,求解内部收益率是解以折现率为未知数的多项高次代数方程。如果各年的净现金流量不等,且计算期 n 较长时,求解 IRR 更是烦琐,有时甚至难以实现。一般情况下,可采用线性内插方法求解 IRR 的近似值。

如图 3.5 所示为净现值 NPV 随折现率 i 变化的示意图,ACi_0DB 为净现值函数曲线。由于 i_0 对应的净现值 NPV 为 0,所以 i_0 就是所求的 IRR,由于实际求 i_0 也较困难,一般可以用直线 CD 代替曲线 CD,可以较方便地找到 i' 点,以 i' 近似代替 i_0 点,具体步骤如下。

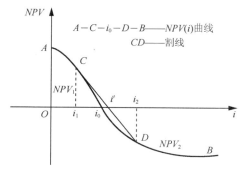

图 3.5 线性内插法求解 IRR 的示意图

第一，列出项目方案的净现值表达式。
第二，选择一个适当的折现率 i_1 代入净现值计算公式，使得 $NPV_1>0$。
第三，再选择一个适当的折现率 i_2 代入净现值计算公式，使得 $NPV_2<0$。
第四，重复第二、第三步，要求 i_1 与 i_2 相差不超过 2%。
第五，代入式(3.38)，就可求出项目方案的内部收益率。

$$IRR=i_1+\frac{NPV_1}{NPV_1+|NPV_2|}(i_2-i_1) \tag{3.38}$$

式中：i_1——试算用的较低的折现率；
　　　i_2——试算用的较高的折现率；
　　NPV_1——用 i_1 计算的净现值(正值)；
　　NPV_2——用 i_2 计算的净现值(负值)。

【例 3-13】表 3-11 所表示的是某项目方案的净现金流量，求其内部收益率。

表 3-11 某项目方案的净现金流量　　　　　　　　　　　单位：万元

年　　份	0	1	2	3	4	5
净现金流量	-100	20	30	20	40	40

解：根据式(3.38)有

$$NPV_1(i_1=13\%)=\sum_{t=0}^{5}NCF_t(1+0.13)^{-t}=1.29(万元)$$

$$NPV_2(i_1=15\%)=\sum_{i=0}^{5}NCF_t(1+0.15)^{-t}=-4.02(万元)$$

$$IRR=13\%+\frac{1.29}{1.29+|-4.02|}\times(15\%-13\%)=13.49\%$$

所以，该项目方案的内部收益率为 13.49%。

4) 判别准则

计算得到的 IRR 与项目的基准收益率 i_c 比较：(1)若 $IRR\geqslant i_c$，则表明项目的收益率已超过或达到设定的基准收益率水平，项目方案可以考虑接受；(2)若 $IRR<i_c$，则表明项目的收益率未达到设定的基准收益率水平，项目应予拒绝。

5) 内部收益率的特点

内部收益率这一指标的优点有：①内部收益率这一指标比较直观，概念清晰、明确，可以直接表明项目投资的盈利能力和资金的使用效率；②内部收益率是由内生决定，即其是由项目的现金流量本身的特征决定的，不是由外部决定的。这与净现值、净年值等指标需要事先设定一个基准收益率才能进行计算和比较来说，操作起来困难较小，容易决策。

内部收益率也存在一些缺点：①内部收益率计算烦琐，对于非常规项目来说，还存在着多解和无解的问题，分析、判断和检验比较复杂；②内部收益率虽然能够明确表示出项目投资的盈利能力，但实际上当项目的内部收益率过高或过低时，往往失去实际意义；③内部收益率适用于单一方案或独立方案的经济评价或可行性判断，不能直接用于多方案的比较和选优。

2. 净现值率（NPVR）

1）净现值率概念

净现值率又称净现值指数，是指项目方案的净现值与项目全部投资现值的比，一般用 $NPVR$ 表示。

净现值率是在净现值的基础上发展起来的。由于净现值指标仅反映一个项目所获净收益现值的绝对量大小，不直接考虑项目投资额的大小，为考察项目方案投资的使用效率，常用净现值率作为净现值指标的辅助评价指标。净现值率的经济含义是单位投资现值所能带来的净现值的大小。

2）净现值率表达式

$$NPVR = \frac{NPV}{I_p} = \frac{\sum_{t=0}^{n}(CI-CO)_t(1+i_c)^{-t}}{\sum_{t=0}^{n}I_t(1+i_c)^{-t}} \tag{3.39}$$

式中：I_t——第 t 年的投资；

I_p——全部投资的现值。

3）净现值率判别标准

若 $NPVR \geq 0$，则项目方案在经济上是可以考虑接受的，反之则不行。用净现值率进行方案比较时，净现值率大的方案为优。

用净现值率指标和净现值指标进行方案的可行性比较时所得的结论是一致的，但是，进行多方案的比较或进行项目方案的排队时，这两个指标的评价结论会出现相互矛盾的情况。

【例 3-14】 求例 3-10 中项目方案的净现值率，并判断其可行性。

解： 已知该项目方案的净现值 $NPV = 3\ 838.45$ 万元，则

$$NPVR = \frac{3\ 838.45}{4\ 000 + 4\ 000(1+12\%)^{-1}} = 0.51$$

由于 $NPVR > 0$，该项目在经济上是可以考虑接受的。

3. 投资收益率（R）

1）投资收益率的概念

投资收益率是指项目投资方案达到设计生产能力后一个正常年份的年净收益与方案的投资总额的比率，一般用 R 表示。投资收益率表明投资方案在正常生产中，单位投资每年所创造的年净收益额。如果生产期内各年的净收益额变化幅度较大的，可计算生产期内年平均净收益与投资总额的比率。投资收益率是衡量投资方案获利水平的静态评价指标。

2）表达式与评价准则

投资收益率的计算公式为

$$R = \frac{A}{I} \times 100\% \tag{3.40}$$

式中：A——项目方案达到设计生产能力后一个正常年份的年净收益或年平均收益；

I——项目总投资。

投资收益率的决策准则为：投资收益率 $R \geqslant$ 行业平均基准收益率。满足该条件，项目可行；否则，该项目应该被否定。

3) 投资收益率的特点

投资收益率是考察项目单位投资盈利能力的静态指标。该指标的优点在于简单、直观反映项目单位投资的盈利能力。该指标的不足之处在于没有考虑资金的时间价值，是一种静态的评价方法。

4) 投资收益率的一些应用指标

在投资收益率的实际计算中，经常应用到以下一些指标。

(1) 总投资收益率(R_z)。

总投资收益率表示总投资的盈利水平，是指项目达到设计生产能力后正常年份的年息税前利润或生产期年平均的年息税前利润与项目总投资的比率。其计算公式为

$$R_z = \frac{EBIT}{I} \times 100\% \tag{3.41}$$

式中：$EBIT$——项目正常年份的年息税前利润或营运期内年平均息税前利润。

其中，年息税前利润＝年营业收入－营业税金及附加－息税前总成本

息税前总成本＝年经营成本＋年固定资产折旧＋无形资产摊销费＋维简费

(2) 投资利润率(R_L)。

投资利润率是项目达到正常生产年份的利润总额或生产期年平均利润总额与项目总投资的比率。其计算公式为

$$R_L = \frac{NP}{I} \tag{3.42}$$

式中：NP——项目正常年份的利润总额或生产期内年平均利润总额。

(3) 资本金利润率(R_E)。

资本金利润率是指项目达产后正常生产年份的利润总额或生产期年平均利润总额与项目资本金的比率。资本金利润率是反映项目资本金盈利能力的重要指标。

$$R_E = \frac{NP}{EC} \times 100\% \tag{3.43}$$

式中：EC——项目资本金。

(4) 投资利税率(R_s)。

投资利税率是指项目达到生产能力后的一个正常生产年份的利润和税金总额或项目生产期内的平均利税总额与总投资的比率。其计算公式为

$$R_s = \frac{TP}{I} \times 100\% \tag{3.44}$$

式中：TP——项目正常生产年份的利润和税金总额或年平均的利税总额，TP＝年销售收入－年总成本费用。

投资利税率数值越大，说明项目为社会提供的利润和向国家缴纳的税金就越多。投资利税率要和同行业的企业的平均投资利税率作比较，以判断项目的盈利水平。

3.2.5 清偿能力指标

1. 借款偿还期(P_d)

1) 借款偿还期的概念

借款偿还期是指根据国家财政规定及投资项目的具体财务条件,以项目可作为偿还贷款的项目收益(利润、折旧、摊销费及其他收益)来偿还项目投资借款本金和建设期利息所需要的时间,是反映项目借款偿债能力的重要指标。

2) 借款偿还期的计算公式

$$I_d = \sum_{t=1}^{P_d}(R_p + D + R_o - R_r) \tag{3.45}$$

式中:P_d——借款偿还期(从借款开始年计算);

I_d——投资借款本金和利息之和(不包括已用自有资金支付的部分);

R_p——第 t 年可用于还款的利润;

D——第 t 年可用于还款的折旧和摊销费;

R_o——第 t 年可用于还款的其他收益;

R_r——第 t 年企业留利。

3) 借款偿还期的实际应用公式

实际计算中,借款偿还期可直接根据资金来源与运用表或借款还本付息计算表推算,其具体推算公式为

$$I_d = 贷款偿还后开始出现盈余年份 - 开始借款年份数 + \frac{当年应偿还借款额}{当年可用于还款的资金额} \tag{3.46}$$

4) 借款偿还期评价准则

计算出借款偿还期后,要与贷款机构的要求期限进行对比,等于或小于贷款机构提出的要求期限,即认为项目是有清偿能力的。否则,认为项目没有清偿能力,从清偿能力角度考虑,则认为项目是不可行的。

借款偿还期指标适用于那些计算最大偿还能力,尽快还款的项目,不适用于那些预先给定借款偿还期的项目。对于预先给定借款偿还期的项目,应采用利息备付率和偿债备付率指标分析项目的偿债能力。

2. 资产负债率($LOAR$)

1) 资产负债率的概念

资产负债率是指各期末负债总额(TL)与资产总额(TA)的比率,是反映企业各个时期面临的财务风险程度及偿债能力的指标。

2) 资产负债率的计算公式

资产负债率的计算公式为

$$LOAR = \frac{TL}{TA} \times 100\% \tag{3.47}$$

式中：TL——期末负债总额；
TA——期末资产总额。

3）资产负债率的评价准则

适度的资产负债表，表明企业经营安全、稳健，具有较强的筹资能力，也表明企业和债权人的风险较小。资产负债率到底多少比较合适，没有绝对的标准，一般认为该指标为 0.5～0.8 是合适的。从营利性角度出发，权益的所有者希望保持较高的债务资本比，以此赋予权益资金有较高的杠杆力（即用较少的权益资本来控制整个项目）。另一方面，资产负债比越高，项目的风险也越大，因为权益资本投资的大部分形成土地使用权、房屋和机械设备，变现较为困难，除非企业宣布破产。因此，银行和债权人一般不愿意贷款给权益资金出资额低于总投资 50% 的项目。

3. 流动比率

1）流动比率的概念

流动比率是反映项目偿还短期债务能力的指标。

2）流动比率的计算公式

流动比率的计算公式为

$$流动比率 = \frac{流动资产总额}{流动负债总额} \times 100\% \tag{3.48}$$

式中，流动资产指可以在一年或超过一年的一个营业周期变现或耗用的资产，包括货币资金、短期投资、待摊费用、存货、应收账款、预付资金等。

流动负债包括短期借款、应付账款、应缴纳税金、一年内到期的长期借款等。

3）流动比率的评价准则

流动比率越高，单位流动负债将有更多的流动资产作保障，短期偿债能力就越强。但比率过高，也说明项目流动资产利用效率低；比率过低，则不利于项目获得贷款。一般认为，流动比率为 2 比较合适。

4. 速动比率

1）速动比率的概念

速动比率是指项目在很短时间内偿还短期债务的能力。

2）速动比率的计算公式

速冻比率的计算公式为

$$速动比率 = \frac{速动资产总额}{流动负债总额} \times 100\% = \frac{流动资产-存货}{流动负债总额} \times 100\% \tag{3.49}$$

3）速动比率的评价准则

在流动资产中，现金、应收账款等是变现最快的部分。速动比率越高，短期偿债能力越强。同样，速动比率过高也会影响资产利用效率，进而影响项目经济效益。一般认为，速动比率为 1 左右比较合适。

3.3 工程项目多方案经济评价

对于多个投资项目方案比选或选优的问题,需要明确方案之间的关系类型。不同的方案类型,所采用的经济评价指标也是不同的。工程项目方案类型关系的确定、不同方案类型经济评价方法的建立及其应用是本章学习的主要内容。

3.3.1 工程项目方案类型

对于单一方案而言,通过计算不同的经济评价指标,依据各个指标的评价标准,就可判断该方案的经济可行性,从而决定方案的取舍。但在工程项目的决策过程中,为保证项目最终效益的实现,都应从技术和经济相结合的角度进行多方案分析论证,根据经济评价的结果结合其他因素进行决策。可以认为,工程项目投资决策的过程就是多方案评价和择优的过程。因此,只有对多方案进行评价,才能决策出技术上先进,经济上合理,社会效益最大化的最优方案。

多方案经济评价方法的选择与项目方案的类型(即项目方案之间的相互关系)有关。按照方案之间经济关系的类型,多方案可以划分成以下几种类型。

(1) 互斥型方案。互斥型方案是指在一组方案中,选择其中一个方案,则排除了接受其他方案的可能性,也称为互斥多方案或互斥方案。也就是说在互斥型方案中只能选择一个方案,其余方案必须放弃,方案之间的关系具有相互排斥的性质。互斥型方案是工程的实践中最常见到的。如一栋楼房层数的选择、一座水库坝高的选择、一座建筑物结构类型的选择、一个工程主体结构的施工工艺的确定等。这类决策问题常常面对的就是互斥方案的选择。

(2) 独立型方案。独立型方案是指在一组备选方案中,任一方案的采用与否都不影响其他方案的取舍。即在独立型方案中,各方案之间现金流量独立,互不干扰,方案之间不具有相关性,采纳一个方案并不要求放弃另外的方案。如一个区域为实现社会经济的发展,要建设交通运输项目、资源开发项目、环境保护项目、高新技术产业项目等,在项目功能不存在矛盾的前提下,这些项目可视为独立项目。可以认为单一方案是独立方案的特例。

(3) 混合型方案。混合项目是指项目组中存在着两个层次,高层次由一组独立型方案构成,每一个独立型方案又包括若干个互斥型方案,总体上称之为混合型方案。例如,某集团公司有三个投资项目 A、B、C,A 是工业生产类项目,有 A1、A2、A3 三个生产方案;B 是一个房地产开发项目,有 B1、B2、B3 三种不同用途开发方案;C 是一个高速公路项目,有 C1、C2 两个建设方案。对该集团公司来说,A、B、C 三个投资项目是相互独立的,即在资金允许的情况下,三个项目可以同时投资,或者可以投资其中的一个或两个项目。但对于 A 项目只能采取其中的一个生产方案,A1、A2、A3 三个生产方案是互斥的;对于 B 项目只能开发一种用途的房地产项目,B1、B2、B3 三种用途的房地产开发项目方案是互斥的；对于 C 项目，只能开工建设一种方案的高速公路，C1、C2 两个建设方案是互斥的。该集团公司这样的投资方案就是混合型方案。

（4）互补型方案。互补型方案是指存在依存关系的一组方案。根据相互依存关系，互补型方案分为对称型互补方案和不对称型互补方案。对称型互补方案中，方案间相互依存，互为对方存在的前提条件，如煤炭资源开发中矿井建设项目和铁路专用线项目，两者互为对方存在的前提条件，缺任何一个都不能实现预定目标。不对称互补方案中其中某一个方案的存在是另一个方案存在的前提条件，如办公楼建设方案和空调系统建设方案，没有空调系统，办公楼仍可以发挥一定的作用，但空调系统方案必须依托于办公楼的存在。

（5）现金流量相关型方案。现金流量相关型方案是指方案间现金流量存在影响的一组方案。在该类型的多方案中，方案之间不完全是排斥关系，也不完全是独立关系，一个方案成立与否会影响其他方案现金流量的变化。如两个城市之间要建设交通运输项目，既可以建设公路项目，也可以建设铁路项目，公路项目方案和铁路项目方案既非完全排斥也非完全独立，一个方案的取舍必然影响另一方案的现金流量。

不同类型多方案经济评价指标和方法是不同的，但比较的宗旨只有一个：最有效地分配有限的资金，以获得最好的经济效益。

3.3.2 互斥型方案的经济评价

1. 互斥型方案比较概述

1）互斥型方案比较的原则

进行互斥型方案比选时，除必须满足可比性原理，以保证论证过程能够全面、正确地反映实际情况，保证决策的正确性外，还应遵循如下原则。

（1）增量分析原则。对不同的方案进行评价和比较必须从增量角度进行，即在投资额较低的方案被证明是可行的基础上，计算两个方案的现金流量差，分析研究某一方案比另一方案增加的投资在经济上是否合算，得到相关的增量评价指标，再与基准指标对比，以确定投资大还是投资小的方案为优方案。

（2）环比原则。多个互斥方案进行比较时，为选出最优方案，理论上来讲，各方案除与 0 方案（0 方案表示其净现值 NPV 为 0 或内部收益率为 i_c）进行比较外，各方案间还应进行横向的两两比较，这带来了计算量的加大。在实际的比较中，可采用环比的原则来减少比较次数，将各方案按投资额从小到大排序，依次比较，最终选出最优方案。

2）互斥型方案的评价步骤

对于互斥型方案的评价步骤主要包括以下两个步骤。

（1）绝对经济效果检验。绝对经济效果检验主要是考察备选方案中各方案自身的经济效果是否满足评价准则的要求，这一步称为可行性判断。该步骤主要是采用第 3.2 节中的相关经济评价指标进行检验，如静态投资回收期 P_t、净现值 NPV、净年值 NAV、内部收益率 IRR 等。只有自身的经济效果满足了评价准则［静态投资回收期 P_t≤基准投资回收期，净现值 NPV≥0（或净年值 NAV≥0），内部收益率 IRR≥基准收益率］要求的备选方案才能进入下一评价步骤。

(2) 相对经济效果检验。在通过绝对经济效果检验的方案中进行评价选择,选出相对最优的方案,这一步也可称为选优。

2. 寿命期相同的互斥型方案经济评价

对于寿命期相同的互斥方案,可将方案的寿命期设定为共同的分析期。这样,利用资金时间价值等原理进行经济效果评价时,各方案在时间上具有可比性,寿命期相等的互斥型方案比选时,可采用增量分析法、直接比较法和最小费用法。

1) 增量分析法

对相互比较的两个方案,可计算它们在投资、年销售收入、年经营费用、净残值等方面的增量,构成新现金流量即增量现金流量,因此,对不同方案的增量现金流量进行分析的方法称为增量分析。对互斥方案进行经济评价时,根据不同方案的现金流量,可采用静态增量投资回收期 ΔP_t、动态增量投资回收期 $\Delta P_t'$、增量净现值 ΔNPV、增量内部收益率 ΔIRR 等指标进行方案的比选。

(1) 静态增量投资回收期 (ΔP_t)。

① 增量投资回收期。增量投资回收期,也称追加投资回收期或差额投资回收期,指的是投资额不同的工程项目的建设方案,用成本的节约或收益的增加来回收增量投资期限。对于两个投资额不同的方案而言,一般投资额大的方案其年经营成本往往低于投资额小的方案的年经营成本,或投资额大的方案其年净收益往往高于投资额小的方案的年净收益。增量投资回收期即是投资额大的方案用年经营成本的节约或者年净收益的增加额来补偿其投资增量的时间。

② 静态增量投资回收期概念及计算式。静态增量投资回收期是指在不考虑资金时间价值的条件下的增量投资回收期。其一般计算式为

$$\sum_{t=0}^{\Delta P_t} (NCF_1 - NCF_2)_t = 0 \tag{3.50}$$

式中的 NCF_1、NCF_2 分别为方案1和方案2的净现金流量。一般来说,方案1代表初始投资额较大的方案。

③ 静态增量投资回收期特殊计算式。

a. 相比较的两个方案产出的数量和质量基本相同,且两个方案的经营成本均为常数。

静态增量投资回收期是投资额大的方案1用其年经营成本的节约额补偿其投资增量的时间,计算公式为

$$\Delta P_t = \frac{I_1 - I_2}{C_2 - C_1} = \frac{\Delta I}{\Delta C} \tag{3.51}$$

式中:I_1、I_2——方案1、方案2的投资额;

C_1、C_2——方案1、方案2的经营成本。

b. 相比较的两个方案的投入和产出不同,但年净收益为常数。

静态增量投资回收期是投资额大的方案1用其年净收益的增加额补偿其投资增量的时间,计算公式为

$$\Delta P_t = \frac{I_1 - I_2}{R_1 - R_2} = \frac{\Delta I}{\Delta R} \tag{3.52}$$

式中：R_1、R_2——方案1、方案2的年净收益。

④ 静态增量投资回收期评价准则。当 $\Delta P_t \leqslant P_c$ 时，说明投资额大的方案相比较于投资额小的方案的投资增量可在基准投资回收期内收回，即投资额大的方案优于投资额小的方案；否则，投资额小的方案优于投资额大的方案。

【例3-15】某项目有两个可行方案供选择，方案1的投资额为4 800万元，年平均经营成本为600万元；方案2的投资额为1 800万元，年平均经营成本为1 200万元。设基准投资回收期为6年，试选择较优的方案。

解： $I_1 = 4\ 800$ 万元，$I_2 = 1\ 800$ 万元，$\Delta I = 3\ 000$ 万元

$C_1 = 600$ 万元，$C_2 = 1\ 200$ 万元，$\Delta C = 600$ 万元

$$\Delta P_t = \frac{\Delta I}{\Delta C} = \frac{3\ 000}{600} = 5 \text{（年）}$$

由于增量静态投资回收小于基准投资回收期，所以，投资额大的方案为较优方案。

特别提出的是，本题已告知两个方案为可行方案，故在解题的过程中省略了互斥方案评价的第一步，即省略了可行性判断，而直接进行了选优。

(2) 增量净现值 (ΔNPV)。

① 增量净现值法比选的原理。在参与比较的方案达到基准收益率要求的基础上，判定投资多的方案比投资少的方案所增加的投资是否值得，如果增量投资值得投资，则投资额大的方案为较优方案；否则，投资额小的方案为较优方案。

② 增量净现值法的计算公式。设方案1和方案2是两个投资额不等的互斥型方案，有共同的计算期 n 年，方案1比方案2的投资额大，则两个方案的增量净现值计算为

$$\begin{aligned}
\Delta NPV_{1-2} &= \sum_{t=0}^{n} [(CI_1 - CO_1)_t - (CI_2 - CO_2)_t] \times (1 + i_c)^{-t} \\
&= \sum_{t=0}^{n} (CI_1 - CO_1)_t \times (1 + i_c)^{-t} - \sum_{t=0}^{n} (CI_2 - CO_2) \times (1 + i_c)^{-t} \\
&= NPV_1 - NPV_2
\end{aligned} \tag{3.53}$$

③ 增量净现值法评价准则。如果 $\Delta NPV \geqslant 0$，则表明增量投资部分是值得的，投资额大的方案优于投资额小的方案；如果 $\Delta NPV < 0$，则表明增量投资部分不能达到预期的基准收益率水平，该部分投资是不值得的，因此，投资额小的方案是较优方案。

④ 增量净现值法的评价步骤。使用增量净现值指标进行评价时应遵循以下步骤。

a. 将参与比较的各备选方案按投资额从小到大顺序排列。

b. 增设投资和净收益均为0的0方案，用以判定基础方案是否满足基准收益率的要求。

c. 将投资小的 A_i 方案作为临时最优方案，投资大的方案 A_j 作为竞争方案 ($j > i$)，计算 $\Delta NPV_{A_j - A_i}$，如果 $\Delta NPV_{A_j - A_i} \geqslant 0$，则 A_j 方案优于 A_i 方案，A_j 方案取代原来的临时最优方案 A_i，作为新的临时最优方案；如果 $\Delta NPV_{A_j - A_i} < 0$，则淘汰 A_j 方案，A_i 方案仍作为临时最优方案与下一个方案进行比较。

d. 不断重复步骤 c，直到找到最优方案。

【例 3-16】某企业购置设备，现有三个方案，各方案的现金流量见表 3-12，各方案的寿命均为 10 年，10 年末的残值为 0。设基准收益率 i_c 为 12%，问选择哪个方案在经济上更有利？

表 3-12 三个方案的有关数据

项目方案	期初投资/万元	年净收益/万元	寿命期/年
方案 1	7 500	2 100	10
方案 2	12 000	2 800	10
方案 3	15 000	3 700	10

解：将各备选方案按投资额的大小由小到大排序为方案 1、方案 2、方案 3，增设投资和净收益均为 0 的 0 方案。

① 将方案 1 和 0 方案进行比较，计算这两个方案的增量净现金流量，按基准收益率 $i_c=12\%$，计算增量净现值 ΔNPV_{1-0}。

$\Delta NPV_{1-0}=2\,100(P/A,12\%,10)-7\,500=2\,100\times 5.650\,2-7\,500=4\,365$（万元）

因为 $\Delta NPV_{1-0}>0$，说明方案 1 优于 0 方案，继续保留方案 1 作为临时最优方案。

② 将方案 2 和方案 1 进行比较，计算这两个方案的增量净现金流量，按基准收益率 $i_c=12\%$，计算增量净现值 ΔNPV_{2-1}。

$\Delta NPV_{2-1}=(2\,800-2\,100)(P/A,12\%,10)-(12\,000-7\,500)=700\times 5.650\,2-4\,500=-545$（万元）

因为 $\Delta NPV_{2-1}<0$，说明增量投资不合适，方案 1 优于方案 2，继续保留方案 1 作为临时最优方案。

③ 将方案 3 和方案 1 进行比较，计算这两个方案的增量净现金流量，按基准收益率 $i_c=12\%$，计算增量净现值 ΔNPV_{3-1}。

$\Delta NPV_{3-1}=(3\,700-2\,100)(P/A,12\%,10)-(15\,000-7\,500)=1\,600\times 5.650\,2-7\,500=1\,540$（万元）

因为 $\Delta NPV_{3-1}>0$，说明方案 3 优于方案 1，方案 1 被淘汰，方案 3 是最优方案。

（3）增量内部收益率（ΔIRR）。

① 增量内部收益率的概念。增量内部收益率，又称差额内部收益率或追加内部收益率。对于两个投资额不等的方案而言，如果投资额大的方案的年净现金流量与投资额小的方案的年净现金流量的差额现值之和等于 0，此时的折现率等于增量内部收益率。也可以表述成增量内部收益率是指增量净现值等于 0 的折现率或两个项目方案净现值相等时的折现率，一般用 ΔIRR 表示。

② 增量内部收益率的表达式。

$$\sum_{t=0}^{n}\left[(CI-CO)_2-(CI-CO)_1\right]_t(1+\Delta IRR)^{-t}=0 \qquad (3.54)$$

式中：ΔIRR——增量内部收益率；

$(CI-CO)_2$——投资额大的方案的年净现金流量；

$(CI-CO)_1$——投资额小的方案的年净现金流量。

③ 增量内部收益率的判别准则。若 $\Delta IRR \geqslant i_c$，则投资额大的方案为优；若 $\Delta IRR < i_c$，则投资额小的方案为优。

应注意的是，使用增量内部收益率这一指标进行多方案比较时，必须保证每个方案都是可行的，或至少投资额最小的方案是可行的。而且，要求被比较的各方案的寿命期或计算期须相同。

由于增量内部收益率的计算式仍然是一元 n 次方程，实际计算中同样采用线性内插法求解。

④ 增量内部收益率评价步骤。增量内部收益率法与增量净现值法的评价步骤基本相同。

a. 将参与比较的各备选方案按投资额从小到大顺序排列。

b. 增设投资和净收益均为 0 的 0 方案，用以判定基础方案是否满足基准收益率的要求。

c. 将投资小的 A_i 方案作为临时最优方案，投资大的方案 A_j 作为竞争方案（$j>i$），计算 $\Delta IRR_{A_j-A_i}$，如果 $\Delta IRR_{A_j-A_i} \geqslant i_c$，则 A_j 方案优于 A_i 方案，A_j 方案取代原来的临时最优方案 A_i，作为新的临时最优方案；如果 $\Delta NPV_{A_j-A_i} < i_c$，则淘汰 A_j 方案，A_i 方案仍作为临时最优方案与下一个方案进行比较。

d. 不断重复步骤 c，直到找到最优方案。

【例 3-17】以例 3-16 为例，试用增量内部收益率判断哪个方案在经济上最优。

解：① 比较方案 1 和 0 方案，计算两者的增量内部收益率 ΔIRR_{1-0}。

$$2\,100(P/A, \Delta IRR_{1-0}, 10) - 7\,500 = 0$$

求得，$\Delta IRR_{1-0} = 24.99\% > i_c = 12\%$，方案 1 优于 0 方案，淘汰 0 方案，方案 1 仍为临时最优方案。

② 比较方案 2 和方案 1，计算两者的增量内部收益率 ΔIRR_{2-1}。

$$(2\,800 - 2\,100)(P/A, \Delta IRR_{2-1}, 10) - (12\,000 - 7\,500) = 0$$

求得，$\Delta IRR_{2-1} = 8.96\% < i_c = 12\%$，方案 1 优于方案 2，淘汰方案 2，方案 1 仍为临时最优方案。

③ 比较方案 3 和方案 1，计算两者的增量内部收益率 ΔIRR_{3-1}。

$$(3\,700 - 2\,100)(P/A, \Delta IRR_{3-1}, 10) - (15\,000 - 7\,500) = 0$$

求得，$\Delta IRR_{3-1} = 16.83\% > i_c = 12\%$，方案 3 优于方案 1，淘汰方案 1，方案 3 为最优方案。

2）直接比较法

（1）净现值 NPV 法或净年值 NAV 法。

当互斥型方案的计算期相同时，在已知各投资方案的现金流入量与现金流出量的前提下，直接用净现值或净年值进行方案的评价选优最为简便。

① 评价步骤。

a. 绝对经济效果检验。计算各方案的净现值 NPV 或净年值 NAV，并加以检验，若

某方案的 $NPV \geqslant 0$ 或 $NAV \geqslant 0$，则该方案通过了绝对经济效果检验，可以继续作为备选方案，进入下一步的选优；若某方案的 $NPV \leqslant 0$ 或 $NAV \leqslant 0$，则该方案没有资格进入下一步的选优。

b. 相对经济效果检验。两两比较通过绝对经济效果检验的各方案的净现值 NPV 或净年值 NAV 的大小，直至保留净现值 NPV 或净年值 NAV 最大的方案。

c. 选最优方案。相对经济效果检验后保留的方案为最优方案。

② 评价准则。

a. $NPV_i \geqslant 0$ 且 $MAX(NPV_i)$ 所对应的方案为最优方案。

b. $NAV_i \geqslant 0$ 且 $MAX(NAV_i)$ 所对应的方案为最优方案。

【例 3-18】以例 3-16 为例，试用净现值或净年值判断哪个方案在经济上最优。

解：① 用净现值进行方案的选优。

$NPV_1 = -7\,500 + 2\,100(P/A, 12\%, 10) = -7\,500 + 2\,100 \times 5.650\,2 = 4\,365(万元)$

$NPV_2 = -12\,000 + 2\,800(P/A, 12\%, 10) = -12\,000 + 2\,800 \times 5.650\,2 = 3\,821(万元)$

$NPV_3 = -15\,000 + 3\,700(P/A, 12\%, 10) = -15\,000 + 3\,700 \times 5.650\,2 = 5\,906(万元)$

方案 3 的净现值最大，所以方案 3 为最优方案。

② 用净年值进行方案的选优。

$NAV_1 = -7\,500(A/P, 12\%, 10) + 2\,100 = -7\,500 \times 0.177\,0 + 2\,100 = 773(万元)$

$NAV_2 = -12\,000(A/P, 12\%, 10) + 2\,800 = -12\,000 \times 0.177\,0 + 2\,800 = 676(万元)$

$NAV_3 = -15\,000(A/P, 12\%, 10) + 3\,700 = -15\,000 \times 0.177\,0 + 3\,700 = 1\,045(万元)$

方案 3 的净年值最大，所以方案 3 为最优方案。

(2) 净现值 NPV 与增量净现值 ΔNPV 的比较。

通过上面的例 3-16 和例 3-18 可以看出，当互斥型方案寿命相等，直接比较各方案的净现值 NPV 并取 NPV 最大的方案与用增量净现值分析的结果是一致的，这是因为：

$$\Delta NPV_{2-1} = \sum_{t=0}^{n}[(CI_2 - CI_1) - (CO_2 - CO_1)]_t(1+i_c)^{-t}$$

$$= \sum_{t=0}^{n}(CI_2 - CO_2)_t(1+i_c)^{-t} - \sum_{t=0}^{n}(CI_1 - CO_1)_t(1+i_c)^{-t}$$

$$= NPV_2 - NPV_1 \tag{3.55}$$

所以，当 $\Delta NPV_{2-1}(i_c) \geqslant 0$ 时，必有 $NPV_2 \geqslant NPV_1$，即 NPV 指标具有可加性。在互斥型方案寿命相等时，以直接用净现值指标比选最为简便。在互斥型方案比选中，可计算出各方案自身现金流量的净现值，净现值最大的方案即为最优方案。

3) 最小费用法

(1) 最小费用法应用前提。

在互斥型方案经济评价的实践中，经常会遇到各个产出方案的效果相同或基本相同，有时又难以估算，比如一些公共基础类项目、环保类项目、教育类项目等。这些项目所产生的效益无法或很难用货币来直接计量，也就得不到其具体现金流量的情况，因而无法用净现值、增量内部收益率等指标进行经济评价，前面提到的增量分析法或直接比较法也就无法应用。此时，可假设各方案的收益相同，方案比较时可不考虑收益，而仅对各备选方案的费用进行比较,以备选方案中费用最小的作为最优方案,这种方法称为最小费用法。最小费用法包括费用现值法和费用年值法。

(2) 费用现值(Present Cost,PC)比选法。

① 费用现值概念。项目方案在寿命期内不同时点的现金流出量按设定的折现率折现到期初的现值之和称为费用现值,一般用 PC 表示费用现值。

② 表达式。

a. 一般表达式为

$$PC = \sum_{t=0}^{n} CO_t (1+i_c)^{-t} = \sum_{t=0}^{n} CO_t (P/F, i_c, t) \tag{3.56}$$

b. 若用 I 表示投资,C 表示经营成本,存在着净残值 L_F,表达式为

$$PC = \sum_{t=0}^{n} (I+C-L_F)_t (P/F, i_c, t) \tag{3.57}$$

c. 若投资 I 为一次性,年经营成本 C 相等,无残值 L_F,表达式为

$$PC = I + C(P/A, i_c, n) \tag{3.58}$$

d. 投资 I 为一次性投入,年经营成本 C 相等,有残值 L_F,表达式为

$$PC = I + C(P/A, i_c, n) - L_F(P/F, i_c, n) \tag{3.59}$$

③ 使用前提。费用现值这一指标的应用是建立在如下的假设基础上的:用于计算费用现值的项目方案是可行的。费用现值主要用于:各方案产出效益相同或基本相同;各方案满足相同需要,效益难以用价值形态表示。

④ 判别准则。只能用于多方案比较选优,以费用现值最小的方案为最优方案。

【例 3-19】某项目的两个采暖方案均能满足相同的采暖需要,有关数据见表 3-13。在基准折现率为 10% 的情况下,试计算各方案的费用现值。

表 3-13 两个采暖方案的有关数据　　　　　　　　　　　单位:万元

方　　案	总投资(第 0 时点)	年运行费用(1~10 年)
方案 1	300	90
方案 2	360	75

解:根据题意及式(3.58)计算各方案的费用现值如下

$PC_1 = 300 + 90(P/A, 10\%, 10) = 300 + 90 \times 6.1446 = 853.01$(万元)

$PC_2 = 360 + 75(P/A, 10\%, 10) = 360 + 75 \times 6.1446 = 820.85$(万元)

根据费用现值最小的选优原则,方案 2 的费用现值最小,所以方案 2 为最优方案。

(3) 费用年值(Annual Cost,AC)法。

① 费用年值概念。按设定的折现率将方案寿命期内不同时点发生的所有支出费用换算为与其等值的等年值,也称年成本。一般用 AC 表示。

② 表达式。

$$AC = PC(A/P, i_c, n) = \sum_{t=0}^{n} CO_t (P/F, i_c, t)(A/P, i_c, n) \tag{3.60}$$

③ 判别准则。费用年值 AC 只能用于多方案的比较和选择,且以最小年费用的方案为最优方案。

【例 3-20】 两个供热系统方案，能满足相同的供热需求，有关数据见表 3-14，$i_c=15\%$。试用费用年值进行选择。

表 3-14 两个采暖方案的有关数据

方案	总投资(第 0 时点)/万元	使用寿命/年	年经营成本/万元	净残值/万元
方案 1	30	6	20	5
方案 2	40	9	16	0

解：根据题意及式(3.60)

$$AC_1 = 30(A/P, 15\%, 6) + 20 - 5(A/F, 15\%, 6) = 27.34(万元)$$
$$AC_2 = 40(A/P, 15\%, 9) + 16 = 24.38(万元)$$

由于 $AC_2 < AC_1$，根据费用年值的判别准则，可知方案 2 为较优方案。

3. 计算期不同的互斥型方案经济评价

当相互比较的互斥型方案具有不同的计算期时，由于方案之间不具有可比性，不能直接采用增量分析法或直接比较法进行方案的比选。为了满足时间上的可比性，需要对各备选方案的计算期进行适当的调整，使各方案在相同的条件下进行比较，才能得出合理的结论。

1) 年值法

年值法主要采用的净年值指标进行方案的比选，当各个方案的效益难以计量或效益相同时，也可采用费用年值指标。在年值法中，要分别计算各备选方案净现金流量的等额净年值 NAV 或费用年值 AC，并进行比较，以净年值 NAV 最大(或费用年值 AC 最小)的方案为最优方案。年值法中是以"年"为时间单位比较各方案的经济效果，从而使计算期不同的互斥型方案间具有时间的可比性。

采用年值法进行计算期不等的互斥型方案的比选，实际上隐含着这样的假设：各方案在其计算期结束时可按原方案重复实施。由于一个方案在其重复期内，等额净年值不变，故不管方案重复多少次，只需计算一个计算期的等额净年值就可以了。

【例 3-21】 某建筑公司要购买一种用于施工的设备，现有两种设备供选择，设基准收益率为 12%，有关数据见表 3-15。试问应选择哪种设备。

表 3-15 两种设备的有关数据

设备	总投资(第 0 时点)/万元	使用寿命/年	年销售收入/万元	年经营成本/万元	净残值/万元
设备 1	16 000	6	11 000	5 200	1 500
设备 2	27 000	9	11 000	4 600	3 000

解：$NAV_1 = -16\,000(A/P, 12\%, 6) + (11\,000 - 5\,200) + 1\,500(A/F, 12\%, 6)$
$= -16\,000 \times 0.243\,2 + 5\,800 + 1\,500 \times 0.123\,2$
$= 2\,094(万元)$

$NAV_2 = -27\,000(A/P, 12\%, 9) + (11\,000 - 4\,600) + 3\,000(A/F, 12\%, 9)$
$\quad\quad = -27\,000 \times 0.1877 + 6\,400 + 3\,000 \times 0.0677$
$\quad\quad = 1\,543(万元)$

由于 $NAV_1 > NAV_2$，应该选择设备 1。

2) 最小公倍数法

最小公倍数法是以各备选方案计算期的最小公倍数为比较期，假定在比较期内各方案可重复实施，现金流量重复发生，直至比较期结束。以最小公倍数作为共同的计算期，使得各备选方案有相同的比较期，具备时间上的可比性，可采用净现值等指标进行方案的比选。

当相互比较的各方案最小公倍数不大且考虑技术进步等因素的影响不大时，现金流量可以重复发生的假定可以认为基本符合事实，这是因为技术进步与通货膨胀具有一定的相互抵消作用。但当最小公倍数很大时（如两个相互比较的方案计算期分别为 10 年和 11 年，其最小公倍数为 110 年），假定在最小公倍数的比较期内各方案的现金流量可以重复实施就会脱离实际。另外，某些不可再生的矿产资源开发类项目，方案可重复实施的假设也不成立，也就无法用最小公倍数进行方案的比选。最小公倍数法主要适用于方案确实可重复实施的、技术进步不快的产品及设备方案。

【例 3-22】对例 3-21 应用最小公倍数法进行设备的选择。

解： 由于两种设备的寿命不同，它们的最小公倍数为 18 年，即设备 1 重复 2 次，设备 2 重复 1 次，最小公倍数 18 年为共同的计算期。

$NPV_1 = -16\,000 - (16\,000 - 1\,500) \times (P/F, 12\%, 6) - (16\,000 - 1\,500) \times$
$\quad\quad (P/F, 12\%, 12) + 1\,500 \times (P/F, 12\%, 18) + (11\,000 - 5\,200) \times (P/A, 12\%, 18)$
$\quad\quad = -16\,000 - 14\,500 \times 0.5066 - 14\,500 \times 0.2567 + 1\,500 \times 0.1300 + 5\,800 \times 7.2497$
$\quad\quad = 15\,175(万元)$

$NPV_2 = -27\,000 - (27\,000 - 3\,000) \times (P/F, 12\%, 9) + 3\,000 \times (P/F, 12\%, 18) +$
$\quad\quad (11\,000 - 4\,600) \times (P/A, 12\%, 18)$
$\quad\quad = -27\,000 - 24\,000 \times 0.3606 + 3\,000 \times 0.1300 + 6\,400 \times 7.2497$
$\quad\quad = 11\,134(万元)$

由于 $NPV_1 > NPV_2$，应该选择设备 1。

4. 寿命无限长互斥型方案经济评价

通常情况下，各备选方案的计算期都是有限的；但某些特殊工程项目的服务年限或工作状态是无限的，如果维修得足够好，可以认为能无限期延长，即其使用寿命无限长，如公路、铁路、桥梁、隧道等。对这种永久性设施的等额年费用可以计算其资本化成本。所谓资本化成本是指项目在无限长计算期内等额年费用的折现值，可用 CC 表示。设等额年费用（或年净收益）为 A，则其计算式为

$$CC = \lim_{n \to \infty}(P/A, i_c, n) = A \lim_{n \to \infty}\left[\frac{(1+i_c)^n - 1}{i_c(1+i_c)^n}\right]$$

$$= A\left[\lim_{n \to \infty}\frac{(1+i_c)^n}{i_c(1+i_c)^n} - \lim_{n \to \infty}\frac{1}{i_c(1+i_c)^n}\right] = \frac{A}{i_c}$$

(3.61)

3.3.3 独立型方案的经济评价

独立型方案经济评价的特点是：不需要进行方案比较，所有的方案都是独立的；各个方案之间不具有排他性，选用一个方案并不要求放弃另一个方案；在资金允许或资金无限制的条件下，几个方案或全部方案可以同时成立。

1. 资金不受限制的独立型方案的经济评价

在资金不受限制的情况下，独立方案的采纳与否，只取决于方案自身的经济效果。也就是说，资金不受限制的独立型方案的经济评价只需检验他们是否通过净现值 NPV 或内部收益率 IRR 等指标的评价标准（$NPV \geqslant 0$，$IRR \geqslant i_c$）即可，凡是通过了方案自身的"绝对经济效果检验"，即认为它们在经济效果上达到了基本要求，可以接受，否则，应予以拒绝。

【例 3-23】两个独立型方案的投资和净收益等数据见表 3-16，基准收益率 i_c 为 15%。试进行评价和选择。

表 3-16 两个方案的有关数据

方 案	总投资（第 0 时点）/万元	使用寿命/年	年净收益/万元
方案 1	150	5	75
方案 2	150	5	40

解：计算两个方案的净现值 NPV

$$NPV_1 = -150 + 75(P/A, 15\%, 5)$$
$$= 101 (万元)$$
$$NPV_2 = -150 + 40(P/A, 15\%, 5)$$
$$= -16 (万元)$$

由于 $NPV_1 > 0$，$NPV_2 < 0$，所以方案 1 可以接受，方案 2 予以拒绝。

2. 资金受限制的独立型方案的经济评价

独立型方案经济评价中，如果资金受到限制，就不能像资金无限制的方案那样，凡是通过了绝对经济效果检验的方案都被采用。因此，在通过了绝对经济效果检验的方案中，由于资金受限，也必须放弃其中一个或一些方案。独立型方案经济评价的标准是：在满足资金限额的条件下，取得最好的经济效果。

1）互斥方案组合法

互斥方案组合法是利用排列组合的方法，列出待选择方案的所有组合。保留投资额不超过限制且净现值大于零的方案组合，淘汰其余方案组合，保留的组合方案中，净现值最大的一组所包含的方案即为最优的方案组合。

互斥方案组合法进行方案选择的步骤如下。

（1）列出独立方案的所有可能组合，形成若干个新的组合方案，则所有可能组合方案形成互斥组合方案(m 个独立方案则有 2^m 个组合方案)。

(2) 每个组合方案的现金流量为被组合的各独立方案的现金流量的叠加。

(3) 将所有的组合方案按初始投资额从小到大的顺序排列。

(4) 排除总投资额超过投资资金限额的组合方案。

(5) 对所剩的所有组合方案按互斥方案的比较方法确定最优的组合方案。

(6) 最优组合方案所包含的独立方案即为该组独立方案的最佳选择。

互斥型方案组合法能够在各种情况下确保选择的方案组合是最优的可靠方法，是以净现值最大化作为评价目标，保证了最终所选出的方案组合的净现值最大。

【例 3-24】现有三个独立型项目方案 A、B、C，其初始投资分别为 150 万元、450 万元和 375 万元，年净收益分别为 34.5 万元、87 万元和 73.5 万元。三个方案的计算期均为 10 年，基准收益率为 10%，若投资限额为 700 万元，试进行方案选择。

解：首先计算三个方案的净现值

$$NPV_A = -150 + 34.5(P/A, 10\%, 10)$$
$$= 62.0(\text{万元})$$
$$NPV_B = -450 + 87(P/A, 10\%, 10)$$
$$= 84.6(\text{万元})$$
$$NPV_C = -375 + 73.5(P/A, 10\%, 10)$$
$$= 76.6(\text{万元})$$

由于 A、B、C 三个方案的净现值均大于零，从单方案检验的角度来看三个方案均可行。

现在由于总投资要限制在 700 万元以内，而 A、B、C 三个方案加在一起的总投资额为 975 万元，超过了投资限额，因而不能同时实施。

按照互斥方案组合法，其计算结果见表 3-17。

表 3-17 用互斥方案组合法比选最佳方案组合

序 号	组合方案 ABC	总投资额/万元	净收益/万元	净现值/万元	结 论
1	000	0	0	0	
2	100	150	34.5	62.0	
3	010	450	87	84.6	
4	001	375	73.5	76.6	
5	110	600	121.5	146.6	最佳
6	101	525	108	138.6	
7	011	825			投资超限
8	111	975			投资超限

计算结果表明，方案 A 和方案 B 的组合为最佳投资组合方案，也即最终应选择方案 A 和方案 B。

2) 净现值率排序法

净现值率排序法就是在计算各方案净现值率的基础上,将净现值率大于或等于0的方案按净现值率从大到小排序,并依次选取项目方案,直至所选项目方案的投资总额最大限度地接近或等于投资限额为止。净现值率排序法所要达到的目标是在一定的投资限额的约束下,使所选项目方案的投资效率最高。

3.3.4 其他类型方案的经济评价

除上面提到的互斥型方案、独立型方案外,在工程建设的实践中,还有其他类型的方案,如混合型方案、互补性方案、现金流量相关型方案等,需要我们选择合适的经济评价方法,来选择最优的方案或方案组合。

1. 混合型方案的经济评价

1) 无资金约束条件下的选择

由于各个项目相互独立,而且没有资金限制,因此,只要项目可行,就可以采纳。把各个独立型项目所属的互斥型方案进行比较然后择优,即只要从各个独立项目中选择净现值最大且不小于0的互斥型方案加以组合即可。

2) 有资金约束条件下的资金选择

这种情况下最优方案组合选择的思路与无资金约束条件下选择混合方案的方法基本相同,只是在选择方案的时候应考虑总投资额不能超过资金限额。其基本步骤如下。

(1) 评价各方案的可行性,舍弃不可行的方案。

(2) 在总投资额不超过资金限额的情况下,进行独立方案的组合,并且在每个项目之中只能选择一个方案。

(3) 求每一组合方案的净现值或净年值。

(4) 根据净现值最大或净年值最大选择最优的方案组合。

【例3-25】有三个下属部门A、B、C,每个部门提出了若干个方案,其有关数据见表3-18所示。假设三个部门之间的投资是相互独立的,但部门内部的投资方案是互斥的,寿命期为8年,基准收益率为10%。(1)若无资金限制,应选择哪些方案?(2)若资金限额为450万元,应选择哪些方案?

表3-18 三个部门有关投资方案的现金流量

部门	方案	投资额/万元	年净收益/万元
A	A_1	100	28
	A_2	200	50
B	B_1	100	14
	B_2	200	30
	B_3	300	45

续表

部　　门	方　　案	投资额/万元	年净收益/万元
C	C_1	100	51
	C_2	200	63
	C_3	300	87

解： 用净现值求解。

（1）若资金无限制，应在各个部门中选择一个净现值最大且大于0的方案加以组合。

先求各个方案的净现值并判断其可行性。各个方案的净现值见表3-19，从该表可以看出，B部门所有投资方案均不可行。因此，应在A、C部门中各选一个净现值最大的方案进行组合，所选最优方案组合为A_2和C_1。

表3-19　三个部门各个投资方案的净现值

部　　门	方　　案	投资额/万元	净现值/万元
A	A_1	100	49.40
	A_2	200	66.70
B	B_1	100	−25.30
	B_2	200	−35.95
	B_3	300	−59.93
C	C_1	100	172.08
	C_2	200	136.10
	C_3	300	164.16

（2）在资金限额450万元的情况下，将可行的方案进行组合，求出每一组合的净现值，净现值最大的组合就是最优组合。各组合方案及其净现值见表3-20。

表3-20　各投资方案组合及其净现值

序　　号	方案组合	总投资额/万元	总净现值/万元
1	A_1	100	49.40
2	A_2	200	66.70
3	C_1	100	172.08
4	C_2	200	136.10
5	C_3	300	164.16
6	A_1、C_1	200	221.48
7	A_1、C_2	300	185.50
8	A_1、C_3	400	213.6

续表

序号	方案组合	总投资额/万元	总净现值/万元
9	A_2、C_1	300	238.78
10	A_2、C_2	400	202.80
11	A_2、C_3	500	投资超限

由表 3-20 可以看出，由 A_2 和 C_1 组成的方案组合净现值最大，为 238.78 万元，因此最优组合方案为 A_2 和 C_1。

2. 互补型方案的经济评价

对于对称型互补方案，如方案 A 和方案 B 互为前提条件，此时，应将两个方案作为一个综合项目（A+B）进行经济评价；对于不对称型互补方案，可以转化为互斥型方案进行经济评价和选择，如写字楼建设方案和安装空调方案，可以转化为有空调的写字楼和没有空调的写字楼两个互斥型方案的比较问题。

3. 现金流量相关型方案的经济评价

对现金流量相关型方案的经济评价，应首先确定方案之间的相关性，对其现金流量之间的相互影响作出准确的估计，然后根据方案之间的关系，把方案组合成互斥的组合方案。如实现跨江运输，可以考虑的方案有轮渡方案 L 或建桥方案 Q，则方案 L 和方案 Q 为现金流量相关型方案，可以考虑的方案组合有方案 L、方案 Q 和 LQ 组合方案。要注意的是，在 LQ 组合方案中，某一方案的现金流入量将因另一方案的存在而受到影响，方案 L 和方案 Q 同时建设时，对其现金流入量应重新进行预测。组合后应按照互斥型方案的经济评价方法对组合方案进行比选。

【例 3-26】为满足运输需要，可在两地间建一条公路或架一座桥梁，也可既建公路又架桥。若两个方案都上，由于运输量分流，两个项目的现金流量都将减少，有关数据见表 3-21。当 i_c 为 10% 时，请选择最佳方案。

表 3-21 三个方案的现金流量数据   单位：万元

方案	第 0 时刻点投资	第 1 年年末投资	第 2～10 年净收益
建公路 A	200	100	120
架桥梁 B	100	50	60
建公路和架桥梁 C	300	150	150

解： 求三个方案的净现值，净现值最大的为最优方案。

$NPV_A = -200 - 100(P/F, 10\%, 1) + 120(P/A, 10\%, 9)(P/F, 10\%, 1)$
$= 337.29(万元)$

$NPV_B = -100 - 50(P/F, 10\%, 1) + 60(P/A, 10\%, 9)(P/F, 10\%, 1)$
$= 168.65(万元)$

$$NPV_C = -300 - 150(P/F, 10\%, 1) + 150(P/A, 10\%, 9)(P/F, 10\%, 1)$$
$$= 348.89(万元)$$

根据净现值判断准则，应选择既建公路又架桥的方案 C。

本 章 小 结

本章主要由三部分内容构成：(1)提出了现金流量概念及现金流量图的绘制方法，重点介绍了资金时间价值的意义、衡量尺度及计算公式。资金时间价值分析的根本目的是促进资金使用价值的提高，资金等值是工程经济分析中非常重要的概念。(2)介绍了工程项目经济评价的指标体系及常用指标，较系统地分析了常用的时间型指标、价值型指标、效率性指标的概念、计算方式、经济意义、评价标准等，对常见的偿债能力指标也作了简要介绍。这些指标的应用对工程项目的评价与决策有着重要的意义。(3)主要讲述了工程项目经济评价中多方案比较选优的方法。在进行多方案比较选优时，要分析各备选方案以及相互之间存在的多种关系，根据方案之间的关系选择合适的判断选优方法，一般将方案之间的关系分成互斥型方案、独立型方案、混合型方案、互补性方案、现金流量相关型方案，不同的方案类型，比较选优的方法是不同的。

习 题

一、思考题

1. 什么是现金流量？
2. 构成现金流量的基本经济要素有哪些？
3. 绘制现金流量图的主要注意事项是什么？
4. 何谓资金的时间价值？如何理解资金的时间价值？
5. 试分析静态投资回收期的特点。
6. 方案的可比性具体包括哪些内容？
7. 对互斥型方案进行经济评价包括哪些步骤？
8. 静态增量投资回收期评价准则是什么？
9. 增量内部收益率评价准则是什么？
10. 试分析互斥方案组合法进行方案选择的步骤。

二、单项选择题

1. 投资者投资某一个项目，首先要考虑在一定时间内获取的收益是否高于银行利息，所以利息常被视为资金的(　　)。

A. 沉没成本　　　B. 机会成本　　　C. 基准收益率　　　D. 回报

2. 现金流入是（　　）。

　　A. 生产成本　　　B. 项目投资　　　C. 收到的租金　　　D. 税金

3. 在投资方案评价中，投资回收期只能作为辅助评价指标的主要原因是（　　）。

　　A. 只考虑投资回收前的效果，不能准确反映投资方案在整个计算期内的经济效果

　　B. 忽视资金具有时间价值的重要性，回收期内未能考虑投资收益的时间点

　　C. 只考虑投资回收的时间点，不能系统反映投资回收之前的现金流量

　　D. 基准投资回收期的确定比较困难，从而使方案选择的评价准则不可靠

4. 下列关于净现值的讨论中，正确的是（　　）。

　　A. 净现值是反映投资方案在建设期内获利能力的动态评价指标

　　B. 投资方案的净现值是指用一个预定的基准收益率，分别把整个计算期内各年所发生的净现金流量都折现到投资方案开始运营时的现值之和

　　C. 当方案的 $NPV \geqslant 0$ 时，说明该方案能满足基准收益率要求的盈利水平

　　D. 当方案的 $NPV < 0$ 时，说明该方案在运营期是亏损的

5. 某企业对投资 A、B 两个项目进行经济评价，总投资资金为 100 万元，其中 A 项目需要资金 80 万元，B 项目需要资金 60 万元。则应将两个方案视为（　　）。

　　A. 独立型方案　　　B. 互斥方案　　　C. 相关方案　　　D. 组合方案

6. 在寿命期相同的互斥方案比选时，按照净现值与内部收益率指标计算得出的结论产生矛盾时，应采用（　　）最大原则作为方案比选的决策依据。

　　A. 内部收益率　　　B. 净现值　　　C. 净现值率　　　D. 投资收益率

三、多项选择题

1. 下列关于资金时间价值的说法中，正确的有（　　）。

　　A. 在单位时间资金增值率一定的条件下，资金使用时间越长，则资金时间价值就越大

　　B. 资金数量越大，则资金时间价值越大

　　C. 资金周转速度越快，则资金时间价值越大

　　D. 在总投资一定的情况下，前期投资越大，资金的负效益越大

　　E. 在回收资金额一定的情况下，在离现时点越远的时点上回收资金越多，资金时间价值越小

2. 现金流量图可以反映的项目信息包括（　　）。

　　A. 现金流量的大小　　　　　　　　B. 现金流发生的时间点

　　C. 净现值的大小　　　　　　　　　D. 投资回收的快慢

　　E. 现金流量的方向

3. 在工程经济分析中，内部收益率是考查项目盈利能力的主要评价指标，该指标的特点包括（　　）。

　　A. 内部收益率需要事先设定一个基准收益率来确定

　　B. 内部收益率考虑了资金的时间价值以及项目在整个计算期内的经济状况

　　C. 内部收益率能够直接衡量项目初期投资的收益程度

D. 内部收益率不受外部参数的影响,完全取决于投资过程的现金流量

E. 对于具有非常规现金流量的项目而言,其内部收益率往往不是唯一的

4. 下列评价指标中,可以反映投资方案盈利能力的动态评价指标有( )。

　　A. 投资收益率　　　B. 内部收益率　　　C. 净现值率

　　D. 利息备付率　　　E. 净现值

5. 投资项目方案经济比选中,计算期相同的互斥方案可以采用的比选方法有( )。

　　A. 投资回收期　　　B. 净现值法　　　C. 盈亏平衡法

　　D. 费用现值法　　　E. 差额投资内部收益率法

6. 对于独立的常规投资项目,下列描述正确的有( )。

　　A. 财务内部收益率是财务净现值等于零时的折现率

　　B. 在某些情况下存在多个财务内部收益率

　　C. 财务内部收益率考虑了项目在整个计算期的经济状况

　　D. 财务净现值随折现率的增大而增大

　　E. 财务内部收益率与财务净现值的评价结论是一致的

四、计算题

1. 某企业一年前买了1万张面额为100元、年利率为10%(单利)、3年后到期一次性还本付息的国库券。现在有一机会可以购买年利率为12%、两年期、到期还本付息的无风险企业债券,该企业拟卖掉国库券购买企业债券,试问该企业可接受的国库券最低出售价格是多少?

2. 某企业获得10万元贷款,偿还期为5年,年利率为10%。试就下面四种还款方式,分别计算5年还款总额及还款额的现值。

(1) 每年年末还2万元本金和所欠利息。

(2) 每年年末只还所欠利息,本金在第五年末一次还清。

(3) 每年年末等额偿还本金和利息。

(4) 第5年年末一次还清本金和利息。

3. 某企业向银行贷款20万元,条件是年利率12%,每月计息一次,求3年年末应归还的本利和?

4. 某方案的净现金流量见表3-22,若基准收益率为8%,求静态投资回收期、动态投资回收期、净现值和内部收益率。

表3-22　某方案净现金流量表　　　　　　　　　　　　单位:万元

年　　末	1	2	3	4~7	8	9	10
净现金流量	-15 000	-2 500	-2 500	4 000	5 000	6 000	7 000

5. 某方案初始投资为180万元,年销收入为150万元,寿命为6年,残值为15万元,年经营费用为75万元。试求该方案的内部收益率。

6. 某拟建项目计划第1年年初投资1 000万元,第2年年初投资2 000万元,第3年年初投资1 500万元,从第3年起连续8年每年可获得净现金流入量1 450万元,期末残

值忽略不计。若投资者希望的收益率为12%，试判断该项目是否可行。

7. 两个互斥型方案的数据见表3-23，寿命均为10年，若基准收益率为15%，试用增量内部收益率判定方案的优劣。

表3-23　两个互斥型方案的有关数据　　　　　　　　　　　单位：万元

方案	投资	年经营费用	年销售收入
方案A	1 500	650	1 150
方案B	2 300	825	1 475

8. 有两种可供选择的设备：A设备投资10 000元，使用寿命为5年，残值为1 000元，使用后年净收益为4 500元；B设备投资30 000元，使用寿命为10年，残值为0，使用后年净收益为10 000元。设基准收益率为15%，试分别用净现值法、净年值法比较两个方案的经济效益。

9. 设计部门提出了两种运动看台设计方案。方案一：钢筋混凝土建造，投资35万元，每年保养费2 000元。方案二：砖混结构，投资20万元，以后每3年油漆一次需1万元，每12年更换座位需4万元，36年全部木造部分拆除更新需要10万元。设基准收益率为5%，在永久使用的情况下，哪个方案更经济？

10. 现有三个独立型方案A、B、C，寿命期均为10年，起初投资和每年净收益见表3-24，当投资额为800万元时，试用互斥方案组合法求最优方案组合（$i_c=10\%$）。

表3-24　三个独立型方案的有关数据　　　　　　　　　　　单位：万元

方案	投资	每年净收益
A	200	42
B	375	68
C	400	75

第4章 不确定性分析

学习目标

(1) 掌握不确定分析的概念及主要的不确定性因素。
(2) 掌握线性盈亏平衡分析、互斥方案盈亏平衡分析方法。
(3) 掌握敏感性分析的概念。
(4) 熟悉单因素敏感性分析方法。
(5) 了解多因素敏感性分析方法。

导入案例

某房地产开发商在某城市近邻获得一宗 30 亩(1 亩≈666.67 平方米)的土地,按城市规划,该地区可建居民住宅,容积率为 2.5。该房地产开发商现有资金 4 000 万元,拟进行该地块开发,通过估算,该商品房开发项目楼面单方造价为 3 800 元/m²,其中土建费用为 1 050 元/m²,土建工程采取招标方式委托建筑公司建设,建设期 1 年,开工时预付工程款为 20%,期中支付 50%,期末验收后支付 25%,剩余 5%作为质量保证金,交付使用 1 年后支付;除土建费用之外的其他费用用于开工前全部支付。商品房建成后预计两年内全部售出。销售费用支出预计:开工时 50 万元;完工开盘时 100 万元;开盘 1 年后每年 50 万元。基准折现率为 10%。

案例分析:该项目在前期决策阶段所采用的数据均来自估算和预测,投资、销售量、销售价格等因素在将来的建设销售过程中存在很大的不确定性。本章就是研究如何运用盈亏平衡分析和敏感性分析方法确定项目的不确定性。

4.1 不确定分析概述

从理论上讲,不确定性是指对项目有关的因素或未来的情况缺乏足够的信息因而无法做出正确的估计,以及由于没有全面考虑所有评价项目的因素而造成的实际价值与预期价值之间的差异。

与不确定性相区别的是风险的概念。风险是指由于随机原因所引起的项目总体的实际价值与预期价值之间的差异。风险是与出现不利结果的概率相关联的,出现不利结果的概率(可能性)越大,风险也就越大。

不确定性分析是指在预测或估计一些主要因素发生变化的情况下,分析对其经济评价指标的影响。

4.1.1 不确定性问题的产生

在未来情况不可能完全确定的情况下,工程项目的大部分数据是由人们估算、预测而来的,与项目上马后的实际数据可能会有一些偏差。这就给工程项目的投资带来潜在的风险,如对产销和需求的估计、对原材料或产品销售价格的估计等都存在着不确定性。项目评价必须对工程项目的准确性和可靠性加以严格审查,进行风险分析,以判断其承担风险的能力。导致估算和预测偏差的原因主要有以下几个方面。

(1) 基本数据的误差,这一般是由原始统计数据的差错造成的。
(2) 样本数据量不够,不足以反映客观的变动趋势或数据之间的关系。
(3) 统计方法的局限性或数学模型过于简化,不能很好地反映实际情况。
(4) 假设前提不准确。

(5) 无法预见的经济或社会政治情况的变动。
(6) 经济关系或经济结构的变化。
(7) 存在不能以数量表示的因素。
(8) 新产品或替代品的出现。
(9) 技术或工艺的变化和重大突破。

除此之外，以下的一些不稳定因素也可能存在，如国民收入和人均收入的增长率的变化；有力的竞争者的出现或消失；家庭消费结构的变化；需求弹性的变化；运费、税收因素的变化等。

4.1.2 主要的不确定性因素

在现实经济生活中，下列几种因素是要发生变化的，正是由于它们的变化，使得投资项目及其经济分析存在着不确定性。

1. 价格的变动

在市场经济条件下，货币的价格随着时间的推移而降低，即物价总的趋势是上涨的。房地产单价(或租金水平)或建材等原料价格，是影响经济效益的最基本因素。它通过投资费用、生产成本、销售价格反映到经济效益指标上来。房地产投资项目的经济寿命一般为10~20年，在这一时期内，租金水平必然变化；在建设期间，由于建设周期较长，建材等价格将发生变化。所以，价格的变动成了投资分析中重要的不确定性因素。

2. 投资费用的变化

如果在投资估算时，项目的总投资没有打足，或者是由于其他原因而延长了建设期，都将引起项目投资费用的变化，导致项目的投资规模、总成本费用和利润总额等项经济指标的变化。

3. 经济形势的变化

投资项目的财务分析，是受政府现行法规制约或影响的。其中，税收制度、财政制度、金融制度、价格体制和房改进程等对项目的经济效益起着决定性作用。随着经济形势的变化，相关的经济法规等必然发生变化。

4. 其他因素

其他因素包括面很广，诸如房地产建筑质量、物业管理水平、技术进步等。应根据具体项目特点及客观情况，抓住关键因素，正确判断。

4.1.3 不确定性问题的分析方法

不确定性问题的分析方法主要有盈亏平衡分析和敏感性分析。

1. 盈亏平衡分析

盈亏平衡分析是通过盈亏平衡点(Break Even Point，BEP)分析项目成本与收益的平衡关系的一种方法。各种不确定因素（如投资、成本、销售量、产品价格、项目寿命期等）的变化会影响投资方案的经济效果，当这些因素的变化达到某一临界值时，就会影响方案的取舍。盈亏平衡分析的目的就是找出这种临界值，即盈亏平衡点，判断投资方案对不确定因素变化的承受能力，为决策提供依据。盈亏平衡点的表达形式有多种，它可以用实物产量、单位产品售价、单位产品可变成本以及年固定成本总量表示，也可以用生产能力利用率（盈亏平衡点率）等相对量表示。其中产量与生产能力利用率，在进行项目不确定性分析中应用较广。根据生产成本、销售收入与产量（销售量）之间是否呈线性关系，盈亏平衡分析可分为线性盈亏平衡分析和非线性盈亏平衡分析。

2. 敏感性分析

敏感性分析是投资项目的经济评价中常用的一种研究不确定性的方法。它在确定性分析的基础上，进一步分析不确定性因素对投资项目的最终经济效益指标的影响及影响程度。敏感性因素一般可选择主要参数（如销售收入、经营成本、生产能力、初始投资、寿命期、建设期、达产期等）进行分析。若某参数的小幅度变化能导致经济效果指标的较大变化，则称此参数为敏感性因素，反之则称其为非敏感性因素。

4.2 盈亏平衡分析

4.2.1 盈亏平衡分析的概念

工程项目的盈亏平衡分析又称为损益平衡分析（Break Even Analysis）。它是根据项目正常生产年份的产品产量（或销售量）、固定成本、可变成本、产品价格和销售税金等因素，确定项目的盈亏平衡点，即盈利为零时的临界值，然后通过盈亏平衡点分析项目的成本与收益的平衡关系及项目抗风险能力的一种方法。由于方案盈亏平衡分析是研究产品产量、成本和盈利之间的关系，所以又称量本利分析。

根据成本总额对产量的依存关系，全部成本可以分成固定成本和变动成本两部分。在一定期间把成本分解成固定成本和变动成本两部分后，再同时考虑收入和利润，建立关于成本、产销量和利润三者关系的数学模型。这个数学模型的表达形式为

$$利润 = 销售收入 - 总成本 - 税金 \tag{4.1}$$

工程项目的经济效益，会受到许多因素的影响，当这些因素发生变化时，可能会导致原来盈利的项目变为亏损项目。盈亏平衡分析的目的就是找出这种由盈利到亏损的临界点，根据此判断项目风险的大小及风险的承受能力，为投资决策提供科学依据。由于项目的收入与成本都是产品产量的函数，按照变量之间的函数关系，将盈亏平衡分析分为两种：①当项目的收入与成本都是产量的线性函数时，称为线性盈亏平衡分析；②当项目的收入与成本都是产量的非线性函数时，称为非线性盈亏平衡分析。

通过盈亏平衡分析可以找出盈亏平衡点，考察企业（或项目）对产出品变化的适应能力

和抗风险能力。用产量和生产能力利用率表示的盈亏平衡点越低,表明企业适应市场需求变化的能力越大,抗风险能力越强;用产品售价表示的盈亏平衡点越低,表明企业适应市场价格下降的能力越大,抗风险能力越强。盈亏平衡分析只适宜在财务分析中应用。

4.2.2 线性盈亏平衡分析

1. 销售收入、产品成本、销售税金及附加与产品产量的关系

1) 销售收入与产量关系

投资项目的销售收入与产品销量(假设以销定产)的关系有两种情况。

(1) 第一种情况是销售不会影响市场供需状况,则在其他市场条件不变时,产品的售价不会随销售量而变,即

$$TR = PQ \tag{4.2}$$

式中:TR——销售收入;

P——单位产品价格;

Q——产品销售量,即项目的产量。

(2) 第二种情况是该项目的生产销售将明显地影响市场的供求关系,或存在批量折扣时,这时 $P = P(Q)$,项目的销售收入为

$$TR = \int_0^Q P(Q) \mathrm{d}Q \tag{4.3}$$

2) 产品成本与产品产量的关系

项目的成本由固定成本和变动成本两部分构成。固定成本是指在一定生产规模内不随产量的变动而变动的费用;变动成本是指随产品的产量变动而变动的费用。变动成本与产品产量接近,为正比例关系。因此总成本费用与产品产量的关系可近似地认为是线性关系,即

$$C = C_\mathrm{f} + C_\mathrm{v} Q \tag{4.4}$$

式中:C——总成本费用;

C_f——固定成本;

C_v——单位产品的变动成本。

2. 线性盈亏平衡分析模型

线性盈亏平衡分析模型是假定产品销售收入与产品总成本都是产品产量的线性函数。对应的盈亏平衡点也相应称为线性平衡点,或称之为保本点。即企业不赔不赚时的销售量所在之处。在线性的情况下,在盈亏平衡图(图 4.1)上,盈亏平衡点表示为总成本与总销售收入线相交的点。

盈亏平衡点是个重要的数量指标,进行可行性研究时,无论是预测利润,还是分析项目的抗风险能力,都需要计算盈亏平衡点。根据盈亏平衡点的定义,当达到盈亏平衡状态时,总成本费用等于总销售收入,设 Q^* 为盈亏平衡点时的产量,TC 表示总成本,达到盈亏平衡时有

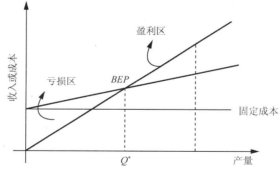

图 4.1 盈亏平衡图

$$TR=TC$$
$$PQ^*=C_f+C_vQ^*$$

即

$$Q^*=\frac{C_f}{P-C_v} \tag{4.5}$$

如果价格是含税的,则可用式(4.6)来计算盈亏平衡点产量,即

$$P(1-r)Q^*=C_f+C_vQ^*$$

则有

$$Q^*=\frac{C_f}{P(1-r)-C_v} \tag{4.6}$$

式中:r——产品销售税率。

对建设项目运用盈亏平衡点分析时应注意:盈亏平衡点要按项目投产后的正常年份计算,而不能按计算期内的平均值计算。若产量 $Q>Q^*$,则利润 $TR-TC>0$;若产量 $Q<Q^*$,则利润 $TR-TC<0$。从图 4.1 中可以看到,盈亏平衡点越低,达到此点的盈亏平衡产销量就越少,项目投产后盈利的可能性越大,适应市场变化的能力越强,抗风险能力也越强。

盈亏平衡点除可用产量表示外,还可用销售收入、生产能力利用率、单位产品价格及单位产品变动成本等来表示。

如果按设计生产能力进行生产和销售,BEP 还可以由盈亏平衡点价格来表达,即

$$P^*=\frac{C_f}{Q_c(1-r)}+\frac{C_v}{1-r} \tag{4.7}$$

式中:P^*——盈亏平衡点价格;

Q_c——设计生产能力的产量,即达产的产量。

生产能力利用率的盈亏平衡点是指盈亏平衡点销售量占达产时产量的比例,即

$$q^*=\frac{Q^*}{Q_c}\times 100\%=\frac{C_f}{Q_c[P(1-r)-C_v]}\times 100\% \tag{4.8}$$

若按设计生产能力进行生产和销售,且销售价格已定,则盈亏平衡单位产品变动成本为

$$C_v = P(1-r) - \frac{C_f}{Q_c} \quad (4.9)$$

对于一些项目不知道产品的价格时，盈亏平衡点通常可采用生产能力利用率或产量表示，计算公式如下

$$BEP(q^*) = \frac{年固定成本}{年销售收入-年可变成本-年销售税金及附加} \times 100\% \quad (4.10)$$

$$BEP(Q^*) = BEP(q^*) \times 设计生产能力 \quad (4.11)$$

【例4-1】某项目生产某种产品年设计生产能力为30 000件，单位产品价格为3 000元，总成本费用为7 800万元，其中固定成本3 000万元，总变动成本与产品产量成正比，销售税率为5%，求以产量、生产能力利用率、销售价格、销售收入、单位产品变动成本表示盈亏平衡点。

解： 单位变动成本

$$C_v = \frac{TC - C_f}{Q_c} = \frac{(7\,800 - 3\,000) \times 10^4}{3 \times 10^4} = 1\,600(元/件)$$

盈亏平衡点的产量

$$Q^* = \frac{C_f}{P(1-r) - C_v} = \frac{3\,000 \times 10^4}{3\,000 \times (1-5\%) - 1\,600} = 2.4(万件)$$

盈亏平衡点的生产能力利用率

$$q^* = \frac{Q^*}{Q_c} \times 100\% = \frac{2.4 \times 10^4}{3 \times 10^4} \times 100\% = 80\%$$

盈亏平衡点的价格

$$P^* = \frac{C_f}{Q_c(1-r)} + \frac{C_v}{1-r} = \frac{3\,000 \times 10^4}{3 \times 10^4 \times (1-5\%)} + \frac{1\,600}{1-5\%} = 2\,736.8(元/件)$$

盈亏平衡点的销售收入（税后）

$$TR = P(1-r)Q^* = 3\,000 \times (1-5\%) \times 2.4 \times 10^4 = 6\,840(万元)$$

盈亏平衡点的单位产品变动成本

$$C_v = P(1-r) - \frac{C_f}{Q_c} = 3\,000 \times (1-5\%) - \frac{3\,000 \times 10^4}{3 \times 10^4} = 1\,850(元/件)$$

线性盈亏平衡分析方法简单明了，但这种方法在应用中有一定的局限性，主要表现在实际的生产经营过程中，收益和支出与产品产量之间的关系往往是呈现出一种非线性的关系，这时就需要用非线性盈亏平衡分析方法。

4.2.3 互斥方案的盈亏平衡分析

如果要对若干个互斥方案进行比选的情况下，有某个不确定因素都影响各方案的取舍，这时将各方案的经济效果指标作为因变量，建立各经济效果指标与不确定因素之间的函数关系。由于各方案经济效果函数的斜率不同，所以各函数曲线必然会发生交叉，即在不确定因素的不同取值区间内，各方案的经济效果指标高低的排序不同，由此来确定方案的取舍。

【例4-2】某房地产开发商拟投资开发建设住宅项目，建筑面积为5 000～10 000m²，现有A、B、C三种方案，各方案的技术经济数据见表4-1。现假设资本利率为5%，试确定各建设方案经济合理的建筑面积范围。

表 4-1 三种方案的技术经济数据

方　案	造价/(元/m²)	运营费/万元	寿命/年
A	1 200	35	50
B	1 450	25	50
C	1 750	15	50

解： 建设建筑面积为 x，则各方案的年度总成本分别为

$$AC(x)_A = 1\,200x(A/P, 5\%, 50) + 350\,000$$
$$AC(x)_B = 1\,450x(A/P, 5\%, 50) + 250\,000$$
$$AC(x)_C = 1\,750x(A/P, 5\%, 50) + 150\,000$$

令 $AC(x)_A = AC(x)_B$，求得 $x_{AB} = 7\,299 \text{m}^2$

令 $AC(x)_C = AC(x)_B$，求得 $x_{BC} = 6\,083 \text{m}^2$

令 $AC(x)_A = AC(x)_C$，求得 $x_{AC} = 6\,636 \text{m}^2$

以横轴表示建筑面积，纵轴表示年度总成本，绘出盈亏平衡分析图（图 4.2）。从图 4.2 中可以看出，当建筑面积小于 6 083m² 时，方案 C 为优；当建筑面积为 6 083～7 299m² 时，方案 B 为优；当建筑面积大于 7 299m² 时，方案 A 为优。

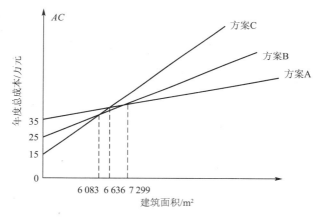

图 4.2 三种方案的盈亏平衡分析图

4.3 敏感性分析

4.3.1 相关概念

1. 敏感性分析概念

敏感性分析是指通过测定一个或多个敏感因素的变化所导致的决策评价指标的变化幅度，以判断各种因素的变化对实现项目预期经济目标的影响程度，从而对外部条件发生不

利变化的投资建设方案的承受能力作出判断。不确定因素的变化会引起项目经济指标随之变化,各个不确定因素对经济指标的影响又是不一样的,有的因素可能对项目经济的影响较小,而有的因素可能会对项目经济带来大幅度的变动,人们就称这些对项目经济影响较大的因素为敏感性因素。敏感性分析就是要找出项目的敏感性因素,并确定其敏感程度,以预测项目承担的风险。

一般进行敏感性分析所涉及的不确定性因素主要有:产量(生产负荷)、产品生产成本、主要原材料价格、燃料或动力价格、可变成本、固定资产投资、建设周期、折现率、外汇汇率等。敏感性分析不仅能使决策者了解不确定因素对项目经济评价指标的影响,并使决策者对最敏感的因素或可能产生最不利变化的因素提出相应的决策和预防措施,还可以启发评价者对那些较为敏感的因素重新搜集资料进行分析研究,以提高预测的可靠性。

对敏感性分析应注意三个方面的问题。

(1) 敏感性分析是针对某一个(或几个)效益指标而言来找其对应的敏感因素,即具有针对性。

(2) 必须有一个定性(或定量)的指标来反映敏感因素对效益指标的影响程度。

(3) 作出因这些因素变动对投资方案承受能力的判断。敏感性分析不仅可以应用于拟建项目经济评价中,以帮助投资者作出最后的决策,还可以用在项目规划阶段和方案选择中。敏感性分析一般分为两类:单因素敏感性分析和多因素敏感性分析。单因素敏感性分析是指在进行敏感性分析时,假定只有一个因素是变化的,其他的因素均保持不变,分析这个可变因素对经济评价指标的影响程度和敏感程度。多因素敏感性分析是指同时有两个或者两个以上的因素发生变化时,分析这些可变因素对经济评价指标的影响程度和敏感程度。

2. 敏感性分析步骤

敏感性分析可按以下步骤进行。

1) 确定敏感性分析指标

在进行敏感性分析时,首先要确定最能反映项目经济效益的分析指标。因为具有不同特点的项目,反映经济效益的指标也大不相同,一般为净现值 NPV 和内部收益率 IRR。

2) 确定分析的不确定因素

影响项目经济评价的不确定因素很多,通常有产品销量、产量、价格、经营成本、项目建设期和生产期等。在实际的敏感性分析中,没有必要也不可能对全部的不确定因素均进行分析,一般只选对那些在费用效益构成中所占比重比较大,对项目经济指标影响较大的最敏感的几个因素进行分析。通常将销售收入、产品售价、产品产量、经营成本、计算期限和投资等因素作为敏感性因素进行敏感性分析。

3) 确定不确定性因素的变化范围

不确定因素的变化,一般均有一定的范围。如销售收入,将来会受市场影响,项目产量和售价,将在一定预测范围内变化,这个范围可通过市场调查或初步估计获得。假设其变化幅度和范围就应限制在这个范围之中。假设某产品价格近几年变化在 $-10\% \sim +10\%$ 的范围内,这就可将价格变化范围定为 $-15\% \sim +15\%$ 来进行敏感性分析。

4）计算评价指标，绘制敏感性分析图并进行分析

计算各种不确定性因素在可能变动幅度和范围内导致项目经济评价指标的变化结果，并以一一对应的数量关系，绘制出敏感性分析图。

在进行这种分析计算过程中，先假设一个变量发生变化，其他因素变量不变，计算其不同变动幅度，如－5％～＋5％、－10％～＋10％等所对应的经济评估指标值，这样一个一个地计算下去，直到把所有敏感性因素计算完为止。然后，利用计算出来的一一对应关系，在敏感性分析图上绘出相应因素的敏感性变化曲线。纵坐标表示敏感性分析指标，横坐标表示各敏感性因素变化，零点为原来没变的情况；分析曲线的变化趋势，确定线性，最大的允许变化幅度和最敏感因素。敏感性分析作为一种风险分析，主要是为了表明项目承担风险的能力，如某个不确定性因素变化引起项目经济评价指标的变化不大，则认为项目经济生命力强，承担风险能力大。显然，项目经济评价指标对不确定性因素的敏感度越低越好。所以，敏感性分析，主要是寻找引起项目经济评价指标下降的最敏感性因素并对其进行综合评价，提出把风险降低到最低限度的对策，为投资决策提供参考。

4.3.2 单因素敏感性分析

单因素敏感性分析是敏感性分析的基本方法，其步骤和方法如下。

1. 确定敏感性分析经济评价指标

敏感性分析的对象是具体的技术方案及其反映的经济效益。投资回收期、投资收益率、净现值、内部收益率等，都可作为敏感性分析指标。需要注意的是选择进行敏感性分析的指标，必须与确定性分析的评价指标相一致。

2. 选取不确定因素，并设定变化范围

在进行敏感性分析时，并不需要对所有的不确定因素都考虑和计算，而应视方案的具体情况选取几个变化可能性较大，并对经济效益目标值影响作用较大的因素（指标）即可。例如，产品售价变动、产量规模变动、投资额变化等或是建设期缩短、达产期延长等，一般都对方案的经济效益造成影响。

3. 计算因素变动对分析指标的影响程度

假定其他因素不变，一次仅变动一个因素。重复计算各个进行敏感性分析的因素变化对评价指标影响的具体数值。然后采用敏感性分析计算表或分析图的形式，把不确定因素的变动与分析指标的对应数量关系反映出来，以便于测定敏感性因素。

4. 确定敏感因素

敏感因素是指能引起评价指标产生较大变化的因素。确定某一因素敏感与否，有两种方法：一是相对测定法，即设定要分析的因素均从基准值开始变动，且各因素每次变动的幅度相同，比较在同一变动幅度下各因素的变动对评价指标的影响，即可判断出各因素的敏感程度；二是绝对测定法，即先设定有关经济效果评价指标的临界值，如令净现值为零或内部收益率等于基准收益率，然后求出待分析的因素最大允许变动幅度，并与其可能出

现的最大变动幅度相比较,如果某因素可能出现的变动幅度超过最大允许变动幅度,则表明该因素是方案的敏感因素。

5. 结合确定性分析进行综合评价,判断方案的风险程度

在项目的各方案比较中,对主要因素变化不敏感的方案,其抵抗风险的能力比较强,获得满意经济效果的可能性比较大,优于敏感方案,应优先考虑接受。有时,还根据敏感性分析的结果,采取相应的对策。

【例4-3】某一投资方案,其设计能力为年产某产品1 500台,预计产品售价1 800元/台,单位产品成本为700元/台,估算投资额为800万元,方案寿命期为8年,试对此方案的投资回收期作敏感性分析。

解:本例敏感性分析指标是静态投资回收期,先作确定性分析。

$$静态投资回收期 = \frac{800 \times 10^4}{1\,500 \times (1\,800 - 700)} = 4.8(年)$$

选择产品售价、产量和投资作为进行敏感性的因素,并计算这些因素变化时对静态投资回收期的影响程度,具体计算结果见表4-2。

表4-2 因素变化对静态投资回收期的影响程度

因素变化率/(%)	+20	+10	0	-10	-20
产量/(台/年)	4	4.4	4.8	5.39	6.06
售价/(元/台)	3.65	4.17	4.8	5.8	7.21
投资/元	5.82	5.33	4.8	4.4	3.88

确定敏感因素。根据表4-2绘制敏感性分析图(图4.3),由图4.3中可以看出,方案的投资回收期对产品售价最敏感。在其他因素不变的情况下,如果售价降低幅度超过24%,则投资回收期将超过方案的寿命期8年,方案将无利可图。因此,产品售价是个敏感因素,应注意采取有效措施,防止产品售价大幅下跌。

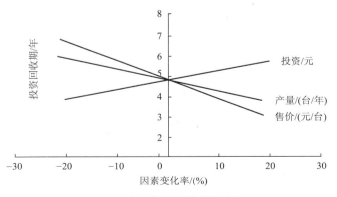

图4.3 单因素变化敏感性分析图

【例4-4】某企业拟投资生产一种新产品,计划一次性投资2 000万元,建设期1年,第二年起每年预计可取得销售收入650万元,年经营成本预计为250万元,项目寿命期为

10年，期末预计设备残值收入50万元，基准收益率为10%。试分析该项目净现值对投资、年销售收入、年经营成本、项目寿命期及基准收益率等因素的敏感性。

解： 首先计算该项目的净现值。

$NPV = -2\,000 + (650 - 250)(P/A, 10\%, 9)(P/F, 10\%, 1) + 50(P/F, 10\%, 10) = 113.48$（万元）

对于影响项目净现值的各参数，任何一个不同于预计值的变化都会使净现值发生变化。现假设在其他参数不变的前提下，分别计算各影响参数在其预测值的基础上变化-20%、-10%、+10%、+20%的幅度时项目的净现值，计算结果列于表4-3。

表4-3 单因素变化对净现值的影响程度

影响因素	变化率				
	+20%	+10%	0	-10%	-20%
总投资/万元	-286.52	-86.52	113.48	313.48	513.48
年销售收入/万元	796.48	455.88	113.48	-225.32	-567.13
年经营成本/万元	-146.72	-15.72	113.48	246.28	377.28
项目寿命期/年	377.77	251.73	113.48	-38.78	-206.48
基准收益率/(%)	-80.95	12.92	113.48	221.05	336.80

根据表中数据可以画出敏感性分析图（图4.4）。

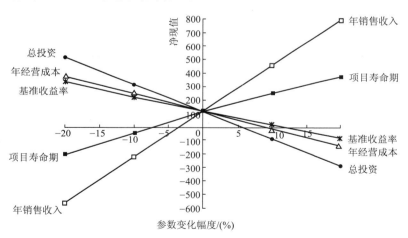

图4.4 单因素变化敏感性分析

从图4.4中可以看出，年销售收入、总投资、年经营成本、基准收益率、项目寿命期曲线的陡度依次从高到低，在同一百分率变动的情况下，它们引起净现值变化的幅度也依次从高到低，即净现值对年销售收入、总投资、年经营成本、基准收益率、项目寿命期变化的敏感程度依次从高到低。因此，在敏感性分析图上，直线的陡度越大，项目评价指标对该因素的变动越敏感；反之，直线越平缓，项目评价指标对该因素的变动越不敏感。

4.3.3 多因素敏感性分析

单因素敏感性分析方法适合于分析项目方案的最敏感因素,但它忽略了各个变动因素综合作用的可能性。无论是哪种类型的技术项目方案,各种不确定因素对项目方案经济效益的影响,都是相互交叉综合发生的,而且各个因素的变化率及其发生的概率是随机的。因此,研究分析经济评价指标受多个因素同时变化的综合影响,研究多因素的敏感性分析,更具有实用价值。多因素敏感性分析要考虑可能发生的各种因素不同变动幅度的多种组合,计算起来要比单因素敏感性分析复杂得多。

1. 双因素敏感性分析

单因素敏感性分析可得到一条敏感曲线,而分析两个因素同时变化的敏感性时,得到的是一个敏感曲面。

【例 4-5】某项目基本方案的参数估算值如表 4-4 所示,基准收益率 $i_c=9\%$,试进行双因素敏感性分析。

表 4-4 某项目基本方案参数

因　　素	初期投资 I /万元	年销售收入 B /万元	年经营成本 C /万元	期末残值 L /万元	寿命 n/年
估算值	1 500	600	250	200	6

解:设 x 表示投资额变化的百分比,y 表示年销售收入(或价格)变化的百分比,则当折现率为 i,且投资和价格分别具有变化率 x 和 y 时,净现值为

$$NPV(i)=-I(1+x)+[B(1+y)-C](P/A, i, 6)+L(P/F, i, 6)$$
$$=-I+(B-C)(P/A, i, 6)+L(P/F, i, 6)-Ix+B(P/A, i, 6)y$$

即 $NPV(i)=-1\,500+350\times(P/A, i, 6)+200\times(P/F, i, 6)-1\,500x+600\times(P/A, i, 6)y$

显然 $NPV(i)>0$,则 $IRR>i$。取 $i=i_c=9\%$(基准收益率),则

$$NPV(i_c)=189.36-1\,500x+2\,691.6y$$

此式为一平面方程。令 $NPV(i_c)=0$,可得该平面与 $0xy$ 坐标面的交线为

$$y=0.577x-0.070\,4$$

如图 4.5 所示,此交线将 $0xy$ 平面分为两个区域,$0xy$ 平面上任意一点 (x, y) 代表投资和价格的一种变化组合,当这点在交线的左上方时,净现值 $NPV(i_c)>0$,即 $IRR>i_c$;若在右下方,则净现值 $NPV(i_c)<0$,因而 $IRR<i_c$,为了保证方案在经济上接受,应该设法防止处于交线右下方区域的变化组合情况出现。

2. 三因素敏感性分析

对于三因素敏感性分析,一般需列出三维的数学表达式,但也可采取降维的方法处理。

【例 4-6】对例 4-5 中的方案作关于投资、价格和寿命三因素同时变化时的敏感性分析。

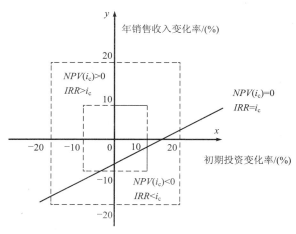

图 4.5 双因素敏感性分析图

解: 设 x 和 y 的意义同例 4-5, n 表示寿命期。$NPV(n)$ 表示寿命为 n 年, 方案的折现率为基准收益率($i_c=9\%$), 投资和价格分别具有变化率 x 和 y 时的净现值, 则

$$NPV(n)=-I+(B-C)(P/A,9\%,n)+L(P/F,9\%,n)-Ix+B(P/A,9\%,n)y$$

同样, 对给定的 x、y 和 n, $NPV(n)>0$, 意味着内部收益率 $IRR>i_c$。依次取 $n=5$、6、7; 并令 $NPV(n)=0$, 按照例 4-5 中对双因素变化时的敏感性分析过程, 可得到下列的临界线(图 4.6)。

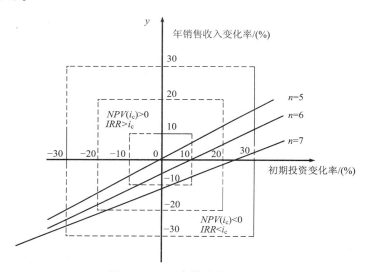

图 4.6 三因素敏感性分析图

$$NPV(5)=-8.654-1\,500x+2\,333.76y=0$$
$$y_5=0.642\,7x+0.003\,7$$
$$NPV(6)=+189.36-1\,500x+2\,691.6y=0$$
$$y_6=0.557x-0.070\,4$$
$$NPV(7)=370.92-1\,500x+3\,019.74y=0$$
$$y_7=0.496\,7x-0.122\,8$$

这些临界线的意义如下：$n=5$，即寿命期为 5 年，由于 $y|_{x=0}=0.0037>0$；所以，若要项目的内部收益率达到基准收益率，则必须增加销售收入或减少投资而使其条件保持不变。$n=6,7$ 时，$y|_{x=0}<0$；故项目在价格和投资方面都有一定的潜力，可承担一定的风险。另外，随着 n 的增大，即寿命期的延长，x 的系数逐渐减小，因此，投资的敏感度将越来越小。同样，如果取 $x=10\%$ 等，可得到关于年销售收入与寿命期的临界曲线。例如，$x=10\%$ 时，令 $NPV=0$，其临界曲线为

$$y = \frac{664 - 403 \times 1.09^n}{1\,200 \times (1.09^n - 1)}$$

或

$$n = (\ln 1.09)^{-1} \ln\left(1 + \frac{261}{403 + 1\,200y}\right)$$

同样可求出 $x=0$、20% 时的临界曲线并作敏感性分析图。

4.3.4 敏感性分析的局限性

敏感性分析在一定程度上就各种不确定因素的变动对项目经济指标的影响作了定量描述，这有助于决策者了解项目的风险情况，有助于确定在决策过程中及项目实施中需要重点研究与控制的因素。但是，敏感性分析没有考虑各种不确定因素在未来发生一定幅度变动的概率。这可能会影响分析结论的实用性与准确性。在实际中，各种不确定性因素在未来发生变动的概率往往有所差别。常常会出现这样的情况，通过敏感性分析找出的某个敏感性因素未来发生不利变动的概率很小，实际引起的风险并不大；若另一个不太敏感的因素未来发生不利变动的概率却很大，实际上所引起的风险反而比那个敏感性因素更大。这类问题是敏感性分析所无法解决的，为弥补这一不足，可借助于概率分析。

尽管敏感性分析在现实中很受欢迎（首要的原因是它所涉及的计算都十分简单），但是其中仍然存在许多问题，包括以下几个方面。

（1）它对各种变量的变动分开进行考虑，往往会忽略变量之间存在的联系。例如，广告不仅会使产量发生变化，同时也会给价格带来影响，因为价格和产量通常是相关联的。更复杂的方法则试图模拟出多个变量在不同的经济状态或"情景"下同时发生变化所产生的影响。石油行业巨头壳牌集团公司作为这种技术的成功代表而众所周知。

（2）它认为，某些变动会在项目的持续期内不断发生。例如，每一年的经营计划中都提到销售量的变化率为 10%，而实际上，关键要素的变量往往是随机波动的，因而无法对其进行预测。

（3）它批判地指出了一些无法为管理者所控制，从而不能作为行动指导的要素。这些要素对于明确项目所面临的风险仍然是有帮助的。

（4）它没有提供任何决策原则——没有指出可以接受的最高的敏感性水平。这要取决于管理层的判断及对待风险的态度。

（5）没有指出所分析的变量发生变异的可能性。要素发生变异是具有潜在破坏性的，但是其发生的概率很小，所以很少对其进行考虑。

本 章 小 结

本章首先介绍了不确定因素的概念，不确定问题的产生，以及主要的不确定性因素有哪些；然后介绍了盈亏平衡分析的概念、线性盈亏平衡分析和互斥方案的盈亏分析方法，并通过例题帮助学生更好地学习和理解相应的盈亏平衡分析法；之后介绍了敏感性分析的概念和步骤及单因素敏感性分析和多因素敏感性分析的内容，同样辅以例题以帮助学生更好地熟悉敏感性分析方法，并且分析了敏感性分析的局限性。

习 题

一、思考题

1. 什么是不确定性？主要的不确定性因素有哪些？
2. 简述盈亏平衡分析的概念、原理及作用。
3. 简述线性盈亏平衡分析模型并画出盈亏平衡图。
4. 简述敏感性分析的概念及进行敏感性分析的步骤。

二、单项选择题

1. 在基本的量本利图中，销售收入线与（　　）线的交点是盈亏平衡点。
   A. 变动成本　　　B. 总利润　　　C. 固定成本　　　D. 总成本
2. 生产性建设项目的预计产品市场需求量距盈亏平衡点越远，则项目（　　）。
   A. 安全性越小　　　　　　　B. 抗风险能力越小
   C. 安全性越大　　　　　　　D. 发生亏损的机会越大
3. 敏感性分析是考查项目涉及的各种不确定因素对项目基本方案经济指标的影响，找出敏感因素，估计项目效益对它们的敏感程度，粗略地预测（　　）。
   A. 项目可能遭受的损失　　　B. 项目可能承担的风险
   C. 项目风险费用　　　　　　D. 项目风险大小

三、多项选择题

1. 一般情况下，（　　）是导致项目不确定性的原因。
   A. 建设投资估算误差　　　　B. 决策者水平的局限
   C. 生产工艺或技术的更新　　D. 假设条件与实际情况相差太远
   E. 政策、法律的调整或改变
2. 在进行项目的敏感性分析时，考查的不确定因素通常有（　　）。
   A. 建设投资　　　B. 产品价格　　　C. 产品成本
   D. 内部收益率　　E. 工期、汇率

四、计算题

1. 某企业投产后,它的年固定成本为 60 000 元,单位变动成本为 25 元,由于原材料整批购买,每多生产一件产品,单位变动成本可降低 0.001 元,单位销售价格为 55 元,销售量每增加一件产品,售价下降 0.003 5 元。试求盈亏平衡点及最大利润时的销售量。

2. 某项目的建设有三种备选方案。A 方案:从国外引进设备,固定成本 800 万元,单位可变成本 10 元;B 方案:采用一般的国产自动化装置,固定成本 500 万元,单位可变成本 12 元;C 方案:采用自动化程度较低的国产装置,固定成本 300 万元,单位可变成本 15 元。试分析不同方案适用的生产规模。

3. 设某项目基本方案的初期投资 $P_0=1\,500$ 万元,销售收入 $S=650$ 万元,经营成本 $C=280$ 万元,项目服务期为 8 年,估计预测误差不超过±10%,基准收益率=12%。试进行敏感性分析。

第5章

工程项目财务评价

学习目标

(1) 掌握可行性研究报告的内容。
(2) 掌握主要财务评价基本报表内容。
(3) 掌握各类财务评价指标的计算。
(4) 熟悉可行性研究的定义和程序。
(5) 了解项目寿命周期的阶段划分和内容。
(6) 了解财务评价辅助报表的内容。

导入案例

某单位(甲方)为使其招待所工程尽快发挥效益,在未完成施工图的情况下,与某施工企业(乙方)签订了施工合同,拨付了工程备料款,意在减少物价上涨的影响,加快建设速度。乙方按照甲方要求进场准备,搭设临时设施,租赁机械、工具,并购进大批建材等待开工。当甲方拿到施工图及设计概算时发现:甲方原计划投资150万元,而设计单位按甲方提出的标准和要求做出的设计方案其概算达215万元,一旦开工,很可能因资金不足而造成中途停建,但不开工,施工队伍已进场做了大量工作。甲方研究决定:"方案另议,缓期施工。"当甲方将决定通知乙方后,乙方很快送来合计标的为40.5万元的索赔报告。

甲方认真核实了乙方费用证据及实物,同意乙方退场决定,并给予了实际发生的损失补偿。

案例分析:工程建设要先设计后施工,不按照基本建设程序仓促上马,急于取得经济效益,最终却得到相反的结果。

5.1 可行性研究概述

5.1.1 工程项目建设程序

1. 工程项目的组成

工程项目可由单项工程、单位工程、分部工程和分项工程等组成。

1) 单项工程

单项工程一般是指具有独立设计文件,建成后可以独立发挥生产能力或效益的一组配套齐全的工程项目。单项工程的施工条件往往具有相对的独立性,一般单独组织施工和竣工验收。建设项目有时包括多个互有内在联系的单项工程,也可能仅有一个单项工程。

2) 单位(子单位)工程

单位工程是指具备独立施工条件并能形成独立使用功能的建筑物及构筑物。对于建筑规模较大的单位工程,可将其能形成独立使用功能的部分作为一个子单位工程。单位工程可以是一个建筑工程或者是一个设备与安装工程。

3) 分部(子分部)工程

分部工程是按照单位工程的工程部位、专业性质和设备种类划分确定,是单位工程的组成部分。

4) 分项工程

分项工程一般是按照主要工种、材料、施工工艺、设备类别等进行划分,是分部工程的组成部分。分项工程是工程项目施工安装活动的基础单元,是工程质量形成的直接过程。

2. 工程项目的分类

我国工程项目可以分为两类。

第一类称为基本建设项目,它构成我国工程项目的主要部分,一般是指在一个或几个施工建设现场,按照一个总体设计进行施工的各单项工程的总体。如一个工厂、一条铁路等都可以构成一个工程项目。工程项目按性质可分为新建、扩建、改建、恢复、迁建等项目;按建设规模可分为大、中、小型项目;除此之外,还可以按隶属关系、管理关系和行业等进行划分。

第二类是更新改造项目,是指对原有企业进行设备更新或技术改造的项目,是我国工程项目的另一个重要组成部分,其投资和基本建设项目投资合起来构成全社会的固定资产投资。

更新改造与基本建设的主要区别在于:基本建设属于固定资产的外延扩大再生产,而更新改造属于固定资产的内涵扩大再生产。

3. 我国工程项目建设程序

工程项目的建设涉及面广、环节多,且是由多部门和多行业密切协作配合的社会经济活动。因此,为了完成工程项目的建设任务,达到预期的目标,必须有组织、有计划、按规定的程序进行。工程项目的建设程序就是对工程项目建设全过程中各个环节所做工作和先后顺序的规定,即建设项目在整个过程中,各项工作必须遵循的先后顺序。

工程项目的建设程序反映了工程建设工作的客观规律性,它是工程建设的实践经验的科学总结。坚持科学的工程项目建设程序,对确保工程项目的建设质量、工期和投资效果,实现项目建设的目标有着重要的现实意义。

一个工程项目要经历投资前期、建设期及生产经营期三个时期,其全过程如图 5.1 所示。

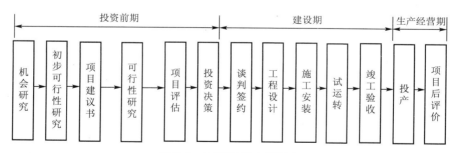

图 5.1 工程项目建设程序

投资前期是决定工程项目经济效果的关键时期,是研究和控制的重点。如果在项目实施中才发现工程费用过高,投资不足,或原材料不能保证等问题,将会给投资者造成巨大的损失。因此,无论是工业发达国家还是发展中国家,都把可行性研究视为工程建设的首要环节。投资者为了排除盲目性,减少风险,在竞争中取得最大利润,宁肯在投资前花费一定的代价也要进行投资项目的可行性研究,以提高投资获利的可靠程度。

5.1.2 可行性研究的含义

所谓可行性研究，也称技术经济论证，是指工程项目投资之前进行深入细致的调查研究，运用多种科学手段（包括技术科学、社会学、经济学及系统工程学等）对一项工程项目的必要性、可行性、合理性进行技术经济论证的综合科学。具体来说，工程项目可行性研究，是在工程投资决策之前，调查、研究与拟建工程项目有关的自然、社会、经济和技术资料，分析比较可能的工程项目建设方案，预测评价项目建成后的社会经济效益，并在此基础上结合项目建设的必要性、财务上的盈利性、经济上的合理性、技术的先进性和适用性及建设条件上的可能性和可行性，为投资决策提供科学的依据。同时，可行性研究还能为银行贷款、合作者签约、工程设计等提供依据和基础资料，它是决策科学化的必要步骤和手段。

从可行性研究的概念可以看出，一个完整的工程项目可行性研究至少应包括三方面的内容。

（1）分析论证工程项目建设的必要性。这主要是通过市场预测，分析工程项目所提供的产品或劳务的市场需求情况。

（2）分析论证工程项目建设的可行性。它主要是通过对工程项目的建设条件、技术分析等的论证分析来进行。

（3）分析论证工程项目建设的合理性，包括财务上的盈利性和经济上的合理性。它主要是通过工程项目的效益分析来完成的。其中，工程项目投资建设的合理性分析是工程项目可行性研究中最核心和最关键的内容。

5.1.3 可行性研究的阶段划分

对于投资额较大、建设周期较长、内外协作配套关系较多的建设工程，可行性研究的工作期限较长。为了节省投资，减少资源浪费，避免对早期就应淘汰的项目做无效研究，一般将可行性研究分为机会研究、初步可行性研究、可行性研究（有时也叫详细可行性研究）和项目评估决策四个阶段。机会研究证明效果不佳的项目，就不再进行初步可行性研究；同样，如果初步可行性研究结论为不可行，则不必再进行可行性研究。

可行性研究各阶段研究的内容及要求、估算精度与需要时间见表 5-1。

表 5-1 可行性研究各阶段工作的目的和要求

研究阶段	机会研究	初步可行性研究	可行性研究	项目评价决策
研究性质	项目设想	项目初选	项目准备	项目评估
研究目的和内容	鉴别投资方向，寻求投资机会（含地区、行业、资源和项目的机会研究），选择项目，提出项目投资建议	对项目作初步评价，进行专题辅助研究，广泛分析、筛选方案，确定项目的初步可行性	对项目进行深入细致的技术经济论证，重点对项目的技术方案和经济效益进行分析评价，进行多方案比选，提出结论性意见	综合分析各种效益，对可行性研究报告进行全面审核和评估，分析判断可行性研究的可靠性和真实性

续表

研究要求	编制项目建议书	编制初步可行性研究报告	编制可行性研究报告	提出项目评估报告
研究作用	为初步选择投资项目提供依据，批准后列入建设前期工作计划，作为国家对投资项目的初步决策	判定是否有必要进行下一步详细可行性研究，进一步判明建设项目的生命力	作为项目投资决策的基础和重要依据	为投资决策者提供最后决策依据，决定项目取舍和选择最佳投资方案
估算精度/(%)	±30	±20	±10	±10
研究费用(占总投资的百分比)/(%)	0.1~1.0	0.25~1.25	大项目 0.2~1；中小项目 1~3	—
需要时间/月	1~3	4~6	8~12 或更长	—

1. 机会研究阶段

机会研究又称投资机会论证。这一阶段的主要任务是提出建设项目投资方向建议，即在一个确定的地区和部门内，根据自然资源、市场需求、国家产业政策和国际贸易情况，通过调查、预测和分析研究，选择建设项目，寻找投资的有利机会。机会研究要解决两个方面的问题：一是社会是否需要；二是有没有可以开展项目的基本条件。

机会研究一般从以下几个方面着手开展工作。

（1）以开发利用本地区的某一丰富资源为基础，谋求投资机会。

（2）以现有工业的拓展和产品深加工为基础，通过增加现有企业的生产能力与生产工序等途径创造投资机会。

（3）以优越的地理位置、便利的交通运输条件为基础，分析各种投资机会。

这一阶段的工作比较粗略，一般是根据条件和背景相类似的工程项目来估算投资额和生产成本，初步分析建设投资效果，提供一个或一个以上可能进行建设的投资项目或投资方案。这个阶段所估算的投资额和生产成本的精确程度大约控制在±30%左右，大中型项目的机会研究所需时间大约在1~3个月，所需费用约占投资总额的0.2%~1%。如果投资者对这个项目感兴趣，则可再进行下一步的可行性研究工作。

2. 初步可行性研究阶段

项目建议书经国家有关部门（如计划部门）审定同意后，对于投资规模较大、工艺技术较复杂的大中型骨干建设项目，仅靠机会研究还不能决定取舍，在开展全面研究工作之前，往往需要先进行初步可行性研究，进一步判明建设项目的生命力。这一阶段的主要工作目标有以下几点。

（1）分析投资机会研究的结论，并在现有详细资料的基础上作出初步投资估算。该阶段工作需要深入弄清项目的规模、原材料资源、工艺技术、厂址、组织机构和建设进度等情况，进行经济效果评价，以判定是否有可能和必要进行下一步的详细可行性研究。

(2) 确定对某些关键性问题进行专题辅助研究。例如,市场需求预测和竞争能力研究,原料辅助材料和燃料动力等供应和价格预测研究,工厂中间试验、厂址选择、合理经济规模,以及主要设备选型等研究。在广泛的方案分析比较论证后,对各类技术方案进行筛选,选择效益最佳的方案,排除一些不利方案,缩小下一阶段的工作范围和工作量,尽量节省时间和费用。

(3) 鉴定项目的选择依据和标准,确定项目的初步可行性。根据初步可行性研究结果编制初步可行性研究报告,决定是否有必要继续进行研究,如通过所获资料的研究确定该项目设想不可行,则应立即停止工作。该阶段是项目的初选阶段,研究结果应作出是否投资的初步决定。

初步可行性研究与详细可行性研究相比,除研究的深度与准确度有差异外,其内容是大致相同的。初步可行性研究得出的投资额误差要求一般约为±20%,研究费用一般约占总投资额的0.25%~1.5%,时间一般为4~6个月。

3. 详细可行性研究阶段

详细可行性研究又称技术经济可行性研究,是可行性研究的主要阶段,是建设项目投资决策的基础。它为项目决策提供技术、经济、社会、商业方面的评价依据,为项目的具体实施提供科学依据。这一阶段的主要目标有以下几点。

(1) 深入研究有关产品方案、生产流程、资源供应、厂址选择、工艺技术、设备选型、工程实施进度计划、资金筹措计划,以及组织管理机构和定员等各种可能选择的技术方案,进行全面深入的技术经济分析和比较选择工作,并推荐一个可行的投资建设方案。

(2) 着重对投资总体建设方案进行企业财务效益、国民经济效益和社会效益的分析与评价,对投资方案进行多方案比较选择,确定一个能使项目投资费用和生产成本降到最低限度,以取得最佳经济效益和社会效益的建设方案。

(3) 确定项目投资的最终可行性和选择依据标准。对拟建投资项目提出结论性意见。对于可行性研究的结论,可以推荐一个认为最好的建设方案;也可以提出可供选择的几个方案,说明各个方案的利弊和可能采取的措施,或者也可以提出"不可行"的结论。按照可行性研究结论编制出可行性研究报告,作为项目投资决策的基础和重要依据。

这一阶段的内容比较详尽,所花费的时间和精力都比较大。而且本阶段还为下一步工程设计提供基础资料和决策依据。因此,在此阶段,建设投资和生产成本计算精度控制在±10%以内;大型项目研究工作所花费的时间为8~12个月,所需费用约占投资总额的0.2%~1%;中小型项目研究工作所花费的时间为4~6个月,所需费用约占投资总额的1%~3%。

4. 评估决策阶段

项目评估是由投资决策部门组织和授权给诸如国家开发银行、建设银行、投资银行、工程咨询公司或有关专家,代表国家或投资方(主体)对上报的建设项目可行性研究报告所进行的全面审核和再评价。其主要任务是对拟建项目的可行性研究报告提出评价意见,对该项目投资的可行与否作出最终决策(取舍),确定出最佳的投资方案。项目评估决策应在可行性研究报告的基础上进行。其内容包括以下几个方面。

（1）全面审核可行性研究报告中所反映的各项情况是否属实。

分析项目可行性研究报告中各项指标计算是否正确，包括各种参数、基础数据、定额费率的选择。

（2）从企业、国家和社会等方面综合分析和判断工程项目的经济效益和社会效益。

分析判断项目可行性研究的可靠性、真实性和客观性，对项目作出最终的投资决策；最后写出项目评估报告。

5.1.4 可行性研究的程序

可行性研究的基本工作程序大致可以概括为以下几方面。

1．签订委托协议

可行性研究编制单位与委托单位，应就项目可行性研究工作范围、内容、重点、深度要求、完成时间、经费预算和质量要求交换意见，并签订委托协议，据以开展可行性研究各阶段的工作。具备条件和能力的建设单位也可以在机构内部委托职能部门开展可行性研究工作。

2．组建工作小组

根据委托项目可行性研究的范围、内容、技术难度、工作量、时间要求等组建项目可行性研究工作小组。一般工业项目和交通运输项目可分为市场组、工艺技术组、设备组、工程组、总图运输及公用工程组、环保组、技术经济组等专业组。各专业组的工作一般应由项目负责人统筹协调。

3．制订工作计划

内容包括各项研究工作开展的步骤、方式、进度安排、人员配备、工作保证条件、工作质量评定标准和费用预算，并与委托单位交换意见。

4．市场调查与预测

市场调查的范围包括地区及国内外市场，有关企事业单位和行业主管部门等，主要搜集项目建设、生产运营等各方面所必需的信息资料和数据。市场预测主要是利用市场调查所获得的信息资料，对项目产品未来市场供应和需求信息进行定性与定量分析。

5．方案研制与优化

在调查研究、搜集资料的基础上，针对项目的建设规模、产品规格、场址、工艺、设备、总图、运输、原材料供应、环境保护、公用工程和辅助工程、组织机构设置、实施进度等，提出备选方案。进行方案论证比选优化后，提出推荐方案。

6．项目评价

对推荐方案进行财务评价、费用效益分析、环境评价及风险分析等，以判别项目的环境可行性，经济合理性和抗风险能力。当有关评价指标结论不足以支持项目方案成立时，应重新构想方案或对原方案进行调整，有时甚至完全否定该项目。

7. 编写并提交可行性研究报告

项目可行性研究各专业方案，经过技术经济论证和优化以后，由各专业组分工编写。经项目负责人衔接协调综合汇总，提出可行性研究报告初稿。与委托单位交换意见，修改完善后，向委托方提交正式的可行性研究报告。

5.1.5 可行性研究报告

可行性研究过程形成的工作成果一般通过可行性研究报告固定下来，构成下一步工作的基础。可行性研究不必将所有工作过程都展示出来，只需详细说明最优方案，而简述其他备选方案的情况。

1. 可行性研究报告的作用

1）作为经济主体投资决策的依据

可行性研究对与建设项目有关的各个方面都进行了调查研究和分析，并以大量数据论证了项目的必要性、可实现性及实现后的结果，项目投资者或政府主管部门正是根据项目可行性研究的评价结果，并结合国家财政经济条件和国民经济长远发展的需要，才能作出是否应该投资和如何进行投资的决定。

2）作为筹集资金和向银行申请贷款的依据

银行通过审查项目可行性研究报告，确认了项目的经济效益水平、偿债能力和风险状况，才能作出是否同意贷款的决定。

3）编制科研实验计划和新技术、新设备需用计划及大型专用设备生产与安排的依据

项目拟采用的重大新技术、新设备必须经过周密慎重的技术经济论证，确认可行的，方能拟定研究和制造计划。

4）作为从国外引进技术、设备及与国外厂商谈判签约的依据

利用外资项目，不论是申请国外银行贷款，还是与合资、合作方进行技术谈判和商务谈判、编制可行性研究都是一项至关重要的基础工作，甚至决定了谈判的成功与否。

5）与项目协作单位签订经济合同的依据

根据批准的可行性研究报告，项目法人可以与有关协作单位签订原材料、燃料、动力、运输、土建工程、安装工程、设备购置等方面的合同或协议。

6）作为向当地政府、规划部门、环境保护部门申请有关建设许可文件的依据

可行性研究报告经审查，符合市政府当局的规定或经济立法，对污染处理得当，不造成环境污染时，方能取得有关部门的许可。

7）作为该项目工程建设的基础资料

建设项目的可行性研究报告，是项目工程建设的重要基础资料。项目建设过程中的任何技术性和经济性更改，都可以在原可行性研究报告的基础上通过认真分析得出项目经济效益指标变动程度的信息。

8）作为项目科研实验、机构设置、职工培训、生产组织的依据

根据批准的可行性研究报告，进行与建设项目有关的生产组织工作，包括设置相宜的

组织机构，进行职工培训，合理地组织生产等工作安排。

9）作为对项目考核和后评价的依据

工程项目竣工、正式投产后的生产考核，应以可行性研究所制订的生产纲领、技术标准以及经济效果指标作为考核标准。

2. 可行性研究报告的编制依据

1）国民经济中长期发展规划和产业政策

国家和地方国民经济和社会发展规划是一个时期国民经济发展的纲领性文件，对项目建设具有指导作用。另外，产业发展规划也同样可作为项目建设的依据。例如，国家关于一定时期内优先发展产业的相关政策、国家为缩小地区差别确立的地区开发战略，以及国家为加强民族团结而确定的地区发展规划。

2）项目建议书

项目建议书是工程项目投资决策前的总体设想，主要论证项目的必要性，同时初步分析项目建设的可能性，它是进行各项投资准备工作的主要依据。基础性项目和公益性项目只有经国家主管部门核准后，并列入建设前期工作计划后，方可开展可行性研究的各项工作。可行性研究确定的项目规模和标准原则上不应突破项目建议书相应的指标。

3）委托方的意图

可行性研究的承担单位应充分了解委托方建设项目的背景、意图、设想，认真听取委托方对市场行情、资金来源、协作单位、建设工期以及工作范围等情况的说明。

4）有关的基础资料

进行厂址选择、工程设计、技术经济分析需要可靠的自然、地理、气象、水文、地质、经济、社会等基础资料和数据。对于基础资料不全的，还应进行地形勘测、地质勘探、工业试验等补充工作。

5）有关的技术经济规范、标准、定额等指标

例如，钢铁联合企业单位生产能力投资指标、饭店单位客房投资指标等，都是进行技术经济分析的重要依据。

6）有关经济评价的基本参数和指标

例如，基准收益率、社会折现率、基准投资回收期、汇率等，这些参数和指标都是对工程项目经济评价结果进行衡量的重要依据。

3. 可行性研究报告的内容

工程项目的重要特点之一是它的不重复性，因而，每个工程项目应根据自身的技术经济特点确定可行性研究的工作要点，以及相应可行性研究报告的内容，根据国家发展和改革委员会的有关规定，一般工业项目可行性研究报告可按以下内容编写。

1）总论

主要内容为：项目提出的背景，项目概况及主要问题与建议。

2）市场预测

主要内容为：市场现状调查，产品供需预测，价格预测，竞争力分析，市场风险分析。

3）资源条件评价

主要内容为：资源可利用量，资源品质情况，资源赋存条件，资源开发价值。

4）建设规模与产品方案

主要内容为：建设规模与产品方案构成，建设规模与产品方案比选，推荐的建设项目于产品方案，技术改造项目于原有设施利用情况等。

5）场址选择

主要内容为：场址现状，场址方案比选，推荐的场址方案，技术改造项目当前场址的利用情况。

6）技术方案、设备方案和工程方案

主要内容为：技术方案选择，主要设备方案选择，工程方案选择，技术改造项目改造前后的比较。

7）主要原料、燃料供应及节能、节水措施

主要内容包括：主要原材料供应方案，燃料供应方案，节能措施，节水措施。

8）总图、运输与公用辅助工程

主要内容为：总图布置方案，场内外运输方案，公用工程与辅助工程方案，技术改造项目现有公用辅助设施利用情况。

9）环境影响评价

主要内容为：环境条件调查，影响环境因素分析，环境保护措施。

10）劳动安全、卫生与消防

主要内容为：危险因素和危害程度分析，安全防范措施，卫生保健措施，消防措施。

11）组织机构与人力资源配置

主要内容为：组织机构设置及其适应性分析，人力资源配置，员工培训。

12）项目实施进度

主要内容为：建设工期，实施进度安排，技术改造项目建设与生产的衔接。

13）投资估算与融资方案

主要内容为：建设投资和流动资金估算，资本金和债务资金筹措，融资方案分析。

14）财务评价

主要内容为：财务评价基础数据与参数选取，营业收入与成本费用估算，财务评价报表，盈利能力分析，偿债能力分析，风险与不确定性分析，财务评价结论。

15）费用效益分析

主要内容为：影子价格及评价参数选取，效益费用范围与数值调整，国民经济评价报表，国民经济评价指标，国民经济评价结论。

16）社会评价

主要内容为：项目对社会的影响分析，项目与所在地互适性分析，社会风险分析。

17）风险与不确定性分析

主要内容为：项目盈亏平衡分析、敏感性分析，项目主要风险识别，风险程度分析，防范风险对策。

18）研究结论与建议

主要内容为：推荐方案总体描述，推荐方案优缺点描述，主要对比方案，结论与建议。

可行性研究报告的基本内容可概括为三大部分：市场研究、技术研究、经济评价。这三部分构成了可行性研究的三大支柱。第一是市场研究，包括产品的市场调查与预测研究，这是建设项目成立的重要前提，其主要任务是要解决工程项目建设的"可行性"问题。第二是技术研究，即技术方案和建设条件研究，从资源投入、厂址、技术、设备和生产组织等问题入手，对工程项目的技术方案和建设条件进行研究，这是可行性研究的技术基础，它要解决建设项目在技术上的"可行性"问题。第三是效益研究，即经济评价，这是决策项目投资命运的关键，是项目可行性研究的核心部分，它要解决工程项目在经济上的"合理性"问题。

5.2 财务评价概述

5.2.1 财务评价的概念

工程项目的财务评价又称为企业经济评价，它是从企业角度出发，根据国家现行财税制度、市场价格体系和项目评价的有关规定，从项目的财务角度分析计算项目直接发生的财务效益和费用，编制财务评价报表，计算财务评价指标，对有关项目的基本生存能力、盈利能力、偿债能力和抗风险能力等财务状况进行分析评价，据以判断项目的财务可行性，明确项目对投资主体的价值贡献，为项目投资决策提供科学依据。

5.2.2 财务评价的任务

财务评价的基本任务是分析评价项目的基本生存能力、盈利能力、偿债能力和抗风险能力，主要包括下列内容。

1. 项目的基本生存能力分析

根据财务计划现金流量表，考察项目计算期内各年的投资活动、融资活动和经营活动所产生的各项现金流入和流出，计算净现金流量和累计盈余资金，分析项目是否有足够的净现金流量（净收益）维持正常运营。各年累计盈余资金不应出现负值，出现负值时应进行短期融资。项目生产（运营）期间的短期融资应体现在财务计划现金流量表中。

2. 项目的盈利能力分析

就是分析项目投资的盈利水平，应从以下两方面对其进行评价。

（1）评价项目达到设计生产能力的正常生产年份可能获得的盈利水平，即按静态方法计算项目正常生产年份的企业利润及其占总投资的比率大小，如采用总投资收益率分析评价项目年度投资盈利能力。

(2) 评价项目整个寿命期内的总盈利水平。运用动态方法考虑资金时间价值,计算项目整个寿命期内企业的财务收益和总收益率,如采用财务净现值和财务内部收益率等指标分析评价项目寿命期内所能达到的实际财务总收益。

3. 项目的偿债能力分析

就是分析项目按期偿还到期债务的能力。通常表现为借款偿还期,对于已约定借款偿还期限的投资项目,还应采用利息备付率和偿债备付率指标分析项目的偿债能力。它们都是银行进行项目贷款决策的重要依据,也是分析评价项目偿债能力的重要指标。

4. 项目的抗风险能力分析

通过不确定性分析(如盈亏平衡分析、敏感性分析)和风险分析(如概率分析),预测分析客观因素变动对项目盈利能力的影响,检验不确定性因素的变动对项目收益、收益率和投资借款偿还期等评价指标的影响程度,分析评价投资项目承受各种投资风险的能力,提高项目投资的可靠性和盈利水平。

5.2.3 财务评价的内容和步骤

1. 财务评价的内容

项目财务评价是在项目建设方案、产品方案、建设条件、投资估算和融资方案等进行详尽的分析论证、优选和评价的基础上,进行项目财务效益可行性研究分析评价工作。

根据与资金筹措的关系,财务评价可分为融资前分析评价和融资后分析评价。

1) 融资前分析评价

融资前分析评价应以销售(营业)收入、建设投资、经营成本和流动资金(净营运资金)的估算为基础,考察项目整个计算期内的现金流入和现金流出,编制项目投资财务现金流量表,根据资金时间价值原理,计算项目投资财务内部收益率和财务净现值等指标,从项目投资获利能力角度,考察评价项目方案设计的合理性。融资前分析计算的相关指标可选择计算所得税前指标和(或)所得税后指标,应作为初步投资决策与融资方案研究的依据。

2) 融资后分析评价

融资后分析评价应以融资前分析和初步的融资方案为基础,考察评估项目的基本生存能力、盈利能力(可采用静态分析和融资后动态分析)及偿债能力,判断项目方案在融资条件下的合理性。融资后盈利能力分析应计算静态和动态分析指标,要进行权益投资和投资各方财务效益分析。

2. 财务评价的步骤

1) 确定项目评价基础数据,选择财务评价参数

通过项目的市场预测和技术方案分析,确定项目产品方案及合理的生产规模;根据优化的生产工艺方案、设备选型、工程设计方案、建设地点和投资方案,拟订项目实施进度

计划、组织机构与人力资源配置，选用财务评价的参数（这些参数包括主要投入物和产出物的价格、税率、利率、汇率、计算期、固定资产折旧率、无形资产和其他资产摊销年限、生产负荷和基准、收益率等）。据此进行项目财务预测，获得项目总投资额、生产成本费用、销售（营业）收入、税金及利润等一系列直接财务费用和效益数据，并对这些财务基础数据和参数进行分析。

2）编制财务评价报表

将上述财务基础数据和参数进行汇总，先编制财务评价基础报表，再编制财务评价基本报表。财务评价基本报表主要有项目投资财务现金流量表、资本金财务现金流量表、投资各方财务现金流量表、财务计划现金流量表、利润与利润分配表、资金来源与运用表、借款还本付息计划表和资产负债表等。

3）计算并分析财务评价指标

通过编制上述财务评价基本报表，可以直接计算出一系列财务评价指标，包括反映项目盈利能力、偿债能力等的静态和动态评价指标，并将这些指标值分别与国家有关部门颁布或投资者自己确定的基准值进行对比，对项目的各种财务状况作出分析，并从财务角度提出项目在财务上是否可行的结论。

4）进行不确定性分析和风险分析

采用敏感性分析、盈亏平衡分析和概率分析等方法，对上述财务评价指标进行不确定性分析和风险分析。计算出各类抗风险能力指标，分析可能面临的风险及在不确定情况下的承受风险能力，得出项目在不确定情况下的财务评价结论与建议。

5）编写财务评价报告，作出最终结论

根据财务评价、不确定性与风险分析评价的结果，对工程项目的财务可行性作出最终判断和结论，并编写项目财务评价报告。

5.3 财务评价报表与财务评价指标

财务评价主要是通过财务评价指标的计算来分析项目的基本生存能力、盈利能力、偿债能力和抗风险能力等财务状况，而评价指标的计算一般是通过编制财务评价报表实现的。

财务评价报表是对企业财务状况、经营成果和现金流量的结构性描述，是反映企业特定日期财务状况和某一会计期间经营成果和现金流量的书面文件。

5.3.1 财务评价报表的种类

工程项目财务评价中把财务报表分为基本报表和辅助报表两类。

1. 财务评价基本报表

财务评价基本报表主要包括以下内容。

(1) 项目投资现金流量表。
(2) 项目资本金现金流量表。
(3) 投资各方现金流量表。
(4) 利润及利润分配表。
(5) 财务计划现金流量表。
(6) 资产负债表。
(7) 借款还本付息计划表。

2. 财务评价辅助报表

财务评价辅助报表主要包括以下内容。
(1) 投资使用计划与资金筹措表。
(2) 固定资产投资估算表。
(3) 流动资金估算表。
(4) 总成本费用估算表。
(5) 外购材料、燃料动力估算表。
(6) 固定资产折旧费估算表。
(7) 无形资产与递延资产摊销费估算表。
(8) 销售收入及销售税金估算表。

5.3.2 财务评价基本报表的内容

1. 现金流量表的编制

1) 现金流量表的概念

工程项目的现金流量系统是将项目计算期内各年的现金流入与现金流出按照各自发生的时点顺序排列，表达为具有确定时间概念的现金流量系统。现金流量表是反映项目现金流入和流出的报表，是对工程项目现金流量系统的表格式反映，用以计算各项评价指标，进行项目财务盈利能力分析。

现金流量表的编制基础是会计上的收付实现制原则。它是以现金是否收到或付出，作为该时期收入和费用是否发生的依据。只有收到现金的收入才能记作收入，同样，只有付出现金的费用才能记作费用。因此，现金流量表中的成本是指经营成本。按投资计算基础的不同，现金流量表分为项目投资现金流量表、项目资本金现金流量表和投资各方现金流量表。

2) 项目投资现金流量表

项目投资现金流量表是以项目为一独立系统，从融资前的角度进行设置的。它将项目建设所需的总投资作为计算基础，反映项目在整个计算期(包括建设期和生产经营期)内现金的流入和流出，其现金流量构成如表5-2所示。通过项目投资现金流量表可计算项目财务内部收益率、财务净现值和投资回收期等评价指标，并可考察项目的盈利能力，为各个方案进行比较建立共同的基础。

根据需要，可从所得税前(即息税前)和(或)所得税后(即息税后)两个角度进行考察，选择计算所得税前和(或)所得税后指标。但要注意，这里所指的"所得税"是根据息税前利润(计算时其原则上不受融资方案变动的影响，即不受利息多少的影响)乘以所得税率计算的，称为"调整所得税"。这区别于"利润与利润分配表""资本金现金流量表"和"财务计划现金流量表"中的所得税。

表5-2 项目投资现金流量表

序号	项 目	计 算 期						
		1	2	3	4	5	6	...	n
1	现金流入(CI)								
1.1	销售(营业)收入								
1.2	补贴收入								
1.3	回收固定资产余值								
1.4	回收流动资产								
2	现金流出(CO)								
2.1	建设投资								
2.2	流动资金								
2.3	经营成本								
2.4	销售税金及附加								
2.5	维持运营投资								
3	所得税前净现金流量(1-2)								
4	累计税前净现金流量								
5	调整所得税								
6	所得税后净现金流量(3-5)								
7	累计税后净现金流量								

计算指标：　　　　　　　　　　　　　　所得税前　　　　　所得税后

财务净现值(i_c=%)：

财务内部收益率：

投资回收期：

3) 项目资本金现金流量表

项目资本金现金流量表是从项目法人(或投资者整体)角度出发，以项目资本金作为计算的基础，把借款本金偿还和利息支付作为现金流出，用以计算资本金内部收益率，反映投资者权益投资的获利能力。资本金财务现金流量构成如表5-3所示。

4) 投资各方现金流量表

投资各方现金流量表是分别从各个投资者的角度出发，以投资者的出资额作为基础，用以计算投资各方收益率。投资各方现金流量表构成如表5-4所示。

表5-3 项目资本金现金流量表

序号	项 目	计 算 期						
		1	2	3	4	5	6	... n
1	现金流入(CI)							
1.1	销售(营业)收入							
1.2	补贴收入							
1.3	回收固定资产余值							
1.4	回收流动资产							
2	现金流出(CO)							
2.1	项目资本金							
2.2	借款本金偿还							
2.3	借款利息支付							
2.4	经营成本							
2.5	销售税金及附加							
2.6	所得税							
2.7	维持运营投资							
3	净现金流量(1-2)							

计算指标：
资本金内部收益率：

表5-4 投资各方现金流量表

序号	项 目	计 算 期						
		1	2	3	4	5	6	... n
1	现金流入(CI)							
1.1	实分利润							
1.2	资产处置收益分配							
1.3	租赁费收入							
1.4	技术转让或使用收入							
1.5	其他现金流入							
2	现金流出(CO)							
2.1	实交资本							
2.2	租赁资产支出							
2.3	其他现金流出							
3	净现金流量(1-2)							

计算指标：
投资各方内部收益率：

2. 利润及利润分配表

利润及利润分配表是反映企业在一定会计期间的经营成果的报表。此表编制的基础是会计上的权责发生制原则。根据该原则，收入或费用的确认，应当以收入或费用的实际发生作为确认计量的标准。凡是当期已经实现的收入和已经发生或应当负担的费用，不论款项是否收付，都应当作为当期的收入和费用处理；凡是不属于当期的收入和费用，即使是款项已经在当期收付，都不应当作为当期的收入和费用处理。因此，利润及利润分配表使用的是总成本费用。利润及利润分配表的格式见表 5-5。

表 5-5 利润及利润分配表

序号	项目	合计	计算期					
			1	2	3	4	…	n
1	销售收入							
2	销售税金及附加							
3	总成本费用							
4	利润总额							
5	所得税(25%)							
6	税后利润							
7	期初未分配利润							
8	可供分配利润							
9	盈余公积金(10%)							
10	可供投资者分配利润							
11	分配投资者股利							
12	未分配利润							
13	息税前利润							
14	利息备付率							
15	偿债备付率							

3. 财务计划现金流量表

财务计划现金流量表反映项目计算期各年的投资、融资及经营活动的现金流入和流出，用于计算累计盈余资金，分析项目的财务生存能力。财务计划现金流量表构成如表 5-6 所示。

表 5-6 财务计划现金流量表

序号	项目	合计	计算期					
			1	2	3	4	…	n
1	经营活动净现金流量							
1.1	现金流入							
1.1.1	营业收入							
1.1.2	增值税销项税							

续表

序号	项 目	合计	计 算 期					
			1	2	3	4	…	n
1.1.3	补贴收入							
1.1.4	其他流入							
1.2	现金流出							
1.2.1	经营成本							
1.2.2	增值税进项税							
1.2.3	营业税金及附加							
1.2.4	增值税							
1.2.5	所得税							
1.2.6	其他流出							
2	投资活动净现金流量							
2.1	现金流入							
2.2	现金流出							
2.2.1	建设投资							
2.2.2	维持运营投资							
2.2.3	流动资金							
2.2.4	其他流出							
3	筹资活动净现金流量							
3.1	现金流入							
3.1.1	资本金投入							
3.1.2	建设资金借款							
3.1.3	流动资金借款							
3.1.4	债券							
3.1.5	短期借款							
3.1.6	其他流入							
3.2	现金流出							
3.2.1	各种利息支出							
3.2.2	偿还债务本金							
3.2.3	应付利润							
3.2.4	其他流出							
4	净现金流量(1+2+3)							
5	累计盈余资金							

4. 资产负债表

资产负债表综合反映项目计算期内各年末资产、负债和所有者权益的增减变化及对应关系，用以考察项目资产、负债、所有者权益的结构是否合理，进行清偿能力分析。资产负债表的编制依据是：资产＝负债＋所有者权益，报表格式见表5-7。

表5-7 资产负债表

序号	项目	计算期			
		1	2	…	n
1	资产				
1.1	流动资产总额				
1.1.1	货币资金				
1.1.2	应收账款				
1.1.3	预付账款				
1.1.4	存货				
1.2	在建工程				
1.3	固定资产净值				
1.4	无形及其他资产净值				
2	负债及投资人权益				
2.1	流动负债总额				
2.1.1	应付账款				
2.1.2	流动资金借款				
2.2	长期借款				
2.3	负债小计				
2.4	投资人权益				
2.4.1	资本金				
2.4.2	资本公积金				
2.4.3	累计盈余公积金				
2.4.4	累计未分配利润				
	资产负债率				
	流动比率				
	速动比率				

5. 借款还本付息计划表

借款还本付息计划表反映项目计算期内各年借款本金偿还和利息支付情况。借款还本付息计划表的基本结构见表5-8。

表 5-8 借款还本付息计划表

序号	项 目	合计	计 算 期					
			1	2	3	4	5	6
1	借款 1							
1.1	期初借款余额							
1.2	当期还本付息							
	其中：还本							
	付息							
1.3	期末借款余额							
2	借款 2							
2.1	期初借款余额							
2.2	当期还本付息							
	其中：还本							
	付息							
2.3	期末借款余额							
3	债券							
3.1	期初债务余额							
	当期还本付息							
	其中：还本							
	付息							
3.3	期末债务余额							
4	借款和债券合计							
4.1	期初余额							
4.2	当期还本付息							
	其中：还本							
	付息							
4.3	期末余额							
计算指标	偿债备付率							
	利息备付率							

5.3.3 财务评价基本报表与评价指标的关系

财务评价指标与财务基本报表的关系如表 5-9 所示。

表 5-9 财务评价指标与财务基本报表的关系表

评价内容	基本报表	评价指标 静态指标	评价指标 动态指标
盈利能力分析	项目投资现金流量表	全部投资回收期	财务内部收益率、财务净现值
盈利能力分析	项目资本金现金流量表	—	资本金财务内部收益率
盈利能力分析	投资各方现金流量表	—	投资各方财务内部收益率
盈利能力分析	利润及利润分配表	总投资收益率	
清偿能力分析	资金来源与运用表、借款还本付息表	借款偿还期、偿债备付率、利息备付率	—
清偿能力分析	资产负债表	资产负债率、流动比率、速动比率	—
清偿能力分析	借款还本付息计划表	利息备付率、偿债备付率	—
生存能力分析	财务计划现金流量表	净现金流量、累计盈余资金	—

本 章 小 结

本章主要介绍了可行性研究和项目财务评价两个问题。可行性研究是我国建设程序中要求项目投资方或业主必须要做的工作，否则项目就不可能立项，由此可以看出项目可行性研究对于项目的重要性。可行性研究的内容包括技术、经济、安全、环境和管理四个大类，而项目财务评价是其中的一个组成部分，通过项目财务评价可以获知项目在经济上是否可以有利可图，项目的经济性是衡量项目是否可行的重要标准之一。项目财务评价主要从项目得盈利能力、项目的偿债能力和项目生存能力三个方面进行评价，每一个方面都需要依靠编制相应的财务报表，并计算评价指标来实现的。

习 题

一、思考题

1. 什么是建设项目发展周期？

2. 可行性研究及其作用是什么?
3. 可行性研究分几个阶段进行?
4. 财务评价的概念是什么?内容包括哪些?
5. 项目财务评价时,需要编制哪些主要辅助报表和基本报表?
6. 项目投资现金流量表和项目资本金现金流量表的主要差别有哪些?

二、单项选择题

1. 按我国的建设程序,可行性研究应在(　　)进行。
   A. 建设任务书下达之后　　　B. 项目建议书被批准之后
   C. 机会研究完成之后　　　　D. 可行性研究准备完成之后
2. 财务评价的具体工作包括:①编制财务报表;②计算评价指标;③进行财务分析;④预测财务基础数据。正确的工作顺序是(　　)。
   A. ②③④①　　B. ①④③②　　C. ④③①②　　D. ④①②③
3. 在项目投资现金流量表中,用所得税前净现金流量计算所得税后净现金流量,扣除项为(　　)。
   A. 所得税　　　　　　　　　B. 利润总额×所得税率
   C. 息税前利润×所得税率　　D. 应纳税所得额×所得税率

三、多项选择题

在下列项目中,包含在项目资本金现金流量表中而不包含在项目投资现金流量表中的有(　　)。
   A. 营业税金及附加　　B. 建设投资　　C. 借款本金偿还
   D. 借款利息支付　　　E. 经营成本

四、计算题

有一投资项目,建设投资50万元(不含建设期利息),于第1年投入;流动资金投资20万元,于第2年年初投入,全部为借款,利率8%。项目于第2年投产,产品销售收入第2年为50万元,第3～8年为80万元;经营成本第2年为30万元,第3～8年为45万元;增值税率为17%;第2～8年折旧费每年为6万元;第8年年末处理固定资产可得收入8万元。试根据以上条件列出项目投资现金流量表。

第 6 章 工程项目管理组织

学习目标

(1) 掌握工程项目管理组织的有关概念。
(2) 掌握常用的工程项目管理的组织形式。
(3) 掌握组织协调的有关概念。
(4) 了解项目经理的责、权、利。
(5) 了解项目经理部的管理制度。

导入案例

某工程为南昌市某小区二期工程第六标段(G组团),包括5号、7号、9号、10号、11号、12号、13号楼共7栋。此工程实行项目法施工管理,委派实践经验丰富和管理水平高的人员担任项目部主要负责人,并选聘技术和管理水平高的技术人员、管理人员、专业工长组建项目部。此项目管理层由项目经理、项目副经理、技术负责人、安全主管、质量主管、材料主管、保卫主管、机械主管和后勤主管等成员组成。在建设单位、监理单位和公司的指导下,负责对本工程的工期、质量、安全、成本等实施计划。施工人员均挑选有丰富施工经验和劳动技能的正式工和合同工,分工种组成作业班组,挑选技术过硬、思想素质好的正式职工带班。为保证项目部管理层指令畅通有效,工作安排采用"施工任务书"的形式。要求签发人和执行人签字,项目经理层作为执行的监督者。施工任务书的工作内容完成后由签发人密封并签字,如未能密封必须找出原因并对执行人进行处罚。

案例分析:该工程适合采用直线职能式的组织机构,分别由工程部、设备部、质量安全部、资料室、水电部、材料部、计经部组成。各部门职责如下:①工程部:由各分项工程工长组成,直接管理和指挥班组施工生产。②设备部:现场机械设备的维护、保养、运行纪录。③质量安全部:质量检查、安全检查、文明施工、生活卫生检查。④资料室:资料整理,材料送检。⑤水电部:水电施工现场指挥。⑥材料部:材料采购、装卸、保管、发放。⑦计经部:负责工程计划、预算。由以上分析可以看出,工程项目管理组织机构的好坏直接影响工程项目的运行效率,所以至关重要。

6.1 概　　述

6.1.1 工程项目结构分析

1. 工程项目工作分解结构的概念

工作分解结构(Work Breakdown Structure,WBS)是归纳和定义整个项目范围的一种最常用的方法,是项目计划开发的第一步,指把工作对象(工程项目、其管理过程和其他过程)作为一个系统,把它按一定的目的分解为相互独立、相互制约和相互联系的活动(或过程)。它是项目团队在项目期间要完成或生产出的最终细目的等级树,所有这些细目的完成或产出构成了整个项目的工作范围。进行工作分解是非常重要的工作,它在很大程度上决定项目能否成功。如果项目工作分解得不好,在实施的过程中难免就要进行修改,因此可能会打乱项目的进程,造成返工、延误时间、增加费用等后果。如果用这种方法分解工程项目(或其构成部分、阶段),则称为工程项目工作分解结构。

2. 工程项目工作分解结构的作用

工程项目结构分解是将整个项目系统分解成可控制的活动,以满足项目计划和控制的需求。它是项目管理的基础工作,是对项目进行设计、计划、目标和责任分解、成本核算、质量控制、信息管理、组织管理的对象。工程项目结构分解的基本作用有以下几方面。

(1) 保证项目结构的系统性和完整性。分解结果代表被管理项目的范围和组成部分,还包括项目实施的所有工作,不能有遗漏,这样才能保证项目的设计、计划、控制的完整性。

(2) 通过结构分解,使项目的形象透明,使人们对项目一目了然,使项目的概况和组成明确、清晰。这可以使项目管理者,甚至不懂项目管理的业主、投资者,能把握整个项目,方便地观察、了解和控制整个项目过程;同时可以分析可能存在的项目目标的不明确性。

(3) 用于建立目标保证体系。将项目的任务、质量、工期、成本目标分解到各个项目单元。在项目实施过程中,各责任人就可以针对项目单元进行详细的设计,确定施工方案,作各种计划和风险分析,进行实施控制,对完成状况进行评价。

(4) 项目结构分解是进行目标分解,建立项目组织,落实组织责任的依据。通过它可以建立整个项目所有参加者之间的组织体系。

(5) 项目结构分解是进行工程项目网络计划技术分析的基础,其各个项目单元是工程项目实施进度、成本、质量等控制的基础。

(6) 项目结构分解中的各个项目单元是工程项目报告系统的对象,是项目信息的载体。项目中的大量信息,如资源使用、进度报告、成本开支账单、质量记录与评价、工程变更、会谈纪要等,都是以项目单元为对象收集、分类和沟通的。

项目结构分解的作用可用图6.1表示。

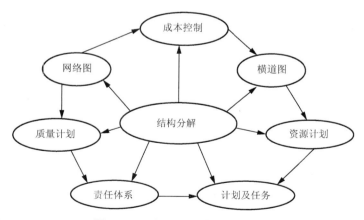

图6.1 工程项目结构分解的作用

3. 工程项目结构分解的层次

工程项目结构分解是一个树形结构,以实现项目最终成果所需进行的工作为分解对象,依次逐级分解,形成越来越详细的若干级别(层次)、类别,并以编码标识的若干大小分成不同的项目单元。WBS结构应能使项目实施过程中便于进行费用和各种信息数据的汇总。WBS还考虑诸如进度、合同及技术作业参数等其他方面所需的结构化数据。WBS

最常见的形式是五(六)级别(层次)的关联结构,如图6.2所示。

层次		层级分解	描述
管理层	1	项目	整个项目
	2	可交付成果	主要可交付成果
技术层	3	子可交付成果	可交付子成果
	4	最低子可交付成果	最底层的可交付子成果
	5	工作包	可识别的工作活动

图6.2 工程项目分解的层次

4. 工程项目结构分解的表现形式

WBS是将项目工作分解为越来越小的、更容易管理和控制的单元系统。图6.3是一个简化的分为5层的WBS,针对的是一个单位工程,将其从上到下分解,按照其实施过程的顺序进行逐层分解而形成的结构示意图。

第一层表现了总的项目目标,即完成项目包含工作的总和,对高层管理人员适用。第二、三层适合中层管理人员,第四、五层则针对一线管理人员。

第二层是项目的主要可交付成果,但不是全部成果。如设计、招标、准备、施工和竣工,主要成果应该包括可交付物及里程碑,如设计的可交付物是施工图纸。里程碑是划分项目阶段的标志,表示了项目进程中从一个阶段进入到另一个阶段的工作内容将发生变化。这一层的主要可交付成果的选择可以从项目工作范围特点的角度选择,还可以从项目的功能构成和组成部分的相对独立性的角度选择。选择这一层面的可交付成果的原则是便于进行管理。

第三、四层是可交付子成果。选择的原则与上一层类似,一个可交付物成果是土建施工,它由四个可交付物(分部工程)——地基与基础、主体、装饰装修、屋顶,以及最低管理层的可交付子成果(分项工程)——屋面找平层、保温层及卷材防水层组成。在WBS结构的每一层中,必须考虑隔层信息如何像一条江河的流水一样由各条支流汇集到干流,流入大海。这个过程要不断地重复,直到可交付的子成果小到管理的最底层乃至个人。这个可交付的子成果又被进一步分解为工作包。分解中应尽量减少结构的层次,层次太多不利于有效管理。

WBS的最低一层被称为工作包,工作包是短时间的任务,是任务的最小可控单元。在这一层次上,应能够满足用户对交流和监控的需要,这是项目经理、工程和建设人员管理项目所要求的最低层次。工作包可能包含不同的工作种类,有明确的起点和终点,消耗一定的资源并占用一定的成本。每个工作包都是一个控制点,工作包的管理者有责任关注这个工作包,使其按照技术说明的要求在预算内被按期完成。

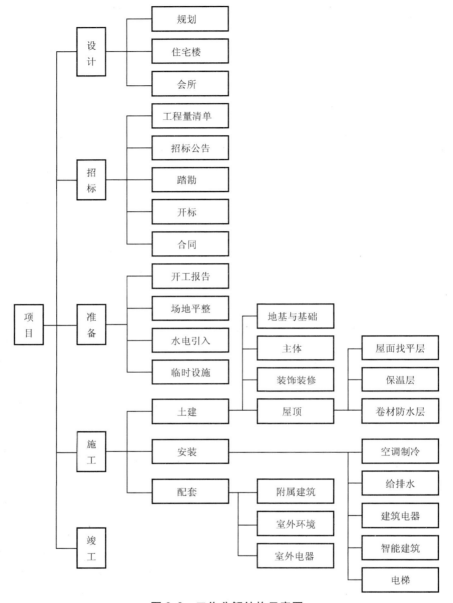

图 6.3 工作分解结构示意图

工作包应具有以下特点。

(1) 与上一层次相应单元关联,与同组其他工作包关系明确的独立单元。

(2) 责任能够落实到具体单位或个人,充分考虑项目的组织机构。要与组织的组织分解结构 OBS 结合起来,使两者紧密结合,以便于项目经理将各个工作单元分派给项目团队成员。

(3) 可确定工期,时间跨度最短。时间跨度的长短反映组织对该工作包项目进度的要求,其时间跨度的上限应根据这个原则确定。

(4) 能够确定实际预算、人员和资源需求。

5. 工程项目结构分解的基本原则

项目结构分解有其基本规律，如果不能正确分解，则会导致以此为基础的各项项目管理工作的失误。项目结构分解的基本原则有以下几条。

（1）确保各项目单元内容的完整性，不能遗漏任何必要的组成部分。

（2）项目结构分解是线性的，一个项目单元 J_i 只能从属于一个上层项目单元 J，不能同时从属于两个上层单元 J 和 I。否则，这两个上层项目单元 J 和 I 的界面会不清。一旦发生这种情况，则必须进行这种处理，以保证项目结构分解的线性关系。

（3）由一个上层单元 J 分解得到的几个下层单元 J_1，J_2，J_3，…，J_n 应有相同的性质，或相同的功能，或同为要素，或同为实施过程。

（4）项目单元应能区分不同的责任者和不同的工作内容，应有较高的整体性和独立性。单元的工作责任之间界面应尽可能小而明确，如此才能方便目标和责任的分解、落实，方便地进行成果评价和责任分析。如果无法确定责任者（如必须由两个人或部门共同负责），则必须清楚说明双方的责任界限。

（5）工程项目工作分解结构与承包方式、合同结构之间相互影响，应予以充分注意。

（6）系统分解的合理性还应注意以下方面。

① 能方便地应用工期、质量、成本、合同、信息等管理方法和手段，符合计划、项目目标跟踪控制的要求。

② 应注意物流、工作流、资金流、信息流等的效率和质量。

③ 注意功能之间的有机组合和实施工作任务的合理归属。

④ 最低层次的工作单元（工作包）上的单元成本不要太大、工期不要太长。

（7）项目分解结构应有一定弹性，以方便于扩展项目范围和内容，变更项目结构。

（8）在一个结构图内不要有过多层次，通常 4～6 层为宜。如果层次太少，则单元上的信息量太大，失去了分解的意义；如果层次太多，则分解过细，结构便失去了弹性，调整余地小，工作量大幅增加，而效果却很差。

6. 工程项目结构分解的过程

基本思路是：以工程项目目标体系为主导，以工程技术系统范围和工程项目的总任务为依据，由上而下、由粗到细地进行。具体步骤如下。

（1）将工程项目分解成单个定义且任务范围明确的子项目（单项工程）。

（2）将子项目的结果做进一步分解，直到最底层（单位工程、分部工程、分项工程）。

（3）列表分析并评价各层次（直到工作包，即分项工程）的分解结果。

（4）用系统规则将项目单元分组，构成系统结构图。

（5）分析并讨论分解的完整性。

（6）由决策者决定结构图，形成相应文件。

（7）建立工程项目的编码规则。

7. 工程项目结构分解的方法

1）分解方式

对于一个系统来说，存在多种系统分解的方式，只要这些子系统是相互关联的，并且他们能够综合构成系统的整体。工程项目是一个系统，工程项目分解结构的目的是将项目的过程、产品和组织这三种结构形式综合考虑，主要分解方式有以下几种。

（1）根据项目组织结构进行分解。

（2）根据项目的产品构成进行分解。

（3）根据项目实施的阶段进行分解。

例如，要给一个建筑企业上一个信息化项目，按照项目的组织结构就可以分解为人事信息系统、生产信息系统、财务信息系统等；而按该项目的产品构成，则可以分解为企业资源计划系统（ERP）、客户关系管理系统（CRM）、供应链系统（SCM）、办公自动化系统（OAS）等；按照项目实施的阶段则可以分解为系统分析、系统设计、系统实施、系统交接等阶段。

2）分解考虑因素

实际上，WBS 的第一层次按某种方式分解后，第二层次或其他层次往往要以另一种方式分解。那么，到底采用哪种方式进行分解呢？具体的分解方式应该考虑下面三个因素。

（1）哪一种更高级的标志会最有意义？

（2）任务将如何分配？

（3）具体的工作将如何去做？

根据以上三个因素来分解项目是比较有效的办法。另外，WBS 的每个框或圈中的文字最好能够统一，要么全用动词＋名词，如"安装设备"，要么全用名词＋动词，如"设备安装"。

3）分解方法

制订 WBS 的方法有自上而下法、集思广益法（头脑风暴法）、两者结合法及采用原先的模板法四种方法。

（1）自上而下法是指对项目的分解先从总体考虑，分为几个大部分，然后逐层分解。这种方法的优点是层次分明，缺点是有可能遗漏一些小的任务。这种方法适宜采用树形表现形式。

（2）集思广益法（头脑风暴法）是指先不考虑层次，让项目成员畅所欲言，将所想到的任务都列出来，然后再用线条将它们联系起来。这种方法不容易漏项，但不够直观，适宜采用气泡图的表现形式。

（3）两者结合法是指将自上而下法与集思广益法结合起来，先采用集思广益法，画出项目的气泡图，然后再采用自上而下法，整理成树形结构图。由此可知，该方法综合了上述两种方法的优点，既不漏项，又层次分明。并且，应了解树形结构图适合供项目的外部用户使用，气泡图适合项目团队内部使用。

（4）采用原先的模板法是指将做过的成功项目的 WBS 予以抽象，形成某一类项目的模板。有些项目具有相似性，在新项目进行工作结构分解时，就可以在模板库中直接调出相应模板，然后进行相应的添加、删除或修改即可。

工作分解结构是出于管理和控制的目的而将项目分解成易于管理部分的技术，本项工作是在确定了项目的范围之后进行的，因此对于各具体的项目而言，项目的范围说明书是进行项目分解的直接前提和依据。

8. WBS 编码设计

为适应现代化信息处理的要求,设计一个统一的编码体系,确定编码规则和方法,有利于网络分析、成本管理、数据的储存、分析统计等,且要相互接口,工程项目工作结构分解图采用"父码+子码"的方法编制。

工作分解结构中的每一项工作单元都要编上号码,用来唯一确定每一个单元,这些号码的全体称为编码系统,编码系统同项目工作分解结构本身一样重要,在项目规划和以后的各个阶段,项目各基本单元的查找、变更、费用计算、时间安排、资源安排、质量要求等各个方面都要参照这个编码系统。若编码系统不完整或编排得不合适,会引起很多麻烦。

利用编码技术对 WBS 进行信息交换,可以简化 WBS 的信息交换过程。编码设计与结构设计是有对应关系的。结构的每一层代表编码的某一位数,有一个分配给它的特定的代码数字。在最高层次,项目不需要代码;在第二层次,如果要管理的关键活动小于 9 个(假设用数字来编码),则编码是一个典型的一位数编码,如果用字母,那么这一层上就可能有 26 个关键活动,如果用字母加数字,那么这一层上就可能有 35 个关键活动;下一层代表上述每一个关键活动所包含的主要任务,这个层次如果是一个两位数编码,其灵活性范围为 1~99,或者如果再加上字母,则灵活性范围更大;以下依此类推。

在图 6.4 中,WBS 编码是由 5 位数字组成,第 1 位数字表示处于第 0 级的整个项目;第 2 位数表示处于第 1 级的子工作单元(或子项目)的编码;第 3 位数字表示处于第 2 级的具体工作单元的编码;第 4 位数表示处于第 3 级的更细更具体的工作单元的编码。编码的每一位数字,由左到右表示不同的级别,即第 1 位代表 0 级,第 2 位表示 1 级,依此类推。

在 WBS 编码中,任何等级的工作单元,是其余全部次一级工作单元的总和。如第二个数字代表子工作单元(或子项目)——也就是把原项目分解为更小的部分。于是,整个项目就是子项目的总和。所有子项目的编码的第一位数字相同,而代表子项目的数字不同,紧接着后面两位数字是零。再下一级的工作单元的编码依此类推。

在制定 WBS 编码时,责任与预算也可以用同一编码数字制定出来。就责任来说,第 1 位数字代表责任最大者——项目经理,第 2 位数字代表各子项目的负责人,第 3 和第 4 位数分别代表 2、3 级工作单元的相应负责人。对于预算也有着同样的关系。

编码设计对于作为项目控制系统应用手段的 WBS 来说是个关键步骤。不管用户是高级人员还是其他职员,编码对于所有人来说都应当有共同的意义。在进行编码设计时,必须仔细考虑收集到的信息和收集信息所用到的方法,使信息能够自然地通过 WBS 编码进入应用记录系统。

在编码设计时,如果在一个既定层次上,应该尽量将同一代码用于类似信息,这样可以使编码更容易被理解。此外,在设计编码时,还应当考虑到用户的方便使用,使编码以用户容易理解的方式出现。

工作分解结构图一旦确定下来以后,除非特殊情况,不应随便加以改动。如遇到必须加以改动的情况,就得召开各方会议,如部门主管、项目经理、执行人员、客户和承包商等参与的大会,就项目目标、工作分解结构等情况共同协商,并达成一致意见,且加以确认,以免日后出现麻烦。

9. 工程项目结构分解的结果

1) 工程项目结构图

工程项目分解结构有如下三种表现形式。

(1) 树形图,又称组织结构图(图6.4)。其特点是层次分明、非常直观,但不容易修改,也比较难展示项目的全貌。因为一旦改动,层次就不清楚了,而超过五个层次的工程项目一般不适宜用一张纸画完。

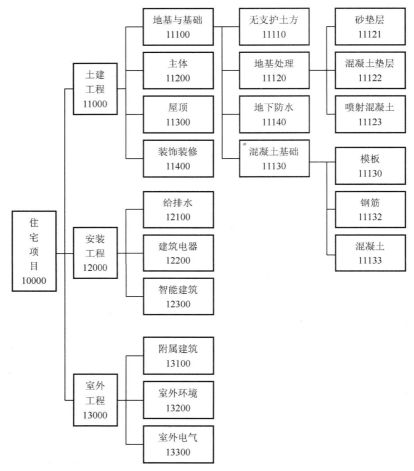

图 6.4 某住宅施工项目结构分解图——树形图

(2) 气泡图。其优点是可以任意修改,箭线可以任意弯曲;缺点是不够直观,较难反映项目全貌,图 6.5 为用气泡图表示竣工验收项目的工作分解结构图。

(3) 列表图。列表形式不够直观,但优点是能反映工程全貌。比如像三峡水利枢纽这样的大项目,工作内容非常多,可以印制三峡项目的 WBS 手册,手册的表现形式就需要采用列表图的形式,如图 6.6 所示。

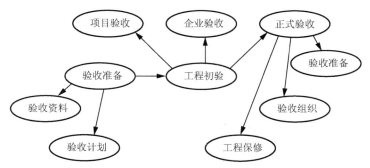

图 6.5 竣工验收项目的 WBS——气泡图

```
1.0 住宅项目
1.1 土建工程
   1.1.1 地基与基础
      1.1.1.1 无支护土方
         1.1.1.1.1 土方开挖
         1.1.1.1.2 土方回填
      1.1.1.2 地基处理
         1.1.1.2.1 砂垫层
         1.1.1.2.2 混凝土垫层
         1.1.1.2.3 喷射混凝土护坡
      1.1.1.3 混凝土基础
         1.1.1.3.1 模板
         1.1.1.3.2 钢筋
         1.1.1.3.3 混凝土
      1.1.1.4 砌体基础
         1.1.1.4.1 砖砌体
      1.1.1.5 地下防水
         1.1.1.5.1 卷材防水
   1.1.2 主体结构
      1.1.2.1 混凝土结构
         1.1.2.1.1 模板
         1.1.2.1.2 钢筋
         1.1.2.1.3 混凝土
      1.1.2.2 砌体结构
         1.1.2.2.1 砖砌体
   1.1.3 建筑装饰装修
      1.1.3.1 地面
      1.1.3.2 抹灰
      1.1.3.3 门窗
      1.1.3.4 吊顶
      1.1.3.5 涂饰
      1.1.3.6 细部
   1.1.4 建筑屋面
      1.1.4.1 卷材防水屋面
1.2 安装工程
   1.2.1 给排水
   1.2.2 建筑电器
   1.2.3 智能建筑
1.3 室外工程
```

图 6.6 某住宅施工项目的 WBS——列表图

2) 工程项目结构分析表

工程项目分解结构图一旦完成以后,这时就有必要将它与有关组织机构图加以对照,用工作分解结构在有关组织机构当中分配任务和落实责任,这就构成了责任图,或者称为责任矩阵,如表6-1所示。

表6-1 ×××项目结构分析表

编码	工作内容	项目经理	项目总工	技术部	工程部	安全部	办公室
10000	住宅项目	▲	▲				
11000	土建工程	▲	▲				
11100	地基与基础	▲	▲	▲	▲	▲	●
11110	无支护土方	▲	▲	▲	▲	●	□
11111	土方开挖	▲	●	▲	▲		
11112	土方回填	▲	●	▲	▲		
11120	地基处理	▲	▲	▲	▲	▲	□
11121	砂垫层	▲	●	▲	▲	●	
11122	混凝土垫层	▲	●	▲	▲		
11123	喷射混凝土护坡	▲	●	▲	▲		
11130	混凝土基础	▲	▲	▲	▲		□
11131	模板	▲	●	▲	▲	●	
11132	钢筋	▲	▲	▲	▲		
11133	混凝土	▲	●	▲	▲		
11140	砌体基础	▲	▲	▲	▲	▲	□
11141	砖砌体	▲	●	▲	▲	●	
11150	地下防水	▲	▲	▲	▲	▲	□
11151	卷材防水	▲	●	▲	▲	●	
11200	主体结构	▲	▲	▲	▲	▲	□
11210	混凝土结构	▲	▲	▲	▲	●	
11211	模板	▲	●	▲	▲		
11212	钢筋	▲	●	▲	▲		
11213	混凝土	▲	●	▲	▲		
11220	砌体结构	▲	▲	▲	▲	●	
11221	砖砌体	▲	●	▲	▲	●	
11300	装饰装修	▲	▲	▲	▲	▲	□
11400	建筑屋面	▲	▲	▲	▲	▲	□
12000	安装工程	▲	▲	▲	▲	▲	□
13000	室外工程	▲	▲	▲	▲	▲	□

责任图将所分解的工作落实到有关部门和个人,并明确表示出有关部门或个人对组织工作的关系、责任、地位等。同时,责任图还能够系统地阐述项目组织内部与组织之间、个人与个人之间的相互关系,以及组织或个人在整个系统中的地位和责任。由此,组织或个人就能够充分认识到在与他人配合当中应承担的责任,从而能够充分、全面地认识到自己的全部责任。总之,责任图是以表格的形式表示完成工作分解结构中的单元的个人责任的方法。表6-1是一个住宅施工项目的责任图(也可以作为一张工作分解结构图)。

一般可用数字、字母或几何图形等来表示项目成员在项目中应负的责任、工作的性质、相互的关系等内容,如果用字母来表示,常用的责任代码如:X—执行任务;D—单独或决定性决策;P—部分或参与决策;S—控制进度;T—需要培训工作。

如果用符号表示,常用的符号如:▲—负责;○—审批;●—扶助;△—承包;□—通话。

在制定责任矩阵的过程中应结合实际需求来确定。责任矩阵有助于人们了解自己的职责,并且使得自己在整个项目组织中的地位能够全面地了解,所以说,责任矩阵是一个非常有用的工具。

3) 工程项目结构分解说明书

WBS的结果就是项目的工作范围文件。如果项目任务的完成是一份合同,则WBS的结果就是合同工作范围文件。故要全面审查工作范围的完备性、分解的科学性,并且由决策人批准后,才能作为项目实施的执行文件。

6.1.2 工程项目管理的组织形式

1. 工程项目管理组织机构的设置

设置工程项目管理的组织机构时,一般应包括确立目标、工作划分、确定机构及职责、确定人员及职权、检查与反馈,以及未来的机构运行等环节。其具体情况如图6.7所示。

在按照图6.7的基本程序设置工程项目管理的组织机构时,一般应当遵循以下原则。

(1) 目的性原则。即根据工程项目的规模、特点及要求,明确工程项目管理的最终目标。

(2) 精干高效原则。即在履行必要职能的前提下,尽量简化机构、因事择人、以责定权。

(3) 管理跨度适中原则,即有效管理幅度原则。管理幅度是指一个主管能够直接有效地指挥下属的数目,一个主管能够直接有效地指挥下属的人数是有限的,既不是越多越好,也不是越少越好。一个主管直接领导的下属人员数量应当适中,一般可参照著名的邱格纳斯公式。公式中工作接触次数C与管理跨度N的关系为$C=N[2^{(N-1)}+N-1]$。如果直接领导的下属人员数量过多可能会造成主管人员应接不暇,工作效率下降。

(4) 分工协作原则。即根据员工的素质及项目的特点,做到分工合理、协作明确。

(5) 分层统一原则。即建立一条连续的等级链,实现命令统一。

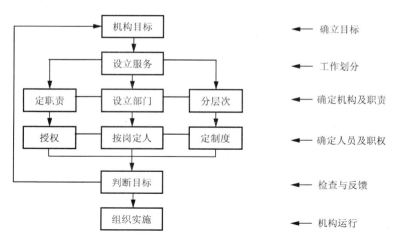

图 6.7　工程项目管理组织机构设置的程序

(6) 责、权、利相结合原则。即有职有责、责任明确、权力恰当、利益合理。

(7) 弹性与流动性原则。既要注意机构稳定，还需根据项目内部、外部环境条件的变化，按照弹性、流动性的要求适时调整工程项目管理的组织机构。

(8) 执行与监督分设原则。即工程项目管理机构除接受企业(母公司)的监督外，其内部的质量监督、安全监督等应与施工部门分开设置。

2. 建设项目管理的组织形式

建设单位(业主)在实施工程项目管理过程中，可能采用的组织形式主要有以下 5 种。

(1) 建设单位自管。建设单位是指建筑工程合同的投资方，对建筑工程拥有产权。建设单位也称为业主单位或项目业主，是指建设工程项目的投资主体或投资者，也是建设项目管理的主体。它主要履行提出建设规划和提供建设用地及建设资金的责任。建设单位自管是建设单位自己组建项目管理机构，负责建设资金的使用，办理前期手续，组织勘察设计、材料设备采购、工程施工的招标与管理及工程竣工验收等全部工作，有的建设单位还自行组织工程设计、施工等。其组织形式如图 6.8 所示。

在建设单位自管形式中，项目管理与建设单位是一个团队，可以统一领导。但组织管理机构往往因其为临时机构，机构设置一般都不健全，管理人员一般因是非专职从事项目管理人员而经验不足，从而不利于实现项目管理的专业化、社会化。这种方式主要适用于小规模的工程项目。

图 6.8　建设单位自管形式

(2) 工程指挥部。工程指挥部由参与工程项目建设有关各方的代表组成。它不是一个经济实体，通常与政府主管部门或建设单位实行投资(预算)包干。其组织形式如图 6.9 所示。

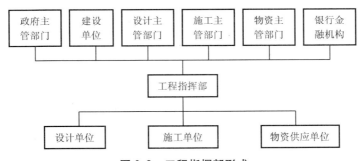

图 6.9 工程指挥部形式

工程指挥部形式可以较好地发挥参建各方的积极作用。但其缺点是机构松散、缺乏层次、责任不清、信息渠道不畅。该形式常用于重点工程或政府项目。

(3) 工程监理(咨询)。建设单位与工程监理(咨询)单位签订委托合同,由监理(咨询)单位代表建设单位对项目建设实施管理。其组织形式如图 6.10 所示。

工程监理(咨询)单位作为独立的第三方,接受建设单位的委托,对工程项目实施监督、管理、协调、控制。工程监理(咨询)形式实现了项目的所有权与管理权分离,建设单位只需要对项目制定目标,提出要求,并负责最后的验收。它是国际工程中流行的项目管理形式之一。

(4) 项目总承包。项目总承包也称工程总承包,是由建设单位将工程项目的勘察设计、设备采购、工程施工等全部建设活动委托给一家具有相应资质的总承包单位负责组织实施,工程竣工验收合格后建设单位可以直接使用。其组织形式如图 6.11 所示。

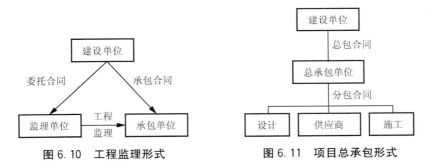

图 6.10　工程监理形式　　图 6.11　项目总承包形式

一般情况下,建设单位仅与总承包单位发生直接(合同)关系,双方职责明确,便于对工程项目实施有效的管理。项目总承包的具体方式又分为:①设计-采购-施工总承包(EPC);②交钥匙总承包;③设计-施工总承包(D-B);④设计-采购总承包(E-P);⑤采购-施工总承包(P-C);⑥特许经营总承包(BOT/PFI)等方式。

项目总承包是国内外建设工程中较为普遍采用的项目管理形式。

(5) 项目托管。项目托管形式,又称工程项目代建制,是由建设单位将整个工程项目的全部工作(或者部分工作)委托给专门的项目管理公司,由项目管理公司代替业主从事工程项目建设管理。其组织形式如图 6.12 所示。

项目托管的具体方式又分为:①项目管理服务(PM);②项目管理承包(PMC)等方式。

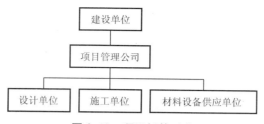

图 6.12　项目托管形式

项目托管与工程监理(咨询)、项目总承包有些相似,但项目管理公司主要负责管理工作,而且,工程设计、施工单位也可以把他们承担任务范围内的组织管理工作委托给专门的项目管理公司。这种管理组织形式较好地发挥了专门从事项目管理机构及其人员的作用,是国际上通行的项目管理方式之一。

3. 施工项目管理的组织形式

施工单位在实施工程项目管理过程中,可能采用的组织形式主要有以下 5 种。

(1) 直线式组织形式。直线式组织形式是最古老的组织结构形式。所谓的"直线"是指在这种组织结构下,职权直接从高层开始向下"流动"(传递、分解),经过若干个管理层次达到组织最底层。其特点如下。

① 组织中每一位主管人员对其直接下属拥有直接职权。

② 组织中的每一个人只对其直接上级负责或报告工作。

③ 主管人员在其管辖范围内,拥有绝对职权或完全职权。即主管人员对所管辖部门的所有业务活动行使决策权、指挥权和监督权。

项目管理组织中的各种职能均按直线排列,项目经理直接进行单线垂直领导,任何一个下级只接受唯一上级的指令。其组织形式如图 6.13 所示。

这种组织结构形式的优点是权力集中,职权和职责分明,命令统一,信息沟通简捷方便,便于统一指挥,集中管理。不过这种组织结构的显著缺点是,各级行政首脑必须熟悉与本部门业务相关的各种活动(尤其是最高行政首脑,必须是全能管理者);缺乏横向的协调关系,没有职能机构作为行政首脑的助手,容易使行政首脑忙乱。所以,一旦企业规模扩大,管理工作复杂化,行政首脑可能由于经验、精力不足而顾此失彼,难以进行有效的管理。因此,这种组织形式比较适合于中小型项目。

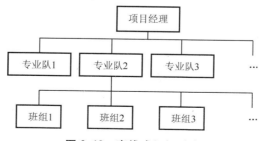

图 6.13　直线式组织形式

(2) 职能式组织形式。职能式组织形式是当今世界上最为普遍采用的组织形式。这是一个标准的金字塔形的结构,高层管理者位于金字塔的顶部,中层和低层管理者则沿着塔顶向下分布。企业的生产要素按诸如设计、生产、营销、财务等职能划分为部门。

所谓项目管理的职能式组织形式,通常是指项目任务是以企业中现有的职能部门作为承担任务的主体来完成的。一个项目可能是由某一个职能部门负责完成,也可能是由多个职能部门共同完成,在这种情况下,各职能部门之间与项目相关的协调工作在职能部门主管这一层次上进行。项目管理组织中设置若干职能部门,并且各个职能部门在其职能范围内有权直接指挥下级。其组织形式如图 6.14 所示。

职能式组织结构的优点如下。

① 政策、工作程序和职责规范十分明确。
② 垂直型权责结构,能很好地实现工作控制。
③ 在已有的专业化生产上容易采取大规模生产。
④ 管理权力高度集中,便于最高领导层对整个企业实施严格的控制。

(3) 直线职能式组织形式。项目管理组织呈直线状,并且设有职能部门或职能人员,其组织形式如图 6.15 所示。图中的实线为领导关系;虚线为指导关系。

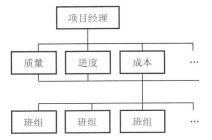

图 6.14 职能式组织形式

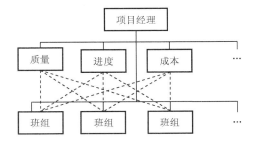

图 6.15 直线职能式组织形式

直线职能式组织形式既保持了直线式的统一指挥、职责明确等优点,又体现了职能式的目标管理专业化等优点。其缺点是职能部门可能与指挥部门产生矛盾,信息传递线路较长。这种组织形式主要适用于中小型项目。

(4) 事业部式组织形式。事业部式组织形式是指以某个产品、地区或顾客为依据,将相关的研究开发、采购、生产、销售等部门结合成一个相对独立的单位的组织结构形式。它表现为,在总公司领导下设立多个事业部,各事业部有各自独立的产品或市场,在经营管理上有很强的自主性,实行独立核算,是一种分权式管理结构。事业部式组织形式又称 M 型组织结构,即多单位企业、分权组织,或部门化结构。

在企业内部按地区或工程类型而设立事业部,对内是一个部门,对外则是一个具有法人资格的项目管理组织。其组织形式如图 6.16 所示。

事业部式组织形式有利于延伸企业的经营职能,提高企业的应变能力。但要求企业具有较强的约束机制和综合管理能力。因此,主要适用于大型施工企业在一个地区有长期的市场或拥有多种专业施工能力。

(5) 矩阵式组织形式。矩阵式组织形式是在直线职能式垂直形态组织系统的基础上,再增加一种横向的领导系统。矩阵式组织也可以称为非长期固定性组织。矩阵式组织是综合利用各种标准的一个范例。这是一种横纵两套系统交叉形成的复合结构组织。纵向是职

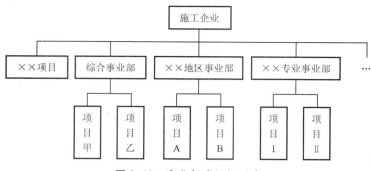

图 6.16　事业部式组织形式

能系统，横向是为完成某项专门任务而组成的项目系统。项目系统没有固定的工作人员，而是随着任务的进度，根据工作的需要，从各职能部门抽人参加，这些人员完成了与自己有关的工作后，仍回到原来的职能部门。项目管理组织由公司职能、项目两套系统组成，并呈矩阵状。其中的项目管理人员由企业有关职能部门派出并进行业务指导，接受项目经理直接领导。其组织形式如图 6.17 所示。

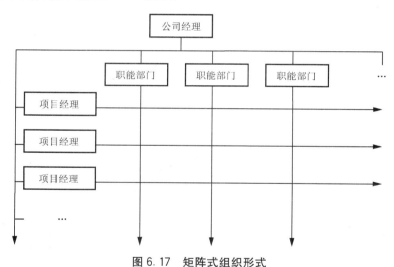

图 6.17　矩阵式组织形式

矩阵式组织形式的独特之处在于事业部式与职能式组织形式特征的同时实现。这种组织形式除了具有高度的弹性外，同时可以使在各地区的主管接触到有关各地的大量资讯。它为各地区的主管提供了许多面对面沟通的机会，有助于公司的规范与价值转移，因而可以促进企业文化的建设。

矩阵式组织形式的优点是：①加强了横向联系，专业设备和人员得到了充分利用；②具有较大的机动性；③促进各种专业人员互相帮助，互相激发，相得益彰。矩阵式组织形式的缺点是：①成员位置不固定，有临时观念，有时责任心不够强；②人员受双重领导，有时不易分清责任。

矩阵式组织形式加强了各职能部门的横向联系，体现了职能原则与对象原则的有机结合，组织具有弹性，应变能力强。但纵向、横向的协调工作量大，可能会产生矛盾指令，对于管理人员的素质要求较高。因此，这种组织形式主要适用于大型复杂项目或多个同时进行的项目。

4. 施工项目管理组织形式的选择

一般而言，施工项目的管理组织通常具有以下特点：①一次性，即项目竣工，则机构解体；②责任、目标的明确性；③系统性，以便完成项目所有的工作；④弹性和可变性，即随着项目的进展与变化而适时调整；⑤内外部关系的复杂性；⑥组织形式的多样性等。

施工企业在选择项目管理的组织形式时，应考虑项目的规模、业务范围、复杂性等因素，分析建设单位对项目的要求、标准规范、合同文件等情况。而且，必须结合企业的类型、员工的素质、管理水平，以及企业的任务、环境条件、工作基础等，选择最适宜的项目管理组织形式。

一般而言，施工企业可以按照下列思路选择项目管理组织形式。

（1）人员素质高，管理基础强，可以承担复杂项目的大型综合企业，宜采用矩阵式、事业部式组织形式。

（2）简单项目、小型项目、承包内容单一的项目，宜采用直线职能式或直线式组织形式。

（3）在同一企业内部，可以根据具体情况将几种不同的组织形式结合使用，如事业部式与矩阵式、直线职能式与事业部式，但不能将职能式与矩阵式混用，以免造成混乱。

6.1.3 工作任务分工分析

在组织结构确定后，应对各个部门或个体的主要职责进行分配。项目工作任务分工就是对项目组织结构的说明和补充，将组织结构中各个单位部门或个体的职责进行细化扩展。工作任务分工是建立在工作分解结构（WBS）的基础上的，工作分解结构是以可交付成果为导向对项目要素进行分组，它归纳和定义了项目的整个工作范围，每下降一层代表项目工作的更详细定义。项目管理任务分工体现组织结构中各个单位或个体的职责任务范围，从而为各单位部门或个体指出工作的方向，将多方向的参与力量整合到同一个有利于项目开展的合力方向。

每一个项目都应编制项目管理任务分工表。在编制项目管理任务分工表前，应结合项目的特点，对项目实施的各阶段的费用（投资或成本）控制、进度控制、质量控制、合同管理、信息管理和组织与协调等管理任务进行详细的分解。在项目管理任务分解的基础上，明确项目经理和费用（投资或成本）控制、进度控制、质量控制、合同管理、信息管理和组织与协调等主管部门或主管人员的工作任务，从而编制工作任务分工表。表6-2和表6-3分别为某项目设计阶段管理任务分解表和工作任务分工表。

表6-2　某项目设计阶段管理任务分解表

	3. 设计阶段项目管理的任务
	3.1 设计阶段的投资控制
3101	在可行性研究的基础上，进一步分析、论证项目总投资目标
3102	根据方案设计，审核项目总投资估算，供委托方作为确定投资目标的参考，并基于优化方案协助委托方对投资估算作出调整
3103	编制项目总投资切块、分解规划，并在设计过程中控制其执行；在设计过程中若有必要，及时提出调整总投资切块、分解规划的建议
3104	审核项目总投资概算，在设计深化过程中将设计概算严格控制在总概算所确定的投资计划值中，对设计概算作出评价报告和建议
3105	根据工程核算和工程进度表，编制设计阶段资金使用计划，并控制其执行，必要时对上述计划提出调整建议
3106	从设计、施工、材料和设备等多方面作必要的市场调查分析和技术经济比较论证，并提出咨询报告，如发现设计可能突破投资目标，则协助设计人员提出解决办法，供业主参考
3107	审核施工图预算，调整总投资计划
3108	采用价值工程方法，在充分满足项目功能的条件下考虑进一步挖掘节约投资的潜力
3109	进行投资机会值和实际值的动态跟踪比较，并提交各种投资控制报表和报告
3110	控制设计变更，注意检查变更设计的结构性、经济性、建筑造型和使用功能能否满足业主的要求
	3.2 设计阶段的进度控制
3201	参与编制项目总进度计划，有关施工进度与监理单位协商讨论
3202	审核设计方提出的详细的设计进度计划和出图计划，并控制其执行，避免发生因设计单位推迟进度而造成施工单位要求索赔
3203	协助起草主要甲供材料和设备的采购计划，审核甲供材料和设备清单
3204	协助业主确定施工分包合同结构及招标方式
3205	督促业主对设计文件尽快作出决策和审定
3206	在项目实施过程中进行计划值和实际值的比较，并提出各种进度控制报表和报告
3207	协调室内装修设计、专业设备设计与主设计的关系，使专业设计进度能满足施工进度的要求
	3.3 设计阶段的质量控制
3301	协助业主确定项目质量的要求和标准，满足设计质监部门质量评定标准要求，并作为质量控制目标值，参与分析和评价建筑物使用功能、面积分配、建筑设计标准等，根据业主的要求，编制详细的设计要求文件，作为方案设计优化任务书的一部分

续表

3302	研究图纸、技术说明和计算书等设计文件，分析问题，及时向设计单位提出；对设计变更进行技术经济合理性分析，并按照规定的程序办理设计变更手续，凡对投资和进度带来影响的变更，需会同业主核签
3303	审核各设计阶段的图纸、技术说明和计算书等设计文件是否符合国家有关设计规范，有关设计质量要求和标准，并根据需要提出修改意见，确保设计质量获得有关部门审查通过

表6-3 某项目工作任务分工表

序号	工作项目	经理室	技术委员会	专家顾问组	办公室	总工程师室	综合部	财务部	计划部	工程部	设备部	运营部	物业开发部
1	人事	☆					△						
2	重大技术审查决策	☆	△	○	○	△	○	○	○	○	○	○	○
3	设计管理			○		☆			○	△	△		
4	技术管理			○		☆				△	△		
5	科研管理			○		☆							
6	行政管理				☆	○	○	○	○	○	○	○	○
7	外事管理			○	☆	○							
8	档案管理			○	☆	○	○	○	○	○	○	○	
9	资金管理						○	☆					
10	财务管理						○	☆	○				
11	审计						☆	○	○				
12	计划管理						○	○	☆	△	△	○	
13	合同管理						○	○	☆	△	△		
14	招投标管理			○			○		☆	○	○		
15	工程筹划			○		○				☆	○	○	
16	土建工程项目管理			○		○				☆	○		
17	工程前期工作			○			○	○		☆	○		○
18	质量管理			○		△				☆	△		
19	安全管理					○	○			☆	△		
20	设备选型		△		○						☆	○	
21	设备材料采购						○	○	△	△			☆

续表

序号	工作项目	经理室	技术委员会	专家顾问组	办公室	总工程师室	综合部	财务部	计划部	工程部	设备部	运营部	物业开发部
22	安装工程项目管理			○					○	△	☆	○	
23	运营准备			○		○						△	☆	
24	开通、调试、验收			○		△				△	☆	△	
25	系统交接			○	○	○	○		○	☆	○	○	
26	物业开发						○	○	○	○	○	○	☆

注：☆—主办；△—协办；○—配合。

6.1.4 管理职能分工分析

管理职能分工与工作任务分工一样也是组织结构的补充和说明，体现在对于一项工作任务的组织中，各任务承担者管理职能上的分工。

管理职能分工表是用表的形式反映项目管理班子内部项目经理、各工作部门和各工作岗位对各项工作任务的项目管理职能分工。表6-4为某项目的管理职能分工表。

表6-4 某项目管理职能分工表

序号	任 务		业主方	项目管理方	监理方
		设计阶段			
1	审批	获得政府有关部门的各项审批	E		
2		确定投资、进度、质量目标	DC	PC	PE
3	发包与合同管理	确定设计发包模式	D	PE	
4		选择总包设计单位	DE	P	
5		选择分包设计单位	DC	PEC	PC
6		确定施工发包模式	D	PE	PE
7	进度	设计进度目标规划	DC	PE	
8		设计进度目标控制	DC	PEC	
9	投资	投资目标分解	DC	PE	
10		设计阶段投资控制	DC	PE	
11	质量	设计质量控制	DC	PE	
12		设计认可与批准	DE	PC	

续表

序号	任 务		业主方	项目管理方	监理方
		招标阶段			
13	发包	招标、评标	DC	PE	PE
14		选择施工总包单位	DC	PEC	
15		选择施工分包单位	D	PE	PEC
16		合同签订	DE	P	P
17	进度	施工进度目标规划	DC	PC	PE
18		项目采购进度规划	DC	PC	PE
19		项目采购进度控制	DC	PEC	PEC
20	投资	招标阶段投资控制	DC	PEC	
21	质量	制订材料设备质量标准	D	PC	PEC

注：P—筹划；D—决策；E—执行；C—检查。

6.1.5 工作流程图的建立

项目管理涉及众多工作，其中必然产生数量庞大的工作流程。工作流程组织是在工作任务分解后，用图表表达这些工作中时间上和空间上的先后开展顺序，如图6.18所示。

工作流程组织一般包括以下内容。

（1）管理工作流程组织，如投资控制、进度控制、合同管理、付款和设计变更等流程的组织。

（2）信息处理工作流程组织，如与生成月度进度报告有关的数据处理流程组织。

（3）物质流程组织，如钢结构深化设计工作流程组织、弱电工作物资采购工作流程组织、外立面施工工作流程组织等。

每一个工程项目应根据其特点，从多个可能的工作流程方案中确定以下几个主要的工作流程进行组织。

（1）设计准备工作的流程。

（2）设计工作的流程。

（3）施工招标工作的流程。

（4）物资采购工作的流程。

（5）施工作业的流程。

（6）各项管理工作（投资控制、进度控制、质量控制、合同管理和信息管理等）的流程。

（7）与工程管理有关的信息处理的流程。

工作流程应视需要逐层细化，如投资控制工作流程可细化为初步设计阶段投资控制工作流程、施工图设计阶段投资控制工作流程和施工阶段投资控制工作流程等。

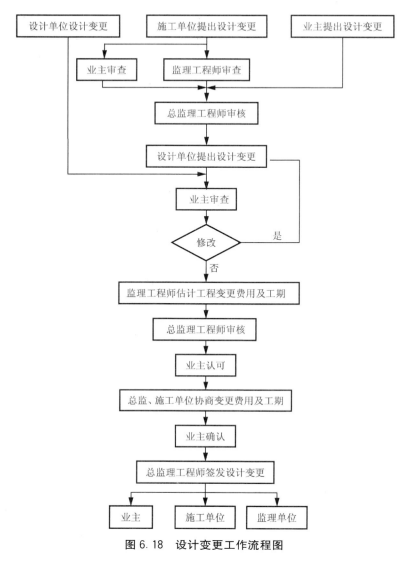

图 6.18 设计变更工作流程图

不同的项目参与方，工作流程组织的任务不同。业主方和项目各参与方都有各自的工作流程组织的任务。

6.2 项目经理

项目经理是企业法定代表人在建设工程项目上的委托代理人。我国项目经理管理制度主要涉及的是施工项目经理。施工项目经理是工程项目施工承包单位的法定代表人在施工项目上的委托代理人，作为一种职业性岗位，项目经理应根据企业法定代表人通过《项目管理目标责任书》授权的范围、时间和内容，对施工项目自开工准备至竣工验收，实施全过程、全面管理。

6.2.1 项目经理的任务

项目管理目标责任书是企业法定代表人与项目经理根据施工合同和经营管理目标要求而签订的,明确规定项目经理部应当达到的成本、质量、进度和安全等控制目标的管理责任文件。它一般包括以下内容。

(1) 企业各业务职能部门与项目经理部之间的关系。
(2) 项目经理部使用作业队伍的方式,项目所需材料、机械设备的供应方式。
(3) 项目应达到的进度目标、质量目标、安全目标和成本目标等。
(4) 在企业制度规定以外的、由法定代表人向项目经理委托的事项。
(5) 企业对项目经理部人员进行奖惩的依据、标准、办法及应承担的风险。
(6) 项目经理解职和项目经理部解体的条件及方法。

项目经理的任务因项目管理目标责任书中的项目管理目标而异。但是,一般应当包括以下内容。

(1) 确定项目管理组织机构并配备相应人员,组建项目经理部。
(2) 确定岗位责任制等各项规章制度,以有序地组织项目、开展工作。
(3) 制订项目管理总目标、阶段性目标及总体控制计划,并实施控制,保证项目管理目标的全面实现。
(4) 及时准确地作出项目管理决策,严格管理,保证合同的顺利实施。
(5) 协调项目组织内部及外部各方面关系,并代表企业法人在授权范围内进行有关签证。
(6) 建立完善的内部和外部信息管理系统,确保信息畅通无阻,工作高效进行。

6.2.2 项目经理的素质

1. 品德素质

项目经理应当遵守国家的法律法规,服从企业的领导和监督;具有高度的事业心和责任感,坚忍不拔,开拓进取;具有良好的道德品质和团队意识,诚实守信,公道正直,以身作则,正确处理各方利益关系等。

2. 能力素质

项目经理应具有符合施工项目管理要求的能力素质,包括基本能力和领导能力两个方面。前者包括观察能力、记忆能力、整体能力、思维能力、预见能力等;后者包括策划决策能力、组织协调能力、人际交往能力、灵活应变能力、发展创新能力等。

3. 知识素质

项目经理应当接受过良好的教育,具有大中专或以上学历及相应的执业和岗位资格证书,并在工作中注意更新知识、不断提高。进而,具有承担施工项目管理任务所必需的专业技术、经济、管理、法律法规、合同、造价、财会、电子商务等基本知识。

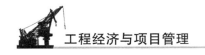

4. 身体素质

工程项目现场繁重的管理任务、艰苦的工作与生活条件，要求项目经理必须具有健康的身体、充沛的精力、宽阔的心胸、坚强的意志。

5. 实践经验

项目管理过程中存在大量的不确定性因素，以及可能遇到的各种实际、复杂问题，要求项目经理必须具有相应的施工项目管理经验以及必要的业绩。

6. 交流能力

交流能力也就是有效倾听、劝告和理解他人行为的能力。项目经理只有具备足够的交流能力才能与下属、上级进行平等的交流，特别是与下属的交流更显重要。因为群众的声音是来自最基层、最原始的声音，特别是群众的反对声音，一个项目经理如果没有对下属职工的意见进行足够的分析、理解，那他的管理必然是强权管理，也必将引起职工的不满，其后果也必将重蹈我国历史上那些"忠言逆耳"的覆辙。

7. 号召力

号召力也就是调动下属工作积极性的能力。人是社会上的人，每个人都有自己的个性，而一般情况下项目经理部的成员是从企业内部各个部门调来后组合而成的，因此每个成员的素质、能力和思路境界均或多或少地存在不同之处。每个人从其他部门到项目部上班也都带有不同的目的，有的人是为了钱，有的人是为了学点技术和技能，而有的人是为了混日子。也因此每个人的工作积极性均会有所不同，为了钱的人如果没有得到他期望的工资，就会有厌倦情绪；为了学技术和技能的人如果认为该项目没有他要学的技术和技能，或认为岗位不对口学不到技术和技能也会产生厌倦情绪；为了混日子的人，则是做一天和尚撞一天钟——得过且过。因此，项目经理应具有足够的号召力才能激发各种成员的工作积极性。

6.2.3 项目经理的责、权、利

根据均衡、对等的原则，确定项目经理的责、权、利，是为了确定其职责，并为其履行职责、获得利益创造必要的条件。

1. 项目经理的责任

一般来讲，项目经理应当履行下列职责。

（1）代表企业实施施工项目管理，贯彻执行国家法律、法规、方针、政策和强制性标准，执行企业的管理制度，维护企业的合法权益。

（2）履行《项目管理目标责任书》规定的任务。

（3）组织编制项目管理实施规划。

（4）对进入现场的生产要素进行优化配置和动态管理。

（5）建立质量管理、安全和环境管理体系并组织实施。

（6）在授权范围内负责与企业管理层、劳务作业层、各协作单位、发包人、分包人和监理工程师等的协调，解决项目中出现的问题。

(7) 按《项目管理目标责任书》处理项目经理部与国家、企业、分包单位以及职工之间的利益分配。

(8) 进行现场文明施工管理,发现和处理突发事件。

(9) 参与工程竣工验收,准备核算资料和分析总结,接受审计。

(10) 处理项目经理部的善后工作。

(11) 协助企业进行项目检查、鉴定和评奖申报。

2. 项目经理的权利

施工企业对于项目经理的授权,应当根据管理的需要、项目的地域与环境、项目经理的综合素质与能力,实行有限授权。

一般来讲,项目经理应当具有下列权限。

(1) 参与企业进行的施工项目投标和签订劳动合同。

(2) 经授权组建项目经理部,确定项目经理部的组织结构,选择、聘任管理人员,确定管理人员的职责,并定期进行考核、评价和奖惩。

(3) 在企业财务制度规定的范围内,根据企业法定代表人授权和施工项目管理的需要,决定资金的投入和使用,决定项目经理部各类人员的计酬办法。

(4) 在授权范围内,按物资采购程序性文件的规定,行使采购权。

(5) 根据企业法定代表人授权或按照企业的规定,选择、使用作业队伍。

(6) 主持项目经理部工作,组织制定施工项目的各项管理制度。

(7) 根据企业法定代表人授权,协调、处理与施工项目管理有关的内部与外部事项。

3. 项目经理的利益

施工企业应当确立、维护项目经理的地位和正当权利,并做到分配合理、奖惩得当。一般来讲,项目经理应当享有以下利益。

(1) 获得基本工资、岗位工资和绩效工资。

(2) 除按《项目管理目标责任书》可获得物质奖励外,还可获得表彰、记功、优秀项目经理等荣誉称号。

(3) 经考核和审计,未完成《项目管理目标责任书》确定的项目管理责任目标或造成亏损的,应按其中有关条款承担责任,并接受经济或行政处罚。

6.2.4 项目经理的选配

世界各国对于项目经理(建造师)的任职条件要求虽然有所不同,但却普遍实行着持证上岗制度,并主要考核其知识和经验两个方面。

1. 项目经理的申请与考核

根据《建筑施工企业项目经理资质管理办法》的有关规定,我国项目经理的资质分为一、二、三、四级,其申请条件如下。

(1) 一级项目经理。担任过一个一级建筑施工企业资质标准要求的工程项目,或两个二级建筑施工企业资质标准要求的工程项目施工管理工作的主要负责人,并已取得国家认可的高级或中级专业技术职称者。

(2) 二级项目经理。担任过两个工程项目，其中至少一个为二级建筑施工企业资质标准要求的工程项目施工管理工作的主要负责人，并已取得国家认可的中级或初级专业技术职称者。

(3) 三级项目经理。担任过两个工程项目，其中至少一个为三级建筑施工企业资质标准要求的工程项目施工管理工作的主要负责人，并已取得国家认可的中级或初级专业技术职称者。

(4) 四级项目经理。担任过两个工程项目，其中至少一个为四级建筑施工企业资质标准要求的工程项目施工管理工作的主要负责人，并已取得国家认可的初级专业技术职称者。

项目经理经过培训，考试合格后发给项目经理培训合格证。再经过项目经理岗位工作实践后，达到项目经理资质申请条件者，由本人提出申请，经企业法定代表人签署意见，参加相应级别的项目经理资质考核。资质考核完成后，发给相应等级的《建筑施工企业项目经理资质证书》。

2. 建造师执业资格制度

根据人事部、建设部《建造师执业资格制度暂行制度》（人发【2002】111号）的有关规定，国家对建设工程项目总承包和施工管理关键岗位的专业技术人员实行执业资格制度，纳入全国专业技术人员执业资格制度统一规划。建造师分为一级建造师和二级建造师，并主要担任建设工程项目施工的项目经理或从事其他施工活动的管理工作。

按规定，凡遵守国家法律、法规，具备下列条件之一者，可以申请参加一级建造师执业资格考试。

(1) 取得工程类或工程经济类大学专科学历，工作满6年，其中从事建设工程项目施工管理工作满4年。

(2) 取得工程类或工程经济类大学本科学历，工作满4年，其中从事建设工程项目施工管理工作满3年。

(3) 取得工程类或工程经济类双学士学位或研究生班毕业，工作满3年，其中从事建设工程项目施工管理工作满2年。

(4) 取得工程类或工程经济类硕士学位，工作满2年，其中从事建设工程项目施工管理工作满1年。

(5) 取得工程类或工程经济类博士学位，从事建设工程项目施工管理工作满1年。

申请注册建造师资格的人员，必须同时具备以下条件。

(1) 取得建造师执业资格证书。

(2) 无犯罪记录。

(3) 身体健康，能坚持在建造师岗位上工作。

(4) 经所在单位考核合格。

其中，对于一级建造师的执业技术能力要求应当包括以下几方面。

(1) 具有一定的工程技术、工程管理理论和相关经济理论水平，并具有丰富的施工管理专业知识。

(2) 能够熟练掌握和运用与施工管理业务相关的法律、法规、工程建设强制性标准和行业管理的各项规定。

(3) 具有丰富的施工管理实践经验和资历，有较强的施工组织能力，能保证工程质量和安全生产。

(4) 具有一定的外语水平。

3. 英国皇家特许建造师执业资格制度

英国皇家特许建造师学会(CIOB)是一个主要从事建筑管理的专业人员组织起来的社会团体，是一个涉及项目建设全过程管理的专业学会。其会员依次有学生会员、助理会员、准会员、正式会员(MCIOB)、资深会员(FCIOB)5个层次，其中的后两个层次被称为"皇家特许建造师"。

申请皇家特许建造师资格会有一定的手续和不同的途径，但始终是围绕着建筑管理理论知识和工作实践方面进行的。CIOB认为，要成为一名合格的特许建造师，应满足基础知识、核心知识和不同方向所要求的专业知识，其公布的教育大纲中设置的主要课程如下。

(1) 基础课程。例如，设计与技术、建筑材料、建筑科学、测量、工程环境、信息与决策、结构等。

(2) 核心课程。例如，设计与技术、工程环境、法律法规、管理、建筑生产管理、建筑设备(给排水、暖通等)、合同管理、项目评估等。

(3) 专业方向。例如，物业管理方向的业务环境管理、对资产的战略管理、项目与评价、建筑评价管理、组织与实施、合同过程等；企业管理方向的计划、成本、控制、预算与投标，成本管理系统，承包过程等；施工管理方向的建筑生产管理，合同过程，计划、进度与生产，现场管理等；设计管理方向的建筑学原理、建筑设备、生产设计管理、组织与实施、建筑物生命周期与保护、结构设计等。

4. 我国项目经理的选配

我国从2008年开始，正式实施建筑师执业资格制度，只有获得建造师执业资格的人，才能受聘到项目经理岗位。

项目经理只宜担任一个施工项目的管理工作，当其负责管理的施工项目临近竣工阶段且经建设单位同意，可以兼任一项工程的项目管理工作。因此，企业应当有一支具备相应素质的项目经理队伍。而且，对于项目经理进行科学的选拔和培训，进行工程技术、经济、管理、法律和职业道德等方面的继续教育和能力培训，是施工企业的长期任务。

从长远来看，应当将项目管理作为一个专业，在国民教育系列中进行有计划的培养，以改变目前项目管理人员匮乏的局面。就目前而言，可以从实际工作岗位选派具有潜在素质和培养前途的项目管理人员在高等院校或其他培训机构进行培训，并提供相应的锻炼机会。

目前，我国选配项目经理的方式主要有以下3种。

1) 竞争聘任制

本着先内后外的原则，面向社会进行招聘。其程序是：个人自荐—组织审查—答辩讲演—择优选聘。这种方式既可择优，又可增强项目经理的竞争与责任意识。

2) 经理委任制

委任的范围一般限于企业内部的管理人员。其程序是：经理提名—组织人事部门考察—经理办公会议决定。这种方式对于企业经理以及组织人事部门具有较高的要求。

3) 基层推荐、内部协商制

企业各基层施工队或劳务作业队向公司推荐若干人选，然后由人事部门汇总各方意见进行严格考核后，提出拟聘用人选，报经理办公会议决定。

项目经理一经任命产生，在施工项目从开工到竣工期间，企业不得随意撤换项目经理。当施工项目发生重大安全、质量事故，或项目经理违法、违纪时，企业才可撤换项目经理，并应征得建设单位同意。

5. 美国项目经理的选拔与培训

美国项目经理的选拔与培训程序如图 6.19 所示。

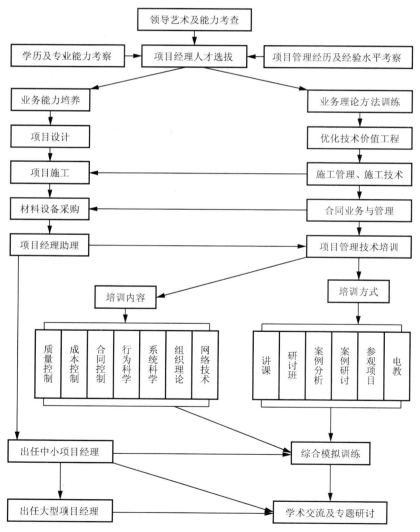

图 6.19　美国项目经理的选拔与培训

6.2.5 项目经理责任制

1. 项目经理责任制的主体和重点

项目经理责任制是以项目经理为责任主体的施工项目管理目标责任制度。其制度构成一般包括：项目经理在企业中的地位定位，项目经理部在企业中的管理定位，项目经理应具备的条件，项目经理部的管理运作机制，项目经理的责任、权限和利益定位，项目管理目标责任书的内容构成等，并应在企业的项目管理制度中予以明确。项目经理责任制的实施，有利于强化项目管理，明确施工企业、项目经理部以及职工的责、权、利关系，进而提高经济效益与社会效益。

项目经理责任制的主体是项目经理个人全面负责，项目经理部集体承包。其中个人负责是指在施工项目管理活动中，由项目经理代表项目经理部统一指挥，并承担主要的责任；集体承包是指项目管理班子根据工作分工，承担相应的责任并享受相应的权利。

项目经理责任制的重点是管理。企业的承包是经营承包，而施工项目的承包则属于管理（目标）承包。因此，项目经理责任制的重点是遵循科学规律，注重管理的内涵与运用，通过强化项目管理，全面实现项目管理目标责任书的内容与要求。

2. 项目经理责任制的特点

与其他责任制度或承包制度相比，项目经理责任制具有以下特点。

（1）对象的终一性。项目经理责任制以施工项目为对象，实行建筑产品形成过程的一次性全额承包。它不同于其他行政单位实行的年度或阶段性承包。

（2）主体的直接性。项目经理责任制强调项目经理的主要责任，属于"经理负责、全员管理、集体承包、风险抵押、单独核算、自负盈亏"的目标管理制度。它不同于一般的集体承包或个人承包。

（3）内容的全面性。根据项目管理目标责任书的内容或管理责任，项目经理责任制不仅包括降低成本，而且涉及提高质量、确保进度、安全文明施工等控制目标。它不同于简单的利润或其他单项指标的承包。

（4）责任的风险性。项目经理责任制充分地体现了"目标突出、责任明确、利益直接、考核严格"的基本要求，而且考核结果与项目管理人员，尤其是项目经理的利益、奖惩、资质复查等直接挂钩。

3. 实行项目经理责任制的条件

实行项目经理责任制，必须坚持管理层与作业层相分离的原则，完善企业内部市场，实行人、财、物等各种资源的优化组合，在发挥管理系统职能，使项目管理向专业化、科学化发展的同时，赋予项目经理相应的权力，促使施工项目高速、优质、低耗地进行。

具体地说，实行项目经理责任制应当具备以下条件。

（1）项目任务落实，开工手续齐全，具备切实可行的施工组织设计。

（2）各种工程技术资料、施工图纸、劳动力配备、主要材料等已经落实，可以保证按计划供应。

(3) 拥有相当数量的懂技术、会管理、敢负责并具有施工项目管理经验的人才，可以组织一个精干、得力、高效的项目管理团队。

(4) 实现企业业务工作系统化管理，形成良好的内外部环境，具有为项目经理部提供劳务、材料、机械设备及生活设施等服务的功能。

4. 项目经理责任制的考核评价

项目经理责任制的考核评价，是指由项目考核评价主体（派出项目经理的单位）依据项目管理目标责任书，对于考核评价客体（项目经理部，尤其是项目经理）的项目管理行为、水平及成果进行全面考核并作出评价的过程。其目的在于，通过全面的考核和评价，规范项目管理行为，鉴定项目管理水平，确认项目管理成果。

1) 考核评价的方式

具体的方式主要包括：按年度或按工程进度进行阶段性考核评价和全面的终结性考核评价。对于工期超过2年以上的大型项目，实行年度考核；使用网络计划时，实行按网络进度计划的关键点考核；工程项目完工后，对其进行全面的终结性考核。

工程竣工验收合格后，进行终结性考核前，应给项目经理部预留一段时间，以便其整理资料、遣散人员、退还机械、清理场地、结清账目等。

2) 考核评价的内容

阶段性考核内容一般包括：完成工程施工合同、经济效益、回收工程款、执行承包人各项管理制度、各种资料归档等情况，以及"项目管理目标责任书"中其他要求内容的完成情况。终结性考核的内容应包括确认阶段性考核的结果，确认项目管理的最终成果，确认该项目经理部是否具备"解体"的条件。

只有经考核评价后，才能兑现"项目管理目标责任书"确定的奖励和处罚。

3) 考核评价的程序

一般来讲，考核评价可按下列程序进行。

(1) 组织考核评价委员会。一般应由企业的主管领导和有关业务部门从事项目管理工作的人员组成，必要时也可聘请社团组织或大专院校的专家、学者参加。

(2) 制订考核评价方案，经企业法定代表人审批后施行。

(3) 听取项目经理部汇报，查看项目经理部的有关资料，对项目的管理层和劳务作业层进行调查。

(4) 考察已完工程。

(5) 对项目管理的实际运作水平进行考核评价。

(6) 提出考核评价报告。报告内容一般应包括考核评价的方案与程序，考核评价的指标、计分办法及有关说明，考核评价的依据，考核评价的结果等内容。

(7) 向被考核评价的项目经理部公布评价意见。

4) 考核评价的指标

考核评价的定量指标一般应包括：工程质量情况、工程成本降低率、工期及其提前率、安全考核指标等。定量指标体现了四大控制目标的完成情况，其具体计算方法应由考核评价委员会选择，并注意项目管理目标责任书中的对比标准。

考核评价的定性指标一般应包括：执行企业各项制度的情况，项目管理资料的收集、整理情况，思想工作方法与效果，发包人及用户的评价，在项目管理中应用的新技术、新材料、新设备、新工艺，在项目管理中采用的现代化管理方法和手段，保护环境等。定性指标反映了项目管理多方面的水平，应较定量指标占有更大的权重，并应制订合理、可行的计分方法。

6.3 项目经理部

6.3.1 项目经理部的设立

施工现场设置项目经理部，有利于各项管理工作的顺利进行。因此，大中型施工项目，承包人必须在施工现场设立项目经理部，并根据目标控制和管理的需要设立专业职能部门；小型施工项目，一般也应设立项目经理部，但可简化；如果企业法定代表人决定由其他项目经理部兼管本项目，也可以不单独设立项目经理部，但委托兼管应征得项目发包人同意，并不得削弱兼管者的项目管理责任。

1. 项目经理部的设立原则

设立施工项目经理时，一般应遵循以下原则。

（1）根据管理组织形式进行设置。即根据施工企业的管理方式和对项目经理部的授权，以及项目经理部的力量、人员素质、管理职责等加以选择。

（2）根据项目的规模、复杂程度和专业特点进行设置。例如，大中型项目宜采用矩阵式，远离企业管理层的大中型项目宜采用事业部式，中小型项目则宜按直线式、直线职能式设置施工项目经理部。

（3）建立有弹性的一次性组织机构。项目经理部应随着工程的进展而适时地作出调整，并在工程完工、审计后解体。

（4）人员的配备要满足施工现场管理的需要。即面向施工现场，满足计划、调配、技术、质量、成本核算、资源管理、信息管理、安全与文明施工等需要。

2. 项目经理部的设立程序

设立施工项目经理部时，一般应按以下程序进行。

（1）根据企业批准的"项目管理规划大纲"，确定项目经理部的管理任务和组织形式。

（2）确定项目经理部的层次，设立职能部门与工作岗位。

（3）确定人员及其职责、权限。

（4）由项目经理根据"项目管理目标责任书"进行目标分解。

（5）组织有关人员制定规章制度和目标责任考核、奖惩制度。

（6）项目经理部经企业的法定代表人批准后正式成立，并以书面形式通知发包人和项目监理机构。

3. 项目经理部的职能部门

项目经理部的职能部门及其人员配置,应当满足施工项目管理工作中进度控制、质量控制、安全控制、成本控制、人力资源管理、材料管理、机械设备管理、技术管理、资金管理、合同管理、信息管理、现场管理,以及项目的组织协调、竣工验收、考核评价、回访保修等各项管理内容的需要。

因此,为了具有计划、组织、控制、指挥、协调等职能,施工项目经理部通常应设置以下几个部门。

(1) 经营核算部门。主要负责预算、合同、索赔、资金收支、成本核算、劳动力的配置与分配等工作。

(2) 工程技术部门。主要负责生产调度、文明施工、技术管理、施工组织设计、计划统计等工作。

(3) 物资设备部门。主要负责材料的询价、采购、计划供应与管理,以及运输工具管理、机械设备的租赁配套使用等工作。

(4) 监控管理部门。主要负责工程质量、安全管理、消防保卫、环境保护等工作。

(5) 测试计量部门。主要负责计量、测量、试验等工作。

项目经理部职能部门及管理岗位的设置,必须贯彻因事设岗、有岗有责和目标管理的原则,明确各岗位的责、权、利和考核指标,并对管理人员的责任目标进行检查、考核与奖惩。其中,大型项目的项目经理必须具有一级项目经理(一级建造师)的资质,管理人员中具有高级职称人员的比例不应低于10%。

6.3.2 项目经理部的管理制度

管理制度是为保证组织任务的完成和目标的实现,关于例行性活动应当遵循的方法、程序、要求及标准所作出的规定。它是完善施工项目组织关系、保证组织机构正常运行的基本手段。

施工项目管理制度的种类较多,按颁发单位不同可以有企业制度和项目经理部的制度,按约束力不同可以有责任制度和规章制度,等等。就施工项目经理部的管理制度而言,围绕着计划、责任、核算、奖惩等方面,一般应包括以下内容。

(1) 项目管理人员岗位责任制度。

(2) 项目技术管理制度。

(3) 项目质量管理制度。

(4) 项目安全管理制度。

(5) 项目计划、统计与进度管理制度。

(6) 项目成本核算制度。

(7) 项目材料、机械设备管理制度。

(8) 项目现场管理制度。

(9) 现场分配与奖励制度。

(10) 项目例会及施工日志制度。
(11) 项目分包及劳务管理制度。
(12) 项目组织协调制度。
(13) 项目信息管理制度。

6.3.3 项目经理部的解体

施工项目经理部是一次性的具有弹性的现场生产组织机构。在工程项目竣工且审计完成后，其使命便告结束，可按规定程序予以解体。因此，必须高度重视项目经理部的解体和善后工作。

1. 项目经理部的解体条件

一般来讲，项目经理部解体时，应当具备下列条件。
(1) 工程已经通过竣工验收。
(2) 与各分包单位已经结算完毕。
(3) 已协助企业管理层与发包人签订了"工程质量保修书"。
(4) "项目管理目标责任书"已经履行完成，并经企业管理层审计合格。
(5) 已与企业管理层办理了有关手续。
(6) 现场最后清理完毕。

2. 项目经理部的解体程序和善后工作

(1) 在施工项目通过竣工验收之日起 15 日内，项目经理应向企业工程管理部门提交项目经理部解体的申请报告。同时，向企业的各个职能管理部门提出本部善后留用和解除合同人员的名单与时间，经有关部门审核、批准后执行。

(2) 项目经理部在解体前，应成立以项目经理为首的善后工作小组，其留守人员一般应由主任工程师，技术、预算、财务、材料管理等方面各一人组成。善后工作组主要负责剩余材料的处理，工程款项的回收，财务账目的结算与移交，以及解决与建设单位有关的遗留事宜。其工作期限一般为 3 个月。

(3) 项目经理部在解聘业务人员时，应提前发给解聘人员两个月的岗位效益工资，并给予有关待遇，以使其在人才市场上获得回旋的余地。从解聘后的第 3 个月起，解聘人员的工资福利待遇从新单位领取。

(4) 妥善处理施工项目的保修问题。对于仍属质量保修期限以内的竣工项目，项目经理部应与企业的经营和工程管理部门根据竣工时间、质量标准等确定工程保修费用的预留比例，并将保修费用交公司管理部门统一包干使用。

施工企业的工程管理部门是项目经理部组建的处理善后工作的主管部门。它应设立保修经费的专项账户，并主要负责因质量问题造成的返修与维修、剩余工程款项的结算与回收等工作。项目经理部应向其提交项目管理的文件资料、核算账册、现场办公设备，以及公章保管、领借的工器具及劳防用品、项目管理人员的业绩考核评价材料等。

3. 项目经理部的效益审计评估和债权债务处理

（1）项目经理部剩余的材料，原则上应处理给企业的物资设备部门，材料价格按新旧情况以质论价，双方协商。在对外销售材料时，必须经过企业主管部门批准。

（2）项目经理部根据工作需要购买的通信、办公等固定资产，必须如实建账、以质论价，移交企业。

（3）项目经理部的工程成本盈亏审计，应以该项目的实际成本和工程款项结算回收数额为依据，由审计部门牵头，预算、财务、工程管理等部门参加，并于项目经理部解体后第4个月完成审计评价报告，提交企业经理办公会议审批。

（4）项目经理部的工程款项结算、回收以及加工订货等债权债务的处理，由项目经理部的善后工作小组在3个月内全部完成。如果逾期未能收回又未办理任何合法有效的手续，其差额部分按项目经理部的亏损核算。

（5）通过项目综合效益的审计评估，确认已经完成"项目管理目标责任书"规定的成本、质量、进度和安全等控制目标时，应按规定的办法奖励项目经理部；未能完成"项目管理目标责任书"的规定时，一律由项目经理负责；当数额巨大、性质严重时，企业有权追究项目经理的法律责任。

（6）项目经理部解体善后工作结束后，项目经理离任重新投标或聘任前，必须按上述规定做到"人走账清"。

4. 项目经理部解体时有关纠纷的处理

所有纠纷的仲裁、处理，必须依据相关合同的规定进行。项目经理部与企业的有关职能部门发生矛盾时，由企业经理办公会议裁决。项目经理部与分包单位、作业队伍或内部人员发生矛盾时，按业务分工由企业的工程管理、经营或人事部门裁决。

6.4　项目的组织协调

6.4.1　组织协调概述

1. 组织协调的概念

组织协调就是联结、联合、调和所有的活动和力量。组织协调工作应贯穿于施工项目管理的全过程，以排除障碍、解决矛盾、保证项目目标的顺利实现。

协调或协调管理，在美国的项目管理中称为"界面管理"，是指主动协调相互作用的子系统之间的能量、物质、信息交流，以实现系统目标的活动。

施工项目管理的组织协调一般包括三大类：一是"人员/人员界面"；二是"系统/系统界面"；三是"系统/环境界面"。

2. 组织协调的范围和层次

根据系统的观点，协调的范围和层次可以分为系统（承包企业及项目经理部）内部关系协调和系统外部关系协调。系统外部关系协调又可分为近外层关系协调和远外层关系协调。近外层关系协调是指承包企业(项目经理部)与同发包单位签有合同的单位之间的关系协调;远外层关系协调是指承包企业(项目经理部)与和项目管理工作有关但没有合同约束的单位之间的关系协调。

3. 组织协调的工作内容

组织协调应坚持动态工作原则,根据施工项目运行的不同阶段所出现的主要矛盾做动态调整。例如,项目进行的初期主要是供求关系的协调,项目进行的后期主要是合同和法律、法规约束关系的协调。

一般来讲,组织协调的常见内容有以下几方面。

1) 人际关系

包括施工项目组织内部、施工项目组织与关联单位人际关系的协调,以处理相关工作结合部中人与人之间在管理工作中的联系和矛盾。

2) 组织机构关系

包括协调项目经理部与企业管理层及劳务作业层之间的关系,以实现合理分工、有效协作。

3) 供求关系

包括协调企业物资供应部门与项目经理部及生产要素供需单位之间的关系,以保证人力、材料、机械设备、技术、资金等各项生产要素供应的优质、优价、适时、适量。

4) 协作配合关系

包括近外层关系的配合,以及内部各部门、上下级、管理层与劳务作业层之间关系的协调。

5) 约束关系

包括法律法规约束关系、合同约束关系,主要通过提示、教育、监督、检查等手段防范矛盾,并及时、有效地解决矛盾。

4. 组织协调的方法

项目经理及其他管理人员实施组织协调的常用方法有以下几种。

(1) 会议协调法。包括召开工地例会、专题会议等。

(2) 交谈协调法。包括面对面交谈、电话交谈等。

(3) 书面协调法。包括信函、数据电文等。

(4) 访问协调法。包括走访、邀请,主要用于系统外部协调。

(5) 情况介绍法。通常结合其他方法,共同使用。

6.4.2 内部关系的组织协调

企业内部关系的组织协调,一般应包括以下内容。

(1) 内部人际关系协调。主要依据各项规章制度,通过做好思想工作,加强教育培训,提高人员素质等方法实现。

(2) 项目经理部与企业管理层关系的协调。主要依靠严格执行"项目管理目标责任书"等方法实现。

(3) 项目经理部与劳务作业层关系协调。主要依靠履行劳务合同，以及执行"施工项目管理实施规划"等方法实现。

(4) 内部供求关系协调。内部供求关系的涉及面广、协调工作量大，并存在随机性。因此，项目经理部应认真做好供需计划的编制、平衡、执行工作，并充分发挥调度系统和调度人员的作用，加强调度工作，排除障碍。

6.4.3 外层关系的组织协调

外层关系属于对法人的关系，因此，项目经理部进行近外层关系和远外层关系的组织协调时，必须在企业法定代表人的授权范围内实施，否则，项目经理部无权处理对外事务。

1. 近外层关系的组织协调

1) 项目经理部与发包人的关系

项目经理部与发包人之间的关系协调，应贯穿于施工项目管理的全过程。协调的目的是搞好协作，协调的有效方法是执行合同，协调的重点是资金、质量和进度问题。

项目经理部要求发包人在施工准备阶段，按规定的时间履行合同约定的责任，保证工程顺利开工。发包人一般应完成以下工作。

(1) 取得政府主管部门对该项建设项目的批准文件。

(2) 取得地质勘探资料及施工许可证。

(3) 取得施工用地范围及施工用地许可证。

(4) 取得施工现场附近的铁路支线可供使用的许可证。

(5) 取得施工区域内地上、地下原有建筑物及管线资料。

(6) 取得在施工区域内进行爆破的许可证。

(7) 施工区域内征地、青苗补偿及居民迁移工作。

(8) 施工区域内地面和地下原有建筑物及管线、坟墓、树木、杂物等障碍的拆迁、清理、平整工作。

(9) 将水源、电源、道路接通至施工区域。

(10) 向所在地区市容办公室申请办理施工临时占地手续，负责缴纳应由发包人承担的费用。

(11) 确定建筑物标高和坐标控制点及道路、管线的定位标桩。

(12) 对国外提供的设计图纸，应组织相关人员按本地区的施工图纸标准及使用习惯进行翻译、放样及绘制。

(13) 向项目经理部交送全部施工图纸及有关技术资料，并组织有关单位进行技术交底。

(14) 向项目经理部提供应由发包人供应的设备、材料、成品、半成品加工订货单。

(15) 会审、签认项目经理部提出的施工项目管理实施规划或施工组织设计。
(16) 向建设银行提交开户、拨款所需文件。
(17) 指派工地代表并明确负责人,书面通知项目经理部。
(18) 负责将双方签订的"施工准备合同"交送合同管理机关签证。

项目经理部应在规定时间内承担合同约定的责任,为开工后连续施工创造条件。在施工准备阶段,项目经理部应完成的工作包括以下内容。

(1) 编制项目管理实施计划。
(2) 根据施工平面图的设计,搭建施工用临时设施。
(3) 组织有关人员学习、会审施工图纸和有关技术文件,参加发包人组织的施工图交底与会审。
(4) 根据出图情况,组织有关人员及时编制施工预算。
(5) 向发包人提交应由发包人采购、加工、供应的材料、设备、成品、半成品的数量、规格清单,并确定进场时间。
(6) 负责办理属于项目经理部供应的材料、成品、半成品的加工订货手续。
(7) 特殊工程需由发包人在开工前预拨资金和钢材指标时,将钢材规格、数量、金额、拨付时间、抵扣办法等,在合同中加以明确。

项目经理部应及时向发包人提供有关的生产计划、统计资料、工程事故报告等。发包人应按规定时间向项目经理部提供以下技术资料。

(1) 单位工程施工图纸。
(2) 设备的技术资料。
(3) 承担外商设计的工程应提供原文图纸及有关技术资料。
(4) 如要求按外商设计规范施工时,发包人应向项目经理部提供翻译成中文的国外施工规范。
(5) 与项目有关的生产计划、统计资料、工程事故报告等。

2) 项目经理部与监理单位的关系

项目经理部提供的是工程产品,而监理单位(项目监理机构)则是针对工程项目提供监理服务。两者地位平等,只是分工不同而已。

项目经理部应按《建设工程项目管理规范》《建设工程监理规范》的规定和施工合同的要求,接受项目监理机构的监督和管理,并按照相互信任、相互支持、相互尊重、共同负责的原则,搞好协作配合,确保项目实施质量。例如,项目经理部有义务向项目监理机构报送有关方案、文件,并应当接受项目监理机构的指令等。

3) 项目经理部与设计单位的关系

承包单位与设计单位的工作联系原则上应通过建设单位进行,并需按图施工。项目经理部要领会设计文件的意图,取得设计单位的理解和支持。设计单位要对设计文件与项目经理部进行技术交流。

项目经理部应在设计交底、图纸会审、设计洽商变更、地基处理、隐蔽工程验收和交工验收等环节中与设计单位密切配合,同时接受发包人和项目监理机构对于双方进行的协调。

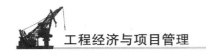

4）项目经理部与材料供应单位的关系

项目经理部与材料供应单位应依据供应合同，充分运用市场的价格机制、竞争机制和供求机制搞好协作配合。

5）项目经理部与公用部门的关系

公用部门是指与项目施工有直接关系的社会公用性单位，如供水、供电、供气等单位。项目经理部与公用部门有关单位的关系，应通过加强计划性，以及通过发包人或项目监理机构进行协调。

6）项目经理部与分包单位的关系

项目经理部与分包单位关系的协调应严格执行分包合同，正确处理技术关系、经济关系，正确处理项目进度控制、质量控制、成本控制、安全控制、生产要素管理和现场管理中的协作关系。同时，项目经理部还应对分包单位的工作进行监督和控制。

2．远外层关系的组织协调

项目经理部处理远外层关系时，必须严格守法，遵守公共道德，并充分利用中介组织和社会管理机构的力量。

项目经理部对于远外层关系的协调，应按下列要求办理。

（1）项目经理部应要求分包和劳务作业队伍到建设行政主管部门办理分包队伍施工许可证，到劳动管理部门办理劳务人员就业证。

（2）隶属于项目经理部的安全监察部门应办理企业安全资格认可证、安全施工许可证、项目经理安全生产资格证等手续。

（3）隶属于项目经理部的安全保卫部门应办理施工现场消防安全资格许可证，并到交通管理部门办理通行证。

（4）项目经理部应到当地户籍管理部门办理劳务人员暂住手续。

（5）项目经理部应到当地城市管理部门办理街道临建审批手续。

（6）项目经理部应到当地政府质量监督部门办理建设工程质量监督手续。

（7）项目经理部应到市容监察部门审批运输不遗洒、污水不外流、垃圾清运、场容与场貌达标的保证措施方案和通行路线图。

（8）项目经理部应配合环保部门做好施工现场的噪声检测工作，及时报送有关厕所、化粪池、道路等的现场平面布置图、管理措施及方案。

（9）项目经理部因建设需要砍伐树木时必须提出申请，报市园林主管部门审批。

（10）现有城市公共绿地和城市总体规划中确定的城市绿地及道路两侧的绿化带，如特殊原因确需临时占用时，须经城市园林部门、城市规划管理部门及公安部门同意并报当地政府批准。

（11）大型项目施工或者在文物较密集地区进行施工，项目经理部应事先与省文物部门联系，在开工范围内有可能埋藏文物的地方进行文物调查或者勘探工作。若发现文物，应共同商定处理办法。在开挖基坑、管沟或其他挖掘中，如果发现古墓葬、古遗址和其他文物，应立即停止作业，保护好现场，并立即报告当地政府文物管理机关。

（12）项目经理部应持建设项目批准文件、地形图、建筑总平面图、用电量资料等到城市供电管理部门办理施工用电报装手续，委托供电部门进行方案设计的应办理书面委托手续。

（13）供电方案经城市规划管理部门批准后即可进行供电施工设计。外部供电图一般由供电部门设计，内部供电设计主要指变配电室和开闭间的设计，既可由供电部门设计，也可由有资格的设计人员设计，并报供电管理部门审批。

（14）项目管理部在建设地点确定并对项目的用水量进行计算后，即应委托自来水管理部门进行供水方案设计，同时应提供项目批准文件、标明建设红线和建筑物位置的地形图、建设地点周围自来水管网情况、建设项目的用水量等资料。

（15）自来水供水方案经城市规划管理部门审查通过后，应在自来水管理部门办理报装手续，并委托其进行相关的施工图设计。同时应准备建设用地许可证、地形图、总平面图、钉桩坐标成果通知单、施工许可证、供水方案批准文件等资料。由其他设计人员进行的自来水工程施工图设计，应送自来水管理部门审查批准。

本 章 小 结

本章主要介绍了工程项目管理组织的有关知识。工程项目结构分解是将整个项目系统分解成可控制的活动，是项目管理的基础工作。设置工程项目管理的组织机构包括多个环节。建设项目和施工项目有不同的管理组织形式，应根据具体情况加以选择。项目经理是企业法定代表人在建设工程项目上的委托代理人，项目经理应根据授权的范围、时间和内容，对施工项目自开工准备至竣工验收，实施全过程、全面管理。设置项目经理部，有利于各项管理工作的顺利进行。施工项目管理的组织协调一般包括三大类：一是"人员/人员界面"；二是"系统/系统界面"；三是"系统/环境界面"。

习　　题

一、思考题

1. 如何定义项目的工作分解结构？如何把项目分解成更小的任务单元？分解时要掌握什么原则？
2. 项目管理组织机构设置的基本程序包括哪些环节？
3. 管理组织机构的设置原则有哪些？
4. 建设项目管理的组织形式主要有哪几种？
5. 施工项目管理的组织形式主要有哪几种？
6. 分析工作任务分工和管理职能分工的作用和意义。
7. 项目经理的知识结构应包括哪几个方面？

8. 项目经理应具备哪些基本素质?
9. 项目经理的责、权、利体现在哪些方面?
10. 施工项目管理与施工企业管理的关系如何?
11. 试阐述施工项目经理与建造师的关系。如何使自己尽快成为一名合格的建造师?

二、单项选择题

1. 反映一个组织系统中各工作部门或各管理人员之间的指令关系的是(　　)。
   A. 组织结构模式　　　　　　　　B. 组织分工
   C. 管理职能分工　　　　　　　　D. 工作流程
2. 指令源分别来自于纵向和横向工作部门的组织结构是(　　)。
   A. 职能组织结构　　　　　　　　B. 矩阵组织结构
   C. 事业部　　　　　　　　　　　D. 复合式组织结构
3. 建筑施工企业项目经理是受企业(　　)委托,对工程项目施工过程全面负责的项目管理者。
   A. 董事会　　　B. 股东　　　C. 股东代表大会　　D. 法定代表人

三、多项选择题

1. 项目经理在承担项目施工管理过程中,在企业法定代表人授权范围内,行驶的管理权力有(　　)。
   A. 选择施工作业队伍　　　　　　B. 进行合理的经济分配
   C. 签署合同　　　　　　　　　　D. 购置设备
   E. 调配进入项目的人、财、物
2. 项目经理应履行的职责有(　　)。
   A. 项目管理目标责任书规定的职责
   B. 主持编制项目管理实施规划,并对项目目标进行系统管理
   C. 对资源进行静态管理
   D. 进行授权范围内的利益分配
   E. 接受审计,处理项目经理部解体的善后工作

第7章 网络计划

学习目标

(1) 掌握双代号网络计划技术的编制方法。
(2) 掌握单代号网络计划技术的编制方法。
(3) 掌握双代号时标网络计划技术的编制方法。
(4) 掌握单代号搭接网络计划技术的编制方法。
(5) 熟悉各时间参数的计算方法。
(6) 熟悉掌握关键线路的分析方法。

导入案例

某公司中标某沿海城市一高层写字楼工程,该公司进场后,给整个工程各工序进行划分,并明确了各工序之间的逻辑关系,如表 7-1 所示。

表 7-1 逻辑关系表

工 作	紧前工作	紧后工作	持续时间
A	—	C、E	3
B	—	G	4
C	A	D	3
D	C	K	3
E	A	F、H	3
F	E	J、K、M	4
G	B	H	3
H	G、E	I	2
I	H	M	4
J	F	L	5
K	D、F	L	6
L	K、J	—	4
M	F、I	—	6

在工程施工过程中发生以下事件:①施工单位施工至 E 工作时,该沿海城市遭受海啸袭击,使该工作持续时间延长了 2 个月。经评估,施工单位人工费、机械费、临时建筑损失 18 万元。建筑物受到海水侵蚀,清理、返工费用达 25 万元,施工单位提出了工期 2 个月、费用 43 万元的索赔要求。②施工单位施工至 I 工作时,由于业主指定材料的质量问题,造成施工单位人工费、机械费损失 5 万元,同时造成持续时间延长 2 个月。施工单位提出了工期、费用索赔要求。

案例分析:①对此事件进行分析时,应首先根据各工序间的逻辑关系绘制该工程的施工进度计划网络图,并确定关键线路及总工期。②根据施工进度计划网络图中各工序的自由时差和总时差,分析该事件造成的时间拖延对该工程工期的影响。

7.1 概 述

7.1.1 工期计划过程

工期计划过程分为以下几步。

（1）熟悉图纸，调查研究，分析情况。通过熟悉图纸，弄清设计规模、建筑构造、结构类型及对工程质量的要求等。通过研究，摸清与工程有关的自然、技术和经济条件，了解劳动力、材料及机械设备的使用和供应情况。

（2）制订施工方案，确定施工顺序。在制订施工方案和确定施工顺序时，要求尽量争取时间，充分利用空间，均衡使用各种资源，以保证在合同规定的工期内完工。

（3）确定工作项目。网络计划中工作划分的粗细程度，根据各级需要不同而定。供上层管理人员掌握的网络计划，工作可划分得粗一些，以使图面简洁，便于抓住关键；供基层管理人员和作业人员使用的网络计划，工作划分要细一些，以便于具体指导施工。

对于大型工程和建筑群施工，网络计划宜分级编制，即先编制总体控制性网络计划，然后按单位工程和分部工程编制较详细的网络计划。

（4）计算工程量和劳动量。工程量是按施工图纸和有关工程量计算规则计算出的实物量。劳动量则是指完成某项工作所需要的工日数。

（5）确定工作的持续时间。根据计算出的劳动量和现有作业人员数量即可确定出该工作所需的持续时间，若以机械作业为主的工作，应根据机械台班产量和机械台数确定工作的持续时间。

（6）绘制初始网络计划。首先根据确定出的工作项目名称及其持续时间和逻辑关系，列出工作项目一览表，然后根据网络图的绘制规则绘制出施工网络进度计划。施工网络进度计划的绘制要注意图面布局整齐、清晰、美观。

（7）计算网络计划时间参数，确定关键线路。根据绘制出的进度计划统计资源需求量，绘制资源需求动态曲线。

（8）绘制正式网络计划。将调整优化后的网络进度计划正式绘出，作为指导和控制施工的计划文件。

7.1.2 计划总工期的确定和分解

施工总进度计划是施工现场各项施工活动在时间上的体现，编制的基本依据是施工部署中的施工方案和工程项目开展程序。编制施工总进度计划的基本要求是：保证拟建工程在规定的期限内完成；迅速发挥投资效益；保证施工的连续性和均衡性；节约施工费用。

1. 列出工程项目一览表并计算工程量

施工总进度计划主要起控制总工期的作用，因此项目划分不宜过细。通常按照分期分批的投产顺序和工程的开展顺序列出，并突出每个交工系统中的主要工程项目。一些附属项目及民用建筑、临时设施可以合并列出。

在工程项目一览表的基础上，按工程的开展顺序和单位工程计算主要实物工程量。此时计算工程量的目的是为了确定施工方案和主要施工、运输机械，初步规划主要施工过程的流水施工，估算各项目的完成时间，计算劳动力和技术物资的需要量等。因此，工程量只需粗略计算即可。

计算工程量，可按初步设计图纸并根据各种定额手册进行计算。常用的定额资料有：

①每万元或每 10 万元投资工程量、劳动力及材料消耗扩大指标；②概算指标或扩大结构定额；③标准设计或已建房屋、构筑物的资料。

除房屋外，还必须计算主要的全工地性工程的工程量，如场地平整、铁路及道路和地下管线的长度等，这些可以根据建筑总平面图来计算。将上述方法计算出的工程量填入统一的工程量汇总表中。

2. 确定各单位工程的施工期限

由于各施工单位的施工技术与施工管理水平、机械化程度、劳动力和材料供应等不同，而且差别较大。因此应根据各施工单位的具体条件，并考虑建筑物的建筑结构类型、体积大小、场地地形地质、施工条件环境因素来确定建筑物的施工期限。此外，也可参考有关的工期定额来确定各单位工程的施工期限。

3. 确定各单位工程的竣工时间和相互搭接关系

在施工部署中已确定了总的施工程序和各系统的控制期限及搭接时间，但对每一建筑物何时开工、何时竣工尚未确定。在解决这一问题时，主要考虑下述诸因素：在同一时期的开工项目不宜过多，避免人力、物力的分散；尽量使劳动力和技术物资消耗量在工程上均衡；做到土建施工、设备安装和试生产之间展开顺序和时间比较合理，每个单位工程项目和整个建设项目的安排比较合理；确定一些次要工程作为后备项目，用以调剂主要项目的施工进度。

4. 编制总进度计划

总进度计划以表格形式表示。目前表格形式并不统一，项目和进度的划分也不一致。从总进度计划的目的、作用来看，过细没有必要，总进度计划主要起控制总工期的作用，计划过细不利于调整。对于跨年度工程，通常第一年进度按月划分，第二年及以后各年按季划分。

7.1.3 工作活动持续时间的确定

工作活动持续时间的确定分为以下几步。

1. 计算工程量

计算工程量时，一般可以采用施工图预算的数据，但应注意有些项目的工程量应按实际情况作适当调整。如计算柱基土方工程量时，应根据土壤的级别和采用的施工方法（单独基坑开挖、基槽开挖，还是大开挖，放边坡还是加支撑）等实际情况进行计算。工程量计算时应注意以下几个问题。

（1）各分部分项工程的工程量计算单位应与现行定额手册中所规定的单位相一致，以避免计算劳动力、材料和机械设备、机具数量时进行换算，产生错误。

（2）结合选定的施工方法和安全技术要求计算工程量。

（3）结合施工合作要求，分区、分项、分段、分层计算工程量。

（4）采用预算文件中的工程量时，应按施工过程的划分情况将预算文件中有关项目的工程量汇总。如"砌筑砖墙"一项要将预算中按内墙、外墙,按不同墙厚、不同砌筑砂浆品种和强度等级计算的工程量进行汇总。

2. 确定劳动量和机械台班数量

(1) 劳动量和机械台班数量应当根据分部分项工程的工程量、施工方法和现行的施工定额,并结合当时当地的具体情况加以确定。一般应按下式计算:

$$P = Q/S \tag{7.1}$$

或

$$P = Q \cdot H \tag{7.2}$$

式中:P——完成施工过程所需的劳动量(工日)或机械台班数量(台班);

Q——完成某施工过程的工程量(m^3,m^2,t,…);

S——某施工过程的产量定额(m^3,m^2,t,…/工日或台班);

H——某施工过程的时间定额(工日或台班/m^3,m^2,t,…)。

例如,已知某单位工业厂房的柱基土方为 3 240 m^3,采用人工挖土,每工日产量定额为 6.5 m^3,则完成基坑所需总劳动量为

$$P = \frac{Q}{S} = \frac{3\,240}{6.5} = 499(\text{工日})$$

若已知时间定额为 0.154 工日/m^3,则完成基坑所需总劳动量为

$$P = Q \cdot H = 3\,240 \times 0.154 = 499(\text{工日})$$

在使用定额时,常遇到定额所列项目的工作内容与编制施工进度计划所列项目不一致的情况,此时应当换算成平均定额。

查用定额时,若定额对同一工种不一样时,可用其平均定额。当同一性质不同类型分项工程的工程量相等时,平均定额可用其绝对平均值,如式(7.3)。

$$H = \frac{H_1 + H_2 + \cdots + H_n}{n} \tag{7.3}$$

式中:H_1,H_2,…,H_n——同一性质不同类型分项工程的时间定额;

H——平均时间定额;

n——分项工程的数量。

当同一性质不同类型分项工程的工程量不相等时,平均定额应用加权平均值,其计算公式为

$$S = \frac{Q_1 + Q_2 + \cdots + Q_n}{\frac{Q_1}{S_1} + \frac{Q_2}{S_2} + \cdots + \frac{Q_n}{S_n}} = \frac{\sum_{i=1}^{n} Q_i}{\sum_{i=1}^{n} \frac{Q_i}{S_i}} \tag{7.4}$$

式中:Q_1,Q_2,…,Q_n——同一性质不同类型分项工程的工程量;

其他符号同前。

例如,钢门窗油漆一项由钢门油漆和钢窗油漆两项合并而成,已知钢门面积 Q_1 为 368.52 m^2,钢窗面积 Q_2 为 889.66 m^2,钢门油漆的产量定额 S_1 为 11.2 m^3/工日,钢窗油漆的产量定额 S_2 为 14.63 m^2/工日。则平均产量定额为

$$S=\frac{Q_1+Q_2}{\frac{Q_1}{S_1}+\frac{Q_2}{S_2}}=\frac{368.52+889.66}{\frac{368.52}{11.2}+\frac{889.66}{14.63}}=13.43(\mathrm{m}^2/\text{工日})$$

(2) 对于有些采用新技术或特殊施工方法的定额,在定额手册中未列入的,可参考类似项目或实测确定。

(3) 对于"其他工程"项目所需劳动量,可根据其内容和数量,并结合工程具体情况,以占总劳动量的百分比(一般为 10%～20%)计算。

(4) 水暖电气、设备安装工程项目,一般不计算劳动量和机械台班需要量,仅安排与土建工程配合的进度。

3. 确定各施工过程的施工天数

计算各分部分项工程的施工天数的方法有两种。

根据工程项目经理部计划配备在该分部分项工程上的施工机械数量和各专业工人人数确定,其计算公式为

$$t=\frac{P}{R \cdot N} \tag{7.5}$$

式中:t——完成某分部分项工程的施工天数;

P——某分部分项工程所需的机械台班数量或劳动量;

R——每班安排在某分部分项工程上的施工机械台数或劳动人数;

N——每天工作班次。

在安排每班工人数和机械台数时,应综合考虑:①各分项工程工人班组的每个工人都应有足够的工作面(不能小于最小工作面),以发挥高效率并保证施工安全;②各分项工程在进行正常施工时所必需的最低限度的工人队组人数及其管理组织(不能小于最小劳动组合),以达到最高的劳动生产率。

根据工期要求倒排进度。首先根据规定总工期和施工经验,确定各分部分项工程的施工时间,然后再按各分部分项工程需要的劳动量或机械台班数量,确定每一分部分项工程每个工作班所需要的工人数或机械台数,公式为

$$R=\frac{P}{t \cdot N} \tag{7.6}$$

通常计算时均先按一班制考虑,如果每天所需机械台数或工人数已超过施工单位现有人力、物力或工作面限制,则应根据具体情况和条件从施工技术和组织上采取措施,如增加工作班次,最大限度地组织立体交叉、平行流水施工,加早强剂提高混凝土早期强度等。

7.1.4 工作活动逻辑关系的安排

网络图中工作之间相互制约或相互依赖的关系称为逻辑关系,它包括工艺关系和组织关系,在网络中均应表现为工作之间的先后顺序。

生产性工作之间由工艺过程决定的、非生产性工作之间由工作程序决定的先后顺序关

系叫工艺关系。

工作之间由于组织安排需要或资源(人力、材料、机械设备和资金等)调配需要而规定的先后顺序关系叫组织关系。

网络图必须正确地表达整个工程或任务的工艺流程和各工作开展的先后顺序,以及它们之间相互依赖、相互制约的逻辑关系,因此,绘制网络图时必须遵循一定的基本规则和要求。

7.2 横 道 图

7.2.1 横道图的形式

横道图是一种最直观的工期计划方法。它在国外又被称为甘特(Gantt)图,在工程中被广泛应用,并受到欢迎。横道图用横坐标表示时间,工程活动在图的左侧纵向排列,以活动所对应的横道位置表示活动的起始时间,横道的长短表示持续时间的长短。它实质上是图和表的结合形式。

7.2.2 横道图的特点

1. 优点

(1) 横道图简单、直观、易懂。结合时间坐标,各项工作的起止时间、作业持续时间、工程进度、总工期都能一目了然,而且制作简单,容易为各个层次人员掌握。

(2) 仅能够安排工期,而且可以与劳动力计划、材料计划、资金计划相结合。

2. 缺点

(1) 横道图不能反映出各项工作之间错综复杂、相互联系、相互制约的生产和协作关系。

(2) 在横道图中看不出关键工作以及关键线路,看不出各项工作的灵活机动的时间,不利于找出工作重点,不利于加强控制工作。

由于横道图存在着一些不足之处,所以对改进和加强施工管理工作是不利的,特别是项目多,关系复杂时,横道图就很难充分暴露矛盾。在计划执行的过程中,某个项目完成的时间由于某种原因提前了或拖后了,将对别的项目发生多大的影响,从横道图上很难看清,因而不利于全面指挥生产。

7.3 网络计划方法

7.3.1 概述

1. 网络计划技术的起源与发展

网络计划技术是一种科学的计划管理方法,它是随着现代科学技术和工业生产的发展而产生的。20世纪50年代,为了适应科学研究和新的生产组织管理的需要,国外陆续出现了一些计划管理的新方法。1956年,美国杜邦公司研究创立了网络计划技术的关键线路方法(缩写为CPM),并试用于一个化学工程上,取得了良好的经济效果。1958年美国海军武器部在研制"北极星"导弹计划时,应用了计划评审方法(缩写为PERT)进行项目的计划安排、评价、审查和控制,获得了巨大成功。20世纪60年代初期,网络计划技术在美国得到了推广,一切新建工程全面采用这种计划管理新方法,并开始将该方法引入日本和西欧其他国家。随着现代科学技术的迅猛发展、管理水平的不断提高,网络计划技术也在不断发展和完善。目前,它已广泛地应用于世界各国的工业、国防、建筑、运输和科研等领域,已成为发达国家盛行的一种现代生产管理的科学方法。

我国对网络计划技术的研究与应用起步较早,1965年,著名数学家华罗庚教授首先在我国的生产管理中推广和应用这些新的计划管理方法,并根据网络计划统筹兼顾、全面规划的特点,将其称为统筹法。40多年来,网络计划技术作为一门现代管理技术已逐渐被各级领导和广大科技人员所重视。改革开放以后,网络计划技术在我国的工程建设领域也得到迅速的推广和应用,尤其是在大中型工程项目的建设中,对其资源的合理安排、进度计划的编制、优化和控制等应用效果显著。目前,网络计划技术已成为我国工程建设领域中正在推行的项目法施工、工程建设监理、工程项目管理和工程造价管理等方面必不可少的现代化管理方法。

1992年,国家技术监督局和国家建设部先后颁布了中华人民共和国国家标准《网络计划技术》(GB/T 13400.1—1992、GB/T 13400.2—1992、GB/T 13400.3—1992)三个标准和中华人民共和国行业标准《工程网络计划技术规程》(JGJ/T—121—1999),使工程网络计划技术在计划的编制与控制管理的实际应用中有了一个可遵循的、统一的技术标准,保证了计划的科学性,对提高工程项目的管理水平发挥了重大作用。

2. 网络计划技术的特点

网络计划技术的基本模型是网络图。网络图是用箭线和节点组成的,用来表示工作流程的有向、有序的网状图形。所谓网络计划,是用网络图表达任务构成、工作和顺序,并加注时间参数的进度计划。与甘特横道计划相比,网络计划具有如下优点。

(1)网络图把工程实施过程中的各有关工作组成了一个有机的整体,能全面而明确地反映出各项工作之间的相互制约和相互依赖的关系。

(2) 能进行各种时间参数的计算。

(3) 能在名目繁多、错综复杂的计划中找出决定工程进度的关键工作和关键线路，便于计划管理者集中力量抓主要矛盾，确保进度目标的实现。

(4) 能从许多可行方案中，比较、优选出最佳方案。

(5) 可以合理地进行资源安排和配置，达到降低成本的目的。

(6) 能够利用电子计算机，可以编程上机，并能够对计划的执行过程进行有效的监督与控制。

网络计划技术既是一种计划方法，又是一种科学的管理方法，它可以为项目管理者提供许多信息，有利于加强管理，取得好、快、省的全面效果。

网络计划的缺点是它不像横道图那么直观明了，但是，带有时间坐标的网络计划图可以弥补其不足。

7.3.2 几种常用的网络计划形式

1. 双代号网络计划

1) 基本概念

双代号网络图是以箭线及其两端节点的编号表示工作的网络图，双代号网络图由箭线、节点、线路三个基本要素组成。

(1) 箭线（工作）。

在双代号网络图中，每一条箭线表示一项工作。箭线的箭尾节点表示该工作的开始，箭头节点表示该工作的结束。工作的名称标注在箭线的上方，完成该项工作所需要的持续时间标注在箭线的下方。由于一项工作需用一条箭线和其箭尾和箭头处两个圆圈中的号码来表示，故称为双代号表示法。如图 7.1 所示为双代号网络图实箭线表示示意图。

在双代号网络图中，任意一条实箭线都要占用时间、消耗资源（有时也有只占时间，不消耗资源的工作，如混凝土的养护）。在建筑工程中，一条箭线表示项目中的一个施工过程，它可以是一道工序、一个分项工程、一个分部工程或一个单位工程，其粗细程度、大小范围的划分根据计划任务的需要来确定。

在双代号网络图中，为了正确地表达图中工作之间的逻辑关系，往往需要应用虚箭线。虚箭线是实际工作中并不存在的一项虚拟工作，故它们既不占用时间，也不消耗资源，一般起着工作之间的联系、区分和断路三个作用。联系作用是指应用虚箭线正确表达工作之间相互依存的关系；区分作用是指双代号网络图中每一项工作都必须用一条箭线和两个代号表示，若两项工作的代号相同时，应使用虚工作加以区分；断路作用是用虚箭线断掉多余联系（即在网络图中把无联系的工作连接上时，应加上虚工作将其断开）。如图 7.2 所示为虚工作示意图。

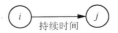　　　　　

图 7.1　双代号网络图实箭线表示示意图　　图 7.2　虚工作示意图

用虚箭线将不该连接的工作断开，如图 7.3 所示。断开前的逻辑关系是 A、B 工作都完成后，才可进行 C、D 工作，如图 7.3(a)所示。如果想将 A、D 之间的联系断开，则需增加一条虚箭线，如图 7.3(b)所示。

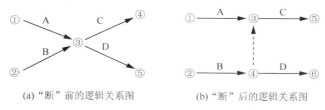

(a) "断"前的逻辑关系图　　　　(b) "断"后的逻辑关系图

图 7.3　虚箭线表示"断"的逻辑关系图

用虚箭线连接起工作之间的逻辑关系，如图 7.4 所示。连接前的逻辑关系是 A 工作完成后进行 B 工作，C 工作完成后进行 D 工作，如图 7.4(a)所示。如果想要增加 D 与 A 工作的联系，即 A、C 都完工后才可进行 D 工作，则需增加一条虚箭线，如图 7.4(b)所示。

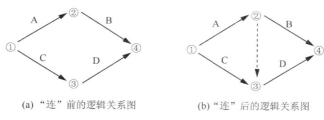

(a) "连"前的逻辑关系图　　　　(b) "连"后的逻辑关系图

图 7.4　虚箭线表示"连"的逻辑关系图

在无时间坐标限制的网络图中，箭线的长度原则上可以任意画，其占用的时间以下方标注的时间参数为准。箭线可以为直线、折线或斜线，但其行进方向均应从左向右。在有时间坐标限制的网络图中，箭线的长度必须根据完成该工作所需持续时间的大小按比例绘制。

在双代号网络图中，通常将被研究的对象称为本工作，用 $i-j$ 工作表示。紧排在本工作之前的工作称为紧前工作，紧排在本工作之后的工作称为紧后工作，与之平行进行的工作称为平行工作。

(2) 节点(又称结点、事件)。

节点是网络图中箭线之间的连接点。在双代号网络图中，节点既不占用时间，也不消耗资源，是个瞬时值，即它只表示工作的开始或结束的瞬间，起着承上启下的衔接作用。网络图的第一个节点叫"起点节点"，它只有外向箭线，一般表示一项任务或一个项目的开始。网络图的最后一个节点叫"终点节点"，它只有内向箭线，一般表示一项任务或一个项目的完成。网络图中既有内向箭线，又有外向箭线的节点称为中间节点。如图 7.5 所示为不同节点示意图。

图 7.5　不同节点示意图

在双代号网络图中,节点应用圆圈表示,并在圆圈内编号。一项工作应当只有唯一的一条箭线和相应的一对节点,且要求箭尾节点的编号小于其箭头节点的编号。网络图节点的编号顺序应从小到大,可不连续,但不允许重复。

(3) 线路。

网络图中从起点节点开始,沿箭头方向顺序通过一系列箭线与节点,最后达到终点节点的通路称为线路。线路上各项工作持续时间的总和称为该线路的计算工期。一般网络图有多条线路,可依次用该线路上的节点代号来记述,其中最长的一条线路被称为关键线路,位于关键线路上的工作称为关键工作。如图 7.6 所示为某双代号网络图。

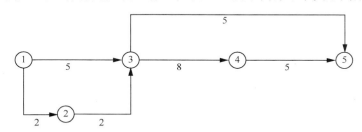

图 7.6　某双代号网络图

2) 绘图规则

(1) 必须按照工作之间的逻辑关系绘制。

在绘制双代号网络图时,由于其是有向、有序的网状图形,所以必须严格按照工作之间的逻辑关系绘制。网络图中常见的逻辑关系表达方法见表 7-2。

表 7-2　各活动之间逻辑关系的表示方法

序号	各活动之间的逻辑关系	双代号网络图的表达方式
1	A 完成后进行 B 和 C	
2	A、B 完成后进行 C、D	
3	A、B 完成后进行 C	

续表

序号	各活动之间的逻辑关系	双代号网络图的表达方式
4	A 完成后进行 C； A、B 完成后进行 D	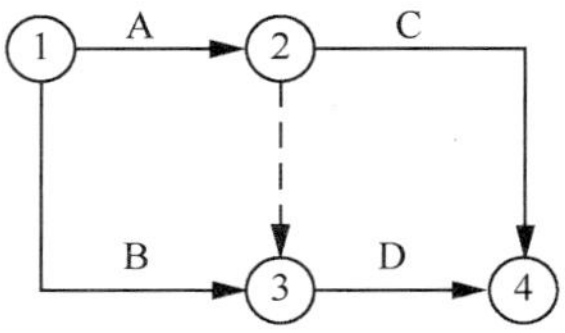
5	A、B 活动分三个施工段：A_1 完成后进行 A_2、B_1；A_2 完成后进行 A_3；A_2 及 B_1 完成后进行 B_2；A_3 及 B_2 完成后进行 B_3	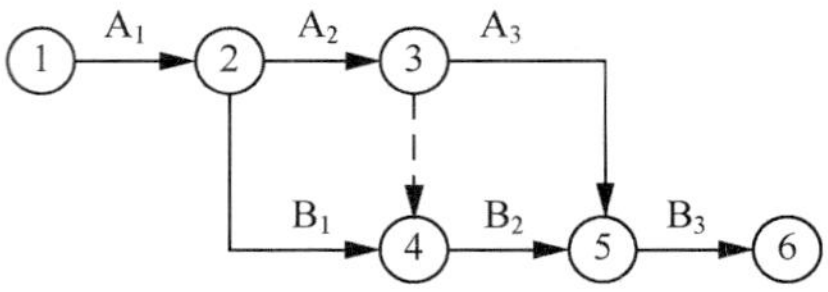
6	A 完成后进行 B； B、C 完成后进行 D	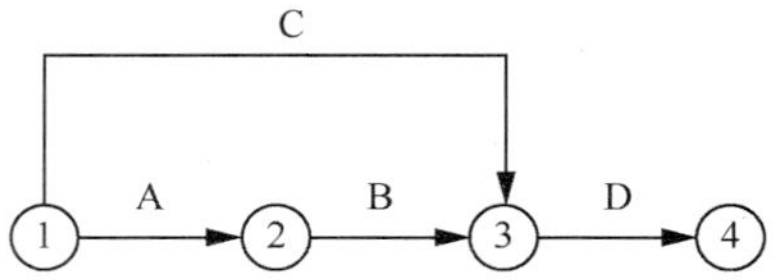

（2）网络图中严禁出现循环回路（图 7.7）。因为循环回路会导致网络图的逻辑关系混乱，工作无从开展。

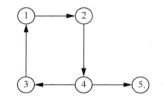

图 7.7 不允许出现循环回路

（3）网络图中严禁出现双箭头连线或无箭头连线（图 7.8）。

图 7.8 不允许出现双向箭头和无箭头连线

（4）网络图中严禁出现没有箭头节点和没有箭尾节点的箭线（图 7.9）。

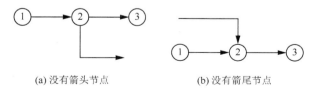

(a) 没有箭头节点　　　　(b) 没有箭尾节点

图 7.9 不允许出现没有箭头节点和没有箭尾节点的箭线

（5）双代号网络图中，一项工作只能有唯一的一条箭线和对应的一对节点，并且箭尾节点的编号要小于箭头节点的编号；在一张双代号网络图中，两个代号只能表示一项工作，不允许出现代号相同的箭线，如图 7.10 所示。

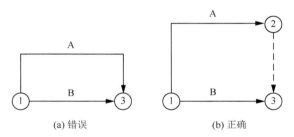

图 7.10　两个代号只能代表一个施工过程

（6）当网络图的某些节点有多条外向箭线或多条内向箭线时，为使图形简洁可采用母线绘制，如图 7.11 所示。

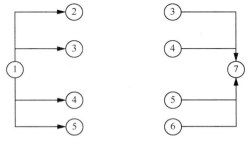

图 7.11　母线法

（7）在绘制网络图时，箭线应尽量避免交叉，如不可避免时，应采用过桥法或指向法，如图 7.12 所示。

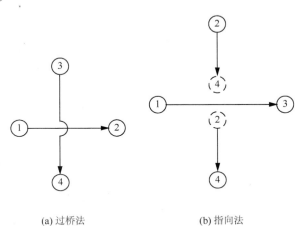

图 7.12　箭线交叉时的处理方法

（8）双代号网络图中，只允许有一个起点节点和一个终点节点（部分工作要分期进行的网络计划除外），如图 7.13 所示。

3）双代号网络图的绘制步骤

（1）根据施工过程编制各工作之间的逻辑关系表。

（2）按照各工作之间的逻辑关系绘制网络草图。

（3）调整草图，最后绘制成正式网络图。

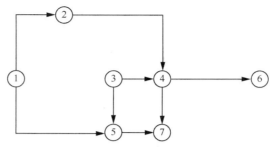

图 7.13 不允许出现多个起点节点和多个终点节点

【例 7-1】已知某工程的工序之间的关系如表 7-3 所示，试绘制双代号网络图。

表 7-3 某工程各工序之间的逻辑关系表

工序	A	B	C	D	E	F	G	H	I
紧前工序	—	A	A	B	C	C	D、E	F	G、H

解：根据表 7-3 所示各工序之间的逻辑关系绘制的双代号网络图如图 7.14 所示。

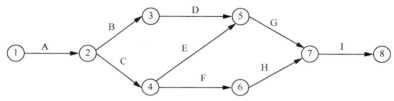

图 7.14 某工程双代号网络图

2．单代号网络计划

单代号网络计划也是网络计划的一种表示方式，它是用节点及其编号表示一项工作，用箭线表示工作之间逻辑关系的一种网络图，单代号网络图的示例以及单代号网络图的表示方法如图 7.15 和图 7.16 所示。

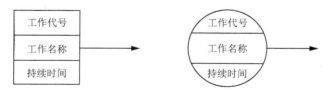

图 7.15 单代号网络图的表示方法

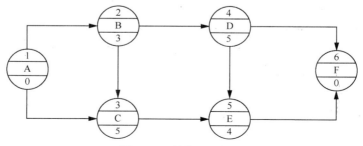

图 7.16 单代号网络图

1) 单代号网络图的基本要素

单代号网络图也是由箭线、节点和线路三个要素组成的,但其所表示的含义与双代号网络是有所区别的。

(1) 箭线。

在单代号网络图中,箭线表示相邻工作之间的逻辑关系,箭线可画成水平直线、折线或者斜线,箭线水平投影的方向应从左向右,表示工作的进行方向。在单代号网络图中不设虚箭线。

(2) 节点。

单代号网络图中每一个节点表示一项工作,可以用圆圈或者矩形表示。节点所表示的工作名称、持续时间和工作代号等应标注在节点内,如图 7.17 所示。由于节点必须编号,并且编号只有一个,不允许重复,因此称为"单代号"。

图 7.17 单代号节点标注示意图

(3) 线路。

单代号网络图中关于线路的含义与双代号网络图中线路的含义是相同的,这里不再赘述。

2) 单代号网络计划图的绘制

(1) 单代号网络计划图的绘制原则。

① 必须正确表述已定的逻辑关系。

② 严禁出现循环回路。

③ 严禁出现双向箭头或无箭头的连线。

④ 严禁出现没有箭尾节点的箭线和没有箭头节点的箭线。

⑤ 绘制网络图时,箭线尽量不要交叉,当交叉不可避免时,可采取过桥法或者指向法绘制。

⑥ 单代号网络图中只有一个起点和一个终点,如有多个起点节点或多个终点节点时,应在网络图的两端分别设置一项虚工作,作为网络图的起始节点和终点节点。

⑦ 单代号网络图必须在节点内编号,号码可以不连续,但不能重复,同时箭线箭尾节点的编号要小于箭头节点的编号。

(2) 单代号网络图的绘制步骤。

① 按照各项工作的先后顺序绘制出表示工作的节点。

② 根据工作之间的逻辑关系用箭线连接成草图。

③ 调整草图形成最终网络图。在调整时注意,在单代号网络图中没有虚箭线,若在图中出现多个起始节点时,要在这些起始节点前设置一项虚拟工作,作为网络图的起始节点;若在图中出现多个终点节点时,要在这些终点节点后设置一项虚拟工作,作为网络图的终点节点。

【例 7 - 2】已知各项工作的逻辑关系(表 7 - 4),试绘制单代号网络图。

表 7 - 4 工作逻辑关系表

工 作	A	B	C	D	E	F	G	H	I	J
紧前工作	—	A	A	A	B、C	B	C、D	E、F	C、D、F	G

解：根据表7-4所示的各项工作的逻辑关系绘制的单代号网络图如图7.18所示。

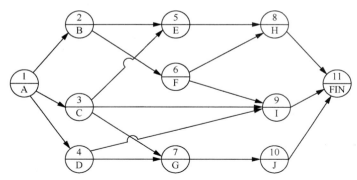

图7.18　例7-2单代号网络图

3. 时标网络计划

时间坐标网络计划简称时标网络计划，是以时间坐标为尺度编制的网络计划。它综合了横道图中的时间坐标和双代号网络计划的基本原理，不但能够清晰地把时间参数表达出来，还能够直观地把各工作之间的逻辑关系表达出来。

1）时标网络计划的特点

（1）时标网络图中的箭线在时间坐标上的水平投影表示时间的长短，因此在绘制时，要以水平时间坐标为尺度来表示工作时间的长短。

（2）时标网络计划中以实箭线表示工作，以虚箭线表示虚工作，以波形线表示工作的自由时差。

（3）时标网络计划中所有符号在时间坐标上的水平投影位置，都必须与其时间参数相对应，节点中心必须对准相应的时标位置。

（4）时标网络计划中可以统计每一个单位时间对各种资源的需要量，可方便地在坐标下方绘制出资源动态图，以便进行资源优化和调整。

（5）由于箭线受到时间坐标的限制，当条件发生变化时，对网络计划的修改不方便，往往要重新绘图。

2）时标网络计划的编制

时标网络计划可按最早时间绘制，也可按最迟时间绘制，在工程实践中最常采用的方法是按最早时间绘制。按最早时间绘制时，又分为间接绘制法和直接绘制法。

（1）间接法绘制。

间接绘制法是先根据无时标的网络计划图计算出各时间参数，然后再根据时间参数在时间坐标上进行绘制的方法。其绘制步骤如下。

① 首先绘制无时标的网络计划草图，计算出各工作的最早时间参数，并确定关键工作及关键路线。

② 根据需要确定时间单位并绘制时间坐标。

③ 在时间的坐标体系中按照工作的最早开始时间确定各工作开始节点的位置。

④ 从每项工作的开始节点出发，按该工作的持续时间画出相应长度的水平直线。

⑤ 水平实线与该工作结束节点未能连接的地方，用水平波线补充，并画上箭头。

⑥ 两项工作之间有虚工作的地方，用虚线（垂直部分）和波形线（水平部分）将其连接起来，并画上箭头。

⑦ 最后把时差为零的箭线从起点节点到终点节点连接起来即为关键路线，并用粗线或双箭线表示。

（2）直接法绘制。

直接绘制法是根据网络计划中工作之间的逻辑关系及各工作的持续时间，不计算网络的时间参数，直接在时间坐标轴上绘制的方法。其绘制步骤如下。

① 首先根据需要确定时间单位并绘出时标计划表。

② 将起点节点定位在时标表的起始刻度线上。

③ 按工作持续时间在时标计划表上绘制起点节点的外向箭线。

④ 除起点节点以外的其他节点，必须在其所有内向箭线绘制完成后，定位在这些内向箭线中完成时间最晚的那根箭线末端，若某些工作的箭线长度不足以到达该节点时，用波形线补足，箭头画在波形线与节点连接处。

⑤ 按上述方法从左至右依次确定其他节点位置，直至网络计划终点节点定位，绘图完成。

【例 7-3】如图 7.19 所示是某工程的双代号网络图，请用直接绘制法改绘成时标网络图。

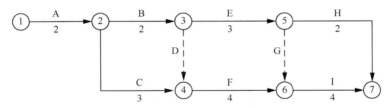

图 7.19　某工程的双代号网络图

解：根据某工程的双代号网络图改绘成的时标网络图如图 7.20 所示。

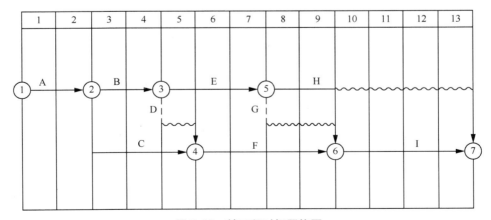

图 7.20　某工程时标网络图

4. 单代号搭接网络计划

在前述的双代号、单代号网络计划中,各项工作是按照工艺上、组织上要求的逻辑关系依次进行的。任一项工作必须在其所有紧前工作都完成之后才能进行,但在实际工程中并不都是如此,经常采用平行搭接的方式组织施工。如果采用普通网络图绘制搭接施工进度计划时,就要将存在搭接关系的每一项工作分解为若干项子工作,这样就会大大增加网络计划的绘制难度。采用搭接网络计划技术绘制搭接施工进度计划就方便得多。但在计算搭接网络计划的时间参数时,由于工作之间搭接关系的存在,计算过程较为复杂。

搭接网络计划有以下 5 种基本的工作搭接关系(表 7-5)。

1)结束到开始的关系(FTS)

相邻两项工作之间的搭接关系用前项工作结束到后项工作开始之间的时距来表达。当时距为零时,表示两项工作之间没有间歇。

2)开始到开始的关系(STS)

相邻两项工作之间的搭接关系用其相继开始的时距来表达。

3)结束到结束的关系(FTF)

相邻两项工作之间的关系用前后工作相继结束的时距来表示。

4)开始到结束的关系(STF)

相邻两项工作之间的关系用前项工作开始到后项工作结束之前的时距来表达。

5)混合搭接关系

当两项工作之间同时存在上述 4 种基本关系中的两种及以上关系时,这种具有多重约束的关系,称为混合搭接关系。

表 7-5　5 种基本搭接关系及其在单代号网络计划中的表达方法

搭接关系	横道图表达	时距参数	网络图表达
结束到开始	i, j, FTS_{i-j}	FTS_{i-j}	i/D_i →$FTS_{i-j}=x$→ j/D_j
开始到开始	i, j, STS_{i-j}	STS_{i-j}	i/D_i →$STS_{i-j}=x$→ j/D_j
结束到结束	i, j, FTF_{i-j}	FTF_{i-j}	i/D_i →$FTF_{i-j}=x$→ j/D_j

续表

搭接关系	横道图表达	时距参数	网络图表达
开始到结束		STF_{i-j}	
混合（以 STS 和 FTF 为例）		STS_{i-j} FTF_{i-j}	

单代号搭接网络图的绘制规则与前述普通单代号网络图基本相同，只是要在图上说明搭接关系。一般情况下，均要在网络计划的两端分别设置虚拟的起点节点和虚拟的终点节点。如图 7.21 所示为某工程的单代号搭接网络计划。

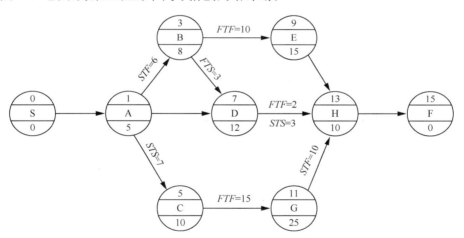

图 7.21　某工程的单代号搭接网络计划

7.3.3　工程活动时间参数的定义

1. 双代号网络图时间参数的定义

计算时间参数的目的：一是可以确定工期；二是可以确定关键线路、关键工作，以便能够有效地控制和缩短工期；三是可以确定非关键工作的机动时间，以便能够合理安排和调配资源。

网络计划的各时间参数的含义及其表示见表 7-6。

表7-6 双代号网络图各时间参数含义及表示方法表

序号	参数名称		含义	表示方法
1	工作持续时间		一项工作从开始到完成所需要的时间	D_{i-j}
2	工期	计算工期	根据网络计划计算而得到的工期	T_c
3		要求工期	项目法人在合同中所提出的指令性工期	T_r
4		计划工期	根据要求工期和计算工期所确定的作为实施目标的工期	T_p
5	工作的最早开始时间		指在其所有紧前工作全部完成后，本工作有可能开始的最早时刻	ES_{i-j}
6	工作的最早完成时间		指在其所有紧前工作全部完成后，本工作有可能完成的最早时刻	EF_{i-j}
7	工作的最迟完成时间		在不影响整个任务按期完成的前提下，本工作必须完成的最迟时刻	LF_{i-j}
8	工作的最迟开始时间		在不影响整个任务按期完成的前提下，本工作必须开始的最迟时刻	LS_{i-j}
9	工作的总时差		在不影响总工期的前提下，本工作可以利用的机动时间	TF_{i-j}
10	工作的自由时差		在不影响其紧后工作最早开始时间的前提下，本工作可以利用的机动时间	FF_{i-j}
11	节点的最早时间		在双代号网络计划中，以该节点为开始节点的各项工作的最早开始时间	ET_i
12	节点的最迟时间		在双代号网络计划中，以该节点为完成节点的各项工作的最迟完成时间	LT_j

2. 单代号网络图时间参数的定义

单代号网络图的时间参数与双代号网络图中的时间参数的含义基本相同，只是表示方法有所差异，即工作的时间参数的下脚标由双脚标变成单脚标。单代号网络图时间参数共有7个，即工作的最早开始时间、工作的最早完成时间、工作的最迟开始时间、工作的最迟完成时间、工作的自由时差、工作的总时差、前后工作的时间间隔。各指标的含义及表示方法如表7-7所示。

表7-7 单代号网络计划时间参数的含义及表示

序号	参数名称	含义	表示方法
1	工作最早开始时间	在其所有紧前工作全部完成后，本工作有可能开始的最早时刻	ES_i
2	工作最早完成时间	在其所有紧前工作全部完成后，本工作有可能完成的最早时刻	EF_i

续表

序号	参数名称	含 义	表示方法
3	工作最迟完成时间	在不影响整个任务按期完成的前提下，本工作必须完成的最迟时刻	LF_i
4	工作最迟开始时间	在不影响整个任务按期完成的前提下，本工作必须开始的最迟时刻	LS_i
5	工作总时差	在不影响总工期的前提下，本工作可以利用的机动时间	TF_i
6	工作自由时差	在不影响其紧后工作最早开始时间的前提下，本工作可以利用的机动时间	FF_i
7	时间间隔	本工作的最早完成时间与其紧后工作最早开始时间之间可能存在的差值	LAG_{i-j}

7.3.4 网络分析过程

1. 双代号网络计划时间参数的计算

双代号网络计划时间参数的计算方法主要包括按工作计算法和按节点计算法。

1）按工作计算法

所谓按工作计算法，就是以网络计划中的工作为对象，直接计算各项工作的时间参数。这些时间参数包括：工作的最早开始时间和最早完成时间、工作的最迟开始时间和最迟完成时间、工作的总时差和自由时差以及网络计划的计算工期和计划工期。

下面是按工作计算法计算时间参数的过程。

（1）计算工作的最早开始时间和最早完成时间。

工作最早开始时间和最早完成时间的计算应从网络计划的起点节点开始，顺着箭线方向依次进行。其计算步骤如下。

① 计算工作的最早开始时间。

以网络计划起点节点为开始节点的工作，当未规定其最早开始时间时，其最早开始时间为零。其他工作的最早开始时间应等于其紧前工作最早完成时间的最大值，即

当 $i=1$ 时，$\qquad ES_{i-j}=0 \qquad$ (7.7)

当 $i\neq 1$ 时，$\qquad ES_{i-j}=\max(EF_{h-i}) \qquad$ (7.8)

式中：EF_{h-i}——本工作所有的紧前工作。

② 计算工作的最早完成时间。

工作的最早完成时间等于该项工作最早开始时间加上其作业时间，计算公式为

$$EF_{i-j}=ES_{i-j}+D_{i-j} \qquad (7.9)$$

（2）确定网络计划的工期。

网络计划的计算工期应等于以网络计划终点节点为完成节点的工作的最早完成时间的最大值，即

$$T_c = \max(EF_{i-n}) \tag{7.10}$$

网络计划的计划工期应按式(7.11)或式(7.12)确定。

① 当工期有要求时，计划工期不应超过要求工期，即

$$T_p \leqslant T_r \tag{7.11}$$

② 当工期无要求时，可令计划工期等于计算工期，即

$$T_p = T_c \tag{7.12}$$

(3) 计算工作的最迟完成时间和最迟开始时间。

工作最迟完成时间和最迟开始时间的计算应从网络计划的终点节点开始，逆着箭线方向依次进行。其计算步骤如下。

① 计算工作的最迟完成时间。

以网络计划终点节点为完成节点的工作，其最迟完成时间等于网络计划的计划工期。其他工作的最迟完成时间应等于所有紧后工作最迟开始时间的最小值。

当 $j = n$ 时，

$$LF_{i-j} = T_p \tag{7.13}$$

当 $j \neq n$ 时，

$$LF_{i-j} = \min(LS_{j-k}) \tag{7.14}$$

式中：LS_{j-k}——本工作所有紧后工作的最迟开始时间；

n——代表终点节点编号。

② 计算工作的最迟开始时间。

工作的最迟开始时间等于本工作的最迟完成时间减去本工作的持续时间，计算公式为

$$LS_{i-j} = LF_{i-j} - D_{i-j} \tag{7.15}$$

(4) 计算工作的总时差。

工作的总时差等于该工作最迟完成时间与最早完成时间之差，或该工作最迟开始时间与最早开始时间之差，即

$$TF_{i-j} = LS_{i-j} - ES_{i-j} \tag{7.16}$$

或

$$TF_{i-j} = LF_{i-j} - EF_{i-j} \tag{7.17}$$

(5) 计算工作的自由时差。

工作自由时差的计算应按以下两种情况分别考虑。

① 对于有紧后工作的工作，其自由时差等于本工作之紧后工作最早开始时间的最小值减本工作最早完成时间所得之差，即

$$FF_{i-j} = \min(ES_{j-k}) - EF_{i-j} \tag{7.18}$$

式中：ES_{i-j}——工作 $i-j$ 的紧后工作最早开始时间。

② 对于无紧后工作的工作，也就是以网络计划终点节点为完成节点的工作，其自由时差等于计划工期与本工作最早完成时间之差，即

$$FF_{i-j} = T_p - EF_{i-j} \tag{7.19}$$

需要指出的是，对于网络计划中以终点节点为完成节点的工作，其自由时差与总时差相等。此外，由于工作的自由时差是其总时差的构成部分，所以，当工作的总时差为零时，其自由时差必然为零，可不必进行专门计算。

在上述计算过程中，将每项工作的 6 个时间参数(工作的最早开始时间、工作的最早完成时间、工作的最迟开始时间、工作的最迟完成时间、总时差、自由时差)均标注在图

中,故称为六时标注法,如图 7.22 所示。

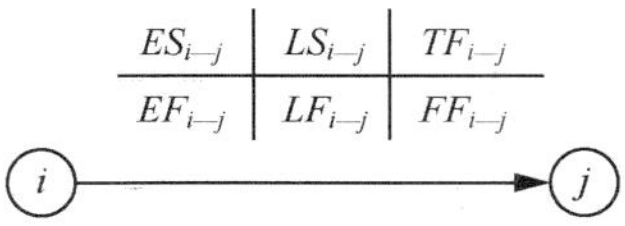

图 7.22 双代号网络图的六时标注法

【例 7 - 4】根据图 7.23 所示,试计算各项工作的时间参数。

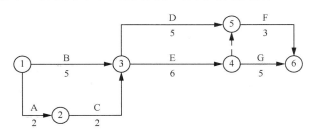

图 7.23 某工程的双代号网络图

解:(1) 计算各工作的最早开始时间和最早完成时间。

这两个参数是从网络计划的起点节点开始,自左向右顺着箭头方向逐一计算,计算步骤如下。

$ES_{1-2} = 0$

$EF_{1-2} = ES_{1-2} + D_{1-2} = 0 + 2 = 2$

$ES_{1-3} = 0$

$EF_{1-3} = ES_{1-3} + D_{1-3} = 0 + 5 = 5$

$ES_{2-3} = \max\{EF_{1-2}\} = \max\{2\} = 2$

$EF_{2-3} = ES_{2-3} + D_{2-3} = 2 + 2 = 4$

$ES_{3-5} = \max\{EF_{1-3}, EF_{2-3}\} = \max\{5, 4\} = 5$

$EF_{3-5} = ES_{3-5} + D_{3-5} = 5 + 5 = 10$

$ES_{3-4} = \max\{EF_{1-3}, EF_{2-3}\} = \max\{5, 4\} = 5$

$EF_{3-4} = ES_{3-4} + D_{3-4} = 5 + 6 = 11$

$ES_{4-5} = \max\{EF_{3-4}\} = \max\{11\} = 11$

$EF_{4-5} = ES_{4-5} + D_{4-5} = 11 + 0 = 11$

$ES_{5-6} = \max\{EF_{3-5}, EF_{4-5}\} = \max\{0, 11\} = 11$

$EF_{5-6} = ES_{5-6} + D_{5-6} = 11 + 3 = 14$

$ES_{4-6} = \max\{EF_{3-4}\} = \max\{11\} = 11$

$EF_{4-6} = ES_{4-6} + D_{4-6} = 11 + 5 = 16$

(2) 确定网络计划的计划工期。

在本例中,未规定要求工期,所以网络计划的计划工期等于计算工期,即以终点节点为完成节点的各工作的最早完成时间的最大值,计算步骤如下。

$T_p = T_c = \max\{EF_{5-6}, EF_{4-6}\} = \max\{14, 16\} = 16$

(3) 计算各工作的最迟开始时间和最迟完成时间。

这两个参数的计算是从网络计划的终点节点开始自右向左逆箭头方向逐一计算的，计算步骤如下。

$LF_{5-6} = T_p = 16$

$LS_{5-6} = LF_{5-6} - D_{5-6} = 16 - 3 = 13$

$LF_{4-6} = T_p = 16$

$LS_{4-6} = LF_{4-6} - D_{4-6} = 16 - 5 = 11$

$LF_{3-5} = \min\{LS_{5-6}\} = \min\{13\} = 13$

$LS_{3-5} = LF_{3-5} - D_{3-5} = 13 - 5 = 8$

$LF_{4-5} = \min\{LS_{5-6}\} = \min\{13\} = 13$

$LS_{4-5} = LF_{4-5} - D_{4-5} = 13 - 0 = 13$

$LF_{3-4} = \min\{LS_{4-5}, LS_{4-6}\} = \min\{13, 11\} = 11$

$LS_{3-4} = LF_{3-4} - D_{3-4} = 11 - 6 = 5$

$LF_{1-3} = \min\{LS_{3-5}, LS_{3-4}\} = \min\{8, 5\} = 5$

$LS_{1-3} = LF_{1-3} - D_{1-3} = 5 - 5 = 0$

$LF_{2-3} = \min\{LS_{3-5}, LS_{3-4}\} = \min\{8, 5\} = 5$

$LS_{2-3} = LF_{2-3} - D_{2-3} = 5 - 2 = 3$

$LF_{1-2} = \min\{LS_{2-3}\} = \min\{3\} = 3$

$LS_{1-2} = LF_{1-2} - D_{1-2} = 3 - 2 = 1$

(4) 计算工作总时差。

$TF_{1-2} = LS_{1-2} - ES_{1-2} = 1 - 0 = 1$

$TF_{1-3} = LS_{1-3} - ES_{1-3} = 0 - 0 = 0$

$TF_{2-3} = LS_{2-3} - ES_{2-3} = 3 - 2 = 1$

$TF_{3-5} = LS_{3-5} - ES_{3-5} = 8 - 5 = 3$

$TF_{3-4} = LS_{3-4} - ES_{3-4} = 5 - 5 = 0$

$TF_{4-5} = LS_{4-5} - ES_{4-5} = 13 - 11 = 2$

$TF_{5-6} = LS_{5-6} - ES_{5-6} = 13 - 11 = 2$

$TF_{4-6} = LS_{4-6} - ES_{4-6} = 11 - 11 = 0$

(5) 计算工作的自由时差。

$FF_{5-6} = T_p - EF_{5-6} = 16 - 14 = 2$

$FF_{4-6} = T_p - EF_{4-6} = 16 - 16 = 0$

$FF_{3-5} = \min\{ES_{5-6}\} - EF_{3-5} = 11 - 10 = 1$

$FF_{4-5} = \min\{ES_{5-6}\} - EF_{4-5} = 11 - 11 = 1$

$FF_{3-4} = \min\{ES_{4-5}, ES_{4-6}\} - EF_{3-4} = \min\{11, 11\} - 11 = 11 - 11 = 0$

$FF_{1-3} = \min\{ES_{3-5}, ES_{3-4}\} - EF_{1-3} = \min\{5, 5\} - 5 = 5 - 5 = 0$

$FF_{2-3} = \min\{ES_{3-5}, ES_{3-4}\} - EF_{2-3} = \min\{5, 5\} - 4 = 5 - 4 = 1$

$FF_{1-2} = \min\{ES_{2-3}\} - EF_{1-2} = 2 - 2 = 0$

至此，6个时间参数计算完毕，将结果标注在图 7.24 上。

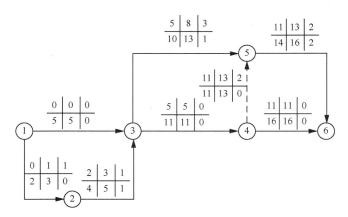

图 7.24 某工程的双代号网络图六时标注

2）按节点计算法

所谓按节点计算法，就是先计算网络计划中各个节点的最早时间和最迟时间，然后再据此计算各项工作的时间参数和网络计划的计算工期。标注方法如图 7.25 所示。

图 7.25 双代号网络图节点标注法

下面是按节点计算法计算时间参数的过程。

（1）计算节点的最早时间和最迟时间。

① 计算节点的最早时间。

节点最早时间的计算应从网络计划的起点节点开始，顺着箭线方向依次进行。其计算步骤如下。

a. 网络计划起点节点，如未规定最早时间时，其值等于零。

b. 其他节点的最早时间等于所有箭头指向该节点工作的开始节点最早时间加上其作业时间的最大值，即

当 $i=1$ 时，$\qquad ET_i=0 \qquad$ (7.20)

当 $i \neq 1$ 时，$\qquad ET_i=\max(ET_h+D_{h-i}) \qquad$ (7.21)

其中，节点 h 为节点 i 的紧前节点，D_{h-i} 为紧前节点与本节点之间工作的持续时间。

② 确定网络计划的计划工期。

网络计划的计算工期等于网络计划终点节点的最早时间，即

$$T_c=ET_n \qquad (7.22)$$

式中：ET_n——网络计划终点节点 n 的最早时间。

网络计划的计划工期应按式（7.23）或式（7.24）确定。

a. 当工期有要求时，计划工期不应超过要求工期，即

$$T_p \leqslant T_r \qquad (7.23)$$

b. 当工期无要求时，可令计划工期等于计算工期，即

$$T_\text{p}=T_\text{c} \tag{7.24}$$

③ 计算节点的最迟时间。

节点最迟时间的计算应从网络计划的终点节点开始，逆着箭线方向依次进行。其计算步骤如下。

a. 网络计划终点节点的最迟时间等于网络计划的计划工期，即

$$LT_n=T_\text{p} \tag{7.25}$$

b. 其他节点的最迟时间等于所有紧后节点的最迟时间减去由本节点与紧后节点之间工作的持续时间之差的最小值，计算公式为

$$LT_i=\min\{LT_j-D_{i-j}\} \tag{7.26}$$

（2）确定工作的 6 个时间参数。

① 工作的最早开始时间等于该工作开始节点的最早时间，即

$$ES_{i-j}=ET_i \tag{7.27}$$

② 工作的最早完成时间等于该工作开始节点的最早时间与其持续时间之和，即

$$EF_{i-j}=ET_i+D_{i-j} \tag{7.28}$$

③ 工作的最迟完成时间等于该工作完成节点的最迟时间，即

$$LF_{i-j}=LT_j \tag{7.29}$$

④ 工作的最迟开始时间等于该工作完成节点的最迟时间与其持续时间之差，即

$$LS_{i-j}=LT_j-D_{i-j} \tag{7.30}$$

⑤ 工作的总时差等于该工作完成节点的最迟时间减去该工作开始节点的最早时间所得差值再减其持续时间，即

$$TF_{i-j}=LF_{i-j}-EF_{i-j}=LT_j-(ET_i+D_{i-j})=LT_j-ET_i-D_{i-j} \tag{7.31}$$

⑥ 工作的自由时差等于该工作完成节点的最早时间的最小值减去该工作开始节点的最早时间所得差值再减其持续时间，即

$$EF_{i-j}=\min\{ET_j\}-ET_i-D_{i-j} \tag{7.32}$$

【例 7-5】 仍以图 7.23 为例，试用节点计算法计算时间参数。

解：（1）计算节点的最早时间。

节点的最早时间从网络计划的起点节点开始，自左向右依次计算，步骤如下。

$ET_1=0$

$ET_2=\max\{ET_1+D_{1-2}\}=\max\{0+2\}=2$

$ET_3=\max\{ET_1+D_{1-3},ET_2+D_{2-3}\}=\max\{0+5,2+2\}=5$

$ET_4=\max\{ET_3+D_{3-4}\}=\max\{5+6\}=11$

$ET_5=\max\{ET_3+D_{3-5},ET_4+D_{4-5}\}=\max\{5+5,11+0\}=11$

$ET_6=\max\{ET_5+D_{5-6},ET_4+D_{4-6}\}=\max\{11+3,11+5\}=16$

（2）计算网络计划工期。

由于本例中未规定要求工期，所以网络计划的计划工期应等于计算工期，即

$$T_\text{p}=T_\text{c}=ET_6=16$$

（3）计算节点的最迟时间。

节点的最迟时间应从网络计划的终点节点开始，自右向左依次计算，步骤如下。

$LT_6 = T_p = 16$

$LT_5 = \min\{LT_6 - D_{5-6}\} = \min\{16 - 3\} = 13$

$LT_4 = \min\{LT_5 - D_{4-5},\ LT_6 - D_{4-6}\} = \min\{13 - 0,\ 16 - 5\} = 11$

$LT_3 = \min\{LT_5 - D_{3-5},\ LT_4 - D_{3-4}\} = \min\{13 - 5,\ 11 - 6\} = 5$

$LT_2 = \min\{LT_3 - D_{2-3}\} = \min\{5 - 2\} = 3$

$LT_1 = \min\{LT_3 - D_{1-3},\ LT_2 - D_{1-2}\} = \min\{5 - 5,\ 3 - 2\} = 0$

用节点计算法计算的时间参数标注于图 7.26 上。

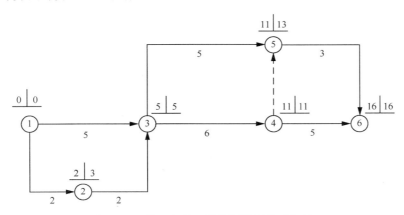

图 7.26　某工程的双代号网络图节点标注

2. 单代号网络时间参数的计算

1) 计算工作的最早开始时间和最早完成时间

工作最早开始时间和最早完成时间的计算应从网络计划的起点节点开始，顺着箭线方向按节点编号从小到大依次逐项进行。其计算步骤如下。

(1) 网络计划起点节点的最早开始时间未规定时取值为零。

$$ES_1 = 0 \tag{7.33}$$

(2) 其他工作的最早开始时间应等于其紧前工作最早完成时间的最大值。

$$ES_i = \max(EF_h) \quad (h<i) \tag{7.34}$$

(3) 除终点节点所表示的工作以外的其他工作的最早完成时间应等于本工作的最早开始时间与其持续时间之和。

$$EF_i = ES_i + D_i \tag{7.35}$$

(4) 终点节点所代表工作的最早完成时间等于网络计划的计算工期。

$$EF_n = T_c \tag{7.36}$$

2) 计算相邻两项工作之间的时间间隔

相邻两项工作之间的时间间隔是指其紧后工作的最早开始时间与本工作最早完成时间的差值，即

$$LAG_{i-j} = ES_j - EF_i \tag{7.37}$$

3) 确定网络计划的计划工期

(1) 当已规定了要求工期时，计划工期不应超过要求工期，即

$$T_p \leqslant T_r \quad (7.38)$$

(2) 当未规定要求工期时，可令计划工期等于计算工期，即

$$T_p = T_c \quad (7.39)$$

4) 计算工作的总时差

工作总时差的计算应从网络计划的终点节点开始，逆着箭线方向按节点编号从大到小的顺序依次进行。工作的总时差等于工作的最迟开始时间减去工作的最早开始时间，可也以用该项工作与紧后工作的时间间隔与紧后工作的总时差之和的最小值表示，即

$$TF_i = LS_i - ES_i \quad (7.40)$$

$$TF_i = \min\{TF_j + LAG_{i \to j}\} \quad (7.41)$$

5) 计算工作的自由时差

首先计算相邻两项工作之间的时间间隔，然后取本工作与其所有紧后工作的时间间隔的最小值作为本工作的自由时差。即

$$LAG_{i \to j} = ES_j - EF_i \quad (7.42)$$

$$FF_i = \min\{LAG_{i \to j}\} \quad (7.43)$$

6) 计算工作的最迟完成时间和最迟开始时间

(1) 工作的最迟完成时间等于本工作的最早完成时间与其总时差之和，即

$$LF_i = EF_i + TF_i \quad (7.44)$$

(2) 工作的最迟开始时间等于本工作的最早开始时间与其总时差之和，即

$$LS_i = ES_i + TF_i \quad (7.45)$$

单代号网络计划时间参数图上标注法如图 7.27 所示。

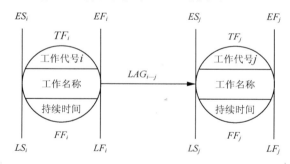

图 7.27　单代号网络图时间参数标注示意图

【例 7-6】结合图 7.28 所示的网络图，试计算其时间参数。

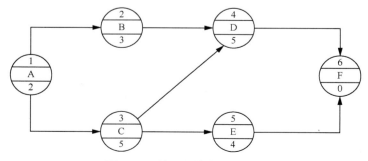

图 7.28　某工程单代号网络图

解：(1) 计算工作的最早开始时间和最早完成时间。

这两个参数从网络计划的起点节点开始，自左向右依次计算，步骤如下。

$ES_1 = 0$
$EF_1 = ES_1 + D_1 = 0 + 2 = 2$
$ES_2 = \max\{EF_1\} = \max\{2\} = 2$
$EF_2 = ES_2 + D_2 = 2 + 3 = 5$
$ES_3 = \max\{EF_1\} = \max\{2\} = 2$
$EF_3 = ES_3 + D_3 = 2 + 5 = 7$
$ES_4 = \max\{EF_2, EF_3\} = \max\{5, 7\} = 7$
$EF_4 = ES_4 + D_4 = 7 + 5 = 12$
$ES_5 = \max\{EF_3\} = \max\{7\} = 7$
$EF_5 = ES_5 + D_5 = 7 + 4 = 11$
$ES_6 = \max\{EF_4, EF_5\} = \max\{12, 11\} = 12$
$EF_6 = ES_6 + D_6 = 12 + 0 = 12$

(2) 计算网络计划的计划工期。

$$T_p = T_c = ET_6 = 12$$

(3) 计算工作的最迟开始时间和最迟完成时间。

这两个参数的计算是从网络计划的终点节点开始，自右向左逆箭头方向逐一计算，步骤如下。

$LF_6 = T_p = 12$
$LS_6 = LF_6 - D_6 = 12 - 0 = 12$
$LF_5 = \min\{LS_6\} = \min\{12\} = 12$
$LS_5 = LF_5 - D_5 = 12 - 4 = 8$
$LF_4 = \min\{LS_6\} = \min\{12\} = 12$
$LS_4 = LF_4 - D_4 = 12 - 5 = 7$
$LF_3 = \min\{LS_4, LS_5\} = \min\{7, 8\} = 7$
$LS_3 = LF_3 - D_3 = 7 - 5 = 2$
$LF_2 = \min\{LS_4\} = \min\{12\} = 12$
$LS_2 = LF_2 - D_2 = 12 - 3 = 9$
$LF_1 = \min\{LS_2, LS_3\} = \min\{9, 2\} = 2$
$LS_1 = LF_1 - D_1 = 2 - 2 = 0$

(4) 计算工作的总时差。

$TF_1 = LS_1 - ES_1 = 0 - 0 = 0$
$TF_2 = LS_2 - ES_2 = 9 - 2 = 7$
$TF_3 = LS_3 - ES_3 = 2 - 2 = 0$
$TF_4 = LS_4 - ES_4 = 7 - 7 = 0$
$TF_5 = LS_5 - ES_5 = 8 - 7 = 1$

$TF_6 = LS_6 - ES_6 = 12 - 12 = 0$

（5）计算工作的自由时差。

该参数从网络计划的终点节点开始，自右向左计算相邻两项工作的时间间隔，当每一项工作的所有紧后工作的时间间隔计算完毕之后，取其最小值为本工作的自由时差，步骤如下。

$FF_6 = 0$

$LAG_{5-6} = ES_6 - EF_5 = 12 - 11 = 1$

$FF_5 = \min\{LAG_{5-6}\} = \min\{1\} = 0$

$LAG_{4-6} = ES_6 - EF_4 = 12 - 12 = 0$

$FF_4 = \min\{LAG_{4-6}\} = \min\{0\} = 0$

$LAG_{3-4} = ES_4 - EF_3 = 7 - 7 = 0$

$LAG_{3-5} = ES_5 - EF_3 = 7 - 7 = 0$

$FF_3 = \min\{LAG_{3-4}, LAG_{3-5}\} = \min\{0, 0\} = 0$

$LAG_{2-4} = ES_4 - EF_2 = 7 - 5 = 2$

$FF_2 = \min\{LAG_{2-4}\} = \min\{2\} = 2$

$LAG_{1-2} = ES_2 - EF_1 = 2 - 2 = 0$

$LAG_{1-3} = ES_3 - EF_1 = 2 - 2 = 0$

$FF_1 = \min\{LAG_{1-2}, LAG_{1-3}\} = \min\{0, 0\} = 0$

将上述计算结果标注在网络计划图上，如图7.29所示。

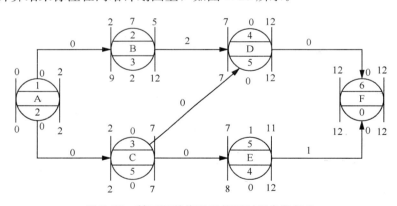

图 7.29 某工程单代号网络图时间参数标注

3. 双代号时标网络计划的分析

1）虚工作（虚箭线）分析

在网络计划中，各项（实）工作之间的逻辑关系有两种：一种是工艺关系；另一种是组织关系。在绘制双代号网络计划过程中，有时需要引用虚工作（虚箭线）表达这两种连接关系。根据前述的虚工作概念，它是不需要时间的，而在时标网络计划中，有的虚工作（虚箭线）却占有了时间长度。连接组织关系的虚工作（虚箭线）占有时间长度，则意味着该段时间内作业人员出现间歇（可能是窝工）；连接工艺关系的虚工作（虚箭线）占有时间长度，则意味着该段时间内工作面发生空闲。在划分工作面(施工段),安排各项工作的持续时间时,应尽量避免这些现象出现。

2) 时间参数分析

(1) 网络计划工期。双代号时标网络计划的终点节点到达的时刻即为网络计划的工期。

(2) 节点的时间参数。在双代号时标网络计划中,每个节点所在时刻即为该节点的最早时间。在不影响工期的前提下,将每个节点最大可能地向右推移(要保持各项工作的持续时间不变,但作业的起止时间可以变化),所能达到的时刻即为该节点的最迟时间。

(3) 工作的时间参数。在双代号时标网络计划中,每根箭线的水平长度即为它所代表的工作的持续时间。在早时标网络计划中,每根工作开始节点所在的时刻即为该工作的最早开始时间;每根箭线结束点所在的时刻即为该工作的最早完成时间。每根箭线后面的波形线长度即为该工作的自由时差。在不影响工期的前提下,将每项工作箭线最大可能地向后推移之后,该工作箭线的开始时刻即为该工作的最迟开始时间,工作箭线结束点所到的时刻即为该工作的最迟完成时间,每项工作箭线从最早开始时刻到最迟开始时刻之间的距离是该工作的总时差。

3) 关键线路分析

在早时标网络计划中,不存在波形线的线路即为关键线路。

4. 单代号搭接网络计划时间参数计算

1) 时间参数的计算方法

(1) 工作的最早开始时间(ES_i)。

① 当该工作为虚拟的开始工作(节点)时,一般令其最早开始时间等于零,即
$$ES_i = 0 \tag{7.46}$$

② 当该工作不是虚拟的开始工作时,根据搭接关系,按下列公式中的相应公式计算。当存在多种搭接关系时,分别取计算值的最大值。

$$ES_j = EF_i + FTS_{i-j} \tag{7.47a}$$
$$ES_j = ES_i + STS_{i-j} \tag{7.47b}$$
$$ES_j = EF_i + FTF_{i-j} - D_j \tag{7.47c}$$
$$ES_j = ES_i + STF_{i-j} - D_j \tag{7.47d}$$

当该工作与紧前工作不存在搭接关系时,是式(7.47a)在 $FTS_{i-j}=0$ 情况下的特例。

当该工作与紧前工作存在多种搭接关系时,分别取计算值的最大值。

某项工作由于与紧前工作存在 STF_{i-j} 关系时,利用公式计算的结果可能会出现小于零的情况,这与网络图只有一个起点节点的规则不符。则应令该工作的最早开始时间等于零,且需用虚箭线将该节点与虚拟开始节点连接起来。

(2) 工作的最早完成时间(EF_i)。

该时间参数的计算与非搭接网络计划相同,即
$$EF_i = ES_i + D_i \tag{7.48}$$

对于搭接网络计划,由于存在比较复杂的搭接关系,特别是存在着 STS_{i-j} 和 STF_{i-j}

搭接关系时,可能会出现按公式计算的某些工作的最早完成时间大于虚拟终点节点的最早完成时间的情况。出现这种情况时,应令虚拟终点节点的最早开始时间等于网络计划中各项工作的最早完成时间的最大值,并需用虚箭线将该节点与终点节点连接起来。

(3) 网络计划的工期。

搭接网络计划的计算工期与计划工期的计算和确定方法与普通单代号网络计划相同,不再赘述。

(4) 工作的最迟完成时间。

搭接网络计划的工作最迟完成时间分两种情况计算。

① 该工作为虚拟的终点节点时,其最迟完成时间等于计划工期,即

$$LF_{i \rightarrow j} = T_p \tag{7.49}$$

② 当该工作不是虚拟的终点节点时,根据搭接关系,按相应公式计算。

$$LF_i = LS_j - FTS_{i \rightarrow j} \tag{7.50a}$$

$$LF_i = LS_j + D_i - STS_{i \rightarrow j} \tag{7.50b}$$

$$LF_i = LF_j - FTF_{i \rightarrow j} \tag{7.50c}$$

$$LF_i = LF_j + D_i - STF_{i \rightarrow j} \tag{7.50d}$$

当该工作与紧后工作不存在搭接关系时,是式(7.50a)在 $FTS_{i \rightarrow j}=0$ 情况下的特例。

当该工作与紧后工作存在多种搭接关系时,分别取计算值的最小值。

(5) 工作的最迟开始时间(LS_i)。

与普通代号网络计划相同,即

$$LS_i = LF_i - D_i \tag{7.51}$$

(6) 相邻两项工作之间的时间间隔($LAG_{i \rightarrow j}$)。

在搭接网络计划中,相邻两项工作之间的时间间隔要根据搭接关系选择下式中相应公式计算,即

$$LAG_{i \rightarrow j} = ES_j - EF_i - FTS_{i \rightarrow j} \tag{7.52a}$$

$$LAG_{i \rightarrow j} = ES_j - ES_i - STS_{i \rightarrow j} \tag{7.52b}$$

$$LAG_{i \rightarrow j} = EF_j - EF_i - FTF_{i \rightarrow j} \tag{7.52c}$$

$$LAG_{i \rightarrow j} = EF_j - ES_i - STF_{i \rightarrow j} \tag{7.52d}$$

当相邻两项工作不存在搭接关系时,是式(7.52a)在 $FTS_{i \rightarrow j}=0$ 情况下的特例。

当相邻两项工作存在混合搭接关系时,则分别取计算值最小值。

(7) 工作的自由时差(FF_i)和总时差(TF_i)。

搭接网络计划中各项工作的自由时差和总时差的计算方法与普通代号网络计划相同,不再赘述。

2) 时间参数计算示例

【例 7-7】下面结合图 7.21 所示的单代号搭接网络计划,计算其时间参数。

解: 单代号搭接网络计划时间参数计算顺序与普通单代号网络计划基本相同。其计算结果如图 7.30 所示。

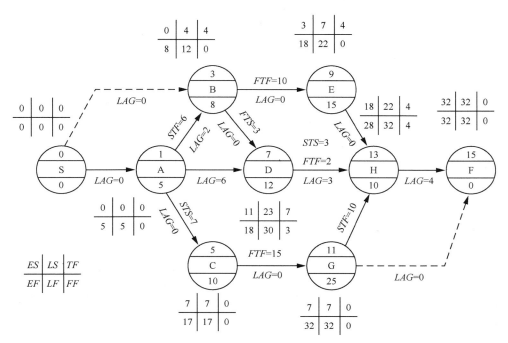

图 7.30 搭接网络计划时间参数计算结果

7.4 工期计划中的其他问题

7.4.1 关键工作及关键线路

1. 关键工作

关键工作指的是网络计划中总时差最小的工作。当计划工期等于计算工期时,总时差为零的工作就是关键工作。

在搭接网络计划中,关键工作是总时差为最小的工作。工作总时差最小的工作,也即是其具有的机动时间最小,如果延长其持续时间就会影响计划工期,因此为关键工作。当计划工期等于计算工期时,工作的总时差为零,是最小的总时差。当有要求工期,且要求工期小于计算工期时,总时差最小的为负值;当要求工期大于计算工期时,总时差最小的为正值。

2. 关键线路

在双代号网络计划和单代号网络计划中,关键线路是总的工作持续时间最长的线路。该线路在网络图上应用粗线、双线或彩色线标注。

在搭接网络计划中关键线路是自始至终全部由关键工作组成的线路或线路上总的工作

持续时间最长的线路；从起点节点开始到终点节点均为关键工作，且所有工作的时间间隔均为零的线路应为关键线路。

关键线路的特点如下。

（1）关键线路是从网络计划的起始节点到终点节点之间的线路中工期最长的线路。

（2）关键线路可能不止一条，有时会存在两条甚至两条以上。

（3）如果非关键线路上工作时间延长且超过它的总时差，原先的关键路线就变成了非关键路线。

（4）如果合同工期等于计划工期，关键线路上的工作总时差为0。

7.4.2 里程碑事件

1. 里程碑的定义

项目里程碑（Milestone）并没有形成统一的定义，但是各个定义的核心基本上都是围绕事件（Event）、项目活动（Activity）、检查点（Checkpoint）或决策点，以及可交付成果（Deliverable）这些概念来展开的。

里程碑是项目中的重大事件，在项目过程中不占资源，是一个时间点，通常指一个可支付成果的完成。编制里程碑计划对项目的目标和范围的管理很重要，协助范围的审核，给项目执行提供指导，好的里程碑计划就像一张地图指导您该怎么走。

里程碑目标一定要明确。通过这种集体参与的方式比项目经理独自制订里程碑计划并强行要求项目组执行要好得多，它可以使里程碑计划获得更大范围的支持。里程碑是完成阶段性工作的标志，不同类型的项目里程碑不同。里程碑在项目管理中具有重要意义。

2. 具体步骤

（1）认可最终的里程碑。要求参会人员一致认可最终的里程碑，并取得共识。这项工作在准备项目定义报告时就应完成。

（2）集体讨论所有可能的里程碑。要求与会成员通过头脑风暴法，把这些观点一一记录在活动挂图上，以便选择最终的里程碑。

（3）审核备选里程碑。得到的所有备选里程碑，它们中有的是另一个里程碑的一部分；有的则是活动，不能算是里程碑，但这些活动可以帮助我们明确认识一些里程碑。当整理这些里程碑之间的关系时，应该记录下参会人员的判断，尤其是判定那些具有包含关系的里程碑时。

（4）对各结果路径进行实验。把结果路径写在白板上，把每个里程碑各写在一片"便事贴"上，按照它们的发生顺序进行适当的调整和改变。

（5）用连线表示里程碑之间的逻辑关系。用连线表示里程碑之间的逻辑关系是从项目最终产品开始，用倒推法画出它们的逻辑关系。这个步骤有可能会促使参会人员重新考虑里程碑的定义，也有可能是添加新的里程碑、合并里程碑，甚至会改变结果路径的定义。

（6）确定最终的里程碑计划，提供给项目重要干系人审核和批准。然后把确定的里程碑用图表的方式张贴在项目管理办公室，以便大家时时能把握。

本 章 小 结

本章主要介绍了横道图和网络计划技术在工程项目中的应用。工程项目计划工期确定需要经过以下步骤：划分工作过程；确定各项工作的持续时间及逻辑关系；绘制进度计划。网络进度计划中分别介绍了双代号网络进度计划、单代号网络进度计划、双代号时标网路计划、单代号搭接网络计划等几种网络计划的绘制规则和绘制方法，以及各项时间参数的计算规则等。里程碑事件和关键线路的确定对工程项目的计划工期完成有重要作用，工程项目的进度控制的关键在于找出其关键线路，控制好关键线路上关键工作的持续时间。因此，确定工程项目的里程碑事件和关键线路显得尤为重要。

习 题

一、思考题

1. 何谓网络图？网络图的基本要素有哪些？
2. 何谓工程网络计划技术？如何分类？
3. 双代号、单代号网络图的绘制规则有哪些？
4. 何谓虚工作？如何正确使用？
5. 网络图的节点如何编号？
6. 双代号网络计划的时间参数有哪些？如何计算？
7. 单代号网络计划的时间参数有哪些？如何计算？
8. 何谓关键线路？如何确定？
9. 何谓时标网络计划？如何绘制？如何分析时标网络计划时间参数？

二、单项选择题

1. 在工程的网络计划中，工作的自由时差是指在不影响（　　）的前提下，该工作可以利用的机动时间。

　　A. 紧后工作的最早开始时间　　　　B. 紧后工作的最迟开始时间
　　C. 紧后工作的最迟完成时间　　　　D. 本工作的完成时间

2. 时标网络计划与一般网络计划相比，其优点是（　　）。

　　A. 能进行时间参数的计算　　　　　B. 能确定关键线路
　　C. 能计算时差　　　　　　　　　　D. 能增加网络的直观性

3. 在时标网络计划中，波浪线表示（　　）。

　　A. 工作的持续时间　　　　　　　　B. 虚工作

C. 自由时差　　　　　　　　　　　　D. 总时差

三、多项选择题

1. 单代号网络计划的绘图规则是（　　）。
   A. 网络图中不允许出现有重复编号
   B. 在网络图中除起点节点和终点节点外，不允许出现其他没有内向箭线的工作节点和没有外向箭线的工作节点
   C. 在网络图的开始和结束增加虚拟的起点节点和终点节点
   D. 在网络图中不允许出现循环回路
   E. 后续节点的编号不一定大于前导节点编号

2. 绘制网络图的基本原则是（　　）。
   A. 在网络图中不允许出现循环回路
   B. 在网络图中不允许出现没有开始节点的工作
   C. 在网络图中不允许出现带有双向箭头或无箭头的工作
   D. 在网络图中不允许出现没有终点节点的工作
   E. 不一定能正确地表达各项工作之间的相互制约和相互依赖的关系

四、计算题

1. 采用六时标注法在图 7.31 上计算如下网络计划的时间参数，并指出关键线路和工期。

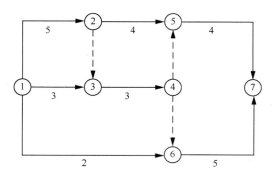

图 7.31　某工程的双代号网络图

2. 已知某工程包括八项施工过程，根据施工方案确定的施工逻辑关系如表 7-8 所示，试绘制双代号施工网络进度计划，并指出关键线路。

表 7-8　逻辑关系表

工作名称	A	B	C	D	E	F	G	H
持续时间/天	2	3	4	3	5	4	2	3
紧前工作	—	A	A	B、C	B、C	C	D	D、E、F

第 8 章 工程项目进度控制

学习目标

(1) 掌握流水施工的概念、主要参数与特点。
(2) 掌握流水施工的组织方式。
(3) 掌握进度控制的相关概念及步骤。
(4) 掌握进度控制的横道图法、网络图法。
(5) 掌握 S 形曲线及香蕉曲线。

导入案例

某工程包括 4 幢完全相同的砖混住宅楼,以每个单幢为一个施工流水段组织单位工程流水施工。已知:①地面±0.00m 以下部分有 4 个施工过程,即土方开挖、基础施工、底层预制板安装、回填土,4 个施工过程流水节拍均为 2 周;②地上部分有 3 个施工过程,即主体结构、装饰装修、室外工程,3 个施工过程的流水节拍分别为 4 周、4 周、2 周。

案例分析:该地下主体工程适合采用等节奏流水施工,流水步距为 2 周,工期为 14 周;地上工程适合采用成倍节拍流水施工,流水步距为 2 周,工期为 16 周;最大限度的搭接时间,即最早的施工段地下部分最后一个施工过程完成后,迅速开始此施工段地上部分后续施工。此时其他施工段地下部分仍继续施工,这一段时间即为最大限度的搭接时间。如何安排工程流水施工及施工过程中如何运用网络技术对其进行控制是本章的重点内容。

8.1 流水施工原理

8.1.1 概述

流水生产方式起源于美国福特汽车公司。该公司通过对生产过程的改进,使得各项作业、各道工序有机地协调起来,大大提高了生产过程的连续性和节奏性,形成了最初的流水线生产模式。而这种流水生产方式同样适用于建筑工程施工生产,所不同的是在工程施工中,产品是固定不动的,而人员、设备是流动的。

流水施工是应用流水线生产的基本原理来合理安排施工活动的一种组织形式。具体来讲,流水施工是指把工程项目的整个建造过程分解成若干个施工过程,这些施工过程陆续开工、陆续竣工,使同一施工过程的施工队伍尽可能保持连续、均衡,而不同的施工过程尽可能组织平行搭接施工的一种组织形式。

1. 建筑工程施工组织方式

在组织同类项目或将一个项目分成若干个施工区段进行施工时,可以采用不同的施工组织方式,如依次施工、平行施工、流水施工等组织方式。

【**例 8-1**】某单位拟建 3 幢相同的职工宿舍,3 幢楼基础工程的工程量和施工过程均相同,即由挖土方、做垫层、砌基础和回填土 4 个过程组成,各施工过程的施工天数如表 8-1 所示。试按照不同的施工组织方法对这 3 幢楼的基础工程组织施工。

表 8-1 某宿舍基础工程施工资料

序 号	施工过程名称	施工天数/d
1	挖土方	4
2	垫层	2

续表

序　　号	施工过程名称	施工天数/d
3	砌基础	3
4	回填土	2

解：（1）依次施工。

依次施工的组织思想是按照施工过程或者施工段依次开工、依次完工的一种施工组织方式。例8-1采用依次施工方式可有两种施工安排方案：一种方案是按照施工段进行依次施工，施工进度计划如图8.1所示；另一种方案是按照一幢、二幢、三幢楼的顺序依次进行垫层施工，以此类推，直到最后一个施工过程完工为止，施工进度计划如图8.2所示。由此可见，按照依次施工的组织方式，工期为33d。

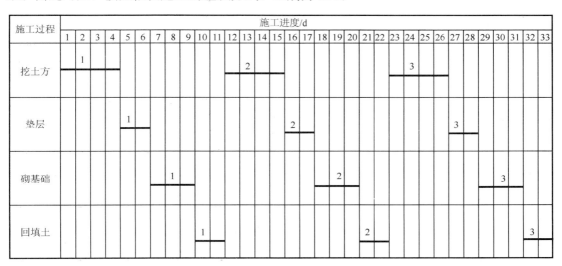

图8.1　依次施工(按段数依次施工)

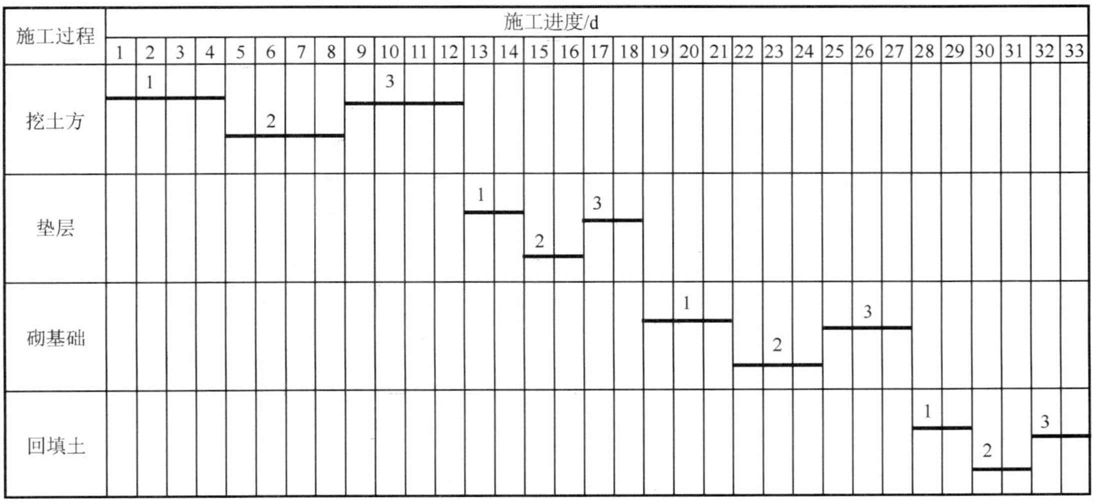

图8.2　依次施工(按施工过程依次施工)

依次施工组织方式具有以下特点：①由于没有充分利用工作面，所以工期长；②工作队不能实现专业化施工，不利于提高工程质量和劳动生产率；③专业工作队及其生产工人不能连续作业；④单位时间内投入的资源数量比较少，不利于资源供应的组织工作；⑤施工现场的组织、管理比较简单。

（2）平行施工。

平行施工的组织思想是通过组织若干个相同的专业施工队，在不同的施工段上同时开工，同时完工的一种施工组织方式。

在例 8-1 中，假设每个施工过程安排 3 个专业施工队，按照平行施工的思想，3 个专业施工队在 3 个施工段上同时开工，同时完工，施工进度计划如图 8.3 所示，工期为 11d。

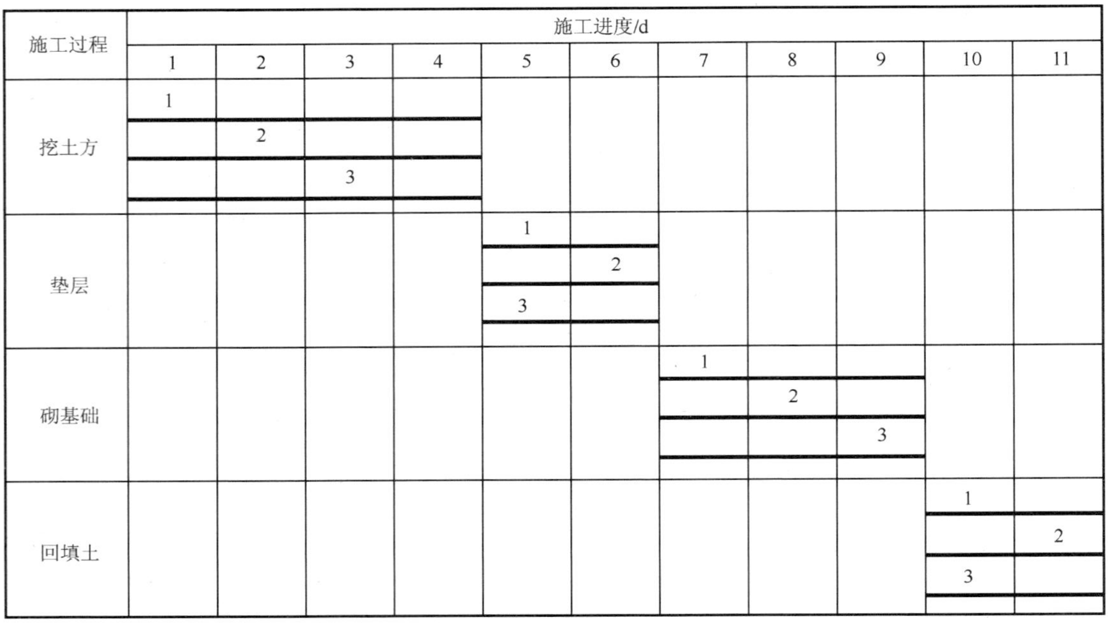

施工过程	施工进度/d										
	1	2	3	4	5	6	7	8	9	10	11
挖土方	1,2,3										
垫层					1,2,3						
砌基础							1,2,3				
回填土										1,2,3	

图 8.3 平行施工

平行施工组织方式具有以下特点：①充分利用了工作面，争取了时间，缩短了工期；②工作队不能实现专业化生产，不利于提高工程质量和劳动生产率；③专业工作队及其生产工人不能连续作业；④单位时间内投入施工的资源数量大，现场临时设施也相应增加；⑤施工现场组织、管理复杂。

（3）流水施工。

流水施工的基本思想是将拟建工程项目沿水平方向划分为若干个劳动量基本相等的施工段，垂直方向划分为若干个施工层，然后按照施工过程组织若干个相应的专业工作队。这些专业工作队按照一定的施工顺序相继施工，依次在各施工段上完成相同的施工任务，实现各个施工过程陆续开工，陆续完工。不同的专业工作队在时间上和空间上尽量合理搭接，保证拟建工程项目的施工全过程在时间上和空间上有节奏地、连续、均衡地进行生产，直到完成全部施工任务。

按照流水施工的基本思想，例 8-1 中，如果每个施工过程安排 1 个专业工作队，相继投入施工，可组织搭接施工，施工进度计划如图 8.4 所示，工期为 21d。

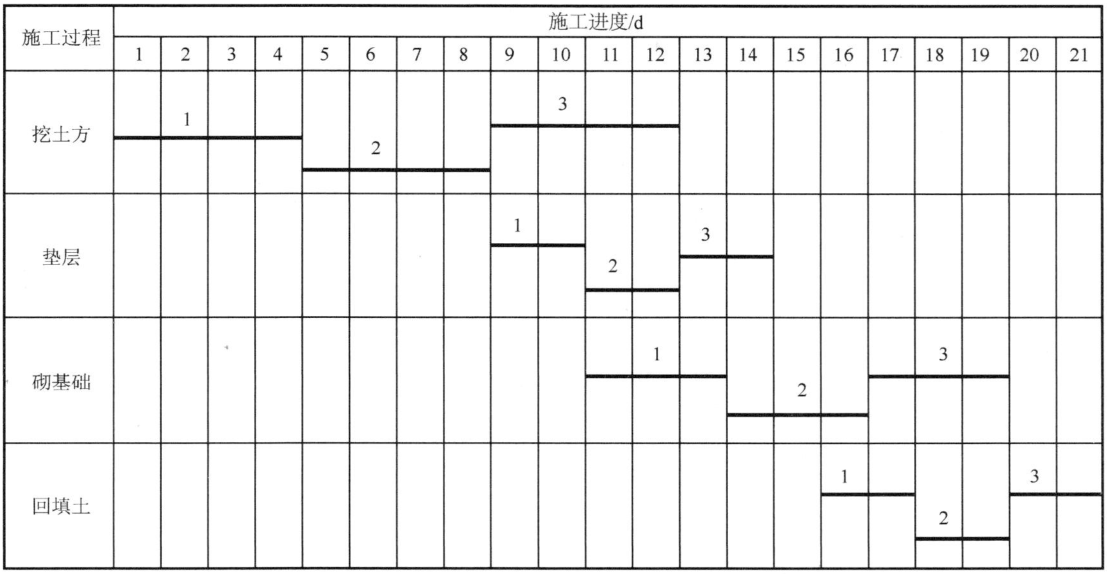

施工过程	施工进度/d																				
	1	2	3	4	5	6	7	8	9	10	11	12	13	14	15	16	17	18	19	20	21
挖土方		1				2				3											
垫层									1		2		3								
砌基础												1		2			3				
回填土																1		2		3	

图 8.4 流水施工

与依次施工、平行施工相比较，流水施工具有以下特点：①科学地利用了工作面，争取了时间，工期比较短；②工作队及其生产工人实现了专业化施工，可使工人的操作技术熟练，更好地保证工程质量，提高劳动生产率；③专业工作队及其生产工人能够连续作业；④单位时间内投入施工的资源较为均衡，有利于资源供应组织工作；⑤为工程项目的科学管理创造了有利条件。

2．流水施工的分级和表示方式

1）流水施工的分级

（1）根据流水施工组织的范围不同，可分为分项工程流水施工、分部工程流水施工、单位工程流水施工和群体工程流水施工。

① 分项工程流水施工。分项工程流水施工，又称细部流水施工，是指一个专业施工队依次连续地在各施工段中完成同一施工过程的施工。例如，基础工程中回填土施工队依次在各幢楼连续完成回填土工作为分项工程流水施工。

② 分部工程流水施工。分部工程流水施工，又称专业流水施工，是指以分项工程为单位，在一个分部工程内部实现各分项工程的流水施工。例如，基础工程是由挖土方、垫层、砌基础和回填土 4 个分项工程流水施工组成。

③ 单位工程流水施工。单位工程流水施工，又称综合流水施工，是指以分部工程为单位，在一个单位工程内部实现各分部工程的流水施工。例如，一个高层框架建筑是由基础分部工程流水施工、主体分部工程流水施工和装饰装修分部工程流水施工组成的。

④ 群体工程流水施工。群体工程流水施工，又称大流水施工，是指在几个单位工程之间组织的流水施工。

（2）按照流水节拍的特征划分，可分为有节奏流水和无节奏流水。

2) 流水施工的表示方式

流水施工常用的表示方式有横道图和网络图两种(图8.5)。

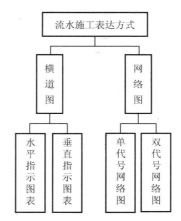

图8.5 流水施工表达方式示意图

8.1.2 流水施工的主要参数

流水施工参数是指在组织工程流水施工时，用以表达流水施工在工艺流程、空间布置以及时间安排方面开展状态的参数。流水施工参数主要包括三类参数，即工艺参数、空间参数和时间参数。

1. 工艺参数

工艺参数是指在组织流水施工时，用以表达流水施工在施工工艺方面开展顺序及其特征的参数。具体地说，工艺参数是指在组织流水施工时，将拟建工程项目的整个建造过程分解为施工过程的种类、性质和数目的总称，主要包括施工过程和流水强度。

1) 施工过程(n)

施工过程数是指一组流水中所包含的施工过程个数，一般用 n 来表示。任何一个建筑工程都是由许多施工过程组成的，它既可以是一道工序，也可以是一个分项工程或者分部工程，甚至还可以是单位工程或者单项工程。

根据工艺性质的不同，施工过程可分为制备类施工过程、运输类施工过程、砌筑安装类施工过程三类。

(1) 制备类施工过程主要是指为实现建筑产品的机械化、装配化，以及为提高建筑产品的生产能力和生产效率而形成的施工过程，如构配件的预制、混凝土、门窗等的制备。这类施工过程一般不占有施工对象的空间，因此不影响工期，所以一般不列入施工进度计划表。只有当其占有施工对象的空间而影响项目总工期时，在项目施工进度表上才列入，如在拟建车间、实验室等场地内预制或组装的大型构建等。

(2) 运输类施工过程主要是指将建材、一些成品或半成品及设备等运到工地或施工现场而形成的施工过程。这类施工过程一般也不占有施工对象的空间，所以一般也不列入施工进度计划表。只有当其占有项目施工的空间而影响项目总工期时，才列入项目施工进度计划中，如结构安装工程中，采取随运随吊方案的运输过程。

（3）砌筑安装类施工过程是指在施工对象的空间上进行直接加工，最终形成建筑产品的过程，如砌筑工程、安装工程、装饰装修工程等。由于这类施工过程要占有施工对象的空间，因此它会直接对工期的长短造成影响，所以必须列入施工进度计划表中。

施工过程划分的粗细一般会受到一些诸如施工工艺、劳动量等因素的影响，如劳动量较小的施工过程，单独组织流水施工有困难时，可以考虑与其他施工过程合并，因此施工过程数也会减少。总之，施工过程数的确定应根据构造物的特点和施工方法的不同来合理确定，要便于施工组织安排，不宜少，也不宜多。

2）流水强度（V）

流水强度是指每一施工过程在单位时间内完成的工程量，用 V 来表示。它又可分为机械操作流水强度和人工操作流水强度。

（1）机械操作流水强度。

$$V = \sum_{i=1}^{x} R_i S_i \tag{8.1}$$

式中：R_i——第 i 种施工机械的台数；

S_i——第 i 种施工机械产量定额；

x——用于同一施工过程的机械种类数。

（2）人工操作流水强度。

$$V = RS \tag{8.2}$$

式中：R——每个专业工作队施工人数；

S——每个工人平均产量定额。

2. 空间参数

空间参数是指在组织流水施工时，用以表达流水施工在空间布置上开展状态的参数，主要包括工作面、施工段和施工层。

1）工作面（a）

工作面是指安排专业工人进行操作或者布置机械设备进行施工所需要的活动空间，一般用"a"来表示。工作面的大小要根据专业工种的计划产量定额、建筑安装操作规程和安全规程等要求确定。合理确定工作面的大小，能够有效地提高工人的作业效率。主要工种专业的工作面参考数据见表 8-2。

表 8-2 主要专业工种工作面参考数据表

工作项目	每个技工的工作面	说　　明
砖基础	7.6m/人	以一砖半计，2 砖乘以 0.8，3 砖乘以 0.5
砌砖墙	8.5m/人	以一砖半计，2 砖乘以 0.71，3 砖乘以 0.57
砌毛石墙基	3m/人	以 60cm 计

续表

工作项目	每个技工的工作面	说　　明
砌毛石墙	3.3m/人	以60cm计
浇筑混凝土柱、墙基础	8m³/人	机拌、机捣
浇筑混凝土设备基础	7m³/人	机拌、机捣
现浇钢筋混凝土柱	2.5m³/人	机拌、机捣
现浇钢筋混凝土梁	3.2m³/人	机拌、机捣
现浇钢筋混凝土墙	5m³/人	机拌、机捣
现浇钢筋混凝土楼板	5.3m³/人	机拌、机捣
预制钢筋混凝土柱	3.6m³/人	机拌、机捣
预制钢筋混凝土梁	3.6m³/人	机拌、机捣
预制钢筋混凝土屋架	2.7m³/人	机拌、机捣
预制钢筋混凝土平板、空心板	1.91m³/人	机拌、机捣
预制钢筋混凝土大型屋面板	2.62m³/人	机拌、机捣
浇筑混凝土地坪及面层	40m²/人	机拌、机捣
外墙抹灰	16m²/人	
内墙抹灰	18.5m²/人	
做卷材屋面	18.5m²/人	
做防水水泥砂浆屋面	16m²/人	
门窗安装	11m²/人	

2）施工段（m）

施工段是指在组织流水施工时，将拟建工程项目在平面上划分为若干个劳动量大致相同的施工区段，它的数目用"m"来表示。

划分施工段是组织流水施工的基础，建筑产品体形庞大的固有特征，又为组织流水施工提供了空间条件。可以把一个体型庞大的"单件产品"划分成具有若干个施工段、施工层的"批量产品"，使其满足流水施工的基本要求；在保证工程质量的前提下，为专业工作队确定合理的空间活动范围，使其按流水施工的原理，集中人力和物力，依次地、连续地完成各施工段的任务，为后续专业工作队尽早地提供工作面，达到缩短工期的目的。施工段的划分，在不同的分部工程中，可以采用相同或不同的划分办法。同一分部工程中最好采用统一的段数，但也不排除特殊情况，如在单层工业厂房的预制工程中，柱和屋架的施工段划分就不一定相同。

施工段数的划分要适当，段数过多，势必会减少工人数而延长工期；段数过少，又会造成资源供应过分集中，不利于组织流水施工。在划分施工段时，要遵循以下原则。

（1）专业工作队在各个施工段上的劳动量要大致相等，以保证流水施工的连续和均衡性。

(2) 为了充分发挥工人、主导施工机械的生产效率，每个施工段要有足够的工作面，使其所容纳的劳动力人数和机械台数，能满足合理劳动组织的要求。

(3) 为了保证拟建工程项目结构整体的完整性，施工段的分界线应尽量与结构的自然界限(如沉降缝、伸缩缝、温度缝、高低跨连接等)一致；如果必须将分界线设在墙体中间时，应将其设在对结构整体性影响较小的门窗洞口等部位，以减少留槎，便于修复。

(4) 当施工对象有层间关系时，既要划分施工层，又要划分施工段。为保证各施工队能组织流水施工，施工段数 m 与施工过程数 n 必须满足 $m \geqslant n$。

① 当 $m=n$ 时，是最理想的一种状态，即在这种情况下，既能保证工作队的连续施工，也能保证施工段没有空闲。

② 当 $m>n$ 时，工作队仍然能够实现连续施工，但施工段有时会出现空闲，这种情况也是允许的，因为有些施工过程之间会有技术间歇或组织间歇的要求，而施工段的空闲正好能够满足这些流水间歇的需要。

③ 当 $m<n$ 时，在这种情况下，专业工作队不能实现连续施工而造成窝工现象，一般情况下应尽量避免。

应当指出，当无层间关系或无施工层(如某些单层建筑物、基础工程等)时，则施工段数不受 $m \geqslant n$ 的限制，可按前述划分施工段的原则进行确定。

3) 施工层(r)

施工层是指在组织流水施工时，将拟建工程在垂直方向上划分为若干个操作层，这些操作层称为施工层，一般用"r"来表示。施工层的划分要结合工程实际情况，可以按照建筑物的结构层来划分，有时为了方便施工，也可以按照一定的高度来划分。如单层工业厂房砌筑工程一般按 1.2~1.4m(即一步脚手架的高度)划分一个施工层。

3. 时间参数

时间参数是指在组织流水施工时，用以表达流水施工在时间开展状态的参数，主要包括流水节拍、流水步距、技术间歇时间、组织间歇时间、平行搭接时间。

1) 流水节拍(t_i)

流水节拍是指某个专业施工队在某个施工段上作业持续的时间，一般用"t_i"来表示。

流水节拍是流水施工的主要参数之一，它的大小直接影响到施工速度的快慢和施工节奏的强弱。在施工过程中，影响流水节拍的因素主要有劳动力的投入量、机械设备的投入量、工作班次的多少、施工方法以及工程量的大小等。流水节拍可按下列方法计算。

(1) 定额计算法。

该方法主要是根据施工段的工程量大小以及能够投入的资源量(工人数、机械台数以及材料量等)的多少，按下式进行计算

$$t_i = \frac{Q_i}{S_i \cdot R_i \cdot N_i} = \frac{Q_i \cdot H_i}{R_i \cdot N_i} = \frac{P_i}{R_i \cdot N_i} \tag{8.3}$$

式中：t_i——某专业工作队在第 i 施工段的流水节拍；

Q_i——某专业工作队在第 i 施工段要完成的工程量；

S_i——某专业工作队的计划产量定额；

H_i——某专业工作队的计划时间定额；

P_i——某专业工作队在第 i 施工段需要的劳动量或机械台班数量。

$$P_i = \frac{Q_i}{S_i} \text{ 或 } P_i = Q_i \cdot H_i \tag{8.4}$$

式中：R_i——某专业工作队投入的工作人数或机械台数；

N_i——某专业工作队的工作班次。

（2）工期计算法。

工期计算法是指对于那些有时间限制的工程项目，一般采用按工期倒排进度的方法来确定流水节拍，具体步骤如下。

① 根据工期倒排进度，用估算的方法确定某施工过程所需的施工时间。

② 确定某施工过程在某个施工段上的流水节拍。

需要注意的是，计算出流水节拍后要进一步核实劳动力和机械供应是否充足，以及工作面是否受限制。

（3）经验估算法。

经验估算法是根据以往的施工经验估算流水节拍。这种方法适用于没有定额可循的工程。其估算步骤如下。

① 估算出流水节拍的最长时间。

② 估算出流水节拍的最短时间。

③ 估算出流水节拍的正常时间。

④ 按照下式计算出期望时间作为某专业施工队在某施工队上的流水节拍。

$$t_i = \frac{a_i + 4c_i + b_i}{6} \tag{8.5}$$

式中：t_i——某施工过程 i 在某施工段上的流水节拍；

a_i——某施工过程 i 在某施工段上的最短估算时间；

b_i——某施工过程 i 在某施工段上的最长估算时间；

c_i——某施工过程 i 在某施工段上的正常估算时间。

2）流水步距

流水步距是指两个相邻的专业工作队先后进入同一施工段开始施工的时间间隔，用符号"$K_{j,j+1}$"表示。确定流水步距的目的主要是为了保证工作队在不同施工段上能够实现连续作业而不出现窝工的现象。

流水步距的数目等于 $(n-1)$ 个流水施工的施工过程数。在确定流水步距时，应遵循以下原则。

（1）要满足相邻两个专业工作队在施工顺序上的制约关系，即在一个施工段上，上一个施工过程完工之后，下一个施工过程才能开始。

（2）要保证相邻两个专业工作队在各施工段上能够连续施工。

（3）要保证工作面不拥挤，相邻两个专业工作队在开工时间上最大限度地合理搭接。

（4）要考虑到施工过程之间的流水间歇时间，满足工艺、组织和工程质量的要求。

3）技术间歇时间

技术间歇时间是指在组织流水施工时，同一个施工段的相邻两个施工过程之间除了考虑正常的流水步距之外，还要考虑到工艺技术间合理的时间间隔，用"$Z_{j,j+1}$"表示。如混凝土浇筑完毕之后要进行一定时间的养护，然后才能进入下一道工艺，这段养护时间便是技术间歇时间。

4）组织间歇时间

组织间歇时间是指在组织流水施工时，考虑到施工准备和检查验收等组织方面的需要，同一施工段相邻两个施工过程之间在规定的流水步距之外必须要留出的时间间隔，用"$G_{j,j+1}$"表示。如在回填土之前要检查验收地下管道的铺设情况，墙体砌筑前要进行墙体位置弹线等，这都属于组织间歇时间。

5）平行搭接时间

平行搭接时间是指在组织流水施工时，为了缩短工期，在工作面允许的前提下，后续施工过程在规定的流水步距以内提前进入该施工段进行施工，出现前后两个施工过程在同一施工段上平行搭接施工，这一时间称为平行搭接时间，用"$C_{j,j+1}$"表示。

8.1.3 流水施工的基本方式

1. 等节拍专业流水

等节拍专业流水是指在组织流水施工时，各施工过程的流水节拍均相等的一种流水施工方式。即不但同一施工过程在不同施工段上的流水节拍相等，并且不同施工过程之间的流水节拍也相等，这是一种最理想的流水施工组织方式。

1）基本特点

（1）流水节拍彼此相等。

（2）流水步距彼此相等，而且等于流水节拍。

（3）每个专业工作队都能够连续施工，施工段没有空闲。

（4）专业工作队数等于施工过程数。

2）组织步骤

（1）确定施工顺序，分解施工过程。

（2）确定施工起点流向，划分施工段。

划分施工段时，其数目 m 的确定如下。

无层间关系或无施工层时，施工段数目分下面两种情况确定。

当无技术和组织间歇时，取 $m=n$。

当有技术和组织间歇时，为了保证专业工作队能够连续施工，应取 $m>n$。此时，每层施工段空闲数为 $m-n$，一个空闲施工段的时间为 t，则每层的空闲时间为

$$(m-n) \cdot t = (m-n) \cdot K \tag{8.6}$$

设一个楼层内各施工过程间的技术、组织间歇时间之和为 $\sum Z_1$，楼层间技术、组织间歇时间为 Z_2，如果每层的 $\sum Z_1$ 均相等，Z_2 也相等，而且为了保证连续施工，施工段上除 $\sum Z_1$ 和 Z_2 外无空闲，则

$$(m-n) \cdot K = \sum Z_1 + Z_2 \tag{8.7}$$

所以每层的施工段数 m 可按下式确定

$$m = n + \frac{\max \sum Z_1}{K} + \frac{\max Z_2}{K} \tag{8.8}$$

(3) 根据等节拍专业流水要求,确定流水节拍 t 的数值。

(4) 确定流水步距 $K=t$。

(5) 计算流水施工的工期。

① 不分施工层时,工期的计算公式为

$$T = (m+n-1) \cdot K + \sum Z_{j,j+1} + \sum G_{j,j+1} - \sum C_{j,j+1} \tag{8.9}$$

式中: T——流水施工总工期;

m——施工段数;

n——施工过程数;

K——流水步距;

j——施工过程编号,$1 \leqslant j \leqslant n$;

$Z_{j,j+1}$——j 与 $j+1$ 两个施工过程间的技术间歇时间;

$G_{j,j+1}$——j 与 $j+1$ 两个施工过程间的组织间歇时间;

$C_{j,j+1}$——j 与 $j+1$ 两个施工过程间的平行搭接时间。

② 分施工层时,工期的计算公式为

$$T = (m \cdot r + n - 1) \cdot K + \sum Z^1_{j,j+1} + \sum G^1_{j,j+1} - \sum C_{j,j+1} \tag{8.10}$$

式中: r——施工层数;

$\sum Z^1_{j,j+1}$——第一个施工层内各施工过程之间的技术间歇时间之和;

$\sum G^1_{j,j+1}$——第一个施工层内各施工过程之间的组织间歇时间之和。

【例 8-2】某基础工程分为 A、B、C、D 4 个施工过程,每个施工过程分为 3 个施工段,流水节拍均为 2d,试组织全等节拍流水施工。

解: 由已知条件可求出流水工期为

$$T_L = (n+m-1)t_i = (4+3-1) \times 2 = 12(\text{d})$$

用横线图绘制流水施工进度计划,如图 8.6 所示。

【例 8-3】某项目由 Ⅰ、Ⅱ、Ⅲ、Ⅳ 4 个施工过程所组成。划分两个施工层组织流水施工。施工过程 Ⅱ 完成后需养护 1d,下一个施工过程才能施工,层间技术间歇为 1d,流水节拍均为 1d。为了保证工作队连续作业,试确定施工段数、计算工期,并绘制流水施工进度表。

解: 由已知条件 $t_i = t = 1d$,本项目宜组织等节拍专业流水。

(1) 确定流水步距。

$$K = t = 1d$$

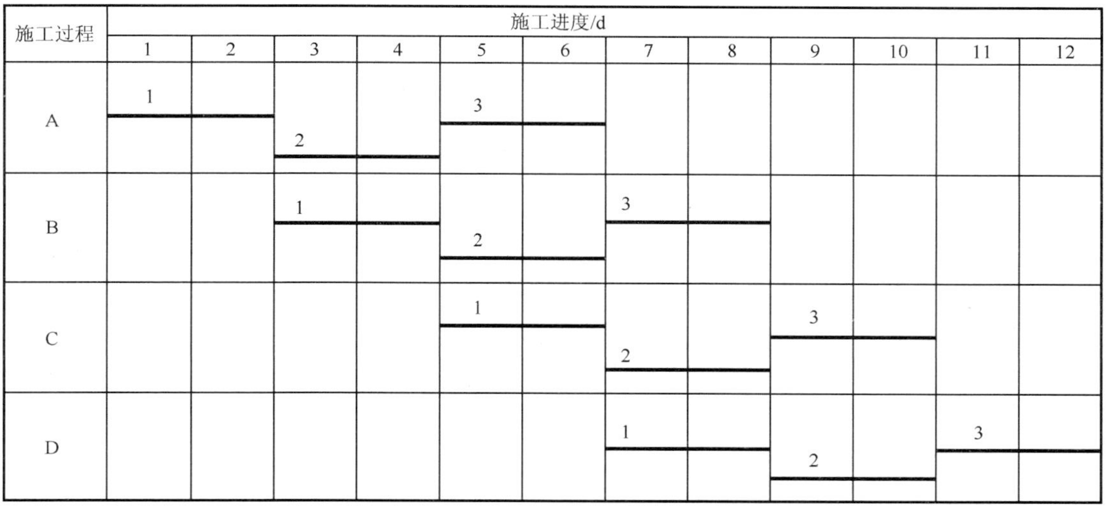

施工过程	施工进度/d											
	1	2	3	4	5	6	7	8	9	10	11	12
A	1	1	2	2	3	3						
B			1	1	2	2	3	3				
C					1	1	2	2	3	3		
D							1	1	2	2	3	3

图 8.6 某基础工程无间歇全等节拍流水施工进度计划

（2）确定施工段数。

$$m = n + \frac{\sum Z_1}{K} + \frac{Z_2}{K} = 4 + \frac{1}{1} + \frac{1}{1} = 6 \text{（段）}$$

（3）计算工期。

$$T = (m \cdot r + n - 1) \cdot K + \sum Z^1_{j,\,j+1} + \sum G^1_{j,\,j+1} - \sum C_{j,\,j+1}$$
$$= (6 \times 2 + 4 - 1) \times 1 + 1 - 0 = 16 \text{(d)}$$

（4）绘制流水施工进度表，见图 8.7。

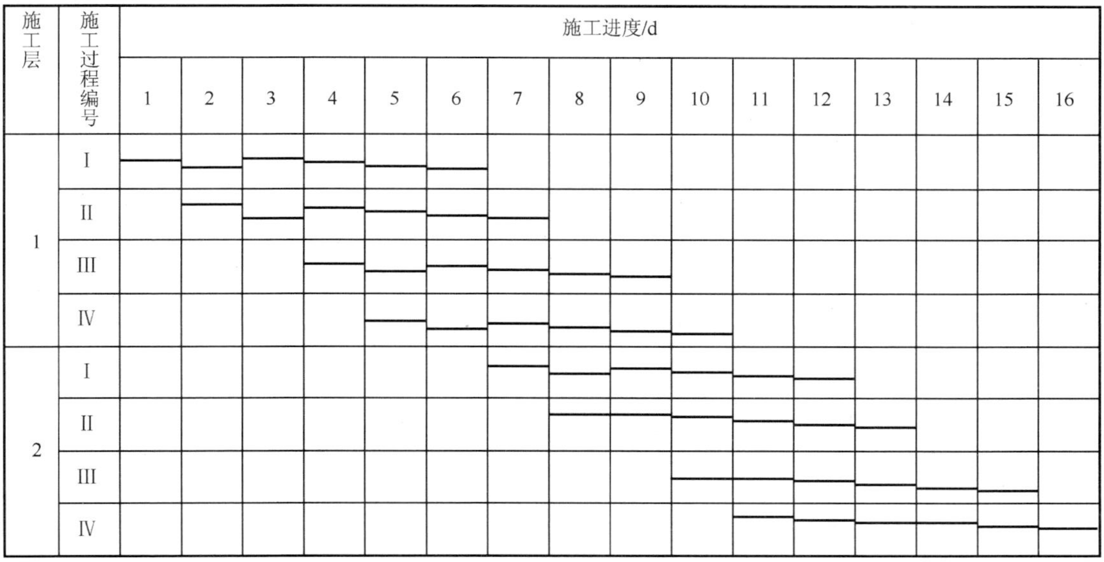

施工层	施工过程编号	施工进度/d															
		1	2	3	4	5	6	7	8	9	10	11	12	13	14	15	16
1	Ⅰ																
	Ⅱ																
	Ⅲ																
	Ⅳ																
2	Ⅰ																
	Ⅱ																
	Ⅲ																
	Ⅳ																

图 8.7 分层并有技术、组织间歇时间的等节拍专业流水进度表

2. 异节拍专业流水

异节拍专业流水是指在组织流水施工时，同一施工过程在各施工段上的流水节拍彼此相等，不同施工过程的同一施工段上的流水节拍彼此不等而且均为某一常数的整数倍的流水施工组织方式，称为成倍节拍专业流水。这里主要讨论等步距的异节拍专业流水。

1) 基本特点

(1) 同一施工过程在各施工段上的流水节拍彼此相等，不同的施工过程在同一施工段上的流水节拍彼此不等，但均为某一常数的整数倍。

(2) 流水步距彼此相等，且等于流水节拍的最大公约数。

(3) 各专业工作队能够保证连续施工，施工段没有空闲。

(4) 专业工作队数大于施工过程数，即 $n_1 > n$。

2) 组织步骤

(1) 确定施工顺序，分解施工过程。

(2) 确定施工起点、流向，划分施工段。

划分施工段时，其数目 m 的确定如下。

不分施工层时，可按划分施工段原则确定施工段数目。

分施工层时，每层的施工段数可按下式确定

$$m = n_1 + \frac{\max \sum Z_1}{K_b} + \frac{\max Z_2}{K_b} \quad (8.11)$$

式中：n_1——专业工作队总数；

K_b——等步距异节拍专业流水的流水步距。

(3) 按异节拍专业流水确定流水节拍。

(4) 确定流水步距。

$$K_b = 最大公约数 \{t_1, t_2, \cdots, t_n\} \quad (8.12)$$

(5) 确定专业工作队数。

$$b_j = \frac{t_j}{K_b} \quad (8.13)$$

$$n_1 = \sum_{j=1}^{n} b_j \quad (8.14)$$

式中：t_j——施工过程 j 在各施工段上的流水节拍；

b_j——施工过程 j 所要组织的专业工作队数；

j——施工过程编号，$1 \leqslant j \leqslant n$。

(6) 计算总工期。

$$T = (m \cdot r + n_1 - 1) \cdot K_b + \sum Z_1 - \sum C_{j,j+1} \quad (8.15)$$

式中：r——施工层数（不分施工层时，$r=1$；分层时，$r=$实际施工层数）；

其他符号含义同前。

(7) 绘制施工进度表。

【例 8-4】 某工程由甲、乙、丙 3 个施工过程组成,施工段数为 4,流水节拍分别为 2d,2d,4d,试组织成倍节拍的流水施工。

解:(1)求流水步距。

$$K_{j,j+1}=最大公约数\{2,2,4\}=2d$$

(2)确定专业工作队数。

$$b_1=\frac{2}{2}=1(个)$$

$$b_2=\frac{2}{2}=1(个)$$

$$b_3=\frac{4}{2}=2(个)$$

$$n_1=1+1+2=4(个)$$

(3)计算流水工期。

$$T=(m \cdot r+n_1-1) \cdot K_b+\sum Z_1-\sum C_{j,j+1}=(4 \times 1+4-1) \times 2=14 \text{ (d)}$$

(4)绘制流水施工进度计划,如图 8.8 所示。

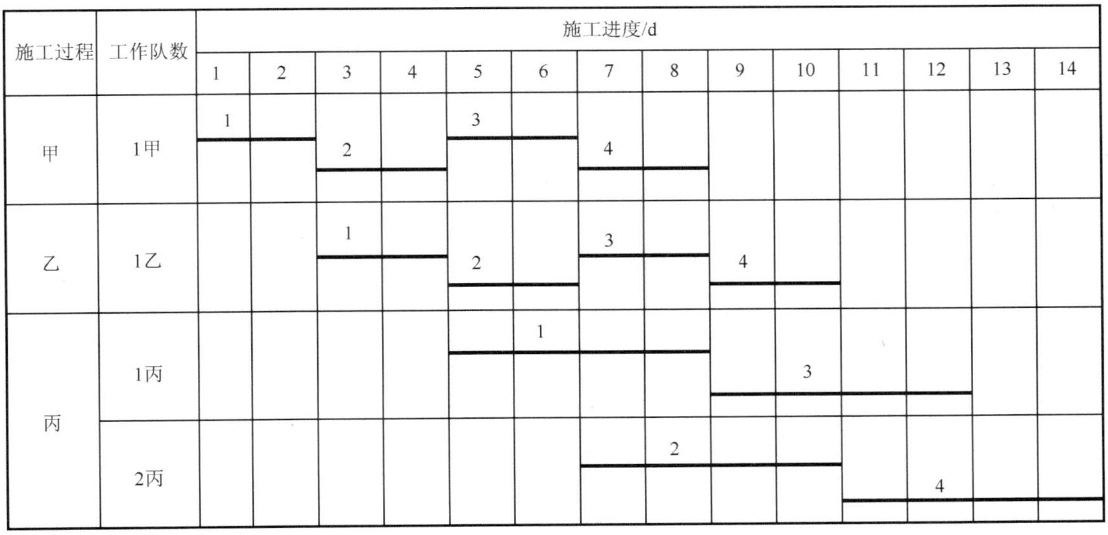

施工过程	工作队数	施工进度/d													
		1	2	3	4	5	6	7	8	9	10	11	12	13	14
甲	1甲	1		2		3		4							
乙	1乙			1		2		3		4					
丙	1丙					1						3			
	2丙							2						4	

图 8.8 某工程成倍节拍流水施工进度计划

【例 8-5】 某两层现浇钢筋混凝土工程,施工过程分为安装模板、绑扎钢筋和浇筑混凝土。已知每段每层各施工过程流水节拍分别为:$t_{模}=2d$,$t_{扎}=2d$,$t_{混}=1d$。当安装模板专业工作队转移到第二结构层的第一施工段时,需待第一层第一段的混凝土养护 1d 后才能进行。在保证各专业工作队连续施工的条件下,求该工程每层最少的施工段数,并给出流水施工进度图表。

解:根据题意,本工程宜采用等步距异节拍专业流水。

(1)确定流水步距。

$$K_b = 最大公约数\{2, 2, 1\} = 1d$$

（2）确定专业工作队数。

$$b_模 = \frac{t_模}{K_b} = \frac{2}{1} = 2(队)$$

$$b_扎 = \frac{t_扎}{K_b} = \frac{2}{1} = 2(队)$$

$$b_混 = \frac{t_混}{K_b} = \frac{1}{1} = 1(队)$$

$$n_1 = \sum_{j=1}^{3} b_j = 2 + 2 + 1 = 5(队)$$

（3）确定每层的施工段数。为保证专业工作队连续施工，其施工段数可按下式确定。

$$m = n_1 + \frac{Z_2}{K_b} = 5 + \frac{1}{1} = 6(段)$$

（4）计算工期。

$$T = (m \cdot r + n_1 - 1) \cdot K_b + \sum Z_1 - \sum C_{j, j+1} = (6 \times 2 + 5 - 1) \times 1 + 0 - 0 = 16(d)$$

（5）编制流水施工进度表，见图8.9。

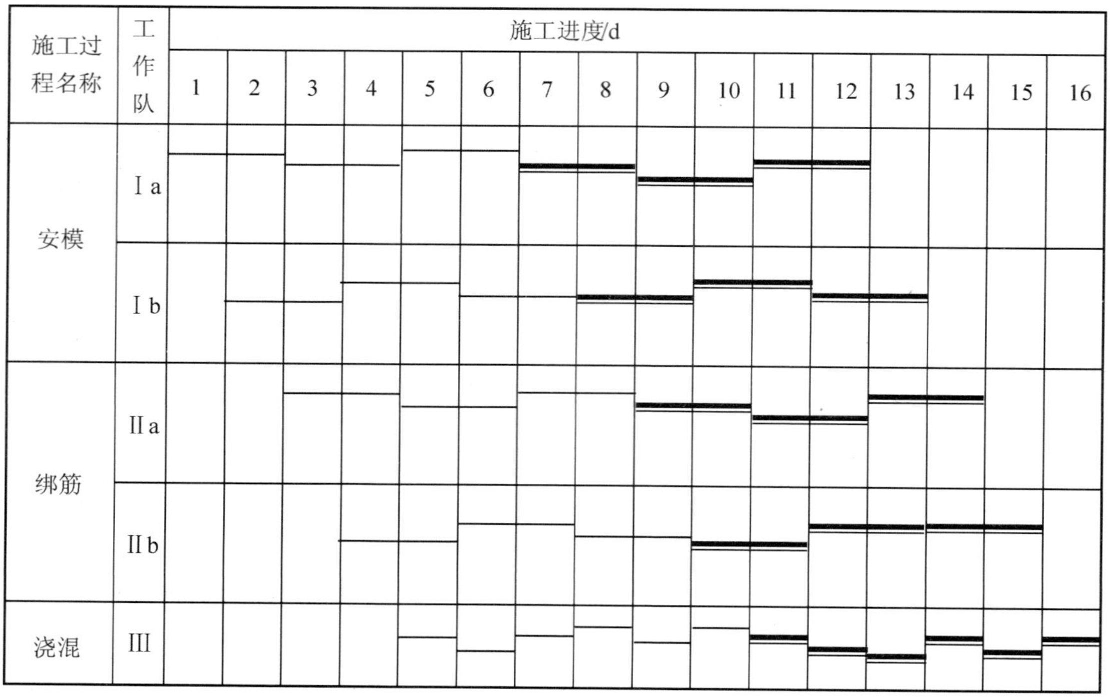

施工过程名称	工作队	施工进度/d																
		1	2	3	4	5	6	7	8	9	10	11	12	13	14	15	16
安模	Ⅰa																
	Ⅰb																
绑筋	Ⅱa																
	Ⅱb																
浇混	Ⅲ																

图8.9 有两个施工层的流水施工进度表

3. 无节奏流水施工

在实际施工中，通常每个施工过程在各个施工段上的工程量彼此不等，各专业工作的生产效率相差较大，导致大多数流水节拍也彼此不相等，不可能组织等节拍专业流水或异节拍专业流水。在这种情况下，往往利用流水施工的基本概念，在保证施工工艺，满足施工顺序要求的前提下，按照一定的计算方法，确定相邻专业工作队之间的流水步距，使其在开工时间上最大限度地、合理地搭接起来，形成每个专业工作队都能够连续作业的流水施工方式，称为无节奏专业流水，也称为分别流水，它是流水施工的普遍形式。

1) 基本特点

(1) 每个施工过程在各个施工段上的流水节拍不尽相等。

(2) 在多数情况下，流水步距彼此不相等，而且流水步距与流水节拍二者之间存在着某种函数关系。

(3) 各专业工作队都能够连续施工，个别施工段可能有空闲。

(4) 专业工作队数等于施工过程数，即 $n_1 = m$。

2) 组织步骤

(1) 确定施工顺利，分解施工过程。

(2) 确定施工起点、流向，划分施工段。

(3) 确定各施工过程在各个施工段上的流水节拍。

(4) 确定相邻两个专业工作队的流水步距。

计算流水步距可用"累加数列错位相减取大差法"，由于它是苏联专家潘特考夫斯基提出的，所以又称潘氏方法。

① 将各施工过程的流水节拍逐段进行累加，形成累加数列。

② 将相邻两施工过程形成的累加数列错位相减，形成差数列。

③ 取差数列中的最大值即为这两个相邻施工过程之间的流水步距。

(5) 计算流水施工的计划工期。

$$T = \sum_{j=1}^{n-1} K_{j,j+1} + \sum_{i=1}^{m} t_i^{zh} + \sum Z + \sum G - \sum C_{j,j+1} \tag{8.16}$$

式中：T——流水施工计划工期；

$K_{j,j+1}$——j 与 $j+1$ 两专业工作队之间的流水步距；

t_i^{zh}——最后一个施工过程在第 i 个施工上的流水节拍；

$\sum Z$——技术间歇时间总和，$\sum Z = \sum Z_{j,j+1} + \sum Z_{k,k+1}$；

$\sum Z_{j,j+1}$——相邻两专业工作队 j 与 $j+1$ 之间的技术间歇时间之和 $(1 \leqslant j \leqslant n-1)$；

$\sum Z_{k,k+1}$——相邻两施工层间的技术间歇时间之和 $(1 \leqslant k \leqslant r-1)$；

$\sum G$——组织间歇时间之和，$\sum G = \sum G_{j,j+1} + \sum G_{k,k+1}$；

$\sum G_{j,j+1}$——相邻两专业工作队 j 与 $j+1$ 之间的组织间歇时间之和 $(1 \leqslant j \leqslant n-1)$；

$\sum G_{k,k+1}$——相邻两施工层间的组织间歇时间之和 $(1 \leqslant k \leqslant r-1)$；

$\sum C_{j,j+1}$——相邻两专业工作队 j 与 $j+1$ 之间的平行搭接时间之和 $(1 \leqslant j \leqslant n-1)$。

【例8-6】某工程分Ⅰ、Ⅱ、Ⅲ、Ⅳ4个施工段，每个施工段又分为A、B、C 3个施工过程，各施工过程的流水节拍如表8-3所示。试计算该工程流水步距和总工期，并绘制其施工进度计划表。

表8-3 某工程各施工过程流水节拍表

施工过程	施工段			
	Ⅰ	Ⅱ	Ⅲ	Ⅳ
A	2	3	4	3
B	3	4	2	5
C	2	3	3	2

解：（1）计算 $K_{A,B}$。

① 将第一道工序的工作时间依次累加后得：2，5，9，12。
② 将第二道工序的工作时间依次累加后得：3，7，9，14。
③ 将上面两步得到的两行错位相减：

```
    2   5   9   12
—)      3   7   9   14
    2   2   2   3   —14
```

④ 取相减差数列中的最大值3，即为A，B施工过程之间的流水步距。
所以 $K_{A,B}=3d$

（2）计算 $K_{B,C}$。

① 将第二道工序的工作时间依次累加后得：3，7，9，14。
② 将第三道工序的工作时间依次累加后得：2，5，8，10。
③ 将上面两步得到的两行错位相减：

```
    3   7   9   14
—)      2   5   8   10
    3   5   4   6   —10
```

④ 取相减差数列中的最大值6，即为B，C施工过程之间的流水步距。
所以 $K_{B,C}=6d$

（3）计算总工期 T。

$$T=\sum_{j=1}^{n-1}K_{j,j+1}+\sum_{i=1}^{m}t_i^{zh}+\sum Z+\sum G-\sum C_{j,j+1}$$
$$=3+6+(2+3+3+2)+0-0=19(d)$$

（4）绘制施工进度计划，如图8.10所示。

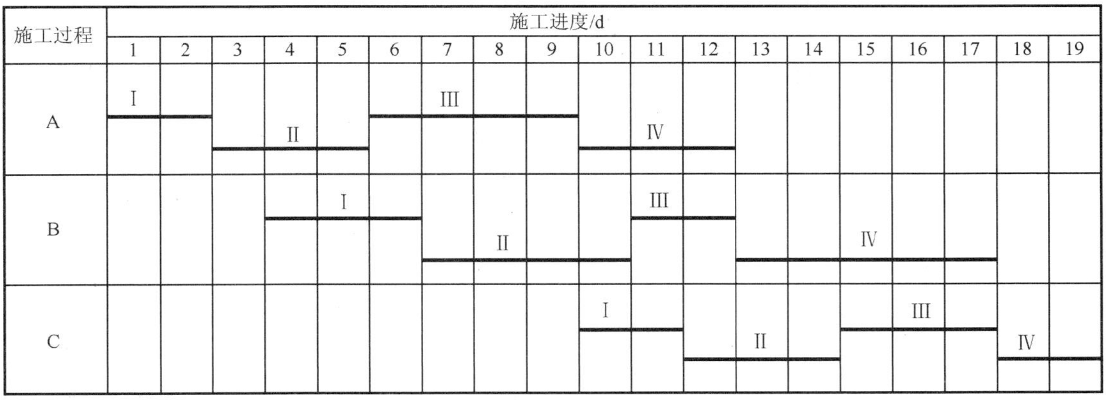

施工过程	施工进度/d																		
	1	2	3	4	5	6	7	8	9	10	11	12	13	14	15	16	17	18	19
A	Ⅰ		Ⅱ				Ⅲ				Ⅳ								
B				Ⅰ			Ⅱ				Ⅲ				Ⅳ				
C										Ⅰ		Ⅱ		Ⅲ				Ⅳ	

图 8.10 某工程无节奏流水施工进度计划

8.2 工程项目进度控制工作内容

工程项目进度控制是指为保证工程项目实现预期的工期目标，对工程项目寿命周期全过程的各项工作时间进行计划、实施、检查、调整等的一系列工作。

8.2.1 施工准备阶段进度控制

1. 工程项目施工计划工期目标的确定与分解

在施工准备阶段，首先需要根据合同工期、现场条件、所具备的各项资源等因素，确定工程项目施工的计划工期目标。工期目标确定之后，再将其分解为施工全过程的几个阶段性目标。在确定工期目标时，应考虑留有适当的余地。例如，一般工业项目通常需要考虑全场性准备工作、场地土方工程、厂房基础与设备基础工程、构件预制工程、结构吊装和主体工程、屋面与装饰工程、设备安装工程、设备试运转与扫尾工程、阶段性竣工验收和总竣工验收等几个主要阶段的进度目标。

2. 编制施工进度计划

3. 编制施工准备工作计划和资源需用计划

为使工程项目按计划顺利进行，还需要编制工程项目开工前的准备工作计划和开工后阶段性准备工作计划，以及各种资源需用计划。

4. 编制年、季、月、旬度施工作业计划

对于工期较长的工程项目，需将项目总体的进度计划按年、季、月、旬度等划分为若干计划阶段，遵循"远粗近细"的原则编制"滚动式"施工进度计划。

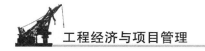

5. 制订施工进度控制工作细则

在开工前制订详细的施工进度控制工作细则,是对项目施工进度进行有效控制的重要措施,其主要内容包括以下几方面。

(1) 进度控制人员的确定与分工。

(2) 制订进度控制工作流程。

(3) 明确进度控制工作方法,如进度检查方法,进度数据收集、统计、整理方法,进度偏差分析与调整方法等。

(4) 设置进度控制点。在进度计划实施前要明确哪些时间是对施工进度和工期有重大影响的关键事件,这些事件是项目控制的重点。

8.2.2 施工阶段进度控制

施工阶段进度控制是工程项目进度控制的关键,其工作主要内容如下。

1. 施工进度的跟踪检查

在工程项目施工过程中,进度控制人员要通过收集作业层进度报表、召开现场会议和亲自检查实际施工进度等方式,随时了解和掌握实际进度情况。

2. 收集、整理和统计有关进度数据

在跟踪检查施工进度过程中,要全面、系统地收集有关进度数据,并经过整理和统计,形成正确反映实际进度情况,便于将实际进度与计划进度进行对比的数据资料。

3. 将实际进度与计划进度进行对比分析

经过对比,分析出是否发生了进度偏差,即实际进度比计划进度拖后或超前。

4. 分析进度偏差对工期和后续工作的影响

当发生进度偏差之后,要进一步分析该偏差对工期和后续工作有无影响,影响到什么程度。

5. 分析是否需要进行进度调整

当分析出进度偏差对工期和后续工作的影响之后,还要视工期和后续工作是否允许发生这种影响,及允许影响到什么程度,来决定是否对施工进度进行调整。

一般从工期控制的角度来看,某些工作的实际进度比计划进度超前是有利的。所以进度控制工作的重点是进度发生拖后现象时,要通过分析决定是否需要调整。当然,进度超前过多也会影响到资源供应、资金使用等问题,如果这些条件限制很严格,也要进行调整。

6. 采取进度调整措施

当明确了必须进行施工进度调整之后,还要具体分析产生这种进度偏差的原因,并综合考虑进度调整对工程质量、安全生产和资源供应等因素的影响,确定在哪些后续工作上采取技术上、组织上或经济上的调整措施,具体见表8-4。

表 8-4 各项措施表

组织措施	增加作业面，组织更多的施工队组；增加每天的施工时间（加班加点或多班制）；增加作业人数；增加机械设备数量；采取平行流水施工、立体交叉作业，以充分利用空间和争取时间；保证物资资源供应和做好协调工作等
技术措施	改进施工工艺和施工技术，缩短工艺技术间歇，提高施工作业效率
经济措施	提高酬金数额；对采取的一系列技术措施给予相应的经济补偿
其他措施	加强思想教育和精神鼓励；激发作业层人员的劳动积极性，提高作业效率

7. 实施调整后的进度计划

调整后的新计划实施后，重复上述控制过程，直至工程项目全部完工。

8.2.3 竣工验收、交付使用阶段进度控制

竣工验收、交付使用阶段的工作特点是：在施工作业方面，大量施工任务已经完成，但还有许多零星琐碎的修补、调试、扫尾、清理等工作需要做；在管理业务方面，施工技术指导性工作已基本结束，但却有大量的技术资料汇总整理、竣工检查验收、工程质量等级评定、工程结（决）算、工程项目移交等管理工作要做。这一阶段主要工作有以下 3 个方面。

(1) 制订竣工验收阶段工作进度计划。在该计划中，要详细列出各项工作的日程安排，并把工作落实到每个人员。

(2) 定期检查各项工作进展情况。在检查中如果发现工作拖延现象，应及时采取必要的调整措施。

(3) 整理有关工程进度资料。认真做好进度资料整理工作，进行归类、编目、建档，为以后的工程项目进度控制工作积累经验，同时也为工程决算和索赔提供依据。

8.3 工程项目施工进度控制方法

8.3.1 横道进度计划实施中的控制方法

横道进度计划具有直观、形象、绘制简单等优点，下面以某工程项目为例，介绍横道进度计划的控制方法。

【例 8-7】某项基础工程包括挖土、打垫层、砌基础、回填土 4 项施工过程，拟分 3 个施工段组织流水施工，各施工过程在每一施工段上的作业时间见表 8-5。试根据流水施工原理绘制横道进度计划。

解：根据流水施工原理绘制的横道进度计划见图 8.11。

表 8-5　某项基础工程作业时间安排

施工过程	作业施工段		
	Ⅰ	Ⅱ	Ⅲ
挖土	3	3	4
垫层	3	2	2
基础	5	4	5
回填	2	2	2

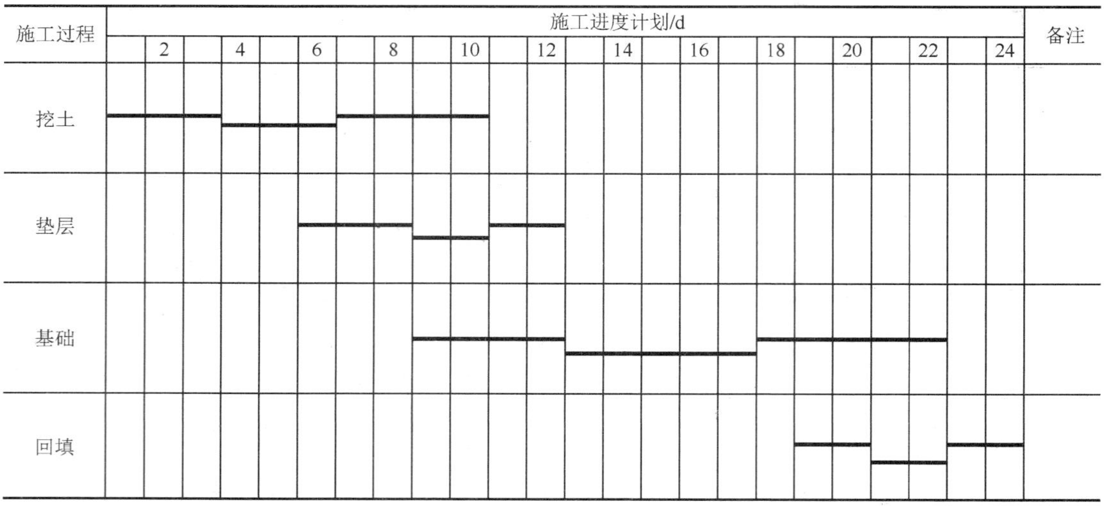

图 8.11　某项基础工程进度计划

【例 8-8】下面结合例 8-7，说明横道进度计划实施中的控制步骤和方法。

解：（1）标出检查日期。

如图 8.12 所示，本例假设在计划实施后的第 9d 下班时检查。

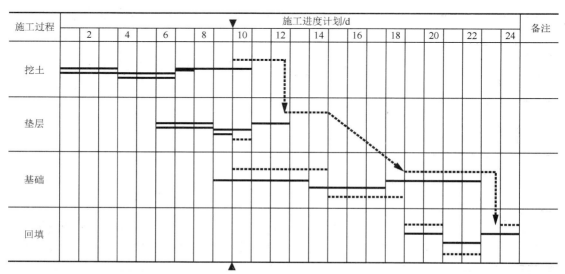

图 8.12　横道进度计划图（检查日期第 9d）

(2) 标出已经完成的工作。

如图 8.12 中双线所示，本例挖土施工过程已完成了第Ⅰ、Ⅱ施工段的全部工作量和第Ⅲ施工段 25% 的工作量(正在进行的工作按完成总工作量的百分比表示)。垫层施工过程已完成了第Ⅰ施工段的全部工作量和第Ⅱ施工段的 50% 的工作量。基础施工过程尚未投入作业。

(3) 将实际进度与计划进度进行对比，分析是否出现进度偏差。

本例通过对比看出，挖土施工过程已拖后 2d；垫层施工过程的实际进度刚好与计划进度相同；基础施工过程拖后 1d。

(4) 分析出现的进度偏差对后续工作及工期的影响。

在本例中挖土施工过程拖后 2d；基础施工过程拖后 1d。下面分别进行分析。

挖土施工过程与其后续工作的制约关系如图 8.12 中虚箭线所示。该制约关系表明，挖土施工过程拖后 2d，将会影响垫层施工过程的连续作业，但不会影响工期。基础施工过程与其后续工作是紧密衔接的，它的拖后必然影响工期。

(5) 分析是否需要做出进度调整。

在本例中，基础施工过程的拖后已影响到工期，若该计划工期不允许拖延，则必须在基础施工过程上加快进度，抢回拖后的 1d 时间；挖土施工过程拖后 2d 不影响计划工期，从工期角度来看，不必调整。但要考虑垫层施工过程是否允许不连续施工，若不允许也要予以调整。

(6) 采取进度调整措施。

采取技术上、组织上、经济上的措施加速施工进度。如在本例中，可采取让砌基础工人班组加班加点、多发奖金、计件工资等措施；也可以采取让打垫层和挖土工人班组支援砌基础工人班组作业的措施，来加快基础施工进度，抢回 1d 时间，使第Ⅲ施工段的基础砌筑作业时间由原来的 5d 缩短为 4d。进度计划调整后，应重新绘出调整的进度计划(本例略)。

(7) 实施调整后的进度计划。

根据调整后的进度计划，重新调整人力、物力、财力安排方案，进入新一轮控制。

8.3.2 网络进度计划实施中的控制方法

【例 8-9】图 8.13 为某预制装配式单层工业厂房局部施工网络进度计划。关键线路为图中粗线所示，工期为 24d。下面结合该图说明网络进度计划实施中的控制步骤和方法。

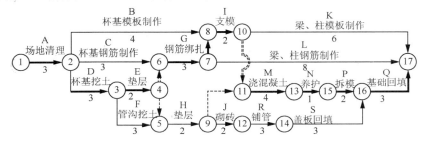

图 8.13 某工程局部施工网络进度计划

解： 为了对工程项目施工进度实施有效控制，在编制施工网络进度计划时，通常将图 8.13 所示的网络进度计划绘制成如图 8.14 所示的时标网络计划。

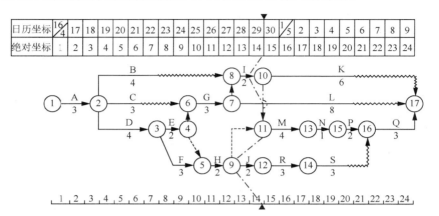

图 8.14 某工程局部施工时标网络计划

在网络进度计划实施过程中的控制步骤与方法如下。

（1）标出检查日期。

如图 8.14 下边黑色三角所示，本例为施工进行到第 14d 下班时检查。

（2）标出实际进度前锋线。

所谓实际进度前锋线是指实际施工进度到达位置的连线。在本例第 14d 下班时检查发现，基础支模工作 I 完成了 50% 工程量；梁、柱钢筋制作工作完成了 25% 工程量；基础浇筑混凝土工作 M 尚未开始；管沟垫层工作 H 已完成；管沟砌砖工作 J 尚未开始。据此，绘出的实际进度前锋线如图 8.14 中点画线所示。在实际进度前锋线左侧的工作均已完成；在实际进度前锋线右侧的工作均未完成。

（3）将实际进度与计划进度进行对比，分析是否出现进度偏差。

在本例中，工作 I 已拖后 1d；工作 L 的实际进度与计划进度相等；工作 J 已拖后 2d。

（4）分析出现的进度偏差对后续工作和工期的影响。

① 工作 I 拖后 1d。由于该工作位于关键线路上，所以如不采取措施予以调整，将要使工期拖延 1d；同时也将要影响其后续工作 K（非关键工作）的最早开始时间。

② 工作 J 拖后 2d。虽然该工作位于非关键线路上，但从图上可看出该工作仅有 1d 的总时差，因此若不采取措施予以调整，也将会使工期拖延 1d。

（5）分析是否需要做出进度调整。

如果该工程项目没有严格规定必须在 24d 内完成，工期可以拖延，不必调整。这样，只需去掉网络进度计划中已完成部分，重新绘制出未完成部分的网络进度计划即可，如图 8.15 所示。

如果该工程项目的计划工期不允许拖延，则必须做出调整。

（6）采取进度调整措施。

调整时需综合考虑增加人力与物力资源的可能性和对工程质量、安全的影响，调整的方法是，选择位于关键线路上的某些工作作为调整对象，压缩其作业时间，保证工程项目按原计划工期完成。

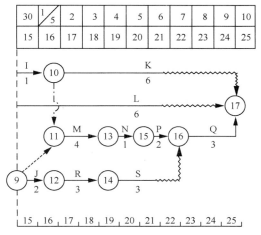

图 8.15 检查后未调整的网络计划

本例选择工作 M 和工作 R 为调整对象,将其作业时间压缩 1d。调整后的网络计划如图 8.16 所示。

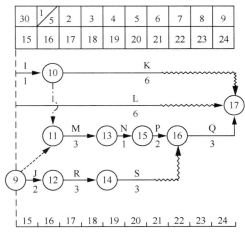

图 8.16 检查调整后的网络计划

(7) 实施调整后的网络进度计划。

与横道进度计划相同。

8.3.3 S 形曲线控制方法

1. S 形曲线的概念

S 形曲线是一种描述工程项目施工进度的动态曲线。一般而言,在项目施工初期,由于准备工作多,作业面条件差,劳动力、机械设备不能一次性全部到位,工人作业不熟练等原因,施工进展速度较慢;在项目施工中期,施工进展速度较快;而在项目施工后期,作业面逐渐减小,劳动力、机械设备等逐渐撤离施工现场,只留较少一部分人员从事收尾和清理工作,项目施工进展速度又要减慢。如果用平面直角坐标系的横坐标表示时间(可以天、周、旬、月等为单位),以纵坐标表示每一单位时间完成的工作量(可以用实物工程量、费用支出或工时消耗等数量表示),绘制出的时间与单位时间完成的工作量之间的关系曲线如图8.17(a)所示。如果以横坐标表示时间不变,以纵坐标表示到每一单位时间为止累计完成的工作量,绘制出的时间与累计完成工作量之间的关系曲线如图8.17(b)所示。因为此曲线形如"S",故称其为S形曲线。

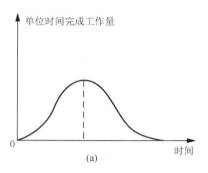
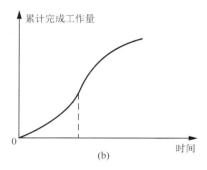

图8.17 时间与完成工作量关系曲线示意图(一)

在实际工程项目施工中,各单位时间内完成的工作量往往不是随时间的延续而连续变化的,绘制出的时间与单位时间内完成工作量的关系曲线如图8.18(a)所示,时间与累计完成工作量的关系曲线如图8.18(b)所示。若将图8.18(b)中各直方图右顶点用光滑曲线连起来,该曲线也呈"S"形,故也称其为S形曲线。

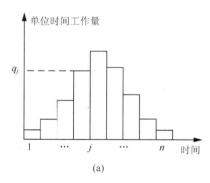
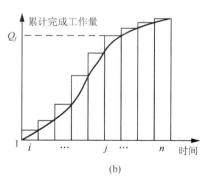

图8.18 时间与完成工作量关系示意图(二)

2. S形曲线的绘制与控制方法

采用S形曲线控制工程项目施工进度时,首先需要根据计划进度绘制出S形曲线,然后在施工过程中按下述步骤和方法对施工实际进度进行控制。

(1) 标出检查日期。如图8.19所示,黑色三角表示两次检查日期。

(2) 绘制出到检查日期为止的工程项目实际进度S形曲线。如图8.19中a、b两点即为实际进度S形曲线的到达点。

(3) 分析工作量完成情况。图8.19中实际进度S形曲线上的a点位于计划进度S形曲线的上方,说明实际进度比计划进度快,工作量超额完成,从a点沿垂直方向到计划进

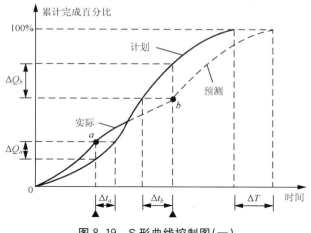

图 8.19 S形曲线控制图(一)

度 S 形曲线的距离 ΔQ_a,即为该检查点工作量超额完成量;实际进度 S 形曲线上的 b 点位于计划进度 S 形曲线的下方,说明实际进度比计划进度慢,工作量未按原计划完成,从 b 点沿垂直方向到计划进度 S 形曲线的距离 ΔQ_b,即为检查点工作量欠额完成量。

(4) 分析进度超前或拖后时间。在图 8.19 中,从 a 点沿水平方向到计划进度 S 形曲线的距离 ΔQ_a,即为该检查点进度超前时间;从 b 点沿水平方向到计划进度 S 形曲线的距离 ΔQ_b,即为该检查点进度拖后时间。

(5) 项目后期施工进度预测。图 8.19 中实际进度 S 形曲线达到 b 点后,若能保证后期按原计划进度施工,则预测的实际进度 S 形曲线如虚线所示,即为预计的工期拖延时间。

(6) 分析项目后期施工进度的速度限值。如图 8.20 所示,通过计划进度 S 形曲线的顶点 B 点向该 S 形曲线作切线,切点为 A 点,切线 AB 即为实际进度 S 形曲线的下限。一旦实际进度 S 形曲线落在切线 AB 的下方,则必须采取加快进度措施,否则将拖延计划工期。图 8.20 中实际进度 S 形曲线的 b 点已经落在计划进度 S 形曲线的下方,因此必须采取加快进度措施。将 b 点与 B 点相连(如图中虚线所示),斜线 bB 的斜率即为在保证计划工期条件下,项目后期施工进度的最低速度。

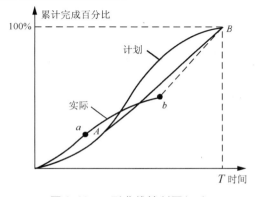

图 8.20 S形曲线控制图(二)

(7) 采取加快施工进度调整措施。

8.3.4 香蕉曲线控制方法

1. 香蕉曲线的概念

香蕉曲线是由两条 S 形曲线组成的,如图 8.21 所示。其中 ES 曲线是以工程项目中各项工作均按最早开始时间安排作业所绘制的 S 形曲线;LS 曲线是以工程项目中各项工作均按最迟时间安排作业所绘制的 S 形曲线。这两条曲线有共同的起点和终点。在施工工期范围内的任何时点上 ES 曲线始终在 LS 曲线的上方,形如香蕉,故称为香蕉曲线。

2. 香蕉曲线的绘制与控制方法

香蕉曲线的绘制方法是,按照 S 形曲线的绘制方法,首先考虑项目中各项工作均按最早开始时间绘制出 ES 曲线,然后考虑项目中各项工作均按最迟开始时间安排作业绘制出 LS 曲线,即形成香蕉曲线。

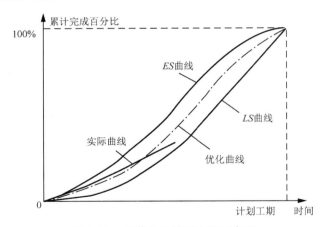

图 8.21 香蕉曲线控制方法示意图

图 8.21 中,在 ES 曲线和 LS 曲线之间的细点画线所示的曲线为优化曲线,这是理想的工程项目施工进度曲线。

下面将采用香蕉曲线控制施工进度的方法简单说明如下。

在工程项目开工前绘制出香蕉曲线,最好同时绘制出优化曲线。在开工之后,定期或不定期地检查实际施工进度,绘制出至检查日期为止的实际进度 S 形曲线。将实际进度 S 形曲线与计划进度香蕉曲线进行比较,如果实际进度 S 形曲线在香蕉曲线之内,则说明工程项目实际进度正常,若能逼近优化曲线则最为理想;如果实际进度 S 形曲线超出香蕉曲线,则说明实际进度出现了偏差。

进度偏差有两种情况,如果实际进度 S 形曲线位于香蕉曲线的上方,则说明实际进度比计划进度超前;如果实际进度 S 形曲线位于香蕉曲线的下方,则说明实际进度比计划进度拖后。对于出现的进度偏差,需要按 S 形曲线控制方法进行分析、预测和调整。

本 章 小 结

本章主要介绍了流水施工的原理，工程项目进度控制的内容及控制方法。流水施工的原理主要介绍了流水施工的各项参数和流水施工的几种基本组织形式。流水施工参数主要包括施工过程和流水强度等工艺参数，工作面、施工段、施工层等空间参数，流水节拍、流水步距、平行搭接时间、技术间歇时间、组织间歇时间等时间参数。流水施工根据各施工过程时间参数的不同特点，可以分为：等节拍专业流水、异节拍专业流水和无节奏专业流水等几种基本方式。掌握几种流水施工方式的组织方法是本章的重点内容之一。工程项目进度控制的方法中重点介绍了基于横道图的进度控制方法、网络计划的进度控制方法、S形曲线控制方法和香蕉曲线控制方法。运用网络计划方法和流水施工方法编制工程项目的进度计划，在计划实施过程中运用以上方法加强控制，也是本章的重点内容之一。

习 题

一、思考题

1. 简述流水施工的概念与特点。
2. 简述流水施工的效果。
3. 简述流水施工主要参数的种类。
4. 何谓施工段？划分施工段有哪些原则？
5. 何谓流水节拍？其数值如何确定？
6. 何谓流水步距？其数值的确定应遵循哪些原则？
7. 流水施工的基本方式有哪些？分别具有哪些基本特点？
8. 如何组织等节拍专业流水、异节拍专业流水、无节奏专业流水？
9. 何谓工程项目进度控制？其主要工作内容有哪些？
10. 简述横道进度计划实施中的进度控制步骤与方法。
11. 何谓实际进度前锋线？简述网络进度计划实施中的进度控制步骤与方法。
12. 简述S形曲线的概念、绘制与控制方法。
13. 简述香蕉曲线的概念、绘制与控制方法。

二、单项选择题

1. (　　)是流水施工的工艺参数。
  A. 施工段　　　B. 流水强度　　　C. 流水节拍　　　D. 流水步距

2. 固定节拍流水施工的特点是（　　）。
　　A. 所有施工过程在各个施工段上的流水节拍不相等
　　B. 相邻施工过程的流水步距相等，且等于流水节拍
　　C. 专业工作队大于施工过程数
　　D. 连续作业，施工段之间有必要的空闲时间
3. 对多层或高层建筑物，施工段的数目要满足合理流水施工组织的要求，即（　　）。
　　A. $m>n$　　　　B. $m<n$　　　　C. $m \geqslant n$　　　　D. $m=n$

三、多项选择题

1. 关于施工总进度计划作用的说法，正确的有（　　）。
　　A. 确定总进度目标
　　B. 确定单位工程的工期和进度
　　C. 确定里程碑事件的进度目标
　　D. 作为编制资源进度计划的基础
　　E. 形成建设工程项目的进度计划系统
2. 下列文件中，属于单位工程进度计划应包括的内容有（　　）。
　　A. 工程建设概况
　　B. 建设单位可能提供的条件和水电供应情况
　　C. 施工现场条件和勘察资料
　　D. 分阶段进度计划
　　E. 主要施工方案及流水段划分

四、计算题

1. 某工程项目由3个分项工程组成，划分为6个施工段。各分项工程在各个施工段上的持续时间依次为6d、2d和4d。试编制成倍节拍流水施工方案。
2. 某工程包括4项施工过程，根据工程具体情况，可分为4个施工段组织流水施工，每一施工过程在各施工段上的作业时间见表8-6，若施工过程Ⅰ、Ⅱ之间需1d技术间歇时间，施工过程Ⅲ、Ⅳ之间允许搭接施工2d，试组织流水施工，绘制出施工进度表。

表8-6　流水施工参数表

施工过程	施工段			
	①	②	③	④
Ⅰ	3	4	3	5
Ⅱ	2	2	4	2
Ⅲ	3	4	2	4
Ⅳ	4	2	2	3

第9章 工程项目成本控制

学习目标

(1) 掌握工程项目成本控制的方法。
(2) 掌握工程项目成本分析的方法。
(3) 熟悉工程项目成本核算的方法。
(4) 了解工程项目成本的影响因素。
(5) 了解工程项目成本管理的措施。

导入案例

某城市图书馆工程项目，结构主体已施工完成，目前进行装饰装修工程的施工，其中门窗子分部工程中有塑料门窗安装、特种门安装、门窗玻璃安装3个分项工程，在上个月的施工中，主要技术经济参数如表9-1所示。

表9-1 装饰装修工程技术经济参数表

序号	项目名称	塑料窗安装	特种门安装	木门安装
1	计划单位成本/元	78	120	50
2	拟完成的工程量/m²	250	36	100
4	已完工程量/m²	230	36	115
5	实际单位成本/元	66	138	62

案例分析： 工程项目建设中，成本控制是工程管理中的核心内容之一，也是保障工程项目建设是否顺利进行的重要措施，在项目成本控制中，应包括成本预测、成本计划、施工成本的形成、施工成本核算、施工成本分析、施工成本考核和编制成本报告等内容。如何科学有效地进行施工项目成本控制，其中成本控制的方法尤为重要。挣值法是将成本控制和进度控制联系起来的有效方法。

9.1 概　　述

建设工程项目施工成本管理应从工程投标报价开始，直至项目竣工结算完成为止，贯穿于项目实施的全过程。成本作为项目管理的一个关键性目标，包括责任成本目标和计划成本目标，前者反映组织对施工成本目标的要求，后者是前者的具体化，把施工成本在组织管理层和项目经理部的运行有机地连接起来。

9.1.1 工程项目成本管理的任务

施工成本是指在建设工程项目的施工过程中所发生的全部生产费用的总和，包括消耗的原材料、辅助材料、构配件等的费用，周转材料的摊销费或租赁费等，施工机械的使用费或租赁费等，支付给生产工人的工资、奖金、工资性质的津贴等，以及进行施工与管理所发生的全部费用支出。工程项目施工成本由直接成本和间接成本所组成。

（1）直接成本是指施工过程中消耗的构成工程实体或有助于工程实体形成的各项费用支出，是可以直接计入工程对象的费用，包括人工费、材料费、施工机械使用费和施工措施费等。

（2）间接成本是指为施工准备、组织和管理施工生产的全部费用的支出，是非直接用于也无法直接计入工程对象，但为进行工程施工所必须发生的费用，包括管理人员工资、办公费、差旅交通费等。

施工成本管理就是要在保证工期和质量满足要求的情况下，采取相应管理措施，包括组织措施、经济措施、技术措施、合同措施，把成本控制在计划范围内，并进一步寻求最大程度的成本节约。

施工成本管理的任务和环节主要包括以下内容。

（1）施工成本预测。根据成本信息和施工项目的具体情况，运用一定的专门方法，对未来的成本水平及其可能发展趋势作出科学的估计，其是在工程施工以前对成本进行的估算。

（2）施工成本计划。施工成本计划是指以货币形式编制施工项目在计划期内的生产费用、成本水平、成本降低率以及为降低成本所采取的主要措施和规划的书面方案。它是建立施工项目成本管理责任制、开展成本控制和核算的基础，也是该项目降低成本的指导文件，还是设立目标成本的依据。可以说，成本计划是目标成本的一种形式。

（3）施工成本控制。施工成本控制是指在施工过程中，对影响施工成本的各种因素加强管理，并采取各种有效措施，将施工中实际发生的各种消耗和支出严格控制在成本计划范围内。通过随时揭示并及时反馈，严格审查各项费用是否符合标准，计算实际成本和计划成本之间的差异并进行分析，进而采取多种措施，消除施工中的损失浪费现象。

（4）施工成本核算。施工成本核算包括两个基本环节：一是按照规定的成本开支范围对施工费用进行归集和分配，计算出施工费用的实际发生额；二是根据成本核算对象，采用适当的方法，计算出该施工项目的总成本和单位成本。施工成本管理需要正确及时地核算施工过程中发生的各项费用，计算施工项目的实际成本。施工项目成本核算所提供的各种成本信息，是成本预测、成本计划、成本控制、成本分析和成本考核等各个环节的依据。

（5）施工成本分析。在施工成本核算的基础上，对成本的形成过程和影响成本升降的因素进行分析，以寻求进一步降低成本的途径，包括有利偏差的挖掘和不利偏差的纠正。

（6）施工成本考核。施工成本考核是指在施工项目完成后，对施工项目成本形成中的各责任者，按施工项目成本目标责任制的有关规定，将成本的实际指标与计划、定额、预算进行对比和考核，评定施工项目成本计划的完成情况和各责任者的业绩，并以此给予相应的奖励和惩罚。

9.1.2 工程项目成本管理的措施

为取得施工成本管理的理想成效，应当从多方面采取措施实施管理，通常可以将这些措施归纳为组织措施、技术措施、经济措施、合同措施。

1. 组织措施

组织措施是从施工成本管理的组织方面采取的措施。施工成本控制是全员的活动，如实行项目经理责任制，落实施工成本管理的组织机构和人员，明确各级施工成本管理人员的任务和职能分工、权利和责任。施工成本管理不仅是专业成本管理人员的工作，各级项目管理人员也都负有成本控制责任。

另外，组织措施是编制施工成本控制工作计划、确定合理详细的工作流程。要做好施工采购规划，通过生产要素的优化配置、合理使用、动态管理，有效控制实际成本；加强施工定额管理和施工任务单管理，控制活劳动和物化劳动的消耗；加强施工调度，避免因施工计划不周和盲目调度造成窝工损失、机械利用率降低、物料积压等而使施工成本增加。组织措施是其他各类措施的前提和保障，而且一般不需要增加额外的费用，运用得当可以收到良好的效果。

2. 技术措施

技术措施不仅对解决施工成本管理过程中的技术问题是不可缺少的，而且对纠正施工成本管理目标偏差也有相当重要的作用。

施工过程中降低成本的技术措施包括：进行技术经济分析，确定最佳的施工方案；结合施工方法，进行材料使用的比选，在满足功能要求的前提下，通过代用、改变配合比、使用外加剂等方法降低材料消耗的费用；确定最合适的施工机械、设备使用方案；结合项目的施工组织设计及自然地理条件，降低材料的库存成本和运输成本；应用先进的施工技术，运用新材料，使用新开发机械设备等。在实践中，也要避免仅从技术角度选定方案而忽视对其经济效果的分析论证。运用技术纠偏措施的关键：一是要能提出多个不同的技术方案；二是要对不同的技术方案进行技术经济分析。

3. 经济措施

经济措施是最易为人们所接受和采用的措施。管理人员应编制资金使用计划，确定、分解施工成本管理目标。对施工成本管理目标进行风险分析，并制订防范性对策。对各种支出，应认真做好资金的使用计划，并在施工中严格控制各项开支。及时准确地记录、收集、整理、核算实际发生的成本。对各种变更，及时做好增减账，及时落实业主签证，及时结算工程款。

4. 合同措施

合同措施控制施工成本应贯穿整个合同周期，包括从合同谈判开始到合同终结的全过程。首先是选用合适的合同结构，对各种合同结构模式进行分析、比较，在合同谈判时，要争取选用适合于工程规模、性质和特点的合同结构模式。其次，在合同的条款中，应仔细考虑一切影响成本和效益的因素，特别是潜在的风险因素，通过对引起成本变动的风险因素的识别和分析，采取必要的风险对策，如通过合理的方式，增加承担风险的个体数量，降低损失发生的比例，并最终使这些策略反映在合同的具体条款中。在合同执行期间，合同管理的措施既要密切注视对方合同执行的情况，以寻求合同索赔的机会；同时又要密切关注自己履行合同的情况，以防被对方索赔。

9.1.3 工程项目成本的影响因素

1. 施工方案

施工方案与工程项目成本之间存在着相互依赖、相互制约的关系。具体地说，施工方法的正确确定可以反映施工技术水平、加快施工进度，施工机械的合理选择可以充分发挥机械的使用效率。而且，合理的施工组织、施工顺序等都可以达到降低成本的目的。

2. 施工进度

施工进度与工程项目成本是既相互联系又相互制约的关系。一般而言，在保证目标工期的前提下，应尽量降低工程项目成本；在工程项目目标成本控制下，应尽量加快施工进度。

3. 施工质量

一般而言，施工质量与工程项目成本的关系也是符合鞍形曲线的。即质量标准过高或过低，都将造成工程项目成本的上升。因此，项目经理部应当按照施工合同、项目管理目标责任书的要求，确定并实现适宜的质量水平。

4. 施工安全

施工安全直接影响着工程项目成本，即施工安全性越好，处理安全事故支出的费用就越少，施工所受干扰也越小。因此，项目经理部应当切实抓好施工安全工作。

5. 施工现场管理

科学合理的施工现场平面管理，可以实现施工过程互不干扰、有序实施，达到各项资源与服务设施间的高效组合、安全运行，通过减少二次搬运费用，提高劳动生产率，降低工程项目成本。同时，施工现场的场容、环境保护、卫生防疫等也对工程项目成本有着重大影响。

9.2 工程项目成本计划

工程项目的成本预测与计划是工程项目成本的事前控制。它的任务是通过成本预测估计出施工项目的成本目标，并通过成本计划的编制做出成本控制的安排。因此，工程项目成本的预测与计划的目的是提出一个可行的成本管理实施纲领和作业设计。

9.2.1 工程项目成本预测

1. 工程项目成本预测的依据

（1）工程项目成本目标预测的首要依据是施工企业的利润目标对企业降低工程成本的

要求。企业根据经营决策提出经营利润目标后，便对企业降低成本提出了总目标。每个工程项目的降低成本率水平应等于或高于企业的总降低成本率水平，以保证降低成本总目标的实现。在此基础上才能确定工程项目的降低成本目标和成本目标。

（2）工程项目的合同价格。工程项目的合同价格是其销售价格，是所能取得的收入总额。工程项目的成本目标就是合同价格与利润目标之差。这个利润目标是企业分配到该项目的降低成本要求。根据目标成本降低额，求出目标成本降低率，再与企业的目标成本降低率进行比较，如果前者等于或大于后者，则目标成本降低额可行；否则，应予调整。

（3）工程项目成本估算（概算或预算）。成本估算（概算或预算）是根据市场价格或定额价格对成本发生的社会水平做出估计，它既是合同价格的基础，又是成本决策的依据，是量入为出的标准。这是最主要的依据。

（4）施工企业同类工程项目的降低成本水平。这个水平，代表了企业的成本管理水平，是该工程项目可能达到的成本水平，可用以与成本管理目标进行比较，从而做出成本目标决策。

2. 工程项目成本预测的程序

（1）进行工程项目成本估算，确定可以得到补偿的社会平均水平的成本。目前主要是根据概算定额或工程量清单进行计算。

（2）根据合同承包价格计算工程项目的承包成本，并与估算成本进行比较。一般承包成本应低于估算成本。如果高于估算成本，则应对工程索赔和降低成本做出可行性分析。

（3）根据企业利润目标提出的工程项目降低成本要求，并根据企业同类工程的降低成本水平以及合同承包成本，做出降低成本决策；计算出降低成本率，对降低成本率水平进行评估，在评估的基础上做出决策。

（4）根据降低成本率计算出降低成本额和工程项目成本额，在此基础上定出项目经理部责任成本额。

9.2.2 工程项目目标成本的确定

工程项目目标成本是在相关成本资料分析、预测，以及劳动力、材料、机械设备等资源优化的基础上，项目经理部经过努力可以实现和必须实现的成本。它是施工企业要求项目经理实施工程项目成本管理与控制工作的目标，故应在工程开工前编制完成。其具体编制与确定步骤如下。

1. 施工企业下达项目目标成本

工程项目施工承包合同签订以后，施工企业应根据合同造价、施工图和招标文件中的工程量清单以及成本预测结果等，确定正常情况下的企业管理费用、财务费用和制造成本。然后将其中的制造成本确定为项目经理的可控成本，下达并形成项目经理的责任目标成本。

2. 项目经理降低成本的目标值

项目经理根据承包合同、企业下达的项目目标成本以及成本预测结果，通过主持编制项目管理实施规划、施工预算,寻求降低成本的各种途径,初步估算出项目降低成本的目标值。

3. 确认目标成本

项目经理部根据最经济合理的施工方案和企业的施工定额,将项目合同价减去税金、目标利润和成本降低目标值后,即可得出项目的总目标成本。如果这个目标成本不高于企业下达的目标成本,便可确认为该项目的计划目标成本;否则,应重新编制。

4. 计算项目的目标成本降低额

$$目标成本降低额 = 项目的预算成本 - 项目的目标成本 \tag{9.1}$$

$$目标成本降低率 = \frac{目标成本降低额}{项目的预算成本} \tag{9.2}$$

9.2.3　工程项目目标成本的分解

工程项目的成本计划或目标成本是在完成项目合同任务前提下的全面费用预算。将其在项目组织系统内部按照项目的构成、职能部门或时间进行分解,并实现相应的计量与记录、评价与考核,可以有针对性地采取控制措施,进而确保预定成本目标的顺利实现。

可控成本范围的界定包括以下几方面。

(1) 项目经理部的可控成本。项目经理部内部各个职能部门,根据业务范围及业务控制程度的不同,其可控成本范围也不尽相同。例如,技术部门应负责最佳施工方案的制订及相应的成本不超过目标成本范围;计划协调不利而拖延工期或为赶工期而增加的成本属于计划部门的可控成本;材料部门的可控成本应包括材料的价款、包装、运输、仓储、保管等费用;固定资产折旧费、大修理费、汽车养路费、财务费用,以及项目经理部以下各个成本控制中心发生的管理费用、财务费用等,属于财务部门的可控成本范围。

(2) 作业队的可控成本。一般包括人工费、材料费、施工机械使用费中的人工费、燃料动力费,以及作业队管理人员所发生的间接费。

(3) 作业班组的可控成本。一般包括人工费、材料费、施工机械使用费,并应按照实际消耗或目标成本的规定计算。

(4) 目标成本的纵向分解。纵向分解是将工程项目直接成本中的可控成本,按照项目的构成情况进行垂直分解。

(5) 目标成本的横向分解。横向分解是将工程项目成本中的部分间接成本和直接成本中不宜纵向分解的部分在项目经理部内部的有关职能部门进行分解。

9.2.4　工程项目成本计划表

项目经理部通过编制工程项目成本计划表,将各分部分项工程以及各成本要素、成本控制的目标和要求,落实到成本控制的责任者,并针对拟定的成本控制措施、方法和时间,进行检查和改善,进而实施有效的工程项目成本控制。

1. 目标成本计划表

项目的目标成本计划表如表9-2所示。

表9-2 项目的目标成本计划表　　　　　　　　　　　　　费用单位：

项　　目	成本费用			
	预算成本	计划成本	计划成本降低额	计划成本降低率
直接成本 　人工费 　材料费 　机械使用费 　其他直接费				
间接费 　施工管理费 　……				
合计				

编制单位或部门：　　　编制人：　　　审定人：　　　日期：

2. 降低成本技术组织措施计划表

项目降低成本技术组织措施计划表如表9-3所示。

表9-3 项目降低成本技术组织措施计划表　　　　　　　　费用单位：

措施项目	措施内容	涉及对象			降低成本来源		降低成本额					执行者
		实物名称	单价	数量	预算收入	预算开支	人工费	材料费	机械费	其他直接费	合计	
合计												

编制单位或部门：　　　编制人：　　　审定人：　　　日期：

3. 降低成本计划表

项目降低成本计划表如表9-4所示。

表9-4 项目降低成本计划表　　　　　　　　　　　　　　费用单位：

分项工程名称	成本降低额							备注
	合计	直接成本				间接成本		
		人工费	材料费	机械费	其他直接费			
合计								

编制单位或部门：　　　编制人：　　　审定人：　　　日期：

9.2.5　工程项目成本目标的风险分析

工程项目成本计划目标的风险分析，就是分析工程项目实施过程中可能遇到的影响目标成本的不确定因素及其影响程度，以便采取措施消除影响，保证成本目标的顺利实现。

工程项目成本计划目标的风险分析根据工程项目的具体情况而有所差别，但一般应包括以下内容。

（1）项目外部干扰。通常包括：气候条件，如水文地质条件；市场情况，如劳动力的需求、材料的价格、可能的通货膨胀等；项目所在地的条件，如能源、交通、电力、当地的政策与管理等；建设单位及监理单位的情况，如经济实力、信誉、组织协调能力等。

（2）项目设计质量。通常包括：设计图纸的错误；设计粗糙，漏项；设计资料与项目实际不完全相符；图纸供应不及时等。

（3）项目内部影响。通常包括：由于人工、机械等原因导致的工作效率低下；缺乏科学的施工组织，如施工方案不先进、生产要素未优化、管理及作业组织形式不合理、技术组织措施不力、窝工和返工现象严重等；以及非生产人员比例过大、动态管理不够、岗位培训不力、新技术不熟练、现场管理不善、资源浪费严重、安全隐患突出等。

9.3　工程项目成本控制的实施

9.3.1　工程项目成本控制的原则

工程项目成本控制是根据项目管理目标责任书的要求，结合项目的成本计划，对施工过程中发生的各种费用支出进行监督、控制，以保证项目目标成本的实现。项目成本控制的运行过程，就是实现成本计划的过程。因此项目经理部应坚持按照增收节支、全面控制、责权利相结合的原则，用目标管理方法对实际施工成本的发生过程进行有效控制。

1. 增收节支原则

通过项目成本的过程控制、事后监督，严格按照成本计划目标控制各项成本费用支出。同时事先加强对工程项目的研究、分析，积极主动地优化施工方案，提高作业效率，减少资源消耗，挖掘降低成本的各种潜力，有效地发挥事前控制的作用，弥补成本控制工作的先天不足，进而实现合理的最低项目成本水平。

2. 全面控制原则

全面控制原则要求项目全体参与人员对项目形成全过程的成本进行全面控制。要建立包括每个部门、每个职工的成本控制体系，以形成全员关心、控制项目成本、与自身利益相关联的局面。并且要在项目的施工准备、施工组织、竣工移交与保修的全过程，根据系统工程的思想，实施连续的成本控制。

3. 责权利相结合原则

项目成本责任制的要求，必须对项目成本目标进行分解，形成完整的项目成本控制责任体系；为了实施对可控成本的实质性控制，各责任主体必须拥有相应的权利；最后，为了充分调动项目全体参与人员的工作积极性，项目经理必须定期对各个成本（费用）控制中心的业绩进行考评，并据以兑现奖惩。

4. 目标管理原则

目标管理是以目标成本为依据，贯彻执行成本计划的一种方法，其内容包括目标的设定与层层分解、目标责任的到位与执行、检查目标的执行结果、修正与评价目标，进而实现项目成本管理的 PDCA 的（详见 10.1.4 节）的良性循环。

9.3.2 工程项目成本控制的基础工作

1. 加强定额管理

定额是明确工程项目参与各方经济责任的依据，也是用来计划、控制、分析各项活动及其经济效果的尺度。施工定额是施工企业根据自身的管理水平、技术能力而制订的适合企业特点的内部定额。它在测算工程项目的资源消耗数量、编制成本计划、考评工作业绩等方面具有重要作用，但它又是施工企业目前所普遍欠缺的。

2. 完善单价分析

项目管理中可能涉及的单价有工料单价和综合单价两种情况。一般来说，当应用单价法编制施工图预算时，可以采用单位估价表中的地方单价；但是应用实物法编制施工图预算或编制施工图预算时，则需采用更有针对性的企业单价。因此，施工企业必须高度重视各种资源的市场价格，以及其他直接费、间接费等费率的测算、编制、修订工作。同时，加速建立以等价交换为原则的有偿服务的企业内部物资、劳务市场。

3. 健全原始记录

原始记录是记载有关情况的最初书面文件，对于编制成本计划、监控项目系统的正常运行等起着重要的作用。原始记录一般应包括：施工生产记录、劳动工资记录、材料物资记录、能源记录、设备记录、工程款结算记录、合理化建议记录、财务记录等。原始记录的管理工作应按照统一领导、分级管理的原则，努力提高有关人员的素质，做到原始记录的完整、准确、及时，实现记录内容、格式、填写、传递、整理、修改等环节的规范化、标准化。

4. 改进计量工作

计量是按照统一的计量仪器、计量单位，采用科学的检测方法，对计量对象质与量的数据进行采集、传递的工作。正确的计量可以提供工程项目的质量、数量以及材料性能试验等必要的数据，确保项目成本控制与核算工作的准确无误。因此，项目经理部应当在材料进场、工程测量、质量验收、竣工移交等施工全过程中，委托专门机构和人员负责计量工作,并努力提高仪器、仪表的精度,确保计量方法与检测技术的科学性,完善计量数据的采集、填制、传递与反馈。

5. 落实各项规章制度

工程项目成本管理制度可包括计量验收制度、考勤考核制度、原始记录与统计制度、项目成本管理责任制度等,其中项目经理责任制度和项目成本考核制度尤为重要。强化全体人员的项目成本观念,实现全过程的成本管理,不仅需要周密的成本计划目标,更需要完备的规章制度作为必要的保障。

9.3.3 工程变更和索赔的管理

1. 工程变更的管理

1) 工程变更的内容

施工中发包人需对原工程设计变更时,应提前14天以书面形式向承包人发出变更通知。承包人按照监理工程师发出的变更通知及有关要求,进行下列需要的变更。

(1) 更改工程有关部分的标高、基线、位置和尺寸。

(2) 增减合同中约定的工程量。

(3) 改变有关工程的施工时间和顺序。

(4) 其他有关工程变更需要的附加工作。

因变更导致合同价款的增减及造成的承包人损失,由发包人承担,延误的工期相应顺延。

2) 工程变更的处理方法

承包人在工程变更确定后14天内,提出工程变更价款的报告,经监理工程师确认后,调整合同价款。变更合同价款按下列方法进行。

(1) 合同中已有适用于变更工程的价格,按合同已有的价格变更合同价款。

(2) 合同中只有类似于变更工程的价格,可以参照类似价格变更合同价款。

(3) 合同中没有适用或类似于变更工程的价格,由承包人提出适当的变更价格,经监理工程师确认后执行。

3) 项目经理部对工程变更的管理

为了有效地处理工程变更,实现项目成本目标、提高经济效益,项目经理部必须加强有关的管理工作。例如,组织有关人员熟悉设计文件,领会设计意图,严格按图施工;熟悉合同条款,在相应的时限内完成必要的工作;掌握实际情况,健全档案资料;充分利用与发包人、监理工程师协商的机会,争取最有利的结果等。

2. 施工索赔的管理

1) 索赔的概念

索赔是工程承包合同履行中,当事人一方因为对方不履行或不完全履行既定的义务,或者由于对方的行为使权利人受到损失时,要求对方补偿损失的权利。索赔可以是承包人向发包人提出，也可以是发包人向承包人提出。习惯上，将承包人向发包人提出的索赔称为施工索赔。由于施工现场条件、气候条件的变化，施工进度的变化，以及合同条款、规范、标准文件和施工图纸的变更、差异、延误等因素的影响，索赔已经成为工程施工中经常发生、随处可见的正常现象。

2）索赔费用的计算

从原则上讲，承包人可以索赔的费用是建筑安装工程价款的全部，即除工程项目成本外，还可能包括企业管理费、利润及税金。但是，一定是承包人为了完成额外的施工任务而增加的开支。

具体计算索赔费用时，可以根据索赔事件的不同，采用以下方法。

（1）实际费用法。

针对单项索赔的实际费用法是索赔计算的最常用的方法，它是以承包人为某项索赔工作所支付的实际开支为根据，向发包人要求费用补偿。

（2）总费用法。

总费用法又称总成本法，即当发生多次索赔事件以后，按实际总费用减去投标报价时的估算费用计算索赔金额的一种方法。它只适合于综合索赔。

（3）修正的总费用法。

修正的总费用法是对总费用法的改进，可以降低索赔金额。其索赔金额的计算为：用其工作调整后的实际总费用减去该项工作的报价费用。修正的总费用法与总费用法相比，有了实质性的改进，它的准确程度已接近于实际费用法。

9.3.4 工程项目成本控制的方法

1. 施工成本的过程控制方法

1）人工费的控制

人工费的控制实行"量价分离"的方法，将作业用工及零星用工按定额工日的一定比例综合确定用工数量与单价，通过劳务合同进行控制。

影响人工费的因素很多，其中主要包括：社会平均工资水平；生产消费指数；劳动力市场供需变化；政府推行的社会保障和福利政策；经会审的施工图、施工定额、施工组织设计等。

加强劳动定额管理，提高劳动生产率，降低工程耗用人工工日，是控制人工费支出的主要手段。其主要的控制方法有以下几种。

（1）制定先进合理的企业内部劳动定额，严格执行劳动定额，并将安全生产、文明施工及零星用工下达到作业队进行控制。

（2）提高生产工人的技术水平和作业队的组织管理水平，根据施工进度、技术要求，合理搭配各工种工人的数量，减少和避免无效劳动。

（3）加强职工的技术培训和多种施工作业技能培训，不断提高职工的业务技术水平和熟练操作程度，培养一专多能的技术工人，提高作业工效。

（4）实行弹性需求的劳务管理制度。对施工生产各环节上的业务骨干和基本的施工力量，要保持相对稳定。对短期需要的施工力量，要做好预测、计划管理，通过企业内部的劳务市场及外部协作队伍进行调剂。严格做到项目部的定员随工程进度要求波动，进行弹性管理。要打破行业、工种界限，提倡一专多能，提高劳动力的利用效率。

2）材料费的控制

材料费的控制同样按照"量价分离"的原则，控制材料用量和材料价格。

（1）材料用量的控制。

在保证符合设计要求和质量标准的前提下，合理使用材料，通过定额管理、计量管理等手段有效控制材料物资的消耗，具体方法如下。

① 定额控制。对于有消耗定额的材料，以消耗定额为依据，实行限额发料制度。在规定限额内分期分批领用，超过限额领用的材料，必须先查明原因，经过一定审批手续方可领用。

② 指标控制。对于没有消耗定额的材料，则实行计划管理和按指标控制的办法。根据以往项目的实际耗用情况，结合具体施工项目的内容和要求，制定领用材料指标，以控制发料。超过指标的材料，必须经过一定的审批手续方可领用。

③ 计量控制。准备做好材料物资的收发计量检查和投料计量检查。

④ 包干控制。在材料使用过程中，对部分小型及零星材料（如钢钉、钢丝等）根据工程量计算出所需材料量，将其折算成费用，由作业者包干控制。

（2）材料价格的控制。

材料价格主要由材料采购部门控制。由于材料价格是由买价、运杂费、运输中的合理损耗等所组成，因此控制材料价格，主要是通过掌握市场信息，应用招标和询价等方式控制材料、设备的采购价格。

3）施工机械使用费的控制

施工机械使用费主要由台班数量和台班单价两方面决定，为有效控制施工机械使用费支出，主要从以下几个方面进行控制。

（1）控制台班数量。

① 根据施工方案和现场实际，选择适合项目施工特点的施工机械，制订设备需求计划，合理安排施工生产，充分利用现有机械设备，加强内部调配，提高机械设备的利用率。

② 保证施工机械设备的作业时间，安排好生产工序的衔接，尽量避免停工、窝工，尽量减少施工中所消耗的机械台班数量。

③ 核定设备台班定额产量，实行超产奖励办法，加快施工生产进度，提高机械设备单位时间的生产效率和利用率。

④ 加强设备租赁计划管理，减少不必要的设备闲置和浪费，充分利用社会闲置机械资源。

（2）控制台班单价。

① 加强现场设备的维修、保养工作，降低大修、经常性修理等各项费用的开支，提高机械设备的完好率，最大限度地提高机械设备的利用率。避免因不当使用造成机械设备

的停置。

② 加强机械操作人员的培训工作，不断提高操作技能，提高施工机械台班的生产效率。

③ 加强配件的管理，建立健全配件领发料制度，严格按油料消耗定额控制油料消耗，达到修理有记录，消耗有定额，统计有报表，损耗有分析。通过经常分析总结，提高修理质量，降低配件消耗，减少修理费用的支出。

④ 降低材料成本，严把施工机械配件和工程材料采购关，尽量做到工程项目所进材料质优价廉。

⑤ 成立设备管理领导小组，负责设备调度、检查、维修、评估等具体事宜。对主要部件及其保养情况建立档案，分清责任，便于尽早发现问题，找到解决问题的办法。

4）施工分包费用的控制

分包工程价格的高低，必然对项目经理部的施工项目成本产生一定的影响。因此，施工项目成本控制的重要工作之一是对分包价格的控制。项目经理部应在确定施工方案的初期就要确定需要分包的工程范围。决定分包范围的因素主要是施工项目的专业性和项目规模。对分包费用的控制，主要是要做好分包工程的询价、订立平等互利的分包合同、建立稳定的分包关系网络、加强施工验收和分包结算等工作。

2. 赢得值（挣值）法

赢得值法（Earned Value Management，EVM）作为一项先进的项目管理技术，最初是美国国防部于1967年确立的。到目前为止，国际上先进的工程公司已普遍采用赢得值法进行工程项目的费用、进度综合分析控制。用赢得值法进行费用、进度综合分析控制，基本参数有3项，即已完工作预算费用、计划工作预算费用和已完工作实际费用。

1）赢得值法的3个基本参数

（1）已完工作预算费用。

已完工作预算费用（Budgeted Cost for Work Performed，BCWP），是指在某一时间已经完成的工作（或部分工作），以批准认可的预算为标准所需要的资金总额，由于业主正是根据这个值为承包人完成的工作量支付相应的费用，也就是承包人获得（挣得）的金额，故称赢得值或挣值。

$$已完工作预算费用 = 已完成工作量 \times 预算单价 \tag{9.3}$$

（2）计划工作预算费用。

计划工作预算费用（Budgeted Cost for Work Scheduled，BCWS），即根据进度计划，在某一时刻应当完成的工作（或部分工作），以预算为标准所需要的资金总额，一般而言，除非合同有变更，计划工作预算费用在工程实施过程中应保持不变。

$$计划工作预算费用 = 计划工作量 \times 预算单价 \tag{9.4}$$

（3）已完工作实际费用。

已完工作实际费用（Actual Cost for Work Performed，ACWP），即到某一时刻为止，已完成的工作（或部分工作）所实际花费的总金额。

$$已完工作实际费用 = 已完成工作量 \times 实际单价 \tag{9.5}$$

2) 赢得值法的 4 个评价指标

在这 3 个基本参数的基础上,可以确定赢得值法的 4 个评价指标,它们都是时间的函数。

(1) 费用偏差(Cost Variance,CV)。

$$费用偏差 = 已完工作预算费用 - 已完工作实际费用 \tag{9.6}$$

当费用偏差为负值时,表示项目运行超出预算费用;当费用偏差为正值时,表示项目运行节支,实际费用没有超出预算费用。

(2) 进度偏差(Schedule Variance,SV)。

$$进度偏差 = 已完工作预算费用 - 计划工作预算费用 \tag{9.7}$$

当进度偏差为负值时,表示进度拖延,即实际进度落后于计划进度;当进度偏差为正值时,表示进度提前,即实际进度快于计划进度。

(3) 费用绩效指数(Cost Performance Index,CPI)。

$$费用绩效指数 = 已完工作预算费用 / 已完工作实际费用 \tag{9.8}$$

当费用绩效指数<1 时,表示超支,即实际费用高于预算费用;当费用绩效指数>1 时,表示节支,即实际费用低于预算费用。

(4) 进度绩效指数(Schedule Performance Index,SPI)。

$$进度绩效指数 = 已完工作预算费用 / 计划工作预算费用 \tag{9.9}$$

当进度绩效指数<1 时,表示进度拖延,即实际进度比计划进度拖后;当进度绩效指数>1 时,表示进度提前,即实际进度比计划进度快。

在项目的费用、进度综合控制中引入赢得值法,可以克服过去进度、费用分开控制的缺点,即当发现费用超支时,很难立即知道是由于费用超出预算,还是由于进度提前。相反,当发现费用低于预算时,也很难立即知道是由于费用节省,还是由于进度拖延。而引入赢得值法即可定量地判断进度、费用的执行效果。

9.4 工程项目成本核算

9.4.1 工程项目成本核算的方法

项目成本核算应通过会计核算、统计核算和业务核算相结合的方法,进行实际成本与预算成本、实际成本与计划目标成本的比较分析,从而找出具体核算对象成本节约或超支的原因,以便采取对策,防止因偏差积累而导致成本总目标失控。

1. 会计核算

它以原始会计凭证为基础,借助一定的会计科目,运用货币形式,连续、系统、全面地反映和监督工程项目成本的形成过程及结果。成本核算中的很多综合性数据资料都是由会计核算提供的,而且会计核算有着严格的凭证与审批程序。

2. 统计核算

它是根据大量的调查资料，通过统计、分析和整理，反映和监督工程项目成本的方法。统计核算中的数据资料可以用货币计算，也可以用实物量、劳动量等计量。它不仅可以反映当前工程项目成本的实际水平、比例关系，而且可以对未来的发展趋势作出预测。

3. 业务核算

它是通过简单、迅速地提供某项业务活动所需的各种资料，以反映该项业务活动水平的一种方法。例如，各种技术措施、新工艺等项目，可以核算已经完成的项目是否达到原定的目的、取得预期的效果，也可以对准备采取措施的项目进行核算和审查，看是否有效果，值不值得采纳，随时都可以进行。业务核算的目的，在于迅速取得资料，在经济活动中及时采取措施进行调整。

9.4.2 工程项目成本核算的指标体系

1. 反映项目施工成果的指标

（1）实物量。表示施工产量的指标可以是实物量、劳动量、价值量等多种形式。仅就实物量而言，又包含着多种作业或工种，因此，在实际核算工作中，应针对主要的分部分项工程或作业，在项目的施工过程中逐步进行核算。

（2）工程质量。在项目施工过程中，工程质量主要是指工程满足设计要求以及有关质量标准、技术规范的程度。工程质量一般可以分为两类：一类是反映工程本身质量的指标，如分部分项工程的合格率、一次交验合格率等；另一类是反映施工过程中工作质量的指标，如质量事故次数、返工损失金额、返工损失率等。

（3）施工产值。一般包括施工总产值和施工净产值两类。

2. 反映项目施工消耗的质量

（1）劳动消耗。劳动消耗是反映活劳动消耗以及生产成果对比关系的指标，主要有出勤率、工日（工时）利用率、劳动生产率等。

（2）材料消耗。材料消耗在整个工程项目中的比重很大，其指标可以包括单位工程产品材料消耗量、材料利用率、三材节约率等。

（3）机械设备消耗。机械设备消耗主要包括机械设备完好率、机械设备利用率等。

3. 反映项目资金占用的指标

由于机械设备等固定资产是根据施工组织设计的安排需要调入的，一般不会闲置。因此项目经理部应着重核算流动资金的占用情况，并主要设置流动资金周转天数、流动资金周转次数、百元产值占用定额流动资金和流动资金利用率等指标。

4. 反映项目施工收入的指标

一般可以利用利润额、利润率指标反映施工收入。其中，利润额是产量、质量、劳动生产率、成本等的综合反映；表示工程项目盈利水平的利润率，又可分为产值利润率、成本利润率、资金利润率等不同的形式。

9.5 工程项目成本分析与考核

9.5.1 工程项目成本分析的内容

工程项目成本分析是利用项目成本核算资料,对成本的形成过程及影响成本升降的因素进行系统的分析,以寻求降低成本的有效途径。成本分析是成本核算的延续,其内容应与成本核算对象相对应。项目经理部应当充分利用成本核算资料,坚持实事求是的科学态度,紧紧围绕项目管理的方针与目标,及时、深入地进行项目成本分析工作。并在单位工程成本分析的基础上,进行工程项目成本的综合分析,以反映项目的施工活动及其成果。

工程项目成本分析的内容一般应包括以下3个方面。

1. 按项目施工进展进行的成本分析

(1) 分部分项工程成本分析。它针对已完的分部分项工程,从开工到竣工进行系统的成本分析,是项目成本分析的基础。

(2) 月(季)度成本分析。它通过定期的、经常性的过程(中间)成本分析,及时发现问题、解决问题,保证项目成本目标的实现。

(3) 年度成本分析。它可以满足施工企业年度结算、编制年度成本报表的需要,而且可以总结过去,提出未来的管理措施。

(4) 竣工成本分析。它以项目施工的全过程作为结算期,汇总该工程项目所包含的各个单位工程,并应考虑项目经理部的经营效益。

2. 按项目成本构成进行的成本分析

(1) 人工费的分析。应在执行劳务承包合同的基础上,考虑因工程量增减、奖励等原因引起的其他人工费开支。

(2) 材料费分析。它着重分析主要材料与结构件费用、周转材料使用费、采购保管费、材料储备资金等内容。

(3) 机械使用费分析。主要针对项目施工中使用的机械设备,尤其是按使用时间计算费用的设备,分析其完好率、利用率,以实现机械设备的平衡调度。

(4) 其他直接费分析。主要将实际发生数额与预算或计划目标进行比较。

(5) 间接费分析。主要将实际发生数额与预算或计划目标进行比较。

3. 按特定事项进行的成本分析

(1) 成本盈亏异常分析。按照施工进度、施工产值统计、实际成本归集"三同步"的原理,彻底查明造成项目成本异常的原因,并采取措施加以纠正。

(2) 工期成本分析。在求出固定费用的基础上,将计划工期内应消耗的计划成本与实际工期内所消耗的实际成本进行对比分析,并分析各种因素变动对于工期成本的影响。

(3) 资金成本分析。一般通过成本支出率,反映成本支出占工程(款)收入的比重,分析资金使用的合理性。

(4) 技术组织措施节约效果分析。紧密结合工程项目特点，分析采取措施前后的成本变化，并对影响较大、效果较好的措施进行专题分析。

(5) 其他有利因素和不利因素对成本影响的分析。包括工程结构的复杂性和施工技术的难度、施工现场的自然地理环境、物资供应渠道和技术装备水平等。

针对上述成本分析的内容，应当形成工程项目的成本分析报告。成本分析报告通常由文字说明、报表和图表等部分组成。它可以为纠正与预防成本偏差、改进成本控制方法、制定降低成本措施、完善成本控制体系提供依据。

不同层次的成本分析报告的侧重点会有所不同。例如，为项目经理提供的成本分析报告，主要包括项目总成本的现状及控制结果、主要的节约或超支项目、项目诊断等；为作业班组长提供的成本分析报告，主要包括各分部分项工程的成本（消耗）值、成本的正负偏差、可能采取的措施及趋势分析等。

9.5.2 工程项目成本分析的方法

1. 因素分析法

因素分析法又可称为连环替代法，可用来分析各种因素对成本形成的影响。

【例 9-1】某工程的材料成本资料见表 9-5，用因素分析法分析各因素的影响时，可见表 9-6。分析的顺序是：先实物量指标，后货币量指标；先绝对量指标，后相对量指标。

表 9-5 材料成本情况表

项目	单位	计划	实际	差异	差异率
工程量	m^3	100	110	+10	+10.0
单位材料耗量	kg	320	310	-10	-3.1
材料单价	元/kg	400	420	+20	+5.0
材料成本	元	12 800 000	1 432 000	+1 522 000	+12.0

表 9-6 材料成本影响因素分析法

计算顺序	替换因素	影响成本的变动因素			成本/元	与前一次的差异/元	差异原因
		工程量/m^3	单位材料耗量/kg	单价/元			
替换基数		100	320	400	12 800 000		
一次替换	工程量	110	320	400	14 080 000	1 280 000	工程量增加
二次替换	单耗量	110	310	400	13 640 000	-440 000	单位耗量节约
三次替换	单价	110	310	420	14 322 000	682 000	单价提高
合计						1 522 000	

2. 差额计算法

这是因素分析法的简化形式，以例 9-1 为例计算。

由于工程量增加使成本增加，计算得

$$(110-100)\times 320\times 400 = 1\ 280\ 000(元)$$

由于单位耗料量节约使成本降低，计算得

$$(310-320)\times 110\times 400 = -440\ 000(元)$$

由于单价提高使成本增加，计算得

$$(420-400)\times 110\times 310 = 682\ 000(元)$$

3. 比率法

比率法指用两个以上指标的比例进行分析的方法，该法的基本特点是先把对比分析的数值变为相对数，再观察其相互之间的关系。该法所用的比率有以下三种。

（1）相关比率。该比率用两个性质不同而又相关的指标加以对比，得出比率，用来考察成本的状况，如成本利润率就是相关比率。

（2）构成比率。某项费用占项目总成本的比重就是构成比率，可用来考察成本的构成情况，分析量、本、利的关系，为降低成本指明方向。

（3）动态比率。将同类指标不同时期的成本数值进行对比，就可求得动态比率，包括定比比率和环比比率两类，可用来分析成本的变化方向和变化速度。

9.5.3 工程项目成本的考核

1. 项目成本考核的层次与要求

项目成本考核应当分层进行，以实现项目成本目标的层层保证体系。
（1）企业对项目经理部进行成本管理考核。
（2）项目经理部对项目内部各岗位及各作业队进行成本管理考核。
因此，项目成本考核应当满足下列要求。
（1）企业对施工项目经理部进行考核时，应以确定的责任目标成本为依据。
（2）项目经理部应以控制过程的考核为重点，控制过程的考核应与竣工考核相结合。
（3）各级成本考核应与进度、质量、安全等指标的完成情况相联系。
（4）项目成本考核的结果应形成文件，为对责任人实施奖罚提供依据。

2. 项目成本考核的内容

项目成本考核的内容，应当包括计划目标完成情况考核和成本管理工作业绩考核两个方面。
（1）企业对项目经理部考核的内容。
① 项目成本目标和阶段成本目标的完成情况。
② 建立以项目经理为核心的项目成本核算制的落实情况。

③ 成本计划的编制和落实情况。
④ 对于各个部门、作业队伍责任成本的检查与考核情况。
⑤ 在成本管理中贯彻责权利相结合原则的执行情况等。

(2) 项目经理部对项目内部各岗位及各作业队考核的内容。

① 对各个部门的考核内容，一般包括本部门、本岗位责任成本的完成情况，本部门、本岗位成本管理责任的执行情况等。

② 对各个作业队的考核内容，一般包括对劳务合同规定的承包范围和承包内容的执行情况、劳务合同以外的补充收费情况、对作业班组施工任务单的管理情况，以及作业班组完成施工任务后的考核情况等。

一般而言，对作业班组的经常考核应由作业队负责实施。对于重要或特殊的作业班组，项目经理部应以施工任务单、限额领料单的结算资料为依据，与施工预算进行对比，考核其责任成本的完成情况。

3. 项目成本考核的实施

在具体进行工程项目成本考核时，一般应注意以下事项。

(1) 建立适当的评分制。根据项目特点及考核内容，建立适当的比例加权评分准则。例如，计划目标成本完成情况的权重为0.7，成本管理工作业绩的权重为0.3。

(2) 与相关指标的完成情况相结合。例如，根据进度、质量、安全和现场标准化管理等指标的完成情况，进行嘉奖或扣罚。

(3) 强调项目成本的中间考核。

(4) 正确评价竣工成本。

(5) 科学运用激励机制。

本 章 小 结

本章主要介绍了工程项目成本计划的制订、成本控制的实施、成本核算、成本分析与考核等内容。工程项目成本计划的制订包括工程项目目标成本的确定、目标成本的分解、工程项目目标成本计划表的编制等内容。工程变更和索赔是工程项目成本控制中遇到的不可避免的问题，必须坚持成本控制的原则，做好成本控制的基础工作，运用成本控制的方法做好工程项目的成本控制。工程项目成本核算包括业务核算、会计核算、统计核算。工程项目成本分析的方法包括因素分析法、差额计算法和比率法。赢得值法是工程项目成本控制的重要方法，它将工程项目的成本问题和进度问题联系在一起。

习 题

一、思考题

1. 简述工程项目成本管理的任务及管理措施。
2. 简述影响工程项目成本的因素有哪些。
3. 简述工程项目成本目标的确定方法与分解。
4. 简述工程项目成本控制的方法。
5. 简述工程项目成本核算的对象、要求和方法。
6. 简述工程项目成本分析的内容。
7. 简述工程项目成本考核的要求和内容。

二、单项选择题

1. 赢得值原理图是对项目成本和进度进行综合控制的一种图形表示和分析方法。根据该图，下列表达式中表示实际成本超过预算的是（　　）。
   A. BCWP－BCWS＜0　　　　　　B. BCWP－ACWP＜0
   C. BCWS－ACWP＜0　　　　　　D. ACWP－BCWS＜0

2. 施工成本预测是在工程的施工以前，运用一定的方法（　　）。
   A. 对成本因素进行分析
   B. 分析可能的影响程度
   C. 估算计划成本与实际成本之间的可能差异
   D. 对成本进行估算

3. 某机场航站楼项目施工，在实施成本管理的下列措施中，（　　）属于施工成本管理的技术措施。
   A. 钢结构工程管理班子的任务分工　　B. 钢结构吊装成本目标分析
   C. 修订钢结构吊装施工合同条款　　　D. 提出多个钢结构吊装方案

三、多项选择题

1. 以下成本项目属于工程成本的有（　　）。
   A. 间接费用　　B. 人工费　　C. 材料费
   D. 其他税金　　E. 机械使用费

2. 采用因素分析法排序原则的说法，正确的有（　　）。
   A. 先价值量，后工程量　　　　B. 先工程量，后价值量
   C. 先绝对量，后相对量　　　　D. 先相对量，后绝对量
   E. 先相对量，后实际量

四、计算题

某分项工程材料成本统计数据见表9-7。试将表中数据填写完整，并采用因素分析法对该分项工程材料成本进行分析。

表9-7 某分项工程材料成本统计数据表

项 目	单 位	计 划	实 际	增 减	增减率/(%)
工程量	m³	200	210		
单位材料耗量	kg	340	320		
材料单价	元/kg	40	44		
材料成本	元				

第10章

工程项目质量控制

学习目标

(1) 掌握工程项目质量的概念及特点。
(2) 掌握工程项目质量的 PDCA 循环法。
(3) 掌握工程项目质量控制的方法。
(4) 掌握质量管理 7 种工具在工程项目中的应用方法。

导入案例

高新技术企业新建厂区里某8层框架结构办公楼工程，采用公开招标的方式选定A公司作为施工总承包。施工合同中双方约定钢筋、水泥等主材由业主供应，其他结构材料及装饰装修材料均由总承包负责采购。施工过程中发生如下事件：钢筋第一批进场时，供货商只提供了出厂合格证，业主指令总承包对该批钢筋进行进场验证，总承包单位对钢材的品种、型号、见证取样进行了质量验证。对钢筋的屈服强度、抗拉强度进行了复试。监理单位提出了意见。

案例分析： 该事件中，首先供货商除需提供出厂合格证外，还应提供材质报告单；其次应对钢材的品种、型号、规格、数量、外观检查和见证取样进行质量验证；最后应对钢筋的屈服强度、抗拉强度、伸长率和冷弯进行复试。施工中，材料质量控制是工程质量控制的重点之一，必须重视。

10.1 概　　述

10.1.1 工程项目质量的概念和特点

1. 工程项目质量的概念

国际标准化组织(ISO)发布的《质量管理和质量保证术语》(ISO 8402)中科学而严格地把广义的质量高度概括为"反映实体满足明确和隐含需要的能力的特性总和"。《质量管理体系基础术语》(ISO 9000—2000)中对质量的定义是：一组固有特性满足要求的程度。

工程项目质量是指工程满足业主需要的，符合国家法律、法规、技术规范与标准、设计文件及合同规定的特性的总和。

2. 工程项目质量的特点

工程项目质量的特点是由建设工程本身的特点决定的。由于工程项目产品的固定性、多样性和形体庞大，以及生产的单件性、流动性、露天作业和生产周期长，其建设过程具有程序繁多、涉及面广、协作关系复杂、生产管理方式特殊等技术经济特点，因此工程项目质量具有以下一些特点。

(1) 影响工程项目质量因素多。由于工程项目建设周期长，必然要受到多种因素的影响，如决策、设计、材料、机具设备、施工方法和工艺、技术措施、管理、人员素质、工期、工程造价等诸多因素，均会直接或间接地影响工程项目质量。

(2) 工程项目质量波动大。由于工程项目产品及其生产的特点不像一般工业产品那样，有固定的生产流水线、规范化的生产工艺和完善的检测技术及稳定的生产环境，因此工程项目质量不像工厂化生产那样容易控制。同时由于影响工程项目质量的因素多，其中任一因素发生变动，都会使工程质量产生波动。

（3）工程项目质量具有隐蔽性。在工程项目建设过程中，由于分项工程交接多，中间产品和隐蔽工程多，因此质量存在隐蔽性。若在施工中不及时进行质量检查，工程隐蔽后，就只能检查表面，很难发现内在的质量问题。因此，只有严格控制每道工序和中间产品质量，才能保证最终产品的质量。

（4）工程项目质量的终检具有局限性。工程项目建成后不可能像一般工业产品那样依靠终检来判断产品质量，或将产品拆卸来检查其内在质量，或对不合格产品进行更换。如果在项目完工后再来检查，只能局限于对表面的检查，很难正确判断其质量好坏。因此工程项目质量评定和检查，必须贯穿于工程项目建设全过程，以彻底消除质量隐患。

（5）工程项目质量评价方法具有特殊性。工程项目质量的检查评定及验收时按检验批、分项工程、分部工程、单位工程进行的。检验批的质量是分项工程乃至整个工程项目质量检验的基础。检验批质量合格与否主要取决于对主控项目和一般项目抽检的结果。工程项目质量是在施工单位按合格质量标准自行检查评定的基础上，由监理工程师（或建设单位项目负责人）组织有关人员进行检验确认验收。因此，工程项目质量的检查评定具有与一般工业产品质量评价方法不同的特殊性。

（6）工程质量要求的外延性。工程质量不仅要满足顾客和用户的需要，更要考虑社会的需要。质量的受益者不仅是用户和顾客，还包括业主、员工、供方和社会。以我国建成的第一条通往西藏的铁路工程为例，应考虑的除了旅客的狭义需要外，更要考虑整体工程的安全性、环保性、生态性与资源保护等诸多方面的社会需要。

3. 影响工程质量的因素

影响工程质量的因素很多，归纳起来主要有：人（Man）、材料（Material）、机械（Machine）、方法（Method）和环境（Environment），简称为4M1E因素。

（1）人员素质。人是生产经营活动的主体，也是工程项目建设的决策者、管理者、操作者，工程建设的全过程都是通过人来完成的。所以，人员素质是影响工程质量的一个重要因素。

（2）工程材料。工程材料泛指构成工程实体的各类建筑材料、构配件、半成品等，它是工程建设的物质条件，是工程质量的基础。

（3）机械设备。机械设备可分为两类：一是指组成工程实体及配套的工艺设备和各类机具；二是指施工过程中使用的各类机具设备。它们或者构成了工程实体，或者是施工生产的手段，直接影响工程使用功能和质量。

（4）工艺方法。施工中，施工方案是否合理，施工工艺是否先进，施工操作是否正确，都将对工程质量产生重大的影响。

（5）环境条件。环境条件是指对工程质量特性起重要作用的环境因素，包括工程技术环境，如工程地质、水文、气象等；工程作业环境，如施工作业面大小、防护设施、通风照明和通信条件等；工程管理环境，如组织体制及管理制度等；周边环境，如工程邻近的地下管线、构筑物等。环境条件往往对工程质量产生特定的影响。

4. 影响施工质量的因素分析案例

【例 10-1】 某钻孔灌注桩按要求在施工前进行了两组试桩,试验结果未达到预计效果,经分析,发现如下问题。

(1) 施工单位不是专业的钻孔灌注桩施工队伍。
(2) 混凝土强度未达到设计要求。
(3) 焊条的规格未满足要求。
(4) 钢筋工没有上岗证书。
(5) 施工中采用的钢筋笼主筋型号不符合规格要求。
(6) 在暴雨条件下进行钢筋笼的焊接。
(7) 钻孔时施工机械经常出现故障造成停钻。
(8) 按规范应采用反循环方法施工,而施工单位采用正循环方法施工。
(9) 清孔的时间不够。
(10) 钢筋笼起吊方法不对造成钢筋笼弯曲。

问题:试述影响工程质量的因素有哪几类?以上问题各属于哪类影响工程质量的因素?

解: 影响工程质量的因素有人、材料、机械、方法、环境五大类。

影响工程质量属于人力方面的因素为第(1)、(4)两项,属于材料方面的因素为第(2)、(3)、(5)三项,属于施工工艺方法方面的因素为第(8)、(9)、(10)三项,属于施工机械方面的因素为第(7)项,属于施工环境方面的因素为第(6)项。

10.1.2 工程项目质量控制目标的分解

工程项目质量控制是指致力于满足工程项目质量要求,也就是为了保证工程项目质量满足工程合同、规范标准所采取的一系列措施、方法和手段。通常工程项目质量是由工作质量、工序质量和产品质量三者构成的,因而工程项目质量控制目标必然也是上述三者。为了实现工程项目质量控制目标,必须对这 3 个质量控制目标作进一步分解。

1. 工作质量控制目标

工作质量是指参与项目建设全过程的人员,为保证项目建设质量所表现的工作水平和完善程度。该项质量控制目标可分解为管理工作质量、政治工作质量、技术工作质量和后勤工作质量 4 项。

2. 工序质量控制目标

工程项目建设全过程是通过一道道工序来完成的。每道工序的质量必须具有满足下道工序相应要求的质量标准,工序质量必然决定产品质量。该项质量控制目标可分解为人员、材料、机械、施工方法和施工环境 5 项。

3. 工程产品质量控制目标

工程产品质量是指工程项目满足相关标准规定或合同约定的要求,包括在使用功能、安全及耐久性能、环境保护等方面有所明显和隐含的能力的特性总和。故该项质量控制目标可分解为适用性、安全性、耐久性、可靠性、经济性和环境协调性 6 项。

在一般情况下，工作质量决定工序质量，而工序质量决定产品质量，因此必须通过提高工作质量来保证和提高工序质量，从而达到所要求的产品质量。

工程项目质量实质上是指在工程项目建设过程中形成的产品质量，即产品质量达到项目设计要求并符合国家法律法规、技术规范标准要求的程度。因此，工程项目质量控制就是在施工过程中，采取必要的专业技术和管理技术手段，对整个工程建设全过程实施有效控制，以切实保证最终工程项目质量。

10.1.3 全面质量管理思想

TQC(Total Quality Control)即全面质量管理，是 20 世纪中期在欧美和日本广泛应用的质量管理理念和方法。我国从 20 世纪 80 年代开始引进和推广全面质量管理方法。这种方法的基本原理就是强调在企业或组织最高管理者的质量方针指引下，实行全面、全过程和全员参与的质量管理。

TQC 的主要特点是：以顾客满意为宗旨；领导参与质量方针和目标的制定；提倡预防为主、科学管理、用数据说话等。在当今世界标准化组织颁布的 ISO 9000：2005 质量管理体系标准中，处处都体现了这些重要特点和思想。建设工程项目的质量管理，同样应贯彻"三全"管理的思想和方法。

1. 全面质量管理

建设工程项目的全面质量管理，是指建设工程项目参与各方所进行的工程项目质量管理的总称，其中包括工程(产品)质量和工作质量的全面管理。工作质量是产品质量的保证，工作质量直接影响产品质量的形成。业主、监理单位、勘察单位、设计单位、施工总承包单位、材料设备供应商等，任何一方、任何环节的怠慢疏忽或质量责任不到位都会造成对建设工程质量的不利影响。

2. 全过程质量管理

全过程质量管理，是指根据工程质量的形成规律，从源头抓起，全过程推进。GB/T 19000—2008 强调质量管理的"过程方法"管理原则，要求应用"过程方法"进行全过程质量控制。要控制的主要过程有：项目策划与决策过程；勘察设计过程；施工采购过程；施工组织与准备过程；检测设备控制与计量过程；施工生产的检验试验过程；工程质量的评定过程；工程竣工验收与交付过程；工程回访维修服务过程等。

3. 全员参与质量管理

按照全面质量管理的思想，组织内部的每个部门和工作岗位都承担着相应的质量职能，组织的最高管理者确定了质量方针和目标，就应组织和动员全体员工参与到实施质量方针的系统活动中去，发挥自己的角色作用。开展全员参与质量管理的重要手段是运用目标管理方法，将组织的质量总目标逐级进行分解，使之形成自上而下的质量目标分解体系和自下而上的质量目标保证体系,发挥组织系统内部每个工作岗位、部门或团队在实现质量总目标过程中的作用。

10.1.4 质量管理的 PDCA 循环方法

PDCA 循环,是建立质量体系和进行质量管理的基本方法。PDCA 循环如图 10.1 所示。从某种意义上说,管理就是确定任务目标,并通过 PDCA 循环来实现预期目标。每一循环都围绕着实现预期的目标进行计划、实施、检查和处置活动,随着对存在问题的解决和改进,在一次一次的滚动循环中逐步上升,不断增强质量能力,不断提高质量水平。每一个循环的四大职能活动相互联系,共同构成了质量管理的系统过程。

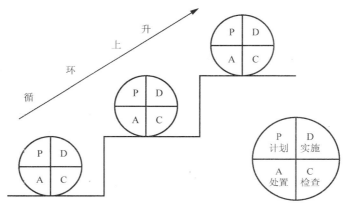

图 10.1 PDCA 循环示意图

1. 计划(Plan)

计划由目标和实现目标的手段组成,所以说计划是一条"目标-手段链"。质量管理的计划职能,包括确定质量目标和制定实现目标的行动方案两方面。实践表明质量计划的严谨周密、经济合理和切实可行,是保证工作质量、产品质量和服务质量的前提条件。

建设工程项目的质量计划,是由项目参与各方根据其在项目实施中所承担的任务、责任范围和质量目标,分别制订质量计划而形成的质量计划体系。其中,建设单位的工程项目质量计划,包括确定和论证项目总体的质量目标,提出项目质量管理的组织、制度、工作程序、方法和要求。项目其他各参与方,则根据工程合同规定的质量标准和责任,在明确各自质量目标的基础上,制定实施相应范围质量管理的行动方案,包括技术方法、业务流程、资源配置、检验试验要求、质量记录方式、不合格处理、管理措施等具体内容和做法的质量管理文件,同时也必须对其实现预期目标的可行性、有效性、经济合理性进行分析论证,并按照规定的程序与权限,经过审批后执行。

2. 实施(Do)

实施职能在于将质量的目标值,通过生产要素的投入、作业技术活动和产出过程,转换为质量的实际值。为保证工程质量的产出或形成过程能够达到预期的结果,在各项质量活动实施前,要根据质量管理计划进行行动方案的部署和交底。交底的目的在于使具体的作业者和管理者明确计划的意图和要求,掌握质量标准及其实现的程序与方法。在质量活动的实施过程中,则要求严格执行计划的行动方案,规范行为,把质量管理计划的各项规定和安排落实到具体的资源配置和作业技术活动中去。

3. 检查(Check)

指对计划实施过程进行各种检查,包括作业者的自检、互检和专职管理者专检。各类检查也都包含两大方面:一是检查是否严格执行了计划的行动方案,实际条件是否发生了变化,不执行计划的原因;二是检查计划执行的结果,即产出的质量是否达到标准的要求,对此进行确认和评价。

4. 处置(Action)

对于质量检查所发现的质量问题或质量不合格,及时进行原因分析,采取必要的措施,予以纠正,保持工程质量形成过程的受控状态。处置分纠偏和预防改进两个方面:纠偏是采取有效措施,解决当前的质量偏差、问题或事故;预防改进是将目前质量状况信息反馈到管理部门,反思问题症结或计划时的不周,确定改进目标和措施,为今后类似质量问题的预防提供借鉴。

10.2 工程项目施工质量控制

10.2.1 施工质量控制的目标、依据与基本环节

1. 施工阶段质量控制的目标

工程施工是实现工程设计意图形成工程实体的阶段,是最终形成工程产品质量和项目使用价值的重要阶段。建设工程项目施工阶段的质量控制是整个工程项目质量控制的关键环节,是从对投入原材料的质量控制开始,直到完成工程竣工验收和交工后服务的系统过程,分施工准备、施工、竣工验收和回访服务四个阶段。

建设工程项目施工质量控制的总目标,是实现由建设工程项目决策、设计文件和施工合同所决定的预期使用功能和质量标准。建设单位、设计单位、施工单位、供货单位和监理单位等,在施工阶段质量控制的地位、任务和目标不同,从建设工程项目管理的角度来看,都是致力于实现建设工程项目的质量总目标。

1) 建设单位的控制目标

建设单位在施工阶段,通过对施工全过程、全面的质量监督管理,保证整个施工过程及其成果达到项目决策所确定的质量标准。

2) 设计单位的控制目标

设计单位在施工阶段,通过对关键部位和重要分部分项工程施工质量验收签证、设计

变更控制及纠正施工中所发现的设计问题，采纳变更设计的合理化建议等，保证竣工项目的各项施工成果与设计文件（包括变更文件）所规定的质量标准相一致。

3) 施工单位的控制目标

施工单位包括施工总承包单位和分包单位。作为建设工程产品的生产者，应根据施工合同的任务范围和质量要求，通过全过程、全面的施工质量自控，保证最终交付满足施工合同及设计文件所规定质量标准（含建设工程质量创优要求）的建设工程产品。我国《建设工程质量管理条例》规定，施工单位对建设工程的施工质量负责；分包单位应当按照分包合同的约定对其分包工程的质量向总承包单位负责，总承包单位与分包单位对分包工程的质量承担连带责任。

4) 供货单位的控制目标

建筑材料、设备、构配件等供应厂商，应按照采购供货合同约定的质量标准提供货物及其合格证明，包括检查试验单据、产品规格和使用说明书，以及其他必要的数据和资料，并对其产品质量负责。

5) 监理单位的控制目标

建筑工程监理单位在施工阶段，通过审核施工单位的施工质量文件、报告、报表，采取现场旁站、巡视、平行检测等形式进行施工过程质量监理；并应用施工指令和结算支付控制等手段，监控施工承包单位的质量活动行为，协调施工关系，正确履行对工程施工质量的监督责任，以保证工程质量达到施工合同和设计文件所规定的质量标准，《中华人民共和国建筑法》规定，建设工程监理人员认为工程施工不符合工程设计要求、施工技术标准和合同约定的，有权要求建筑施工企业改正。

施工质量的自控和监控是相辅相成的系统过程。自控主体的质量意识和能力是关键，是施工质量的决定因素；各监控主体所进行的施工质量监控是对自控行为的推动和约束。因此，自控主体必须正确处理自控和监控的关系，在致力于施工质量自控的同时，还必须接受来自业主、监理等方面对其质量行为和结果所进行的监督管理，包括质量检查、评价和验收。自控主体不能因为监控主体的存在和监控职能的实施而减轻或免除其质量责任。

2. 施工质量控制的依据

1) 共同性依据

共同性依据指适用于施工阶段且与质量管理有关的、通用的、具有普遍直到意义和必须遵守的基本条件，主要包括：工程建设合同、设计文件、设计交底及图纸会审记录、设计修改和技术变更、国家和政府有关部门颁布的与质量管理有关的法律和法规性文件（如《中华人民共和国建筑法》《中华人民共和国招标投标法》等）。

2) 专门技术法规性依据

专门技术法规性依据指针对不同的行业、不同质量控制对象制定的专门技术法规文件，包括规范、规程、标准、规定等，如工程建设项目质量检验评定标准，有关建筑材料、半成品和构配件的质量方面的专门技术法规性文件，有关材料验收、包装和标志等方面的技术标准和规定，施工工艺质量等方面的技术法规性文件，有关新工艺、新技术、新材料、新设备的质量规定和鉴定意见等。

3. 施工质量控制的基本环节

1) 事前质量控制

事前质量控制,是指通过编制施工质量计划,明确质量目标,制定施工方案,设置质量管理点,落实质量责任,分析可能导致质量目标偏离的各种影响因素,针对这些影响因素制定有效的预防措施,防患于未然。

2) 事中质量控制

事中质量控制也称作业活动过程质量控制,包括质量活动主体的自我控制和他人监控的控制方式。自我控制是第一位的,即作业者在作业过程中对自己质量活动行为的约束和技术能力的发挥,以完成符合规定质量目标的作业任务;他人监控是指作业者的质量活动过程和结果,接受来自企业内部管理者和企业外部有关方面的检查检验,如工程监理机构、政府质量监督部门等的监控。

事中质量控制的目标是确保工序质量合格,杜绝质量事故发生;控制的关键是坚持质量标准;控制的重点是工序质量、工作质量和质量控制点的控制。

3) 事后质量控制

事后质量控制也称为事后质量把关,以使不合格的工序或最终产品不流入下道工序、不进入市场。事后控制包括对质量活动结果的评价、认定;对工序质量偏差的纠正;对不合格产品进行整改和处理。控制的重点是发现施工质量方面的缺陷,并通过分析提出施工质量改进的措施,保持质量处于受控状态。

10.2.2 施工质量计划的内容与编制

1. 施工质量计划的内容

在已经建立质量管理体系的情况下,质量计划的内容必须全面体现和落实企业质量管理体系文件的要求,编制程序、内容和编制依据符合有关规定,同时结合本工程的特点,在质量计划中编写专项管理要求。施工质量计划的基本内容一般应包括以下几部分。

(1) 工程特点及施工条件(合同条件、法规条件和现场条件等)分析。
(2) 质量总目标及其分解目标。
(3) 质量管理组织机构和职责,人员及资源配置计划。
(4) 确定施工工艺与操作方法的技术方案和施工组织方案。
(5) 施工材料、设备等物资的质量管理及控制措施。
(6) 施工质量检验、检测,试验工作的计划安排及其实施方法与接收准则。
(7) 施工质量控制点及其跟踪控制的方式与要求。
(8) 质量记录的要求等。

2. 施工质量计划的编制

1) 施工质量计划的编制主体

施工质量计划应由自控主体即施工承包企业进行编制。在平行发包方式下,各承包单位应分别编制施工质量计划。在总分包模式下，施工总承包单位应编制总承包工程范围的施工质量计划；各分包单位编制相应分包范围的施工质量计划，作为施工总承包方质量计划的深化和组成部分；施工总承包方有责任对各分包方施工质量计划的编制进行指导和审核，并承担相应施工质量的连带责任。

2) 施工质量计划涵盖的范围

施工质量计划涵盖的范围，按整个工程项目质量控制的要求，应与建筑安装工程施工任务的实施范围相一致，以此保证整个项目建筑安装工程的施工质量总体受控；对具体施工任务承包单位而言，施工质量计划涵盖的范围，应能满足其履行工程承包合同质量责任的要求。建设工程项目的施工质量计划，应在施工程序、控制组织、控制措施、控制方式等方面形成一个有机的质量计划系统，确保实现项目质量总目标和各分解目标的控制能力。

10.2.3 施工生产要素的质量控制

施工生产要素是施工质量形成的物质基础，其质量的含义包括：作为劳动主体的施工人员，即直接参与施工的管理者、作业者的素质及其组织效果；作为劳动对象的建筑材料、半成品、工程用品、设备等的质量；作为劳动方法的施工工艺及技术措施的水平；作为劳动手段的施工机械、设备、工具、模具等的技术性能；以及施工环境——现场水文、地质、气象等自然环境，通风、照明、安全等作业环境及协调配合的管理环境。

1. 施工人员的质量控制

施工人员的质量包括参与工程施工各类人员的施工技能、文化素养、生理体能、心理行为等方面的个体素质，以及经过合理组织和激励发挥个体潜能综合形成的群体素质。施工企业必须坚持执业资格注册制度和作业人员持证上岗制度；对所选派的施工项目领导者、组织者进行教育和培训，使其质量意识和组织管理能力能满足施工质量控制的要求；对所属施工队伍进行全员培训，加强质量意识的教育和技术训练，提高每个作业者的质量活动能力和自控能力；对分包单位进行严格的资质考核和施工人员的资格考核，其资质、资格必须符合相关法规的规定，与其分包的工程相适应。

2. 材料设备的质量控制

原材料、半成品及工程设备是工程实体的构成部分，其质量是工程项目实体质量的基础。加强原材料、半成品及工程设备的质量控制，不仅是提高工程质量的必要条件，也是实现工程项目投资目标和进度目标的前提。

对原材料、半成品及工程设备进行质量控制的主要内容为：控制材料设备的性能、标准、技术参数与设计文件的相符性；控制材料、设备各项技术性能指标、检验测试指标与标准规范要求的相符性；控制材料、设备进场验收程序的正确性及质量文件资料的完备性；控制优先采用节能低碳的新型建筑材料和设备，禁止使用国家明令禁用或淘汰的建筑材料和设备等。

3. 工艺方案的质量控制

施工工艺方案的质量控制主要包括以下内容。

（1）深入正确地分析工程特征、技术关键及环境条件等资料，明确质量目标、验收标准、控制的重点和难点。

（2）制定合理有效的有针对性的施工技术方案和组织方案，前者包括施工工艺、施工方法，后者包括施工区段划分、施工流向及劳动组织等。

（3）合理选用施工机械设备和施工临时设施，合理布置施工总平面图和各阶段施工平面图。

（4）选用和设计保证质量和安全的模具、脚手架等施工设备。

（5）编制工程所采用的新材料、新技术、新工艺的专项技术方案和质量管理方案。

（6）针对工程具体情况，分析气象、地质等环境因素对施工的影响，制定应对措施。

4. 施工机械的质量控制

施工机械是指施工过程中使用的各类机械设备，包括起重运输设备、人货两用电梯、加工机械、操作工具、测量仪器、计量器具，以及专用工具和施工安全设施等。

对施工所用的机械设备，应根据工程需要从设备选型、主要性能参数及使用操作要求等方面加以控制，符合安全、适用、经济、可靠、节能和环保等方面的要求。

对施工中使用的模具、脚手架等施工设备，除按适用的标准定型选用外，一般需按设计及施工要求进行专项设计，对其设计方案及制作质量的控制及验收应作为重点进行控制。

按现行施工管理制度要求，工程所用的施工机械、模板、脚手架，特别是危险性较大的现场安装的起重机械设备，不仅要对其设计安装方案进行审批，而且安装完毕交付使用前必须经专业管理部门的验收，合格后方可使用。同时，在使用过程中尚需落实相应的管理制度，以确保其安全正常使用。

5. 施工环境因素的控制

1）施工现场自然环境因素的控制

对地质、水文等方面的影响因素，应根据设计要求，分析工程岩土地质资料，预测不利因素，并会同设计等方面制定相应的措施，采取如基坑降水、排水、加固围护等技术控制方案。

对气象方面的影响因素，应在施工方案中制定专项预案，明确在不利条件下的施工措施，落实人员、器材等方面的准备以紧急应对，从而控制其对施工质量的不利影响。

2）施工质量管理环境因素的控制

施工质量管理环境因素主要指施工单位质量保证体系、质量管理制度和各参建施工单位之间的协调等因素。要根据工程承发包的合同结构，理顺管理关系，建立统一的现场施工组织系统和质量管理的综合运行机制，确保质量保证体系处于良好的状态，创造良好的质量管理环境和氛围，使施工顺利进行，保证施工质量。

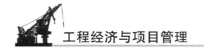

3) 施工作业环境因素的控制

施工作业环境因素主要是指施工现场的给水排水条件,各种能源介质供应,施工照明、通风、安全防护设施,施工场地空间条件和通道,以及交通运输和道路条件等因素。要认真实施经过审批的施工组织设计和施工方案,落实保证措施,严格执行相关管理制度和施工纪律,保证上述环境条件良好,使施工顺利进行以及施工质量得到保证。

6. 施工材料质量控制案例分析

【例 10-2】 某工程施工合同规定:设备由业主供应,其他建筑材料由承包方采购。其中,对主要装饰石料,业主经与设计单位商定,由业主指定材质、颜色和样品,并向承包方推荐厂家,承包方与生产厂家签订购货合同。厂家将石料按合同采购数量送达现场,进场时经检查,该批材料颜色有部分不符合要求,监理工程师通知承包方该批材料不得使用。承包方要求厂家将不符合要求的石料退换,厂家要求承包方支付退货运费,承包方不同意支付,厂家要求业主在应付给承包方工程款中扣除上述费用。

问题:(1)业主指定石料材质、颜色和样品是否合理?
(2) 承包商要求退换不符合要求的石料是否合理?为什么?
(3) 简述材料质量控制的要点。
(4) 材料质量控制的内容有哪些?

解:(1)业主指定材质、颜色和样品是合理的。
(2) 要求厂家退货是合理的,因厂家供货不符合合同质量要求。
(3) 进场材料质量控制要点如下。
① 掌握材料信息,优选供货厂家。
② 合理组织材料供应,确保施工正常进行。
③ 合理组织材料使用,减少材料损失。
④ 加强材料检查验收,严把材料质量关。
⑤ 要重视材料的使用认证,以防错用或使用不合格的材料。
⑥ 加强现场材料管理。
(4) 材料质量控制的内容主要有:材料的质量标准,材料的性能,材料取样、试验方法,材料的适用范围和施工要求等。

10.2.4 施工准备工作的质量控制

1. 施工技术准备工作的质量控制

施工技术准备是指在正式开展施工作业活动前进行的技术准备工作。这类工作内容主要在室内进行。例如,熟悉施工图纸,组织设计交底和图纸审查;进行工程项目检查验收的项目划分和编号;审核相关质量文件,细化施工技术方案和施工人员、机具的配置方案,编制施工作业技术指导书,绘制各种施工详图(如测量放线图、大样图及配筋、配板、配线图表等),进行必要的技术交底和技术培训。如果施工准备工作出错,必然影响施工进度和作业质量,甚至直接导致质量事故的发生。

技术准备工作的质量控制，包括对上述技术准备工作成果的复核审查，检查这些成果是否符合设计图纸和相关技术规范、规程的要求；依据经过审批的质量计划审查、完善施工质量控制措施；针对质量控制点，明确质量控制的重点对象和控制方法；尽可能地提高上述工作成果对施工质量的保证程度等。

2. 现场施工准备工作的质量控制

1）计量控制

施工过程中的计量，包括施工生产时的投料计量、施工测量、监测计量，以及对项目、产品或过程的测试、检验、分析计量等。开工前要建立和完善施工现场计量管理的规章制度；明确计量控制的责任者和配置必要的计量人员；严格按规定对计量器具进行维修和校验；统一计量单位，组织量值传递，保证量值统一，从而保证施工过程中计量的准确。

2）测量控制

施工测量质量的好坏，直接决定工程定位和标高是否正确，并且制约施工过程有关工序的质量。因此施工单位在开工前应编制测量控制方案，经项目技术负责人批准后实施。对建设单位提供的原始坐标点、基准线和水准点等测量控制点进行复核，并将复测结果上报监理工程师审核，批准后施工单位才能建立施工测量控制网，进行工程定位和标高基准的控制。

3）施工平面图控制

施工单位要严格按照批准的施工平面布置图，科学合理地使用施工场地，正确安装设置施工机械设备和其他临时设施，维护现场施工道路畅通无阻和通信设施完好，合理控制材料的进场与堆放，保持良好的防洪排水能力，保证充分的给水和供电。建设（监理）单位应会同施工单位制定严格的施工场地管理制度、施工纪律和相应的奖惩措施，严禁乱占场地和擅自断水、断电、断路，及时制止和处理各种违纪行为，并做好施工现场的质量检查记录。

10.2.5 施工过程的作业质量控制

建设工程项目施工是由一系列相互关联、相互制约的作业过程（工序）构成，因此施工质量控制必须对全部作业过程，即各道工序的作业质量进行控制。从项目管理的角度来看，工序作业质量的控制，首先是质量生产者即作业者的自控，在施工生产要素合格的条件下，作业者能力及其发挥的状况是决定作业质量的关键。其次，来自作业者外部的各种作业质量检查、验收和对质量行为的监督，也是不可缺少的设防和把关的管理措施。

1. 工序施工质量控制

1）工序施工条件控制

工序施工条件是指从事工序活动的各生产要素质量及生产环境条件。工序施工条件控制就是控制工序活动的各种投入要素质量和环境条件质量。控制的手段主要有：检查、测试、试验、跟踪监督等。控制的依据主要是：设计质量标准、材料质量标准、机械设备技术性能标准、施工工艺标准以及操作规程等。

2) 工序施工效果控制

工序施工效果主要反映工序产品的质量特征和特性指标。对工序施工效果的控制就是控制工序产品的质量特征和特性指标是否达到设计质量标准以及施工质量验收标准的要求。工序施工效果控制属于事后质量控制，其控制的主要途径是：实测获取数据、统计分析所获取的数据、判断认定质量等级和纠正质量偏差。

2. 施工作业质量的自控

1) 施工作业质量自控的程序

施工作业质量的自控过程是由施工作业组织的成员进行的，其基本的控制程序包括：作业技术交底、作业活动的实施和作业质量的自检自查、互检互查，以及专职管理人员的质量检查等。

(1) 施工作业技术的交底。

技术交底是施工组织设计和施工方案的具体化，施工作业技术交底的内容必须具有可行性和可操作性。

从建设工程项目的施工组织设计到分部分项工程的作业计划，在实施之前都必须逐级进行交底，其目的是使管理者的计划和决策意图为实施人员所理解。施工作业交底是最基层的技术和管理交底活动，施工总承包方和工程监理机构都要对施工作业交底进行监督。作业交底的内容包括作业范围、施工依据、作业程序、技术标准和要领、质量目标，以及其他与安全、进度、成本、环境等目标管理有关的要求和注意事项。

(2) 施工作业活动的实施。

施工作业活动是由一系列工序所组成的。为了保证工序质量的受控，首先要对作业条件进行再确认，即按照作业计划检查作业准备状态是否落实到位，其中包括对施工程序和作业工艺顺序的检查确认，在此基础上，严格按作业计划的程序、步骤和质量要求展开工序作业活动。

(3) 施工作业质量的检验。

施工作业的质量检查，是贯穿整个施工过程的最基本的质量控制活动，包括施工单位内部的工序作业质量自检、互检、专检和交接检查，以及现场监理机构的旁站检查、平行检测等。施工作业质量检查是施工质量验收的基础，已完检验批及分部分项工程的施工质量，必须在施工单位完成质量自检并确认合格之后，才能报请现场监理机构进行检查验收。

前道工序作业质量经验收合格后，才可进入下道工序施工；未经验收合格的工序，不得进行下道工序施工。

2) 施工作业质量自控的要求

工序作业质量是直接形成工程质量的基础，为达到对工序作业质量控制的效果，在加强工序管理和质量目标控制方面应坚持以下要求。

(1) 预防为主。

严格按照施工质量计划的要求，进行各分部分项施工作业的部署。同时，根据施工作业的内容、范围、特点，制订施工作业计划，明确作业质量目标和作业技术要领，认真进行作业技术交底，落实各项作业技术组织措施。

(2) 重点控制。

在施工作业计划中，一方面要认真贯彻实施施工质量计划中的质量控制点的控制措施，同时，要根据作业活动的实际需要，进一步建立工序作业控制点，深化工序作业的重点控制。

(3) 坚持标准。

工序作业人员在工序作业过程应严格进行质量自检，通过自检不断改善作业，并创造条件开展作业质量互检，通过互检加强技术与经验的交流。对已完工序作业产品，即检验批或分部分项工程，应严格坚持质量标准。对不合格的施工作业质量，不得进行验收签证，必须按照规定的程序进行处理。

(4) 记录完整。

施工图纸、质量计划、作业指导书、材料质保书、检验试验及检测报告、质量验收记录等，是形成可追溯性的质量保证依据，也是工程竣工验收所不可缺少的质量控制资料。因此，对工序作业质量，应有计划、有步骤地按照施工管理规范的要求进行填写记载，做到及时、准确、完整、有效，并具有可追溯性。

3. 施工作业质量的监控

1) 施工作业质量的监控主体

我国《建设工程质量管理条例》规定，国家实行建设工程质量监督管理制度。建设单位、监理单位、设计单位及政府的工程质量监督部门，在施工阶段依据法律法规和工程施工承包合同，对施工单位的质量行为和质量状况实施监督控制。

2) 现场质量检查

现场质量检查是施工作业质量监控的主要手段。现场质量检查的内容主要包括：开工前的检查、工序交接的检查、隐蔽工程的检查、停工后复工的检查、分部分项工程完工后的检查、成品保护的检查。

现场检查的方法主要包括：目测法，即凭借感官进行检查，也称观感质量检验，其手段可概括为"看、摸、敲、照"四个字；实测法，即通过实测数据与施工规范、质量标准的要求及允许偏差值进行对照，以此判断质量是否符合要求，其手段可概括为"靠、量、吊、套"四个字；试验法，是指通过必要的试验手段对质量进行判断的检查方法，主要包括理化试验和无损检测。

3) 技术核定与见证取样送检

在建设工程项目施工过程中，因施工方对施工图纸的某些要求不甚明白，或图纸内部存在某些矛盾，或工程材料调整与代用，改变建筑节点构造、管线位置或走向等，需要通过设计单位明确或确认的，施工方必须以技术核定单的方式向监理工程师提出，报送设计单位核准确认。

为了保证建设工程质量，我国规定对工程所使用的主要材料、半成品、构配件以及施工过程留置的试块、试件等应实行现场见证取样送检。见证人员由建设单位及工程监理机构中有相关专业知识的人员担任；送检的实验室应具备经国家或地方工程检验检测主管部门核准的相关资质；见证取样送检必须严格按执行规定的程序进行，包括取样见证并记录、样本编号、填单、封箱、送实验室、核对、交接、试验检测、报告等。

4. 隐蔽工程验收与成品质量保护

1）隐蔽工程验收

凡被后续施工所覆盖的施工内容，如地基基础工程、钢筋工程、预埋管线等均属隐蔽工程。加强隐蔽工程质量验收，是施工质量控制的重要环节。其程序要求施工方首先应完成自检并合格，然后填写专用的《隐蔽工程验收单》。验收单所列的验收内容应与已完的隐蔽工程实物相一致，并事先通知监理机构及有关方面，按约定时间进行验收。验收合格的隐蔽工程由各方共同签署验收记录；验收不合格的隐蔽工程，应按验收整改意见进行整改后重新验收。严格隐蔽工程验收的程序和记录，对于预防工程质量隐患，提供可追溯质量记录具有重要作用。

2）施工成品质量保护

建设工程项目已完施工的成品保护，目的是避免已完施工成品受到来自后续施工以及其他方面的污染和损坏。已完施工的成品保护问题和相应措施，在工程施工组织设计与计划阶段就应该从施工顺序上进行考虑，防止施工顺序不当或交叉作业造成相互干扰、污染和损坏；成品形成后可采取防护、覆盖、封闭、包裹等相应措施进行保护。

10.3 工程项目施工质量不合格的处理

10.3.1 工程质量问题和质量事故的分类

1. 工程质量不合格

根据我国 GB/T 19000—2008 质量管理体系标准的规定，凡工程产品没有满足某个规定的要求，就称之为质量不合格；而未满足某个与预期或规定用途有关的要求，称为质量缺陷。

凡是工程质量不合格，影响使用功能或工程结构安全，造成永久质量缺陷或存在重大质量隐患，甚至直接导致工程倒塌或人身伤亡，必须进行返修、加固或报废处理，按照由此造成直接经济损失的大小分为质量问题和质量事故。

2. 工程质量事故

工程质量事故具有成因复杂、后果严重、种类繁多、往往与安全事故共生的特点，建设工程质量事故的分类有多种方法，不同专业工程类别对工程质量事故的等级划分也不尽相同。

1）按照事故造成损失的程度分级

根据工程质量事故造成的人员伤亡或直接经济损失，工程质量事故分为 4 个等级。

（1）特别重大事故：是指造成 30 人以上死亡，或者 100 人以上重伤，或者 1 亿元以上直接经济损失的事故。

（2）重大事故：是指造成 10 人以上 30 人以下死亡，或者 50 人以上 100 人以下重伤，或者 500 万元以上 1 亿元以下直接经济损失的事故。

（3）较大事故：是指造成 3 人以上 10 人以下死亡，或者 10 人以上 50 人以下重伤，或者 1 000 万元以上 5 000 万元以下直接经济损失的事故。

（4）一般事故：是指造成 3 人以下死亡，或者 10 人以下重伤，或者 100 万元以上 1 000 万元以下直接经济损失的事故。

2）按事故责任分类

（1）指导责任事故：指由于工程实施指导或领导失误而造成的质量事故。

（2）操作责任事故：指在施工过程中，由于实施操作者不按规程和标准实施操作，而造成的质量事故。

（3）自然灾害事故：指由于突发的严重自然灾害等不可抗力造成的质量事故。

10.3.2 施工质量事故的预防

建立健全施工质量管理体系，加强施工质量控制，就是为了预防施工质量问题和质量事故。施工质量事故的预防，要从寻找和分析可能导致施工质量事故发生的原因入手，抓住影响施工质量的各种因素和施工质量形成过程的各个环节，有针对性地有效预防措施。

1. 施工质量事故的原因

施工质量事故发生的原因有如下 4 类。

（1）技术原因：指引发质量事故是由于在工程项目设计、施工中在技术上的失误。例如，结构设计计算错误，对水文地质情况判断错误，以及采用了不适合的施工方法或施工工艺等。

（2）管理原因：指引发的质量事故是由于管理上的不完善或失误。例如，施工单位或监理单位的质量管理体系不完善，检验制度不严密，质量控制不严格，质量管理措施落实不力，检测仪器设备管理不善而失准，以及材料检验不严等原因引起质量事故。

（3）社会、经济原因：指引发的质量事故是由于经济因素及社会上存在的弊端和不正之风，造成建设中的错误行为，而导致出现质量事故。例如，某些施工企业盲目追求利润而不顾工程质量；在投标报价中随意压低标价，中标后则依靠违法的手段或修改方案追加工程款，甚至偷工减料等，这些因素往往会导致出现重大工程质量事故，必须予以重视。

（4）人为事故和自然灾害原因：指造成质量事故是由于人为的设备事故、安全事故，导致连带发生质量事故，以及严重的自然灾害等不可抗力造成质量事故。

2. 施工质量事故预防的具体措施

1）严格按照基本建设程序办事

首先做好可行性论证，不可未经深入的调查分析和严格论证就盲目拍板定案；要彻底搞清工程地质、水文条件方可开工；杜绝无证设计、无图施工；禁止任意修改设计和不按图纸施工；工程竣工不进行试车运转、不经验收不得交付使用。

2）认真做好工程地质勘察

地质勘察时要适当布置钻孔位置和设定钻孔深度。地质勘察报告必须详细、准确，防止因根据不符合实际情况的地质资料而采用错误的基础方案，导致地基不均匀沉降、失稳，使上部结构及墙体开裂、破坏、倒塌。

3）科学地加固处理好地基

根据不同地基的工程特性，按照地基处理应与上部结构相结合、使其共同工作的原则，从地基处理与设计措施、结构措施、防水措施、施工措施等方面综合考虑治理。

4）进行必要的设计审查复核

要请具有合格专业资质的审图机构对施工图进行审查复核，防止因设计考虑不周、结构构造不合理、设计计算错误、沉降缝及伸缩缝设置不当、悬挑结构未通过抗倾覆验算等原因，导致质量事故的发生。

5）严格把好建筑材料及制品的质量关

要从采购订货、进场验收、质量复验、存储和使用等几个环节，严格控制建筑材料及制品的质量，防止不合格或是变质、损坏的材料和制品用到工程上。

6）对施工人员进行必要的技术培训

通过技术培训使施工人员掌握基本的建筑结构和建筑材料知识，懂得遵守施工验收规范对保证工程质量的重要性，从而在施工中自觉遵守操作规程，不蛮干，不违章操作，不偷工减料。

7）加强施工过程的管理

施工人员首先要熟悉图纸，对工程的难点和关键工序、关键部位应编制专项施工方案并严格执行；施工中必须按照图纸和施工验收规范、操作规程进行；技术组织措施要正确，施工顺序不可搞错，脚手架和楼面不可超载堆放构件和材料；要严格按照制度进行质量检查和验收。

8）做好应对不利施工条件和各种灾害的预案

要根据当地气候资料的分析和预测，事先针对可能出现的风、雨、高温、严寒、雷电等不利施工条件，制定相应的施工技术措施；还要对不可预见的人为事故和严重自然灾害做好应急预案，并有相应的人力、物力储备。

9）加强施工安全与环境管理

许多施工安全和环境事故都会连带发生质量事故，加强施工安全与环境管理，也是预防施工质量事故的重要措施。

10.3.3 施工质量事故的处理

1. 施工质量事故的处理程序

1）事故调查

事故发生后，施工项目负责人应按法定的时间和程序，及时向企业报告事故的状况，积极组织事故调查。事故调查应力求及时、客观、全面,以便为事故的分析与处理提供正确的依据。调查结果要撰写成事故调查报告,其主要内容包括:工程概况;事故情况;事故发生后所采取的临时防护措施;事故调查中的有关数据、资料;事故原因分析与初步判断;事故处理的建议方案与措施;事故涉及人员与主要责任者的情况等。

2) 事故原因分析

事故原因分析要建立在事故情况调查的基础上,避免情况不明就主观分析推断事故的原因。特别是对涉及勘察、设计、施工、材料和管理等方面的质量事故,往往事故的原因错综复杂,因此,必须对调查所得到的数据、资料进行仔细的分析,去伪存真,找出造成事故的主要原因。

3) 制定事故处理的方案

事故的处理要建立在原因分析的基础上,并广泛地听取专家及有关方面的意见,经科学论证,决定事故是否进行处理和怎样处理。在制定事故处理方案时,应做到安全可靠、技术可行、不留隐患、经济合理、具有可操作性、满足建筑功能和使用要求。

4) 事故处理

根据制定的质量事故处理的方案,对质量事故进行认真的处理。处理的内容主要包括:事故技术处理,以解决施工质量不合格和缺陷问题;事故的责任处罚,根据事故的性质、损失大小、情节轻重对事故责任单位和责任人作出相应的行政处分直至追究刑事责任。

5) 事故处理的鉴定验收

质量事故的处理是否达到预期的目的,是否依然存在隐患,应当通过检查鉴定和验收作出确认。事故处理的质量检查鉴定,应严格按施工验收规范和相关的质量标准的规定进行,必要时还应通过实际量测、试验和仪器检测等方法获取必要的数据,以便准确地对事故处理的结果作出鉴定。事故处理后,必须尽快提交完整的事故处理报告,其内容包括:事故调查的原始资料、测试的数据;事故原因分析、论证;事故处理的依据;事故处理的方案及技术措施;实施质量处理中有关的数据、记录、资料;检查验收记录;事故处理的结论等。

2. 施工质量事故处理的基本方法

1) 返修处理

当工程的某些部分的质量虽未达到规定的规范、标准或设计的要求,存在一定的缺陷,但经过修补后可以达到要求的质量标准,又不影响使用功能或外观要求时,可采取修补处理的方法。

2) 加固处理

主要是对危及承载力的质量缺陷的处理。通过对缺陷的加固处理,使建筑结构恢复或提高承载力,重新满足结构安全性和可靠性的要求,使结构能继续使用或改作其他用途。

3) 返工处理

当工程质量缺陷经过修补处理后仍不能满足规定的质量标准要求,或不具备补救可能性时,则必须采取返工处理。

4) 限制使用

当工程质量缺陷修补方法处理后无法保证达到规定的使用要求和安全要求，而又无法返工处理的情况下，不得已时可作出诸如结构卸荷或减荷以及限制使用的决定。

5) 不做处理

当某些工程质量问题虽然达不到规定的要求或标准，但其情况不严重，对工程或结构使用及安全影响很小，经过分析、论证、法定检测单位鉴定和设计单位等认可后可不做专门处理。一般不做专门处理的情况有以下几种：不影响结构安全、生产工艺和使用要求的；后道工序可以弥补的质量缺陷；法定检测单位鉴定合格的；出现的质量缺陷，经检测鉴定达不到设计要求，但经原设计单位核算，仍能满足结构安全和使用功能的。

6) 报废处理

出现质量事故的工程，通过分析或实践，采取上述处理方法后仍不能满足规定的质量要求或标准，则必须予以报废处理。

10.4 数理统计方法在施工质量管理中的应用

质量控制中常用的 7 种工具和方法是：分层法、因果分析图法、排列图法、直方图法、控制图法、相关图法、调查表法。

10.4.1 分层法

分层法是将收集来的数据，按不同情况和不同条件分组，每组叫做一层。所以，分层法又称为分类法或分组法。分层的方法很多，可按班次、日期分类；可按操作者、操作方法、检测方法分类；可按设备型号、施工方法分类；可按使用的材料规格、型号、供料单位分类等。

分层法一般用于将原始数据进行分门别类，使人们能从不同角度分析产品质量问题和影响因素，现举例来说明分层法的应用。

【例 10-3】某批钢筋的焊接由 3 个师傅操作，而焊条是由两个厂家提供的产品，对钢筋焊接质量调查了 50 个焊接点，其中不合格的 19 个，不合格率为 38%。存在严重的质量问题，用分层法分析质量问题的原因。

解：(1) 按操作者分层，见表 10-1。从分析结果看出，焊接质量好的 B 师傅，不合格率为 25%。

表 10-1 按操作者分类

操 作 者	不合格点数	合格点数	不合格率/(%)
A	6	12	32
B	3	9	25
C	10	9	53
合计	19	31	38

(2) 按供应焊条的厂家分层，见表 10-2。发现不论是采用甲厂还是乙厂的焊条，不合格率都很高，而且相差不多。

表 10-2　按供应焊条工厂分层

工　厂	不合格	合　格	不合格率/(%)
甲	9	14	39
乙	10	17	37
合计	19	31	38

(3) 综合分层。将操作者与供应焊条的厂家结合起来分层，见表 10-3。根据表 10-3 的综合分析可知，在使用甲厂的焊条时，应使用 B 师傅的操作方法为好；在使用乙厂的焊条时，应采用 A 师傅的操作方法为好，这样会使合格率大大提高。

表 10-3　综合分层分析焊接质量

操 作 者		工厂		合　计
		甲　厂	乙　厂	
A	不合格点数	6	0	6
	合格点数	2	11	13
B	不合格点数	0	3	3
	合格点数	5	4	9
C	不合格点数	3	7	10
	合格点数	7	2	9
合计	不合格点数	9	10	19
	合格点数	14	17	31

10.4.2　因果分析图法

因果分析图法又称特性要因图，是用来寻找质量问题产生原因的有效工具。因果分析图的绘制步骤如下。

(1) 明确质量问题——结果。画出质量特性的主干线，箭头指向右侧的一个矩形框，框内注明研究的问题，即结果。

(2) 分析确定影响质量特性大的方面的原因，一般从人、机、料、工艺、环境方面分析。

(3) 将大原因进一步分解为中原因、小原因，直至可以采取具体措施加以解决为止。

(4) 检查图中所列原因是否齐全，做必要的补充及修改。

(5) 选择出影响较大的因素做出标记，以便重点采取措施，如图 10.2 所示。

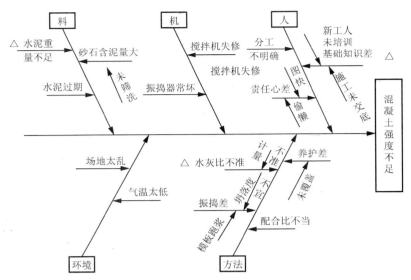

图 10.2 混凝土强度不足因果分析图

因果分析图表现形式简单明了，但分析问题、绘制成图是比较复杂的。首先，要求绘制者熟悉专业技术与施工工艺，调查、了解施工现场实际条件和操作的具体情况。其次，绘制因果分析图的最终目的是根据图中所反映的主要原因，制定改进措施和对策，限期解决问题，保证产品质量不断提高。如表10-4所示为对策计划表。

表 10-4 对策计划表

项目	序号	产生问题的原因	采取的对策	执行人	完成时间
人	1	分工不明确	根据个人特长，确定每项作业的负责人		
	2	基础知识差	组织学习操作规程，搞好技术交底		
方法	3	配合比不当	根据数理统计结果，按施工实际水平进行配合比计算，进行试验		
	4	水灰比不准	制作水箱 现浇时每半天测砂石含水率一次 现浇时控制坍落度		
	5	计量不准	矫正磅秤，安装水表		
材料	6	水泥重量不足	进行水泥重量统计		
	7	原材料不合格	对砂、石、水泥进行各项指标试验		
	8	砂、石含泥量大	冲洗		
机具	9	振捣器常坏	使用前检修 施工时配备电工 备用振捣器、铁插件		
	10	搅拌机常坏	使用前检修 施工时配备检修工		

续表

项目	序号	产生问题的原因	采取的对策	执行人	完成时间
环境	11	场地乱	认真清理,搞好平面布置,现场实行分片制		
	12	气温变化	准备覆盖材料、养护落实到人		

10.4.3 排列图法

排列图法又叫主次因素分析图或巴雷特图(图10.3),是用来寻找影响产品质量的主要因素的一种有效工具。排列图由两个纵坐标,一个横坐标,若干个直方形和一条曲线组成。其中左边的纵坐标表示频数,右边的纵坐标表示频率,横坐标表示影响质量的各种因素。若干个直方形分别表示质量影响因素的项目,直方形的高度则表示影响因素的大小程度,按大小由左向右排列。曲线表示各影响因素出现的累计频率百分数,这条曲线叫巴雷特曲线。一般把影响因素分为三类,累计频率在 0~80% 范围的因素,称为 A 类因素,是主要因素,以便集中力量加以重点解决;在 80%~90% 范围内的为 B 类,是次要因素;在 90%~100% 范围内的为 C 类,是一般因素。

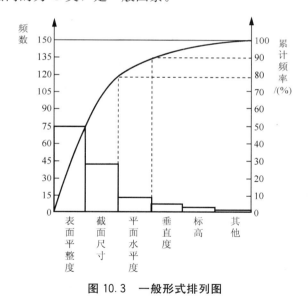

图 10.3 一般形式排列图

10.4.4 直方图法

直方图又称为质量分布图,利用直方图可分析产品质量的波动情况,了解产品质量特征的分布规律,以及判断生产过程是否正常的有效方法。直方图还可用来估计工序不合格品率的高低、制定质量标准、确定公差范围、评价施工管理水平等。

1. 直方图的画法

下面以实例来说明直方图的画法及应用。

(1) 数据的收集与整理。例如,某工地在一个时期内生产的 C30 混凝土,共做试块 100 块,抗压强度如表 10-5 所示。由该表中找出全体数据中的最大值为 34.7,最小值为 27.4,两者之差即 34.7-27.4=7.3,称为极差,用符号 R 表示。

表 10-5　混凝土试块强度统计数据表　　　　　单位:N/mm²

组号	各组中的数据序号										组中最大	组中最小
	1	2	3	4	5	6	7	8	9	10		
1	32.3	31.0	32.6	30.1	32.0	31.1	32.7	31.6	29.4	31.9	32.7	29.4
2	32.2	32.0	28.7	31.0	29.5	31.4	31.7	30.9	31.8	31.6	32.2	28.7
3	31.4	34.1	31.4	34.0	33.5	32.6	30.9	30.8	31.6	30.4	34.1	30.4
4	31.5	32.7	32.6	32.0	31.7	31.6	31.7	29.4	31.7	31.6	32.7	29.4
5	30.9	32.9	31.4	30.8	33.1	33.0	31.3	32.9	31.7	31.6	32.7	29.4
6	30.3	30.4	30.6	30.9	31.0	31.4	33.0	31.3	31.9	31.8	33.0	30.4
7	31.9	30.9	31.1	31.3	31.5	31.6	30.8	31.7	31.6	31.6	31.9	30.5
8	31.7	31.6	32.2	31.6	32.7	32.6	27.4	31.6	31.9	32.0	32.7	27.4
9	34.7	30.3	31.2	32.0	34.3	33.5	31.6	31.6	31.0	34.7	34.7	30.3
10	30.8	32.0	31.3	29.7	30.5	31.6	31.6	30.4	31.3	32.7	32.7	29.7

(2) 确定直方图的组数和组距,组数多少要按收集数据的多少来确定。当数据总数为 50~100 时,可分为 8~12 组,组数用字母 K 表示。为了方便,通常可选定组数,然后算出组距,组距用字母 h 表示。

组数与组距的关系式是:组距 = $\frac{极差}{组数}$,即 $h = \frac{R}{K}$

本例组数选定 $K = 10$ 组,则组距 $h = \frac{R}{K} = \frac{7.3}{10} = 0.73 \approx 0.8$

(3) 确定数据分组区间。数据分组区间应遵循如下的规则来确定:相邻区间在数值上应当是连续的,即前一区间的上界值应等于后一区间的下界值;要避免数据落在区间的分界上。为此,一般将区间分界值精度比数据值精度提高半级。即第一区间的下界值,可取最小值减 0.05;上界值采用最小值减 0.05 再加组距,本例中:

第一区间下界值 = 最小值 - 0.05 = 27.4 - 0.05 = 27.35

第一区间上界值 = 第一区间下界值 + h = 27.35 + 0.8 = 28.15

第二区间下界值 = 第一区间上界值 = 28.15

第二区间上界值 = 其下界值 + h = 28.15 + 0.8 = 28.95。以此类推。

(4) 编制频数分布统计表。根据确定的各个区间值,就可以进行频数统计,编制出频数分布统计表,如表 10-6 所示。

表 10-6 频数分布统计表

序 号	分组区间	频 数	序 号	分组区间	频 数
1	27.35～28.15	1	6	31.35～32.15	37
2	28.15～28.95	1	7	32.15～32.95	15
3	28.95～29.75	4	8	32.95～33.75	5
4	29.75～30.55	8	9	33.75～34.55	3
5	30.55～31.35	25	10	34.55～35.35	1
合计					100

(5) 绘制频数直方图。用横坐标表示数据分组区间，纵坐标表示各数据分组区间出现的频数。本例中混凝土强度频数直方图如图 10.4 所示。

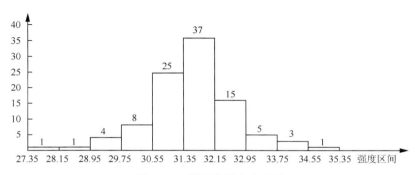

图 10.4 混凝土强度直方图

2. 直方图分析

(1) 分布状态的分析。对直方图分布状态进行分析，可判断生产过程是否正常，常见的直方图分析如下。

① 正态分布[图 10.5(a)]。说明生产过程正常、质量稳定。

② 偏态分布[图 10.5(b)、(c)]。由于技术或习惯上的原因，或由于上(下)限控制过严造成的。

③ 锯齿分布[图 10.5(d)]。由于组数或组距不当，或测试所用方法和读数有问题所致。

④ 孤岛分布[图 10.5(e)]。由于原材料变化，如少量材料不合格，或工人临时替班所致。

⑤ 陡壁分布[图 10.5(f)]。往往是剔除不合格品、等外品或超差返修后造成的。

⑥ 双峰分布[图 10.5(g)]。把两种不同方法、设备生产的产品数据混淆在一起所致。

⑦ 平峰分布[图 10.5(h)]。生产过程中有缓慢变化的因素起主导作用的结果。

(2) 实际分布与标准分布的比较。将正常型直方图与质量标准进行比较，判断实际施工能力。如图 10.6 所示，T 表示质量标准要求的界限，B 代表实际质量特性值的分布范围。

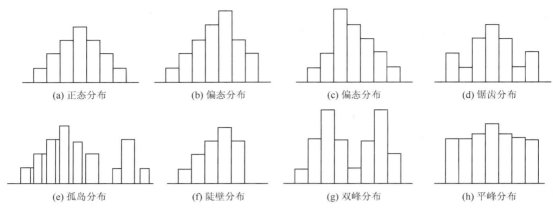

图 10.5 常见直方图分析

比较结果一般有以下几种情况。

① B 在 T 中间，两边各有一定余地，这是理想的情况，如图 10.6(a)所示。

② B 虽在 T 之内，但偏向一边，有超差的可能，需要采取纠偏措施，如图 10.6(b)所示。

③ B 与 T 相重合，实际分布太宽，易超差，要减少数据的分散，如图 10.6(c)所示。

④ B 过分小于 T，说明加工过于精确，不经济，如图 10.6(d)所示。

⑤ 由于 B 过分偏离 T 的中心，造成很多废品，需要调整，如图 10.6(e)所示。

⑥ 实际分布范围 B 过大，产生大量废品，说明不能满足技术要求，如图 10.6(f)所示。

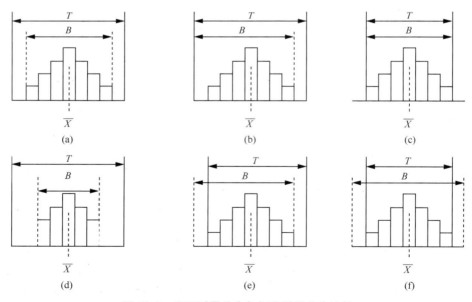

图 10.6 实际质量分布与标准质量分布比较

10.4.5 控制图法

控制图法又称管理图法,它可动态地反映质量特性随时间的变化,可以动态掌握质量状态,判断其生产过程的稳定性,从而实现其对工序质量的动态控制。

控制图的基本形式见图 10.7,纵坐标为质量特性值,横坐标为子样编号或取样时间。图中有三条线,中间的一条细实线为中心线,是数据的均值,用 CL 表示,上下两条虚线为上控制界限 UCL 和下控制界限 LCL。在生产过程中,按时间抽取子样,测量其特征值,将其统计量作为一个点画在控制图上,然后连接各点成为一条折线,即表示质量波动情况。

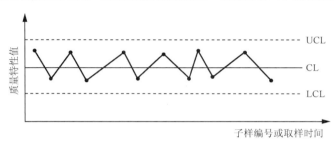

图 10.7 控制图基本样式

1. 控制图的分类

控制图可分为计量值控制图和计数值控制图。计量值控制图有平均值-极差值控制图,中位数-极差值控制图;计数值控制图有不良品数控制图、不良品率控制图、样本缺陷数控制图、单位产品缺陷数控制图等。

2. 控制图的绘制原理

控制图是以正态分布为理论依据,采用"三倍标准偏差法"绘制的。即将中心线定在被控制对象的平均值上面,以中心线为基准向上、向下各三倍标准偏差,即为控制上限和控制下限。

3. 控制图的观察分析

应用控制图的主要目的是分析判断生产过程是否处于稳定状态,预防不合格品的发生。当控制图的点子满足以下两个条件:一是点子没有跳出控制界限;二是点子随机排列且没有缺陷,人们就认为生产过程基本上处于控制状态,即生产正常。否则,就认为生产过程发生了异常变化,必须把引起这种变化的原因找出来,排除掉。这里所说的点子在控制界限内排列有缺陷,包括以下几种情况。

(1) 点子连续在中心线一侧出现 7 个以上,如图 10.8(a)所示。

(2) 连续 7 个以上点子上升或下降,如图 10.8(b)所示。

(3) 点子在中心线一侧多次出现。如连续 11 个点中至少有 10 个点在同一侧,如图 10.8(c)所示;或连续 14 点中至少有 12 点,或连续 17 点中至少有 14 点,或连续 20 点中至少有 16 点出现在同一侧。

（4）点子接近控制界限。如连续3个点中至少有2点在中心线上或下二倍标准偏差横线以外出现，如图10.8(d)所示；或连续7点中至少有3点，或连续10点中至少有4点在该横线外出现。

（5）点子出现周期性波动，如图10.8(e)所示。

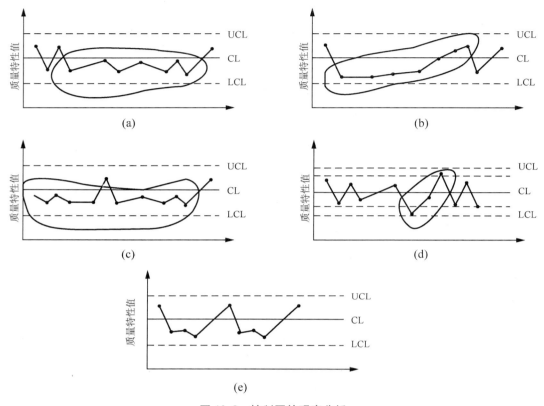

图 10.8　控制图的观察分析

在使用控制图时，除了上述异常情况外，下列几种情况也应引起重视。

（1）数据点出现上、下循环移动的情形。可能是季节性的环境影响，操作人员的轮换或操作人员的疲劳造成的。

（2）数据点出现朝单一方向变化的趋势。其原因可能是工具磨损，设备未按期进行检验，或原材料的均匀性变质。

（3）连续若干点集中出现在某些不同的数值上。其原因可能是工具磨损，设备未按期进行检验。

（4）太多的数据点接近中心线。若连续13个点以上落在中心线±σ的带型区域内，此为小概率事件，该情况也应判为异常。出现的原因可能是控制图使用太久，没有加以修改而失去了控制作用，或者数据不真实。

4．控制图的重要性

控制图所以能获得广泛应用，主要是由于它能起到下列作用。

（1）贯彻预防为主的原则。应用控制图有助于保持生产过程处于控制状态，从而起到保证质量防患于未然的作用。

(2) 改进生产过程。应用控制图可以减少废品和返工,从而提高生产率、降低成本和增加生产能力。

(3) 防止不必要的过程调整。控制图可用以区分质量的偶然波动与异常波动,从而使操作者减少不必要的过程调整。

(4) 提供有关工序能力的信息。控制图可以提供重要的生产过程参数以及它们的时间稳定性,这对于生产过程的设计和管理是十分重要的。

10.4.6 相关图法

相关图法又称散点图法,它是将两个变量(两个质量特性)间的相互关系用一个直角坐标表示出来,从相关图中点子的分布状况就可以看出两个质量特性间的相互关系,以及关系的密切程度。

相关图的几种基本类型如图 10.9 所示,分别表示以下关系。

(1) 正相关:因素 X 增加,结果 Y 也明显增加,如图 10.9(a)所示。

(2) 弱正相关:因素 X 增加,结果 Y 略有增加,如图 10.9(b)所示。

(3) 不相关:因素 X 与结果 Y 没有关系,如图 10.9(c)所示。

(4) 弱负相关:因素 X 增加,结果 Y 略有减小,如图 10.9(d)所示。

(5) 负相关:因素 X 增加,结果 Y 明显减小,如图 10.9(e)所示。

(6) 非线性相关:因素 X 增加到某一范围时,结果 Y 也增加,但超过一定范围后 Y 反而减小,如图 10.9(f)所示。从图 10.9(a)和图 10.9(e)两种图形可以判断 X 是质量特性 Y 的重要影响因素,而控制好因素 X,就可以把结果 Y 较为有效地控制起来。

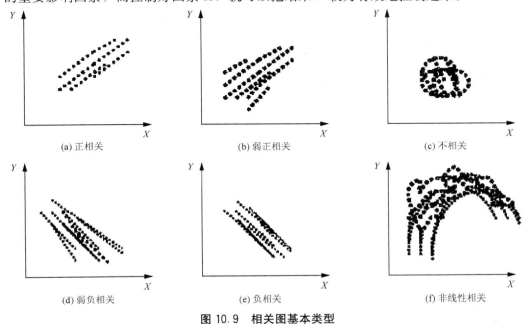

图 10.9 相关图基本类型

10.4.7　调查表法

调查表法又称调查分析法、检查表法，是收集和整理数据用的统计表，利用这些统计表可对数据进行整理，并可粗略地进行原因分析。按使用的目的不同，常用的检查表有：工序分布检查表、缺陷位置检查表、不良项目检查表、不良原因检查表等。调查表形式灵活，简便实用，与分层法结合，可更快、更好地找出问题的原因。如表10-7所示是混凝土预制板不合格项目调查表。

表 10-7　混凝土预制板不合格项目调查表

序　号	项　目	检查记录	小　计	备　注
1	强度不足	正正正正正	25	
2	蜂窝麻面	正正正正	20	
3	局部露筋	正正正	15	
4	局部有裂缝	正正	10	
5	折断	正正	10	

本 章 小 结

本章主要介绍了工程项目质量及质量控制的概念和特点，全面质量管理的原理，PDCA循环法在工程项目质量管理中的应用，工程项目质量控制的工作内容和质量不合格时的处理规定，以及质量管理中的7种数理统计的方法等内容。PDCA包括计划、实施、检查和处置4个阶段，具体可分为8个步骤，通过该方法的应用可以将工程项目质量提高到一个新的更高的水平。分层法、因果分析图法、排列图法、直方图法、控制图法、相关图法和调查表法这7种数理统计的方法，在质量管理中应用较多。

习　题

一、思考题

1. 什么是工程项目质量？质量的特点有哪些？
2. 什么是工程项目质量控制？质量控制的方法有哪些？
3. 简述工程项目工作质量、工序质量、产品质量的控制目标。
4. 简述工程项目质量的PDCA循环法。

5. 简述工程项目质量管理 7 种工具的概念及其在工程项目中的应用。

二、单项选择题

1. PDCA 循环中的 PDCA 分别指（　　）。
   A. 计划、检查、实施、处置　　　　B. 计划、处置、检查、实施
   C. 计划、实施、检查、处置　　　　D. 检查、计划、实施、处置
2. 孤岛分布是指（　　）。
   A. 由于技术上、习惯上的原因出现的
   B. 由于分组的组数不当所造成的
   C. 由于少量材料不合格，短期内工人操作不熟练所造成的
   D. 抽样检查以前数据分类工作不够好，使两个分布混淆在一起所致
3. 下列说法能反映建设工程项目的质量内涵的是（　　）。
   A. 法律法规和合同质量等所规定的要求
   B. 建筑产品客观存在的某些要求
   C. 满足明确和隐瞒需要的特性的总和
   D. 满足质量要求的一系列作业技术和管理活动
4. 为确保施工质量，使施工顺利进行，最关键应做好（　　）控制。
   A. 单位工程质量　　　　　　　　　B. 分部工程质量
   C. 分项工程质量　　　　　　　　　D. 工序质量

三、多项选择题

常见的工程质量统计分析方法有（　　）。
   A. 分层法　　　B. 分项法　　　C. 因果分析图法
   D. 排列图法　　E. 直方图法

第11章

工程项目安全与环境管理

学习目标

(1) 掌握职业伤害事故分类和处理。
(2) 掌握建设工程施工现场环境保护的要求。
(3) 熟悉危险源的识别和安全生产检查的类型和内容。
(4) 了解职业健康安全管理体系与环境管理体系。
(5) 了解建设工程安全生产管理制度。

导入案例

A建筑安装工程公司以施工总承包的方式承接平安大厦工程施工,在征得建设单位同意后将基坑工程分包给具备相应资质条件的B建筑公司。就双方的相关责任划分,分包合同中作出如下约定:B公司对其施工范围内的工程施工总平面布置自行确定如何布置并修改;B公司负责编制施工组织设计及对施工现场的安全生产负总责。施工过程中发生以下事件:基坑采用"水泥土搅拌桩止水帷幕+灌注桩+预应力锚杆"支护体系,基坑开挖及支护过程顺利,但在地下结构施工过程中发生侧壁坍塌事故,所幸事故发生在夜间,未造成人员死亡,仅轻伤4人,直接经济损失多达1600万元。

案例分析:根据住房和城乡建设部《关于做好房屋建筑和市政基础设施工程质量事故报告和调查处理工作的通知》(建质【2010】111号),该事件属"较大事故"。满足下列条件之一者,即可判定为较大事故:①事故造成3人以上10人以下死亡;②事故造成10人以上50人以下重伤;③事故造成1 000万元以上5 000万元以下直接经济损失。

随着人类社会的进步和科技的进步,职业健康安全与环境的问题越来越受关注。为了保证劳动者生产过程中的健康安全和保护人类的生存环境,必须加强职业健康安全与环境管理。

11.1 工程项目安全管理

11.1.1 工程项目安全管理的概念

安全管理的中心问题是保护生产活动中人的安全与健康,保证生产顺利进行。

宏观的安全管理主要包括劳动保护、安全技术和工业卫生这三个相互联系又相互独立的方面。

(1)劳动保护侧重于政策、规划、条例、制度等形式,规范操作或管理行为,从而使劳动者的劳动安全与身体健康得到应有的法律保障。

(2)安全技术侧重于对"劳动手段和劳动对象"的管理,包括预防伤亡事故的工程技术和安全技术规范、技术规定、标准、条例等,以规范物的状态,减轻或消除对人的威胁。

(3)工业卫生侧重于工业生产中高温、粉尘、震动、噪声、毒物的管理,通过防护、医疗保健等措施,防止劳动者的安全与健康受到危害。

工程项目安全管理,是指工程项目建设工程中安全生产组织与管理的全部活动。通过对生产因素具体的状态控制,使生产因素不安全的行为和状态减少或消除,不引发人身伤害和财产损失事故,使工程项目效益目标的实现得到充分的保证。

11.1.2　工程项目安全管理的工作程序

工程项目安全管理的工作程序如图 11.1 所示，一般包括如下几个环节。

（1）确定项目安全目标。按照"目标管理"的方法在以项目经理为首的项目管理系统内进行分解，从而确定每个岗位的安全目标，实现全员安全管理。

（2）编制项目安全技术措施计划。对生产过程中的不安全因素，用技术手段加以消除和控制，并以文件化的方式表示，这是落实"预防为主"方针的具体表现，是进行工程项目安全管理的指导性文件。

（3）项目安全技术措施计划实施。包括建立健全安全生产责任制、设置安全生产设施、进行安全教育培训、沟通和信息交流、通过安全管理使生产作业的安全状况处于受控状态。

（4）安全技术措施计划的验证。包括安全检查、纠正不符合情况，并做好检查记录工作。根据实际情况补充和修改安全技术措施。

（5）持续改进，直至完成建设工程项目的所有工作。

11.2　职业健康安全管理体系

11.2.1　职业健康安全管理体系的标准

职业健康安全管理体系是企业总体管理体系的一部分。作为我国推荐性标准的职业健康安全管理体系标准，目前被企业普遍采用，用以建立职业健康安全管理体系。现在使用的是由 2012 年 2 月 1 日开始实施的标准——《职业健康安全管理体系》（GB/T 28001—2011），包括《职业健康安全管理体系要求》（GB/T 28001—2011）和《职业健康安全管理体系实施指南》（GB/T 28002—2011）。

根据《职业健康安全管理体系要求》（GB/T 28001—2011）的定义，职业健康安全是指影响工作场所内的员工、临时工作人员、合同方人员、访问者和其他人员健康安全的条件和因素。

11.2.2　职业健康安全管理体系的结构和模式

1. 职业健康安全管理体系的结构

《职业健康安全管理体系要求》（GB/T 28001—2011）有关职业健康安全管理体系的结构如图 11.1 所示。从图中可以看出，该标准由"范围""规范性引用性文件""术语和定义""职业健康安全管理体系要求"四部分组成。

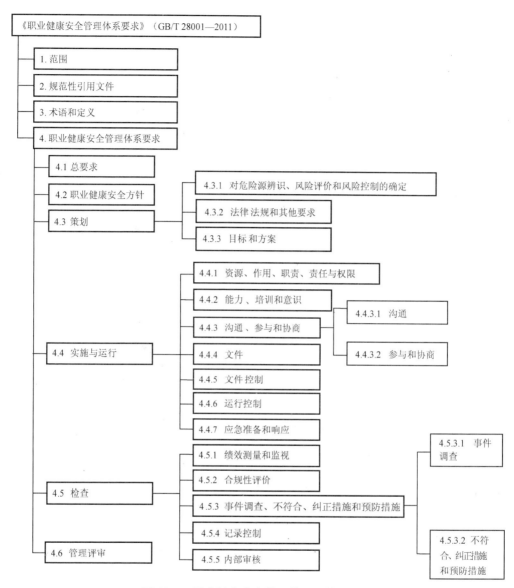

图 11.1 职业健康安全管理体系总体结构图

"范围"中指出,本标准规定了对职业健康安全管理体系的要求,旨在使组织能够控制其职业健康安全风险,并改进其职业健康安全绩效。它既不规定具体的职业健康安全绩效准则,也不提供详细的管理体系设计规范。

本标准中的所有要求旨在被纳入到任何职业健康安全管理体系中。其应用程度取决于组织的职业健康安全方针、活动性质、运行的风险与复杂性等因素。

本标准旨在针对职业健康安全,而非诸如员工健身或健康计划、产品安全、财产损失或环境影响等其他方面的健康和安全。

"职业健康安全管理体系要求"是管理体系的具体内容,各个要素之间相互联系、相互作用,共同有机地构成了职业健康安全管理体系的一个整体。

2. 职业健康安全管理体系的模式

为适应现代职业健康安全的需要，《职业健康安全管理体系要求》(GB/T 28001—2011)在确定职业健康安全管理体系模式时，强调按系统理论管理职业健康安全及相关事务，以达到预防和减少生产事故和劳动疾病的目的。具体采用了系统化的PDCA循环模式（戴明模型），即一个动态循环并螺旋上升的系统化管理模式。职业健康安全管理体系运行模式如图11.2所示。

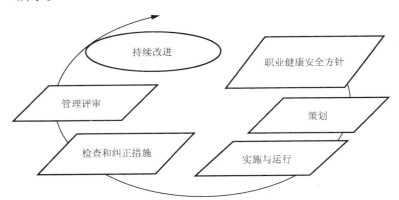

图11.2 职业健康安全管理体系运行模式

图中指出，本标准基于被称为"策划—实施—检查—改进（PDCA）"的方法论。关于PDCA的含意，简要说明如下。

策划：建立所需的目标和过程，以实现组织的职业健康安全方针所期望的结果。

实施：对过程予以实施。

检查：依据职业健康安全方针、目标、法律法规和其他要求，对过程进行监视和测量，并报告结果。

改进：采取措施以持续改进职业健康安全绩效。

许多组织通过由过程组成的体系以及过程之间的相互作用对其运行进行管理，这种方式称为过程方法。GB/T 19001倡导使用过程方法。由于PDCA可用于所有过程，因此，这两种方法可以看作是兼容的。

11.3 工程项目安全生产管理

11.3.1 安全生产管理制度

由于建设工程规模大、周期长、参与人数多、环境复杂多变，安全生产的难度很大。因此，通过建立各项制度，规范建设工程的生产行为，对于提高建设工程安全生产技术水平是非常重要的。《中华人民共和国建筑法》《中华人民共和国安全生产法》《安全生产许可证条例》《建设工程安全生产管理条例》《建筑施工企业安全生产许可证管理规定》等建设工程相关法律法规和部门规章，对政府部门、有关企业及相关人员的建设工程安全生产和管理行为进行了全面的规范，确立了一系列建设工程安全生产管理制度。现阶段正在执行的主要安全生产管理制度包括：安全生产责任制度；安全生产许可证制度；政府安全生产监督检查制度；安全生产教育培训制度；安全措施计划制度；特种作业人员持证上岗制度；专项施工方案专家论证制度；危及施工安全工艺、设备、材料淘汰制度；施工起重机械使用登记制度；安全检查制度；生产安全事故报告和调查处理制度；"三同时"制度；安全预评价制度；意外伤害保险制度。

1. 安全生产责任制度

安全生产责任制度是最基本的安全管理制度，是所有安全生产管理制度的核心。安全生产责任制是按照安全生产管理方针和"管生产的同时必须管安全"的原则，将各级负责人员、各职能部门及其工作人员和各岗位生产工人在安全生产方面应做的事情及应负的责任加以明确规定的一种制度。具体来说，就是将安全生产责任分解到相关单位的主要负责人、项目负责人、班组长以及每个岗位的作业人员身上。

根据《建设工程安全生产管理条例》和《建筑施工安全检查标准》的相关规定，安全生产责任制度的主要内容如下。

（1）安全生产责任制度主要包括施工企业主要负责人的安全责任，负责人或其他副职的安全责任，项目负责人(项目经理)的安全责任，生产、技术、材料等各职能管理负责人及其工作人员的安全责任，技术负责人(工程师)的安全责任，专职安全生产管理人员的安全责任，施工员的安全责任，班组长的安全责任和岗位人员的安全责任等。

（2）项目对各级、各部门安全生产责任制应规定检查和考核方法，并按规定期限进行考核，对考核结果及兑现情况应有记录。

（3）项目独立承包的工程在签订承包合同中必须有安全生产工作的具体指标和要求。

（4）项目的主要工种应有相应的安全技术操作规程，一般应包括砌筑、抹灰、混凝土、木作、钢筋、机械、电气焊、起重、信号指挥、塔式起重机司机、架子、水暖、油漆等工种，特殊作业应另行补充。应将安全技术操作规程列为日常安全活动和安全教育的主要内容，并应悬挂在操作岗位前。

（5）施工现场应按工程项目大小配备专(兼)职安全人员。

总之，企业实行安全生产责任制必须做到计划、布置、检查、总结、评比生产的时候，同时计划、布置、检查、总结、评比安全工作。其内容大体分为两个方面：纵向方面是各级人员的安全生产责任制，即从最高管理者、管理者代表到项目负责人、技术负责人、专职安全生产管理、施工员、班组长和岗位人员等各级人员的安全生产责任制；横向方面是各个部门的安全生产责任制，即各职能部门(如安全环保、设备等)的安全生产责任制。只有这样，才能建立健全安全生产责任制，做到群防群治。

2. 安全生产许可证制度

《安全生产许可证条例》规定国家对建筑施工企业实施安全生产许可证制度。其目的是为了严格规范安全生产条件，进一步加强安全生产监督管理，防止和减少生产安全事故。

国务院建设主管部门负责中央管理的建筑施工企业安全生产许可证的颁发和管理;其他企业由省、自治区、直辖市人民政府建设主管部门进行颁发和管理,并接受国务院建设主管部门的指导和监督。

企业进行生产前,应当依照该条例的规定向安全生产许可证颁发管理机关申请领取安全生产许可证,并提供该条例第六条规定的相关文件、资料。安全生产许可证颁发管理机关应当自收到申请之日起4~5日内审查完毕,经审查符合该条例规定的安全生产条件的,颁发安全生产许可证;不符合该条例规定的安全生产条件的,不予颁发安全生产许可证,书面通知企业并说明理由。

安全生产许可证的有效期为3年。安全生产许可证有效期满需要延期的,企业应当于期满前3个月向原安全生产许可证颁发管理机关办理延期手续。

企业在安全生产许可证有效期内,严格遵守有关安全生产的法律法规,未发生死亡事故的,安全生产许可证有效期届满时,经原安全生产许可证颁发管理机关同意,不再审查,安全生产许可证有效期延期3年。

企业不得转让、冒用安全生产许可证或者使用伪造的安全生产许可证。

3. 政府安全生产监督检查制度

政府安全生产监督检查制度是指国家法律、法规授权的行政部门,代表政府对企业的安全生产过程实施监督管理。《建设工程安全生产管理条例》第五章"监督管理"对建设工程安全监督管理的规定如下。

(1) 国务院负责安全生产监督管理的部门依照《中华人民共和国安全生产法》的规定,对全国建设工程安全生产工作实施综合监督管理。

(2) 县级以上地方人民政府负责安全生产监督管理的部门依照《中华人民共和国安全生产法》的规定,对本行政区域内建设工程安全生产工作实施综合监督管理。

(3) 国务院建设行政主管部门对全国的建设工程安全生产实施监督管理。国务院铁路、交通、水利等有关部门按照国务院规定的职责分工,负责有关专业建设工程安全生产的监督管理。

(4) 县级以上地方人民政府建设行政主管部门对本行政区域内的建设工程安全生产实施监督管理。县级以上地方人民政府交通、水利等有关部门在各自的职责范围内,负责本行政区域内的专业建设工程安全生产的监督管理。

(5) 县级以上地方人民政府负有建设工程安全生产实施监督管理职责的部门在各自的职责范围内履行安全监督检查职责时,有权纠正施工中违反安全生产要求的行为,责令立即排除检查中发现的安全事故隐患,对重大隐患可以责令暂时停止施工。建设行政主管部门或者其他有关部门可以将施工现场安全监督检查委托给建设工程安全监督机构具体实施。

4. 安全生产教育培训制度

企业安全生产教育培训一般包括对管理人员、特种作业人员和企业员工的安全教育。管理人员的安全教育如下。

(1) 企业领导的安全教育。

（2）项目经理、技术负责人和技术干部的安全教育。
（3）行政管理干部的安全教育。
（4）企业安全管理人员的安全教育。
（5）班组长和安全员的安全教育。

特种作业人员的安全教育的要求如下。

（1）特种作业人员必须经专门的安全技术培训并考核合格，取得《中华人民共和国特种作业操作证》后，方可上岗作业。

（2）特种作业人员应当接受与其所从事的特种作业相应的安全技术理论培训和实际操作培训。已经取得职业高中、技工学校及中专以上学历的毕业生从事与其所学专业相应的特种作业，持学历证明经考核发证机关同意，可以免予相关专业的培训。

（3）跨省、自治区、直辖市从业的特种作业人员，可以在户籍所在地或者从业所在地参加培训。

企业员工的安全教育主要是新员工上岗前的三级安全教育、改变工艺和变换岗位安全教育、经常性安全教育三种形式。

5．安全措施计划制度

安全措施计划制度是指企业进行生产活动时，必须编制安全措施计划，它是企业有计划地改善劳动条件和安全卫生设施，防止工伤事故和职业病的重要措施之一，对企业加强劳动保护，改善劳动条件，保障职工的安全和健康，促进企业生产经营的发展都起着积极作用。

1）安全措施计划的范围

安全措施计划的范围包括改善劳动条件、防止事故发生、预防职业病和职业中毒等内容。

2）编制安全措施计划的依据

（1）国家发布的有关职业健康安全政策、法规和标准。
（2）在安全检查中发现的尚未解决的问题。
（3）造成伤亡事故和职业病的主要原因和所采取的措施。
（4）生产发展需要所采取的安全技术措施。
（5）安全技术革新项目和员工提出的合理化建议。

3）编制安全措施计划的一般步骤

（1）工作活动分类。
（2）危险源识别。
（3）风险确定。
（4）风险评价。
（5）制订安全技术措施计划。
（6）评价安全技术措施计划的充分性。

6．特种作业人员持证上岗制度

《建设工程安全生产管理条例》第二十五条规定：垂直运输机械作业人员、起重机械安装拆卸工、爆破作业人员、登高架设作业人员等特种作业人员，必须按照国家有关规定经过专门的安全作业培训，并取得特种作业操作资格证书后，方可上岗作业。

特种作业人员必须按照国家有关规定经过专门的安全作业培训，并取得特种作业操作资格证书后，方可上岗作业。专门的安全作业培训，是指由有关主管部门组织的专门针对特种作业人员的培训，也就是特种作业人员在独立上岗作业前，必须进行与本工种相适应的、专门的安全技术理论学习和实际操作训练。经培训考核合格，取得特种作业操作资格证书后，才能上岗作业。特种作业操作资格证书在全国范围有效，离开特种作业岗位一定时间后，应当按照规定重新进行实际操作考核，经确认合格后方可上岗作业。对于未经培训考核，即从事特种作业的，《建设工程安全生产管理条例》第六十二条规定了行政处罚；造成重大安全事故，构成犯罪的，对直接责任人员，依照刑法的有关规定追究刑事责任。

特种作业操作证由国家安全监管总局统一式样、标准及编号。特种作业操作证有效期为6年，每3年复查一次。特种作业人员在特种作业操作证有效期内，连续从事本工种10年以上，严格遵守有关安全生产法律法规的，经原考核发证机关或者从业所在地考核发证机关同意，特种作业操作证的复审时间可以延长至每6年一次。

7. 专项施工方案专家论证制度

依据《建设工程安全生产管理条例》第二十六条的规定：施工单位应当在施工组织设计中编制安全技术措施和施工现场临时用电方案，对下列达到一定规模的危险性较大的分部分项工程编制专项施工方案，并附具安全验算结果，经施工单位技术负责人、总监理工程师签字后实施，由专职安全生产管理人员进行现场监督，包括：基坑支护与降水工程；土方开挖工程；模板工程；起重吊装工程；脚手架工程；拆除、爆破工程；国务院建设行政主管部门或者其他有关部门规定的其他危险性较大的工程。

对上述所列工程中涉及深基坑、地下暗挖工程、高大模板工程的专项施工方案，施工单位还应当组织专家进行论证、审查。

8. 危及施工安全的工艺、设备、材料淘汰制度

严重危及施工安全的工艺、设备、材料是指不符合生产安全要求，极有可能导致生产安全事故发生，致使人民生命和财产遭受重大损失的工艺、设备、材料。

《建设工程安全生产管理条例》第四十五条规定："国家对严重危及施工安全的工艺、设备、材料实行淘汰制度。具体目录由我部会同国务院其他有关部门制定并公布。"该条明确规定，国家对严重危及施工安全的工艺、设备、材料实行淘汰制度。这一方面有利于保障安全生产；另一方面也体现了优胜劣汰的市场经济规律，有利于提高生产经营单位的工艺水平，促进设备更新。

根据该条的规定，对严重危及施工安全的工艺、设备、材料，实行淘汰制度，需要国务院建设行政主管部门会同其他有关部门确定哪些是严重危及施工安全的工艺、设备、材料，并且以明示的方法予以公布。对于已经公布的严重危及施工安全的工艺、设备、材料，建设单位和施工单位都应当严格遵守和执行，不得继续使用此类工艺和设备，也不得转让他人使用。

9. 施工起重机械使用登记制度

《建设工程安全生产管理条例》第三十五条规定:"施工单位应当自施工起重机械和整体提升脚手架、模板等自升式架设设施验收合格之日起三十日内,向建设行政主管部门或者其他有关部门登记。登记标志应当置于或者附着于该设备的显著位置。"

这是对施工起重机械的使用进行监督和管理的一项重要制度,能够有效防止不合格机械和设备投入使用;同时,还有利于监管部门及时掌握施工起重机械和整体提升脚手架、模板等自升式架设设施的使用情况,以利于监督管理。

进行登记应当提交施工起重机械有关资料,包括以下内容。

(1) 生产方面的资料,如设计文件、制造质量证明书、检验证书、使用说明书、安装证明等。

(2) 使用的有关情况资料,如施工单位对于这些机械和设施的管理制度和措施、使用情况、作业人员的情况等。

监管部门应当对登记的施工起重机械建立相关档案,及时更新,加强监管,减少生产事故的发生。施工单位应当将标志置于显著位置,便于使用者监督,保证施工起重机械的安全使用。

10. 安全检查制度

1) 安全检查的目的

安全检查制度是清除隐患、防止事故、改善劳动条件的重要手段,是企业安全生产管理工作的一项重要内容。通过安全检查可以发现企业及生产过程中的危险因素,以便有计划地采取措施,保证安全生产。

2) 安全检查的方式

检查方式有企业组织的定期安全检查,各级管理人员的日常巡回检查,专业性检查,季节性检查,节假日前后的安全检查,班组自检、交接检查,不定期检查等。

3) 安全检查的内容

安全检查的主要内容包括:查思想、查管理、查隐患、查整改、查伤亡事故处理等。安全检查的重点是检查"三违"和安全责任制的落实。检查后应编写安全检查报告,报告应包括以下内容:已达标内容、未达标项目、存在问题、原因分析、纠正和预防措施。

4) 安全隐患的处理程序

对查出的安全隐患,不能立即整改的要制订整改计划,定人、定措施、定经费、定完成日期,在未消除安全隐患前,必须采取可靠的防范措施,如有危及人身安全的紧急险情,应立即停工。应按照"登记—整改—复查—销案"的程序处理安全隐患。

11. 生产安全事故报告和调查处理制度

关于生产安全事故报告和调查处理制度,《中华人民共和国安全生产法》《中华人民共和国建筑法》《建设工程安全生产管理条例》《生产安全事故报告和调查处理条例》《特种设备安全监察条例》等法律法规都对此作了相应的规定。

《中华人民共和国安全生产法》第七十条规定:"生产经营单位发生生产安全事故后,

事故现场有关人员应当立即报告本单位负责人"；"单位负责人接到事故报告后，应当迅速采取有效措施，组织抢救，防止事故扩大，减少人员伤亡和财产损失，并按照国家有关规定立即如实报告当地负有安全生产监督管理职责的部门，不得隐瞒不报、谎报或者拖延不报，不得故意破坏事故现场、毁灭有关证据"。

《中华人民共和国建筑法》第五十一条规定："施工中发生事故时，建筑施工企业应当采取紧急措施减少人员伤亡和事故损失，并按照国家有关规定及时向有关部门报告。"

《建设工程安全生产管理条例》第五十条对建设工程生产安全事故报告制度的规定为："施工单位发生生产安全事故，应当按照国家有关伤亡事故报告和调查处理的规定，及时、如实地向负责安全生产监督管理的部门、建设行政主管部门或者其他有关部门报告；特种设备发生事故的，还应当同时向特种设备安全监督管理部门报告。接到报告的部门应当按照国家有关部门规定，如实上报。"

2007年6月1日起实施的《生产安全事故报告和调查处理条例》对安全生产事故报告和调查处理制度作了更加明确的规定。

《特种设备安全监察条例》第六十二条规定："特种设备发生事故，事故发生单位应当迅速采取有效措施，组织抢救，防止事故扩大，减少人员伤亡和财产损失，并按照国家有关规定，及时、如实地向负有安全生产监督管理职责的部门和特种设备安全监督管理部门等有关部门报告。不得隐瞒不报、谎报或者拖延不报。"

12. "三同时"制度

"三同时"制度是指凡是我国境内新建、改建、扩建的基本建设项目，技术改建项目和引进的建设项目，其安全生产设施必须符合国家规定的标准，必须与主体工程同时设计、同时施工、同时投入生产和使用。安全生产设施主要是安全技术方面的设施、职业卫生方面的设施、生产辅助性设施。

《中华人民共和国劳动法》第五十三条规定："新建、改建、扩建工程的劳动安全卫生设施必须与主体工程同时设计、同时施工、同时投入生产和使用。"

《中华人民共和国安全生产法》第二十四条规定："生产经营单位新建、改建、扩建工程项目的安全设施，必须与主体工程同时设计、同时施工、同时投入生产和使用，安全设施投资应当纳入建设项目概算。"

新建、改建、扩建工程的初步设计要经过行业主管部门、安全生产管理部门、卫生部门和工会的审查，同意后方可进行施工；工程项目完成后，必须经过主管部门、安全生产管理行政部门、卫生部门和工会的竣工检验；建设工程项目投产后，不得将安全设施闲置不用，生产设施必须和安全设施同时使用。

13. 安全预评价制度

安全预评价是在建设工程项目前期，应用安全评价的原理和方法对工程项目的危险性、危害性进行预测性评价。

开展安全预评价工作，是贯彻落实"安全第一，预防为主"方针的重要手段，是企业实施科学化、规范化安全管理的工作基础。科学、系统地开展安全评价工作，不仅直接起到了消除危险有害因素、减少事故发生的作用，有利于全面提高企业的安全管理水平，而且有利于系统地、有针对地加强对不安全状况的治理、改造,最大限度地降低安全生产风险。

14. 意外伤害保险制度

根据《中华人民共和国建筑法》第四十八条规定,建筑职工意外伤害保险是法定的强制性保险。2003年5月23日建设部门公布了《建设部关于加强建筑意外伤害保险工作的指导意见》(建质[2003]07号),从九个方面对加强和规范建筑意外伤害保险工作提出了较详尽的规定,明确了建筑施工企业应当为施工现场从事施工作业和管理的人员,在施工活动过程中发生的人身意外伤亡事故提供保障,办理建筑意外伤害保险、支付保险费,范围应当覆盖工程项目。同时,还对保险期限、金额、保费、投保方式、索赔、安全服务及行业自保等都提出了指导性意见。

11.3.2 危险源的识别和风险控制

1. 危险源

危险源是安全管理的主要对象,在实际生活和生产过程中的危险源是以多种多样的形式存在的。虽然危险源的表现形式不同,但从本质上说,能够造成危害后果的(如伤亡事故、人身健康受损害、物体受破坏和环境污染等),均可归结为能量的意外释放或约束、限制能量和危险物质措施失控的结果。危险源可分为两大类,即第一类危险源和第二类危险源。

第一类危险源通常指可能发生意外释放的能量的载体或危险物质,如电线和电、硫酸容器和硫酸、爆炸物品等。第一类危险源是事故发生的物理本质,危险性主要表现为导致事故而造成后果的严重程度方面。第一类危险源的危险性的大小主要取决于以下几个方面。

(1) 能量或危险物质的量。

(2) 能量或危险物质意外释放的强度。

(3) 意外释放的能量或危险物质的影响范围。

第二类危险源是造成约束、限制能量和危险物质措施失控的各种不安全因素,如工人违反操作规程、不良的操作环境和条件、物的不安全状态等。

事故的发生是两类危险源共同作用的结果,第一类危险源是事故发生的前提,第二类危险源的出现是第一类危险源导致事故的必要条件。在事故的发生和发展过程中,两类危险源相互依存,相辅相成。第一类危险源是事故的主体,决定事故的严重程度;第二类危险源出现的难易,决定事故发生的可能性的大小。

2. 危险源的识别

危险源识别是安全管理的基础工作,主要目的是要找出每项工作活动有关的所有危险源,并考虑这些危险源可能会对什么人造成什么样的伤害,或导致什么设备、设施损坏等。

危险源识别的方法有询问交谈、现场观察、查阅有关记录、获取外部信息、工作任务分析、安全检查表、危险与操作性研究、事故树分析、故障树分析等方法。这些方法各有特点和局限性，往往采用两种或两种以上的方法识别危险源。以下简单介绍常用的两种方法。

1) 专家调查法

专家调查法是通过向有经验的专家咨询、调查，识别、分析和评价危险源的一类方法，其优点是简单、易行，其缺点是受专家的知识、经验和占有资料的限制，可能出现遗漏。常用的有：头脑风暴法和德尔菲法。

2) 安全检查表法

安全检查表(Safety Check List)法实际上就是实施安全检查和诊断项目的明细表。检查表的内容一般包括分类项目、检查内容及要求、检查以后处理意见等。可以用"是""否"作为回答，同时注明检查日期，并由检查人员和被检单位同时签字。安全检查表法的优点是：简单易懂、容易掌握，可以事先组织专家编制检查项目，使安全、检查做到系统化、完整化。其缺点是只能作出定性评价。

3. 危险源的评估

根据对危险源的识别，评估危险源造成的风险可能性和大小，对风险进行分级。GB/T 28002 推荐的简单的风险等级评估如表 11-1 所示，结果分为 Ⅰ、Ⅱ、Ⅲ、Ⅳ、Ⅴ 5 个风险等级。通过评估，可对不同等级的风险采取相应的风险控制措施。

风险评价是一个不断持续的过程，应持续评审控制措施的充分性。当条件变化时，应对风险重新评估。

表 11-1 风险等级评估表

可能性	后果		
	轻度损失 （轻微伤害）	中度损失 （伤害）	重大损失 （严重伤害）
很大	Ⅲ	Ⅳ	Ⅴ
中等	Ⅱ	Ⅲ	Ⅳ
极小	Ⅰ	Ⅱ	Ⅲ

注：Ⅰ—可忽略风险；Ⅱ—可容许风险；Ⅲ—中度风险；Ⅳ—重大风险；Ⅴ—不容许风险。

4. 风险的控制

1) 风险控制策划

风险控制策划可以按照以下顺序和原则进行考虑。

(1) 尽可能完全消除有不可接受风险的危险源，如用安全品代替危险品。

(2) 如果是不可能消除有重大危险的危险源，应努力采取降低风险的措施，如使用低压电器等。

(3) 在条件允许时，应使工作适合于人，如考虑降低人的精神压力和体能消耗。

(4) 应尽可能利用技术进步来改善安全控制措施。
(5) 应考虑保护每个工作人员的措施。
(6) 将技术管理与程序控制结合起来。
(7) 应考虑引入诸如机械安全防护装置的维护计划的要求。
(8) 在各种措施还不能绝对保证安全的情况下,作为最终手段,还应考虑使用个人防护用品。
(9) 应有可行、有效的应急方案。
(10) 预防性测定指标是否符合控制措施计划的要求。

2) 风险措施控制计划

不同的组织、不同的工程项目需要根据不同的条件和风险量来选择适合的控制策略和管理方案。表 11-2 所示为针对不同风险水平的风险控制措施计划表。在实际应用中,应该根据实际情况选择相应的控制策略。

风险控制措施计划在实施前宜进行评审。评审主要包括以下内容。

(1) 更改的措施是否使风险降低至可允许水平。
(2) 是否产生新的危险源。
(3) 是否已选定了成本效益最佳的解决方案。
(4) 更改的预防措施是否能得以全面落实。

表 11-2 基于不同风险水平的风险控制措施计划表

风　　险	措　　施
可忽略的	不采取措施且不必保留文件记录
可允许的	不需要另外的控制措施,应考虑投资效果更佳的解决方案或不增加额外成本的改进措施,需要监视来确保控制措施得以维持
中度的	应努力降低风险,但应仔细测定并限定预防成本,并在规定的时间期限内实施降低风险的措施
重大的	直至风险降低后才能开始工作。为降低风险有时必须配给大量的资源
不容许的	只有当风险已经降低时,才能开始或继续工作

3) 风险控制方法

(1) 第一类危险源控制方法。

可以采取消除危险源、限制能量和隔离危险物质、个体防护、应急救援等方法。建设工程可能遇到不可预测的各种自然灾害引发的风险,只能采取预测、预防、应急计划和应急救援等措施,以尽量消除或减少人员伤亡和财产损失。

(2) 第二类危险源控制方法。

提高各类设施的可靠性以消除或减少故障、增加安全系数、设置安全监控系统、改善作业环境等。最重要的是加强员工的安全意识培训和教育,克服不良的操作习惯,严格按章办事,并帮助其在生产过程中保持良好的生理和心理状态。

11.3.3 施工安全技术措施和安全技术交底

1. 施工安全技术措施

施工安全技术措施是在施工过程中为防止工伤事故和职业病危害,从技术上采取的措施,包括安全防护措施和安全预防措施,是安全技术措施计划的主要内容,是施工组织设计的组成部分。制定安全技术措施要有超前性、针对性、可靠性和操作性。由于工程分为结构共性较多的"一般工程"和结构复杂的"特殊工程",故应当根据工程施工特点、不同的危险因素和季节要求,按照有关安全技术规程的规定,并结合以往的施工经验与教训,编制施工安全技术措施。工程开工前应进行施工安全技术措施交底。在施工中应通过下达施工任务书将施工安全技术措施落实到班组或个人。实施中应加强检查,进行监督,纠正违反安全技术措施的行为。

为了进行安全生产,保障工人的健康与安全,必须加强安全技术组织措施管理,编制安全技术组织措施计划,进行预防,并有下列有关规定。

(1) 所有工程的施工组织设计(施工方案)都必须有安全技术措施;爆破、吊装、水下、深坑、支模、拆除等大型特殊工程,都要编制单项安全技术方案,否则不得开工。安全技术措施要有针对性,要根据工程特点、施工方法、劳动组织和作业环境等情况来制定,防止一般化。施工现场道路、上下水及采暖管道、电气线路、材料堆放、临时和附属设施等的平面布置,都要符合安全、卫生和防火要求,并要加强管理,做到安全生产和文明生产。

(2) 企业在编制施工方案的同时,必须编制安全技术措施计划。安全技术措施所需要的设备、材料应列入物资、技术供应计划。对于每项措施,应该确定实现的期限和负责人。企业的领导人应该对安全技术措施计划的编制和贯彻执行负责。

(3) 安全技术措施计划的范围,包括以改善劳动条件(健康和安全)、防止伤亡事故、预防职业病和职业中毒为目的的各项措施,不要与生产、基建和福利等措施混淆。

(4) 安全技术措施所需的经费列入工程造价的措施费之中。

(5) 企业编制和执行安全技术措施计划,必须走群众路线,计划要经过群众讨论,使其切合实际,力求做到花钱少、效果好。要组织群众定期检查,以保证计划的实现。

2. 安全技术交底

1) 安全技术交底的内容

安全技术交底是一项技术性很强的工作,对于贯彻设计意图,严格实施技术方案、按图施工、循规操作、保证施工质量和施工安全至关重要。

安全技术交底主要内容如下。

(1) 本施工项目的施工作业特点和危险点。
(2) 针对危险点的具体预防措施。
(3) 应注意的安全事项。
(4) 相应的安全操作规程和标准。
(5) 发生事故后应及时采取的避难和急救措施。

2) 安全技术交底的要求

（1）项目经理部必须实行逐级安全技术交底制度，纵向延伸到班组全体作业人员。

（2）技术交底必须具体、明确，针对性强。

（3）技术交底的内容应针对分部分项工程施工中给作业人员带来的潜在危险因素和存在问题。

（4）应优先采用新的安全技术措施。

（5）对于涉及"四新"项目或技术含量高、技术难度大的单项技术设计，必须经过两阶段技术交底，即初步设计技术交底和实施性施工图技术设计交底。

（6）应将工程概况、施工方法、施工程序、安全技术措施等向工长和班组长进行详细交底。

（7）定期向由两个以上作业队和多工种进行交叉施工的作业队伍进行书面交底。

（8）保持书面安全技术交底签字记录。

3) 安全技术交底的作用

（1）让一线作业人员了解和掌握该作业项目的安全技术操作规程和注意事项，减少因违章操作而导致事故的可能。

（2）是安全管理人员在项目安全管理工作中的重要环节。

（3）安全管理作业的内容要求，同时做好安全技术交底也是安全管理人员自我保护的手段。

11.3.4 安全生产检查的类型与内容

工程项目安全检查的目的为了消除隐患、防止事故、改善劳动条件及提高员工安全生产意识，是安全控制工作的一项重要内容。通过安全检查可以发现工程中的危险因素，以便有计划地采取措施，保证安全生产。施工项目的安全检查应由项目经理组织，定期进行。

1. 安全检查的主要类型

1) 全面安全检查

全面检查应包括职业健康安全管理方针、管理组织机构及其安全管理的职责、安全设施、操作环境、防护用品、卫生条件、运输管理、危险品管理、火灾预防、安全教育和安全检查制度等项内容。对全面检查的结果必须进行汇总分析，详细探讨所出现的问题及相应对策。

2) 经常性安全检查

工程项目和班组应开展经常性安全检查，及时排除事故隐患。工作人员必须在工作前，对所用的机械设备和工具进行检查，发现问题及时上报。下班前，还应进行班后检查，做好维护保养和清理场地等，保证交接安全。

3) 专业或专职安全管理人员的专业安全检查

专业或专职安全管理人员有比较丰富的安全知识和经验，通过其认真检查能够得到较为理想的效果，专业或专职安全管理人员在进行检查时，必须不徇私情，按章检查，发现违规操作情况要立即纠正，发现隐患及时指出并提出相应措施，并及时上报检查结果。

4）季节性安全检查

要对防风防沙、防涝防旱、防雷电、防暑防害等工作进行季节性的检查，根据各个季节自然灾害的发生规律，及时采取相应的防护措施。

5）节假日检查

在节假日，上班人少，往往放松思想警惕，容易发生意外，因此，节假日必须安排专业安全管理人员进行安全检查，对重点部位要进行巡视，同时配备一定数量的安全保卫人员，搞好安全保卫工作，不能大意。

6）要害部门重点安全检查

对于企业要害部门和重要设备必须进行重点检查。由于其重要性和特殊性，一旦发生意外，会造成大的伤害，给企业带来不良的影响。

2. 安全检查的主要内容

1）查思想

检查企业领导和员工对安全生产方针的认识程度，对建立健全安全生产管理和安全生产规章制度的重视程度，以及对安全检查中发现的安全问题或安全隐患的处理态度等。

2）查制度

为了实施安全生产管理制度，工程承包企业应结合本身的实际情况，建立健全一整套企业的安全生产规章制度，并落实到具体的工程项目施工任务中。在安全检查时，应对企业的施工安全生产规章制度进行检查。

3）查管理

主要检查安全生产管理是否有效，安全生产管理和规章制度是否真正得到落实。

4）查隐患

主要检查生产作业现场是否符合安全生产要求，检查人员应深入作业现场，检查工人的劳动条件、卫生设施、安全通道，零部件的存放，防护设施状况，电气设备、压力容器、化学用品的储存，粉尘及有毒有害作业部位点的达标情况，车间的通风照明设施等。要特别注意对一些要害部位和设备加强检查。

5）查整改

主要检查对过去提出的安全问题和发生的安全生产事故及安全隐患后是否采取了安全技术措施和安全管理措施，进行整改的效果如何。

6）查伤亡事故处理

检查对伤亡事故是否及时报告，对责任人是否已经做出严肃处理。在安全检查中成立一个适合于检查工作需要的检查组，配备适当的人力和物力。检查结束后应编写安全检查报告，说明检查的情况，提出采取的相应措施建议。

3. 安全检查的注意事项

（1）安全检查要深入基层、紧紧依靠职工，坚持领导与群众相结合的原则，组织好检查工作。

(2) 通过检查的组织领导机构，配备适当的检查力量，挑选具有较高技术业务水平的专业人员参加。

(3) 做好检查的准备工作，包括思想、业务知识、法规政策和物资、奖金准备。

(4) 明确检查的目的和要求。既要严格要求，又要防止一刀切，要从实际出发。

(5) 把自查和互查有机结合起来。基层以自查为主，企业内相应部门间互相检查，相互借鉴。

(6) 坚持查改结合。检查不是目的，只是一种手段，整改才是最终目的。

(7) 建立检查档案。结合安全检查表的实施，逐步建立健全检查档案，收集基本的数据，掌握基本安全状况，为及时消除隐患提供数据，同时也为以后的职业健康安全检查奠定基础。

(8) 在制定安全检查表时，应根据用途和目的的具体情况确定安全检查表的种类。

11.3.5 安全隐患的处理

1. 建设工程安全隐患

建设工程安全隐患包括三个部分的不安全因素：人的不安全因素、物的不安全状态和组织管理上的不安全因素。

1) 人的不安全因素

能够使系统发生故障或发生性能不良的事件的个人的不安全因素和违背安全要求的错误行为。

(1) 人的不安全因素内容。

包括人员的心理、生理、能力中所具有不能适应工作和作业岗位要求的影响安全的因素。

① 心理上的不安全因素，有影响安全的性格、气质和情绪(如急躁、懒散、粗心等)。

② 生理上的不安全因素，大致包括有视觉和听觉等感觉器官、体能、年龄、疾病、疲劳和酒驾或感觉朦胧等方面不能适应作业岗位要求的因素。

③ 能力上的不安全因素，包括知识技能、应变能力、资格等不能适应工作和作业岗位要求的影响因素。

(2) 人的不安全行为。

人的不安全行为指能造成事故的人为错误，是人为地使系统发生故障或发生性能不良事件，是违背设计和操作规程的错误行为。

不安全行为的类型有：操作失误、忽视安全、忽视警告，造成安全装置失效；使用不安全设备；手替代工具操作；物体存放不妥当；冒险进入危险场所；攀坐不安全位置；在起吊物下作业、停留；在机器运转时进行检查、维修、保养；有分散注意力的行为；未正确使用个人防护用品、用具；不安全装束；对易爆易燃等危险物品处理错误等。

2) 物的不安全状态

物的不安全状态是指能导致事故发生的物质条件，包括机修设备或环境所存在的不安全因素。

(1) 物的不安全状态的内容。

① 物本身存在的缺陷。

② 防护保险方面的缺陷。

③ 物的放置方法的缺陷。

④ 作业环境场所的缺陷。

⑤ 外部的和自然界的不安全状态。

⑥ 作业方法导致的物的不安全状态。

⑦ 保护器具信号、标志和个体防护用品的缺陷。

(2) 物的不安全状态的类型。

① 防护等装置缺陷。

② 设备、设施等缺陷。

③ 个人防护用品缺陷。

④ 生产场地环境的缺陷。

3) 组织管理上的不安全因素

组织管理上的缺陷，也是事故潜在的不安全因素，作为间接的原因有以下方面。

(1) 技术上的缺陷。

(2) 教育上的缺陷。

(3) 生理上的缺陷。

(4) 心理上的缺陷。

(5) 管理工作上的缺陷。

(6) 学校教育和社会、历史上的原因造成的缺陷。

2. 建设工程安全隐患的处理

在工程建设过程中，安全事故隐患是难以避免的，但要尽可能预防和消除安全事故隐患的发生。首先需要项目参与各方加强安全意识，做好事前控制，建立健全各项安全生产管理制度，落实安全生产责任制，注重安全生产教育培训，保证安全生产条件所需资金的投入，将安全隐患消除在萌芽之中；其次是根据工程的特点确保各项安全施工措施的落实，加强对工程安全生产的检查监督，及时发现安全事故隐患；再者是对发现的安全事故隐患及时进行处理，查找原因，防止事故隐患的进一步扩大。

1) 安全事故隐患治理原则

(1) 冗余事故隐患治理原则。

为确保安全，在治理事故隐患时应考虑设置多道防线，即使发生有一两道防线无效的情况，还有冗余的防线可以控制事故隐患。

(2) 单项隐患综合治理原则。

人、机、料、法、环境五者任意一个环节发生事故隐患，都要从五者安全匹配的角度考虑，调整匹配的方法，提高匹配的可靠性。

(3) 事故直接隐患和间接隐患并治原则。

对人、机、环境系统进行安全治理，同时还需治理安全管理措施。

(4) 预防与减灾并重治理原则。

治理安全事故隐患时，需尽可能减少发生事故的可能性，即使不能完全控制事故的发生，也要设法将事故等级减低。但是不论预防措施如何完善，都不能保证事故绝对不会发生，还必须对事故减灾做好充分准备，研究应急技术操作规范。

(5) 重点治理原则。

按对隐患的分析评价结果实行危险点分级治理，也可以用安全检查表打分，对隐患危险程度分级。

(6) 动态治理原则。

动态治理就是对生产过程进行动态随机安全化治理，生产过程中发现问题及时治理，既可以及时消除隐患，又可以避免小的隐患发展成大的隐患。

2) 安全事故隐患的处理

在建设过程中，安全事故隐患的发现可以来自于各参与方，包括建设单位、设计单位、监理单位、施工单位、供货商、工程监管部门等。各方对于事故安全隐患处理的义务和责任，以及相关的处理程序在《建设工程安全生产管理条例》中已有明确的界定。这里仅从施工单位角度谈其对事故安全隐患的处理方法。

(1) 当场指正，限期纠正，预防隐患发生。

对于违章指挥和违章作业行为，检查人员应当场指正，并限期纠正，预防事故的发生。

(2) 做好记录，及时整改，消除安全隐患。

对检查中发现的各类安全事故隐患，应做好记录，分析安全隐患产生的原因，制定消除隐患的纠正措施，报相关方审查批准后进行整改，及时消除隐患。对重大安全事故隐患排除前或排除过程中无法保证安全的，责令从危险区域内撤出作业人员或者暂时停止施工，待隐患消除再行施工。

(3) 分析统计，查找原因，制定预防措施。

对于反复发生的安全隐患，应通过分析统计，属于多个部位存在的同类型隐患，即"通病"；属于重复出现的隐患，即"顽症"，查找产生"通病"和"顽症"的原因，修订和完善管理措施，制定预防措施，从源头上消除安全事故隐患的发生。

(4) 跟踪验证。

检查单位应对受检单位的纠正和预防措施的实施过程和实施效果，进行跟踪验证，并保存验证记录。

11.4 工程项目生产安全事故应急预案和事故处理

11.4.1 生产安全事故应急预案的内容

应急预案是对特定的潜在事件和紧急情况发生时所采取措施的计划安排，是应急响应的行动指南。编制应急预案的目的,是防止一旦紧急情况发生时出现混乱,按照合理的响应流程采取适当的救援措施,预防和减少可能随之引发的职业健康安全和环境影响。

应急预案的制定,首先必须与重大环境因素和重大危险源相结合,特别是与这些环境因素和危险源一旦控制失效可能导致的后果相适应,还要考虑在实施应急救援过程中可能产生新的伤害的损失。

1. 应急预案体系的构成

应急预案应形成体系,针对各级各类可能发生的事故和所有危险源制定专项应急预案和现场应急处置方案,并明确事前、事发、事中、事后的各个过程中相关部门和有关人员的职责。生产规模小、危险因素少的生产经营单位,综合应急预案和专项应急预案可以合并编写。

1)综合应急预案

综合应急预案是从总体上阐述事故的应急方针、政策,应急组织结构及相关应急职责,应急行动、措施和保障等基本要求和程序,是应对各类事故的综合性文件。

2)专项应急预案

专项应急预案是针对具体的事故类别(如基坑开挖)、危险源和应急保障而制订的计划或方案,是综合应急方案的组成部分,应按照综合应急预案的程序和要求组织制定,并作为综合应急预案的附件。专项应急预案应制定明确的救援和具体的应急救援措施。

3)现场处置方案

现场处置方案是针对具体的装置、场所或设施、岗位所制定的应急处置措施。现场处置方案应具体、简单、针对性强。现场处置方案应根据风险评估及危险控制措施逐一编制,做到事故相关人员应知应会、熟练掌握,并通过应急演练,做到迅速反应、正确处置。

2. 建设工程生产安全事故应急预案编制的要求与内容

1)建设工程生产安全事故应急预案编制的要求

(1)符合有关法律、法规、规章和标准的规定。

(2)结合本地区、本部门、本单位的安全生产实际情况。

(3)结合本地区、本部门、本单位的危险性分析情况。

(4)应急组织和人员的职责分工明确,并有具体的落实措施。

(5)有明确、具体的事故预防措施和应急程序,并与其应急能力相适应。

(6)有明确的应急保障措施,并能满足本地区、本部门、本单位的应急工作要求。

(7)预案基本要素齐全、完整,预案附件提供的信息准确。

(8)预案内容与相关应急预案相连接。

2)建设工程生产安全事故应急预案编制内容

(1)综合应急预案编制的主要内容。

① 总则。

a. 编制目的。简述应急预案编制的目的、作用等。

b. 编制依据。简述应急预案编制所依据的法律、法规、规章,以及有关行业管理的规定、技术规范和标准等。

　　c. 使用范围。说明应急预案使用的区域范围，以及事故的类型、级别。

　　d. 应急预案体系。说明本单位应急预案体系的构成情况。

　　e. 应急工作原则。说明本单位应急工作的原则，内容应简要、具体。

　② 施工单位的危险性分析。主要阐述本单位存在的危险源及风险分析结果。

　③ 组织机构及职责。

　　a. 应急组织体系。明确应急组织形式、构成单位人员，并尽可能以结构图的形式表达出来。

　　b. 指挥机构及职责。明确应急救援指挥机构总指挥、副总指挥、各成员单位及其相应职责。

　④ 预防与预警。

　　a. 危险源监控。明确本单位对危险源监测监控的方式、方法，以及采取的预防措施。

　　b. 预警行动。明确事故预警的条件、方式、方法和信息的发布程序。

　　c. 信息报告与处置。按照有关规定，明确事故及未遂伤亡事故信息报告与处置方法。

　⑤ 应急响应。

　　a. 响应分级。针对事故危害程度、影响范围和单位控制事态的能力，将事故分为不同的等级。

　　b. 响应程序。根据事故的大小和发展态势，明确应急指挥、应急行动、资源调整、应急避险、扩大应急等响应程序。

　　c. 应急结束。明确应急终止的条件。

　⑥ 信息发布。明确事故信息发布的部门、发布的原则。事故信息应由事故现场指挥部及时准确地向新闻媒体通报。

　⑦ 后期处置。主要包括污染物处理、事故后果影响消除、生产秩序恢复、善后赔偿、抢险过程和应急救援能力评估及应急预案的修订等内容。

　⑧ 保障措施。

　　a. 通信与信息保障。明确与应急工作相关联的单位或人员通信联系方式和方法，并提供备用方案。建立信息通信系统及维护方案，确保应急期间信息通畅。

　　b. 应急队伍保障。明确各类应急响应的人力资源，包括专业应急队伍、兼职应急队伍的组织与保障方案。

　　c. 应急物资装备保障。明确应急救援需要使用的应急物资和装备的类型、数量、性能、存放位置、管理责任人及其联系方式等内容。

　　d. 经费保障。明确应急专项经费来源、使用范围、数量和监督管理措施，保障应急状态时生产经营单位应急经费的及时到位。

　　e. 其他保障。根据本单位应急工作需求而确定的其他相关保障措施(如交通运输保障、治安保障、技术保障、医疗保障、后勤保障等)。

　⑨ 培训与演练。

　　a. 培训。明确对本单位人员开展的应急培训计划、方式和要求。如果预案涉及社区和居民，要做好宣传教育和告知等工作。

b. 演练。明确应急演练的规模、方式、频次、范围、内容、组织、评估、总结等内容。

⑩ 奖惩。明确事故应急救援工作中奖励和处罚的条件的内容。

⑪ 附则。

a. 术语和定义。对应急预案涉及的一些术语进行定义。

b. 应急预案备案。明确本应急预案的报备部门。

c. 维护和更新。明确应急预案维护和更新的基本要求，定期进行评审，实现可持续改进。

d. 制定与解释。明确应急预案负责制定与解释的部门。

e. 应急预案设施。明确应急预案设施的具体时间。

(2) 专项应急预案编制的主要内容。

① 事故类型的危害程度分析。在危险源评估的基础上，对其可能发生的事故类型和可能发生的季节及事故严重程度进行确定。

② 应急处置基本原则。明确处置安全生产事故应当遵循的基本原则。

③ 组织机构及职责。

a. 应急组织体系。明确应急组织形式、构成单位人员，并尽可能以结构图的形式表达出来。

b. 指挥机构及职责。明确应急救援指挥机构总指挥、副总指挥、各成员单位及其相应职责。

④ 预防与预警。

a. 危险源监控。明确本单位对危险源监测监控的方式、方法，以及采取的预防措施。

b. 预警行动。明确事故预警的条件、方式、方法和信息的发布程序。

⑤ 信息报告程序。主要包括以下内容。

a. 确定报警系统及程序。

b. 确定现场报警方式，如电话、警报器等。

c. 确定 24 小时与相关部门的通信、联络方式。

d. 明确相互认可的通告、报警形式和内容。

e. 明确应急反应人员向外救援的方式。

⑥ 应急处置。

a. 响应分级。针对事故危害程度、影响范围和单位控制事态的能力，将事故分为不同的等级。

b. 响应程序。根据事故的大小和发展态势，明确应急指挥、应急行动、资源调整、应急避险、扩大应急等响应程序。

c. 处置措施。针对本单位事故类别和可能发生的事故特点、危险性，制定的应急处置措施(如煤矿瓦斯爆炸、火灾等事故应急措施，危险性化学品火灾、爆炸、中毒等事故应急处置措施)。

⑦ 应急物资于装备保障。明确应急处置所需的物资与装备数量、管理和维护、正确使用等。

（3）现场处置方案的主要内容。

① 事故特征。主要包括以下内容。

a. 危险性分析，可能发生的事故类型。

b. 事故发生的区域、地点或装备的名称。

c. 事故可能发生的季节和造成的危害程度。

d. 事故前可能出现的征兆。

② 应急组织与职责。主要包括以下内容。

a. 基层单位应急自救组织形式及人员构成情况。

b. 应自救组织机构、人员的具体职责，应同单位或车间、班组人员工作职责紧密结合，明确相关岗位和人员的应急工作职责。

③ 应急处置。主要包括以下内容。

a. 事故应急处置程序。根据可能发生的事故类型及现场情况，明确事故报警、各项应急措施启动、应急救护人员的引导、事故扩大及同企业应急预案的衔接的程序。

b. 现场应急处置措施。针对可能发生的火灾、爆炸、危险化学品泄漏、坍塌、水患、机动车辆伤害等，从操作措施、工艺流程、现场处置、事故控制、人员救护、消防、现场恢复等方面制定明确的应急处置措施。

c. 报警电话及上级管理部门、相关应急救援单位联络方式和联系人员，事故报告基本要求和内容。

④ 注意事项。主要包括以下内容。

a. 佩戴个人防护器具方面的注意事项。

b. 使用抢险救援器材方面的注意事项。

c. 采取救援对策或措施方面的注意事项。

d. 现场自救和互救注意事项。

e. 现场应急处置能力确认和人员安全防护等事项。

f. 应急救援结束后的注意事项。

g. 其他需要特别警示的事项。

11.4.2 生产安全事故应急预案的管理

建设工程生产安全事故应急预案的管理包括应急预案的评审、备案、实施和奖惩。

国家安全生产监督管理总局负责应急预案的综合协调管理工作。国务院其他负有安全生产监督管理职责的部门按照各自的职责负责本行业、本领域内应急预案的管理工作。

县级以上地方各级人民政府安全生产监督管理部门负责本行政区域内应急预案的综合协调管理工作。县级以上地方各级人民政府其他负有安全生产监督管理职责的部门按照各自的职责负责本行业、本领域内应急预案的管理工作。

1. 应急预案的评审

地方各级安全生产监督管理部门应当组织有关专家对本部门编制的应急预案进行审

定，必要时可以召开听证会，听取社会有关方面的意见。涉及相关部门职能或者需要有关部门配合的，应当征得有关部门同意。

参加应急预案评审的人员应当包括应急预案涉及的政府部门工作人员和有关安全生产及应急管理方面的专家。

评审人员与所评审预案的生产经营单位有利害关系的，应当回避。

应急预案的评审或者论证应当注重应急预案的实用性、基本要素的完整性、预防措施的针对性、组织体系的科学性、响应程序的操作性、应急保障措施的可行性、应急预案的衔接性等内容。

2. 应急预案的备案

地方各级安全生产监督管理部门的应急预案，应当报同级人民政府和上级安全生产监督管理部门备案。

其他负有安全生产监督管理职责的部门的应急预案，应当抄送同级安全生产监督管理部门。

中央管理的总公司（总厂、集团公司、上市公司）的综合应急预案和专项应急预案，报国务院国有资产监督管理部门、国务院安全生产监督管理部门和国务院有关主管部门备案；其所属单位的应急预案分别抄送所在地的省、自治区、直辖市或者社区的市人民政府安全生产监督管理部门和有关主管部门备案。

上述规定以外的其他生产经营单位中涉及实行安全生产许可的，其综合应急预案和专项应急预案，按照隶属关系报所在地县级以上地方人民政府安全生产监督管理部门和有关主管部门备案；未实行安全生产许可的，其综合应急预案和专项应急预案的备案，由省、自治区、直辖市人民政府安全生产监督管理部门确定。

3. 应急预案的实施

各级安全生产监督管理部门、生产经营单位应当采取多种形式开展应急预案的宣传教育，普及生产安全事故预防、避险、自救和互救知识，提高从业人员安全意识和应急处置技能。

生产经营单位应当制订本单位的应急预案演练计划，根据本单位的事故预防重点，每年至少组织一次综合应急预案演练或者专项应急预案演练，每半年至少组织一次现场处置方案演练。

有下列情形之一的，应急预案应当及时修订。

（1）生产经营单位因兼并、重组、转制等导致隶属关系、经营方式、法定代表人发生变化的。

（2）生产经营单位生产工艺和技术发生变化的。

（3）周围环境发生变化，形成新的重大危险源的。

（4）应急组织指挥体系或者职责已经调整的。

（5）依据的法律、法规、规章和标准发生变化的。

（6）应急预案演练评估报告要求修订的。

（7）应急预案管理部门要求修订的。

生产经营单位应当及时向有关部门或者单位报告应急预案的修订情况,并按照有关应急预案报备程序重新备案。

4. 奖惩

生产经营单位应急预案未按照有关规定备案的,由县级以上安全生产监督管理部门给予警告,并处 3 万元以下罚款。

生产经营单位未制定应急预案或者未按照应急预案采取预防措施,导致事故救援不力或者造成严重后果的,由县级以上安全生产监督管理部门依照有关法律、法规和规章的规定,责令停产停业整顿,并依法给予行政处罚。

11.4.3 职业健康安全事故的分类与处理

职业健康安全事故分两大类型,即职业伤害事故与职业病。

职业伤害事故是指因生产过程及工作原因或与其相关的其他原因造成的伤亡事故。

职业病是指经诊断因从事接触有毒有害物质或不良环境的工作而造成的急慢性疾病。

1. 职业伤害事故的分类

1) 按照事故发生的原因分类

按照我国《企业职工伤亡事故分类》(GB 6441—1986)规定,职业伤害事故分为 20 类;其中与建筑行业有关的有以下 12 类。

(1) 物体打击:指落物、滚石、锤击、碎裂、崩块、砸伤等造成的人身伤害,不包括因爆炸而引起的物体打击。

(2) 车辆伤害:指被车辆挤、压、撞和车辆倾覆等造成的人身伤害。

(3) 机械伤害:指被机械设备或工具绞、碾、碰、割、戳等造成的人身伤害,不包括车辆、起重设备引起的伤害。

(4) 起重伤害:指从事各种起重作业时发生的机械伤害事故,但不包括上下驾驶室时发生的坠落伤害,起重设备引起的触电及检修时制动失灵造成的伤害。

(5) 触电:由于电流经过人体导致的生理伤害,包括雷击伤害。

(6) 灼烫:指火焰引起的烧伤、高温物体引起的烫伤、强酸或强碱引起的灼伤、放射线引起的皮肤损伤,不包括电烧伤及火灾事故引起的烧伤。

(7) 火灾:在火灾时造成的烧伤、窒息、中毒等。

(8) 坠落:由于危险势能差引起的伤害,包括从架子、屋架上坠落以及平地坠入坑内等。

(9) 坍塌:指建筑物、堆置物倒塌以及土石塌方等引起的事故伤害。

(10) 火药爆炸:指在火药的生产、运输、储藏过程中发生的爆炸事故。

(11) 中毒和窒息:指煤气、油气、沥青、化学、一氧化碳中毒等。

(12) 其他伤害:包括扭伤、跌伤、冻伤、野兽咬伤等。

以上 12 类职业伤害事故中,在建设工程领域中最常见的是高处坠落、物体打击、机械伤害、触电、坍塌、中毒、火灾 7 类。

2)按事故后果的严重程度分类

按照我国《企业职工伤亡事故分类》(GB 6441—1986)规定，按事故后果程度分类，事故分为以下 5 类。

(1) 轻伤事故：是指造成职工肢体或某些器官功能性或器质性轻度损伤，能引起劳动能力轻度或暂时丧失的伤害的事故，一般每个受伤人员休息 1 个工作日以上，105 个工作日以下。

(2) 重伤事故：一般指受伤人员肢体残缺或视觉、听觉等器官受到严重损伤，能引起人体长期存在功能障碍或劳动能力有重大损失的伤害，或者造成每个受伤人员损失 105 个工作日以上的失能伤害的事故。

(3) 死亡事故：一次事故中死亡职工 1~2 人的事故。

(4) 重大伤亡事故：一次事故中死亡 3~9 人的事故。

(5) 特大伤亡事故：一次死亡 10 人以上(含 10 人的)事故。

3)按事故造成的人员伤亡或者直接经济损失分类

依据 2007 年 6 月 1 日起实施的《生产安全事故报告和调查处理条例》规定，按生产安全事故造成的人员伤亡或者直接经济损失，事故分为以下 4 类。

(1) 一般事故：是指造成 3 人以下死亡，或者 10 人以下重伤(包括急性工业中毒，下同)，或者 1 000 万元以下直接经济损失的事故。

(2) 较大事故：是指造成 3 人以上 10 人以下死亡，或者 10 人以上 50 人以下重伤，或者 1 000 万元以上 5 000 万元以下直接经济损失的事故。

(3) 重大事故：是指造成 10 人以上 30 人以下死亡，或者 50 人以上 100 人以下重伤，或者 5 000 万元以上 1 亿元以下直接经济损失的事故。

(4) 特别重大事故：是指造成 30 人以上死亡，或者 100 人以上重伤，或者 1 亿元以上直接经济损失的事故。

目前，在建设工程领域中，判别事故等级较多采用的是《生产安全事故报告和调查处理条例》。

2. 建设工程安全事故的处理

一旦事故发生，通过应急预案的实施，尽可能防止事态的扩大和减少事故的损失。通过事故处理程序，查明原因，制定相应的纠正和预防措施，避免类似事故的再次发生。

1)事故处理原则("四不放过"原则)

国家对发生事故后的"四不放过"处理原则，其具体内容如下。

(1) 事故原因未查清不放过。

要求在调查处理伤亡事故中，首先要把事故原因分析清楚，找出导致事故发生的真正原因，未找到真正原因绝不轻易放过。并搞清各因素之间的因果关系才算达到事故原因分析的目的，避免今后类似事故的发生。

(2) 事故责任人未受到处理不放过。

这是安全事故责任追究制的具体体现，对事故责任者要严格按照安全事故责任追究的法律法规的规定进行严肃处理；不仅要追究事故直接责任人的责任，同时要追究有关责任人的领导责任。当然,处理事故责任者必须谨慎,避免事故责任追究的扩大化。

(3) 事故责任人和周围群众没有受到教育不放过。

使事故责任者和广大群众了解事故发生的原因及所造成的伤害,并深刻认识到搞好安全生产的重要性,从事故中吸取教训,提高安全意识,改进安全管理工作。

(4) 事故没有制定切实可行的整改措施不放过。

必须针对事故发生的原因,提出防止相同或类似事故发生的切实可行的预防措施,并督促事故发生单位加以实施。只有这样,才算达到了事故调查和处理的最终目的。

2) 建设工程安全事故处理

(1) 迅速抢救伤员,保护事故现场。

事故发生后,事故现场有关人员应当立即向本单位负责人报告;单位负责人接到报告后,应当于1小时内向事故发生地县级以上人民政府安全生产监督管理部门和负有安全生产监督管理职责的有关部门报告,并有组织、有指挥地抢救伤员;防止人为或自然因素的破坏,便于事故原因的调查。

由于建设行政主管部门是建设安全生产的监督管理部门,对建设安全生产实行的是统一的监督管理,因此,各个行业的建设施工中出现了安全事故,都应当向建设行政主管部门报告。对于专业工程施工中出现生产安全事故的,由于有关的专业主管部门也承担着对建设安全生产的监督管理职能,因此,专业工程出现安全事故,还需要向有关行业主管部门报告。

① 紧急情况时,事故现场有关人员可以直接向事故发生地县级以上人民政府安全生产监督管理部门和负有安全生产监督管理职责的有关部门报告。

② 安全生产监督管理部门和负有安全生产监督管理职责的有关部门接到事故报告后,应当依照下列规定上报事故情况,并通知公安机关、劳动保障部门、工会和人民检察院。

a. 特别重大事故、重大事故逐级上报至国务院安全生产监督管理部门和负有安全生产监督管理职责的有关部门。

b. 较大事故逐级上报至省、自治区、直辖市人民政府安全生产监督管理部门和负有安全生产监督管理职责的有关部门。

c. 一般事故上报至社区的市级人民政府安全生产监督管理部门和负有安全生产监督管理职责的有关部门。

安全生产监督管理部门和负有安全生产监督管理职责的有关部门依照前款规定上报事故情况,应当同时报告本级人民政府。国务院安全生产监督管理部门和负有安全生产监督管理职责的有关部门以及省级人民政府接到发生特别重大事故、重大事故的报告后,应当立即报告国务院。必要时,安全生产监督管理部门和负有安全生产监督管理职责的有关部门可以越级上报事故情况。

安全生产监督管理部门和负有安全生产监督管理职责的有关部门逐级上报事故情况,每级上报的时间不得超过2小时。事故报告后出现新情况的,应当及时补报。

(2) 组织调查组,开展事故调查。

① 特别重大事故由国务院或者国务院授权有关部门组织事故调查组进行调查。重大事故、较大事故、一般事故分别由事故发生地省级人民政府、县级人民政府负责调查。省

级人民政府、设区的市级人民政府、县级人民政府可以直接组织事故调查组进行调查，也可以授权或者委托有关部门组织事故调查组进行调查。未造成人员伤亡的一般事故，县级人民政府也可以委托事故发生单位组织事故调查组进行调查。

② 事故调查组有权向有关单位和个人了解事故有关的情况，并要求其提供相关文件、资料，有关单位和个人不得拒绝。事故发生单位的负责人和有关人员在事故调查期间不得擅离职守，并应当随时接受事故调查组的询问，如实提供有关情况。事故调查中发现涉嫌犯罪的，事故调查组应当及时将有关资料或者其复印件移交司法机关处理。

③ 现场勘查。事故发生后，调查组应迅速到现场进行及时、全面、准确和客观的勘查，包括现场笔录、现场拍照和现场绘图。

④ 分析事故原因。通过调查分析，查明事故经过，按受伤部位、受伤性质、起因物、致害物、伤害方法、不安全状态、不安全行为等，查清事故原因，包括人、物、生产管理和技术管理等方面的原因。通过直接和间接的分析，确定事故的直接责任者、间接责任者和主要责任者。

⑤ 制定预防措施。根据事故原因分析，制定防止类似事故再次发生的预防措施。根据事故后果和事故责任者应负的责任提出处理意见。

⑥ 提交事故调查报告。事故调查组应当自事故发生之日起 60 日内提交事故调查报告；特殊情况下，经负责事故调查的人民政府批准，提交事故调查报告的期限可以适当延长，但延长的期限最长不超过 60 日。事故调查报告应当包括以下内容。

a. 事故发生单位概况。

b. 事故发生经过和事故救援情况。

c. 事故造成的人员伤亡和直接经济损失。

d. 事故发生的原因和事故性质。

e. 事故责任的认定以及事故责任者的处理建议。

f. 事故防范和整改措施。

⑦ 事故的审理和结案。重大事故、较大事故、一般事故，负责事故调查的人民政府应当自收到事故调查报告之日起 15 日内作出批复；特别重大事故，30 日内作出批复，特殊情况下，批复时间延长，但延长的期限最长不超过 30 日。

有关机关应当按照人民政府的批复，依照法律、行政法规规定的权限和程序，对事故发生单位和有关人员进行行政处罚，对负有事故责任的国家工作人员进行处分。事故发生单位应当按照负责事故调查的人民政府的批复，对本单位负有事故责任的人员进行处理。

负有事故责任的人员涉嫌犯罪的，依法追究刑事责任。

事故处理的情况由负有事故调查的人民政府或者其授权的有关部门、机构向社会公布，依法应当保密的除外。事故调查处理的文件记录应长期完整地保存。

3. 安全事故统计规定

国家安全生产监督管理总局制定的《生产安全事故统计报表制度》（安监总统计〔2012〕98 号）有如下规定。

（1）本统计报表由各级安全生产监督管理部门、煤矿安全监察机构负责组织实施，每月对本行政区发生的生产安全事故进行全面统计。其中：火灾、道路交通、水上交通、民航飞行、铁路交通、农业机械、渔业船舶等事故由其主管部门统计，每月抄送同级安全生产监督管理部门。

（2）省级安全生产监督管理部门和煤矿安全监察机构，在每月5日前报送上月事故统计报表。国务院有关部门每月5日前将报送上月事故统计报表抄送国家安全生产监督管理总局。

（3）各部门、各单位都要严格遵守《中华人民共和国统计法》，按照本统计报表制度的规定，全面、如实填报生产安全事故统计报表。对于不报、瞒报、迟报或伪报、篡改数字的要依法追究其责任。

11.5　工程项目施工现场文明施工和环境保护的要求

11.5.1　施工现场文明施工的要求及措施

文明施工是指保持施工现场良好的作业环境、卫生环境和工作秩序。因此，文明施工也是保护环境的一项重要措施。文明施工主要包括：规范施工现场的场容，保持作业环境的整洁卫生；科学组织施工，使生产有序进行；减少施工队周围居民和环境的影响；遵守施工现场文明施工的规定和要求，保证职工的安全和身体健康。

文明施工可以适应现代化施工的客观要求，有利于员工的身心健康，有利于培养和提高施工队伍的整体素质，促进企业综合管理水平的提高，提高企业的知名度和市场竞争力。

1. 建设工程现场文明施工的要求

依据我国相关标准，文明施工的要求主要包括现场围栏、封闭管理、施工场地、材料堆放、现场住宿、现场防火、治安综合管理、施工现场标牌、生活设施、保健急救、社区服务11项内容。总体上应符合以下要求。

（1）有整套的施工组织设计或施工方案，施工总平面布置紧凑，施工场地规划合理，符合环保、市容、卫生的要求。

（2）有健全的施工组织管理机构和指挥系统，岗位分工明确；工序交叉合理，交接责任明确。

（3）有严格的成品保护措施和制度，大小临时设施和各种材料构件、半成品按平面布置堆放整齐。

（4）施工场地平整，道路畅通，排水设施得当，水电线路整齐，机具设备状况良好，使用合理。施工作业符合消防和安全要求。

（5）搞好环境卫生管理，包括施工区、生活区环境卫生和食堂卫生管理。

（6）文明施工应贯穿施工结束后的清场。

实现文明施工，不仅要抓好现场的场容管理，而且还要做好现场材料、机械、安全、技术、保卫、消防和生活卫生等方面的工作。

2. 建设工程现场文明施工的措施

1) 加强现场文明施工的组织措施

(1) 建立文明施工的管理组织。

应确立项目经理为现场文明施工的第一负责人，以及各专业工程师、施工质量、安全、材料、保卫、后勤等现场项目经理部人员为成员的施工现场文明管理组织，共同负责本工程现场文明施工工作。

(2) 健全文明施工的管理制度。

包括建立各级文明施工岗位责任制，将文明施工工作考核列入经济责任制，建立定期的检查制度，实行自检、互检、交接检制度，建立奖惩制度，开展文明施工立功竞赛，加强文明施工教育培训等。

2) 落实现场文明施工的各项管理措施

针对现场文明施工的各项要求，落实相应的各项管理措施。

(1) 施工平面布置。

施工总平面图是现场管理、实现文明施工的依据。施工总平面图应对施工机械设备设置、材料和构配件的堆场、现场加工场地，以及现场临时运输道路、临时供水供电线路和其他临时设施进行合理布置，并随工程实施的不同阶段进行场地布置和调整。

(2) 现场围栏、标牌。

① 施工现场必须实行封闭管理，设置进出口大门，制定门卫制度，严格执行外来人员进场登记制度。沿工地四周连续设置围挡，市区主要路段和其他涉及市容景观路段的工地设置围挡的高度不低于2.5m，其他工地的围挡高度不低于1.8m，围挡材料要求坚固、稳定、统一、整洁、美观。

② 施工现场必须设有"五牌一图"，即工程概况牌、管理人员名单及监督电话牌、消防保卫牌、安全生产牌、文明施工牌和施工现场平面图。

③ 施工现场应合理悬挂安全生产宣传和警示牌，标牌悬挂牢固可靠，特别是指主要施工部位、作业点和危险区域，以及主要通道口都必须有针对性地悬挂醒目的安全警示牌。

(3) 施工场地。

① 施工现场应积极推行硬地坪施工，作业区、生活区主干道地面必须用一定厚度的混凝土硬化，场内其他次道路地面也应硬化处理。

② 施工现场道路畅通、平坦、整洁，无堆散物。

③ 施工现场设置排水系统，排水畅通，不积水。

④ 严禁泥浆、污水、废水外流，或堵塞下水道和排水河道。

⑤ 施工现场适当地方设置吸烟处，作业区内禁止随意吸烟。

⑥ 积极美化施工现场环境，根据季节变化，适当进行绿化布置。

(4) 材料堆放、周转设备管理。

① 建筑材料、构配件、料具必须按施工现场总平面布置图堆放，布置合理。

② 建筑材料、构配件及其他料具等必须做到安全、整齐存放，不得超高。

③ 建立材料收发管理制度，仓库、工具间材料堆放整齐，易燃易爆物品分类堆放，专人负责，确保安全。

④ 施工现场建立清扫制度，落实到人，做到工完料尽场地清，车辆进出场应有防泥带出措施。建筑垃圾及时清扫，临时存放现场的也应集中堆放整齐、悬挂标牌。不用的施工工具和设备应及时出场。

⑤ 施工设施、大模、砖夹等，集中堆放整齐，大模块成堆放稳，角度正确。钢模及零配件、脚手扣件分类分规格，集中存放。竹木杂料，分类堆放，规则成方，不散不乱。

（5）现场生活设施。

① 施工现场作业区与办公、生活区必须明显划分，确因场地狭窄不能划分的，要有可靠的隔离防护措施。

② 宿舍内应确保主体结构安全，设施完好。宿舍周围环境应保持整洁、安全。

③ 宿舍内应有保暖、消暑、防煤气中毒等措施。严禁使用煤气灶、煤炉灶、电饭煲、热得快等器具。

④ 食堂应有良好的通风和洁卫措施，保持卫生整洁，炊事员持健康证上班。

⑤ 建立现场卫生责任制，设卫生保洁员。

施工现场应设固定的男、女简易淋浴室和厕所，并能保证结构稳定、牢固和防风雨。并实行专人管理，及时清扫，保持整洁，要有灭蚊蝇滋生措施。

（6）现场消防、防火管理。

① 现场建立消防管理制度，建立消防领导小组，落实消防责任制和责任人员，做到事项重视、措施跟上、管理到位。

② 定期对有关人员进行消防教育，落实消防措施。

③ 现场必须有消防平面布置图，临时设施按消防条例有关规定搭设，做到标准规范。

④ 易燃易爆物品堆放间、油漆间、木工间、总配电室等消防防火重点部位要按规定设置灭火器和消防沙箱，并有专人负责，对违反消防条例的有关人员进行严肃处理。

⑤ 施工现场用明火做到严格按用明火规定执行，审批手续齐全。

（7）医疗急救的管理。

展开卫生防病教育，准备必要的医疗设施，配备经过培训的急救人员，有急救措施、急救器材和保健医药箱。在现场办公室的显著位置张贴急救车和有关医院的电话号码等。

（8）社区服务管理。

建立施工不扰民的措施。现场不得焚烧有毒、有害物质等。

（9）治安管理。

① 建立现场治安保卫领导小组，有专人管理。

② 新入场人员做到及时登记，做到合法用工。

③ 按照治安管理条例和施工现场的治安管理规定搞好各项管理工作。

④ 建立门卫值班管理制度，严禁无证人员和其他闲杂人员进入施工现场。

3）建立检查考核制度

对于建设工程文明施工，国家和各地大多制定了标准或规定，也有比较成熟的经验。

在实际工作中,项目应结合相关标准和规定建立文明施工考核制度,推进各项文明施工措施的落实。

4) 抓好文明施工建设工作

(1) 建立宣传教育制度。现场宣传安全生产、文明施工、国家大事、社会形势、企业文化、好人好事等。

(2) 坚持以人为本,加强管理人员和班组的文明建设。教育职工遵纪守法,提高企业整体管理水平和文明素质。

(3) 主动与有关单位配合,积极开展共建文明活动,树立企业良好的社会形象。

11.5.2 施工现场环境保护的要求及措施

建设工程项目必须满足有关环境保护法律法规的要求,在施工过程中注意环境保护,对企业发展、员工健康和社会文明有重要意义。

环境保护是按照法律法规、各级主管部门和企业的要求,保护和改善作业现场的环境,控制现场的各种粉尘、废水、废气、固体废弃物、噪声、振动等对环境的污染和危害。环境保护也是文明施工的重要内容之一。

1. 建设工程施工现场环境保护的要求

(1) 根据《中华人民共和国环境保护法》和《中华人民共和国环境影响评价法》的有关规定,建设工程项目对环境保护的基本要求如下。

① 涉及依法划定的自然保护区、风景名胜区、生活饮用水水源保护区及其他需要特别保护的区域时,应当符合国家有关法律法规及该区域内建设工程项目环境管理的规定,不得建设污染环境的工业生产设施;建设的工程项目设施的污染物排放不得超过规定的排放标准。

② 开发利用自然资源的项目,必须采取措施保护生态环境。

③ 建设工程项目选址、选线、布局,应当符合区域、流域规划和城市总体规划。

④ 应满足项目所在区域环境质量、相应环境功能区划和生态功能区划标准或要求。

⑤ 拟采取的污染防治措施应确保污染物排放达到国家和地方规定的排放标准,满足污染物总量控制要求;涉及可能产生放射性污染的,应采取有效预防和控制放射性污染措施。

⑥ 建设工程应当采用节能、节水等有利于环境与资源保护的建筑设计方案、建筑材料、装修材料、建筑构配件及设备。建筑材料和装修材料必须符合国家标准。禁止生产、销售和使用有毒及有害物质超过国家标准的建筑材料和装修材料。

⑦ 尽量减少建设工程施工中所产生的干扰周围生活环境的噪声。

⑧ 应采取生态保护措施,有效预防和控制生态破坏。

⑨ 对环境可能造成重大影响、应当编制环境影响报告书的建设工程项目,可能严重影响项目所在地居民生活环境质量的建设工程项目,以及存在重大意见分歧的建设工程项目,环保部门可以举行听证会,听取有关单位、专家和公众的意见,并公开听证结果,说

明对有关意见采纳或不采纳的理由。

⑩ 建设工程项目中防止污染的设施，必须与主体工程同时设计、同时施工、同时投产使用，防止污染的设施必须经原审批环境影响报告书的环境保护行政主管部门验收合格后，该建设工程项目方可投入生产或使用。

⑪ 禁止引进不符合我国环境保护规定要求的技术和设备。

⑫ 任何单位不得将产生严重污染的生产设备转移给没有污染防治能力的单位使用。

（2）《中华人民共和国海洋环境保护法》规定，在进行海岸工程建设和海洋石油勘探开发时，必须按照法律的规定，防止对海洋环境的污染损害。

2. 建设工程施工现场环境保护的措施

工程建设过程中的污染主要包括对施工场界内的污染和对周围环境的污染。对施工场界内的污染防治属于职业健康安全问题，而对周围环境的污染防治是环境保护的问题。

建设工程环境保护措施主要包括大气污染的防治、水污染的防治、噪声污染的防治、固体废弃物的处理以及文明施工措施等。

1）大气污染的防治

（1）大气污染物的分类。

大气污染物的种类有数千种，已发现有危害作用的有100多种，其中大部分是有机物。大气污染物通常以气体状态和粒子状态存在于空气中。

（2）施工现场空气污染的防治措施。

① 施工现场垃圾渣土要及时清理出现场。

② 高大建筑物清理施工垃圾时，要使用封闭式的容器或者采取其他措施处理高空废弃物，严禁凌空随意抛撒。

③ 施工现场道理应指定专人定期洒水清扫，形成制度，防止道路扬尘。

④ 对于细颗粒散体材料（如水泥、粉煤灰等）的运输、储存要注意遮盖和密封，防止和减少飞扬。

⑤ 车辆开出工地要做到不带泥沙，基本做到不撒土、不扬尘，减少对周围环境的污染。

⑥ 除设有符合规定的装置外，禁止在施工现场焚烧油毡、橡胶、塑料、皮革、树叶、各种包装物等废弃品，以及其他会产生有毒、有害烟尘和恶臭气体的物质。

⑦ 机动车都要安装减少尾气排放的装置，确保符合国家标准。

⑧ 工地茶炉应尽量采用电热水器。若只能使用烧煤茶炉和锅炉时，应选用消烟除尘茶炉和锅炉，大灶应选用消烟节能回风炉灶，使烟尘降至允许排放范围为止。

⑨ 大城市市区的建设工程已不允许搅拌混凝土。在允许设置搅拌站的工地，应将搅拌站封闭严密，并在进料仓上方安装除尘装置，采用可靠措施控制工地粉尘污染。

⑩ 拆除旧建筑物时，应当适当洒水，防止扬尘。

2）水污染的防治

（1）水污染物的主要来源。

① 工业污染源：指各种工业废水向自然水体的排放。

② 生活污染源：主要有食物废渣、石油、粪便、合成洗涤剂、杀虫剂、病原微生物等。

③ 农业污染源：主要有化肥、农药等。

④ 施工现场废水和固体废物随水流流入水体部分：包括泥浆、水泥、油漆、各种油类、混凝土添加剂、重金属、酸碱盐、非金属无机毒物等。

（2）施工过程水污染的防治措施。

① 禁止将有毒有害废弃物作土方回填。

② 施工现场搅拌站废水、现场水磨石的污水、电石（碳化钙）的污水必须经沉淀池沉淀合格后再排放，最好将沉淀水用于工地洒水降尘或采用措施回收利用。

③ 现场存放油料，必须对库房地面进行防渗处理，如采用防渗混凝土地面、铺油毡等措施。使用时，要采取防止油料跑、冒、滴、漏的措施，以免污染水体。

④ 施工现场100人以上的临时食堂，污水排放时可设置简易有效的隔油池，定期清理，防止污染。

⑤ 工地临时厕所、化粪池应采取防渗漏措施。中心城市施工现场的临时厕所可采用水冲式厕所，并有防蝇灭蛆措施，防止污染水体和环境。

⑥ 化学用品、外加剂等妥善保管，库内存放，防止污染环境。

3）噪声污染的防治

（1）噪声的分类与危害。

按噪声来源可分为交通噪声（如汽车）、工业噪声（如汽轮机）、建筑施工的噪声（如打桩机发出的声音）、社会生活噪声（如高音喇叭）。为防止噪声扰民，应控制人为强噪声。

根据现行国家标准《建筑施工场界噪声排放标准》（GB 12523—2011）的要求，建筑施工场界噪声限值见表11-3。A声级（A-weighted Sound Pressure Level），指用A计权网络测得的声压级，用L_A表示，单位为dB(A)。

表11-3 建筑施工场界噪声限值表　　　　　　　　　　　单位：dB(A)

昼　间	夜　间
70	55

建筑施工过程中场界环境噪声不得超过表11-3规定的排放限值。夜间噪声最大声级超过限值的幅度不得高于15dB(A)。

当场界距噪声敏感建筑物较近，其室外不满足测量条件时，可在噪声敏感建筑室内测量，并将表11-3中相应的限值减10 dB(A)作为评价依据。

（2）施工现场噪声的控制措施。

噪声控制技术可从声源、传播途径、接受者防护等方面来考虑。

① 声源控制。

a. 声源上降低噪声，这是防止噪声污染的最根本的措施。

b. 尽量采用低噪声设备和加工工艺代替高噪声设备加工工艺，如低噪声振捣器、风机、电动空压机、电锯等。

c. 在声源处安装消声器消声，即在通风机、鼓风机、压缩机、燃气机、内燃机及各类排气放空装置等进出风管的适当位置设置消声器。

② 传播途径的控制。

a. 吸声：利用吸声材料（大多由多孔材料制成）或由吸声结构形成的共振结构（金属或木质薄板钻孔制成的空腔体）吸收声能，降低噪声。

b. 隔声：应用隔声结构，阻碍噪声向空间传播，将接受者与噪声声源分割。隔声结构包括隔声室、隔声罩、隔声屏障、隔声墙等。

c. 消声：利用消声器阻止传播。允许气流通过的消声降噪是防治空气动力性噪声的主要装置。如对空气压缩机、内燃机产生的噪声等。

d. 减振降噪：对来自振动引起的噪声，通过降低机械振动减小噪声，如将阻尼材料涂在振动源上，或改变振动源与其他刚性结构的连接方式等。

③ 接受者的保护。在处于噪声环境下的人员使用耳塞、耳罩等防护用品，减少相关人员在噪声环境中的暴露时间，以减轻噪声对人体的伤害。

④ 严格控制人为噪声。

a. 进入施工现场不得高声喊叫、无故甩打模板、乱吹哨，限制高音喇叭的使用，最大限度地减少噪声扰民。

b. 凡在人口稠密区进行强噪声作业时，须严格控制作业时间，一般晚10点到次日早6点之间应停止强噪声作业。确系特殊情况必须昼夜施工时，尽量采取降低噪声措施，并会同建设单位找当地居委会、村委会或当地居民协调，出安民告示，求得群众谅解。

4）固体废物的处理

（1）建设工程施工工地上常见的固体废物。

① 建筑渣土：包括砖瓦、碎石、渣土、混凝土碎块、废钢铁、碎玻璃、废屑、废弃装饰材料等。

② 废弃的散装大宗建筑材料：包括水泥、石灰等。

③ 生活垃圾：包括炊厨废物、丢弃食品、废纸、生活用具、玻璃、陶瓷碎片、废电池、废塑料制品、煤灰渣、废交通工具等。

④ 设备、材料等的包装材料。

⑤ 粪便。

（2）固体废物的处理和处置。

固体废物处理的基本思想是：采取资源化、减量化和无害化的处理，对固体废物产生的全过程进行控制。固体废物的主要处理方法如下。

① 回收利用。回收利用是对固体废物进行资源化、减量化的手段之一。粉煤灰在建设工程领域的广泛应用就是对固体废弃物进行资源化利用的典型范例。又如发达国家炼钢原料中有70%是利用回收的废钢铁，所以，钢材可以看成是可再生利用的建筑材料。

② 减量化处理。减量化是对已经产生的固体废物进行分选、破碎、压实浓缩、脱水等减少其最终处置量，降低处理成本，减少对环境的污染。在减量化处理的过程中，也包括和其他处理技术相关的工艺方法，如焚烧、热解堆肥等。

③ 焚烧。焚烧适用于不适合再利用且不宜直接予以填埋处置的废物，除有符合规定

的装置外，不得在施工现场熔化沥青和焚烧油毡、油漆，也不得焚烧其他可产生有毒、有害和恶臭气体的废弃物。垃圾焚烧处理应使用符合环境要求的处理装置，避免对大气的二次污染。

④ 稳定和固化。利用水泥、沥青等胶结材料，将松散的废物胶结包裹起来，减少有害物质从废物中向外迁移、扩散，使得废物对环境的污染减少。

⑤ 填埋。填埋是固体废物经过无害化、减量化处理的废物残渣集中到填埋现场进行处置。禁止将有毒有害废弃物现场填埋，填埋场应利用天然或人工屏障。尽量使需处置的废弃物与环境隔离，并注意废物的稳定性和长期安全性。

11.6 安全与环境管理体系的建立与运行

11.6.1 职业健康安全管理与环境管理体系的建立流程

1. 策划与准备阶段

策划与准备阶段包括：领导决策与准备；人员培训；初始评审；制定方针、目标、指标和职业健康安全管理与环境管理方案；体系文件策划与设计。

1）领导决策与准备

最高管理者亲自决策，以便获得各方面的支持和在体系建立过程中所需的资源保证。

2）人员培训

培训的目的是使得有关人员了解建立体系的重要性，了解标准的主要思想和内容。

3）初始评审

初始评审是对组织过去和现在的职业健康安全与环境的信息、状态进行收集，调查分析，识别和获取现行的法律法规及其他要求，进行危险源辨识和风险评价、环境因素识别和重要环境因素评价。

4）制定方针、目标、指标和职业健康安全管理与环境管理方案

方针是组织对其职业健康安全与环境行为的原则和意图的声明，也是组织自觉承担其责任和义务的承诺。方针不仅为组织确定了总的指导方向和行为准则，而且是评价一切后续活动的依据，并为更加具体的目标和指标提供一个框架。

职业健康安全与环境目标、指标的制定，是组织为了实现其在职业健康安全与环境方针中体现出的管理理念及其对整体绩效的期许与原则，与企业的总目标相一致。

职业健康安全管理与环境管理方案是实现目标、指标的行动方案。为保证职业健康安全与环境管理体系目标的实现，需结合年度管理目标和企业客观实际情况，策划制定职业健康安全管理与环境管理方案，方案中应明确旨在实现目标和指标的相关部门的职责、方法、时间表以及资源的要求。

5）体系文件策划与设计

体系文件策划与设计是依据制定的方针、目标、指标和管理方案确定组织机构职责，并筹划各种运行程序。

2. 职业健康安全管理与环境管理体系文件编写阶段

职业健康安全管理与环境管理体系文件编写阶段包括：管理手册；程序文件；作业文件。

体系文件编写应遵循以下原则：标准要求的要写到、文件写到的要做到、做到的要有有效记录。

1) 管理手册

管理手册是对组织整个管理体系的整体性描述，它为体系的进一步展开以及后续程序文件的制定提供了框架要求和原则规定，是管理体系的纲领性文件。

2) 程序文件

程序文件的编写应符合以下要求：要针对需要编制程序文件体系的管理要素；内容可按"4W1H"顺序和内容来编写；格式可按照目的和适用范围、职责等的顺序来编写。

3) 作业文件

作业文件是指管理手册、程序文件之外的文件，一般包括作业指导书、管理规定、监测活动准则及程序文件引用的表格。

11.6.2 职业健康安全管理与环境管理体系的运行

1. 职业健康安全管理与环境管理体系试运行的目的

管理体系文件编制完成后，体系将进入试运行阶段。试运行的目的是要在实践中检验体系的充分性、适用性和有效性。在此阶段，组织应通过实施其手册、程序和作业文件，充分发挥体系本身的各项功能，及时发现问题，找出问题的根源，采取改进和纠正措施，并对体系加以修改，以达到进一步完善的目的。

2. 职业健康安全管理与环境管理体系的运行程序

职业健康安全管理与环境管理体系运行是指按照已建立体系的要求实施，在实施中通过培训意识和能力，信息交流，文件管理，执行控制程序文件，监测，不符合、纠正和预防措施，记录等活动推进体系的运行工作。上述运行活动简述如下。

1) 培训意识和能力

由主管培训的部门根据体系、体系文件的要求，判定详细的培训计划，明确培训的组织部门、时间、内容、方法和考核要求，组织对全体员工实施培训。作为高层管理人员，应着重掌握职业健康安全管理与环境管理体系的原则、原理、功能以及控制方法；中层管理人员应着重掌握本部门体系要素的工作内容；普通员工应着重掌握手册的支持性文件中涉及各自岗位的操作标准、规定、程序等内容。培训计划、培训要求、培训内容、考卷等记录应保持一致，并保证培训效果。

2) 信息交流

信息交流是确保各要素构成一个完整的、动态的、持续改进的体系和基础。管理体系涉及组织的所有部门，在运行过程中，各项活动往往不可避免地发生偏离标准的现象，因此，组织应通过信息交流和利用信息反馈系统对异常信息进行处理，对体系运行进行动态监控。运用体系的运行机制，在领导主持下对各部门进行组织协调工作，对出现的问题及时加以改进，完善并保证体系的持续正常进行。

所有与管理体系活动有关的人员都应按体系文件要求做好信息的收集、分析、传递、反馈、处理和归档等工作，记录要完整、规范。

3）文件管理

管理体系文件具有针对性和层次性，组织内各个岗位都应有其主导性文件和相关性文件。要使组织的管理体系有效地进行，必须使必要的体系文件分发到位，同时还应加强文件管理，做好以下工作。

（1）对现有有效文件进行整理编号，方便查询索引。

（2）对适用的规范、规程等行业标准应及时购买补充，对适用的表格要及时发放。

（3）对在内容上有抵触的文件和过期的文件要及时作废并妥善处理。作废文件需保留的要求有作废标记，回收的要登记。

4）执行控制程序文件

体系的运行离不开程序文件的指导，程序文件及其相关的作业文件在组织内部都具有法定效力，必须严格执行，才能保证体系正常运行。

文件、手册有受控文件与非受控文件之分，给咨询机构、认证机构的文件可以是非受控文件。文件领取要有登记，特别是管理人员和健康安全、环境部门及管理体系推进部门的文件要有严格的手续。

5）监测

为保证体系正常有效地运行，必须严格监测体系的运行情况。监测中应明确监测的对象和监测的方法。

6）不符合、纠正和预防措施

体系在运行中，不符合的出现是不可避免的，所以应采取相应的纠正和预防措施。

7）记录

在体系运行过程中及时按文件要求进行记录，如实反映体系运行情况。

本 章 小 结

本章首先介绍了工程项目安全管理的概念、工作程序和职业健康安全体系标准，然后介绍了工程项目安全生产管理制度、危险源的识别和风险控制、施工安全技术措施和安全交底、安全隐患的处理及安全检查的内容，又介绍了工程项目生产安全事故应急预案和事故处理，最后介绍了施工现场文明施工和环境保护的要求及职业健康安全管理与环境管理体系的建立与运行。

习 题

一、思考题

1. 工程项目施工现场的安全生产管理制度包括哪些？
2. 简述工程项目施工现场安全检查的形式及主要内容。
3. 简述工程项目施工现场安全检查的方法。
4. 工程项目施工现场防治大气污染的主要措施有哪些？
5. 工程项目施工现场进行噪声控制的主要方法有哪些？
6. 工程项目施工现场的水污染如何防止？
7. 简述职业健康安全管理体系的总体结构。
8. 简述工程项目安全与环境管理体系的建立流程。
9. 简述我国建设工程职业伤害事故的分类。
10. 简述我国建设工程安全事故处理的原则。
11. 简述建设工程安全隐患事故的处理。

二、单项选择题

1. 安全控制的目的是为了生产，因此安全控制的方针应该是（   ）。
   A. 保证质量
   B. 安全第一，预防为主
   C. 提高效率
   D. 降低成本

2. 《中华人民共和国劳动法》规定：新建、改建、扩建工程的劳动安全卫生设施必须与主体工程（   ）。
   A. 同时设计、同时施工、同时投入生产和使用
   B. 同时开工
   C. 同时验收
   D. 同时立项

3. 施工安全检查中的查改的主要内容是（   ）。
   A. 检查企业领导和员工对安全生产方针的认识程度
   B. 主要检查安全生产管理是否有效
   C. 主要检查对过去提出的安全问题和发生的生产事故及安全隐患是否采取了安全技术措施
   D. 检查对伤亡事故是否及时报告，对责任人是否已经做出严肃处理

三、多项选择题

1. 属于安全技术交底主要内容的有（   ）。
   A. 本工程项目的施工作业特点和危险点
   B. 应注意的安全事项
   C. 发生事故后应采取的避难和急救措施

D. 安全事故责任的划分

E. 针对危险点的具体预防措施

2. 工程项目安全检查监督中的季节性检查包括(　　)。

A. 春季风大,要着重防火、防暴

B. 针对特种作业、特种设备、特殊场所进行的检查

C. 夏季高温要着重防暑、降温

D. 锅炉压力容器的检查

E. 冬季着重防寒、防冻等

第12章 工程项目竣工验收

学习目标

(1) 掌握对工程项目质量不符合规定要求时的处理规定。
(2) 掌握竣工图的绘制要求。
(3) 熟悉工程项目竣工验收的概念。
(4) 熟悉工程项目保修期限的有关规定。
(5) 了解工程回访的方式。

导入案例

某商业大厦建设工程项目，建设单位通过招标选定某施工单位承担该建设工程项目的施工任务。该工程外墙全部为相同设计、相同材料、相同工艺和施工条件的隐框玻璃幕墙，工程东、西、北三个立面造型均比较规则，面积分别为 487m²、645m²、2 218m²，南侧立面为异形曲线造型；各立面幕墙均连续。工程竣工时施工单位经过初验，认为已按合同约定完成所有施工任务，提请建设单位组织竣工验收，并已将全部质量保证资料复印齐全供审核，该工程顺利通过建设单位、监理单位、设计单位和施工单位的四方验收。

案例分析：工程竣工验收应按照以下程序进行。

（1）工程完工后，施工单位向建设单位提交工程竣工报告，申请工程竣工验收。实行监理的工程，工程竣工报告须经总监理工程师签署意见。

（2）建设单位收到工程竣工报告后，对符合竣工验收要求的工程，组织勘察、设计、施工、监理等单位和其他有关方面的专家组成验收组，制定验收方案。

（3）建设单位应在工程竣工验收 7 个工作日前将验收的时间、地点及验收组名单书面通知负责监督该工程的工程质量监督机构。建设单位组织工程竣工验收。

12.1 概　　述

12.1.1　工程项目竣工与竣工验收的概念

工程项目竣工是指施工单位按照设计施工图纸和承包合同的规定，完成工程项目建设的全部施工活动，并且达到建设单位的使用要求。它标志着工程建设任务的全面完成。

工程项目竣工验收是指施工单位将竣工的工程项目及与该项目有关的资料移交给建设单位，并接受由建设单位组织的对工程建设质量和技术资料的一系列检验和接收工作的总称。竣工验收合格后，建设单位应在规定时间内将工程竣工验收报告和有关文件，报建设行政主管部门备案。

工程项目竣工验收是检验施工单位项目管理水平和目标实现程度的关键阶段，是建筑施工与管理的最后环节，也是工程项目从实施到投入运行使用的衔接转换阶段。此项工作结束，即表示施工单位工程管理工作的最后完成，与建筑单位签订的施工承包合同结束。

12.1.2　工程项目竣工验收的依据

按国家现行规定，竣工验收的依据是经过上级审批机关批准的可行性研究报告、初步设计或扩大初步设计（技术设计）、施工图纸和说明、设备技术说明书、招标投标文件和工程施工合同、施工过程中的设计修改签证、现行的施工技术验收标准、规范以及主管部门的有关审批、修改、调整文件等。建设工程项目的规模、工艺流程、工艺管线、生产设备、土地使用、建筑结构形式、建筑面积、内外装饰、技术设备、技术标准、环境保护、单项工程等，必须与各种批准文件内容或工程施工合同内容相一致。其他协议规定的某一个国家或国际通用的工艺规程和技术标准、从国外引进技术或成套设备项目及中外合资建设的项目，还应按照签订的合同和国外提供的设计文件等资料进行验收。国外引进的项目合同中未规定标准的，按设计时采用的国内有关规定执行。若国内也无明确规定标准时，按建设单位规定的技术要求执行。由国外设计的土木、建筑、结构、安装工程验收标准，中外规范不一致时，参照有关规定协商，提出适用的规范。

总的来说，工程项目竣工验收的依据有以下几方面。

（1）《建筑工程施工质量验收统一标准》和相关专业工程施工质量验收规范的规定。

（2）工程勘察、设计文件（含设计图纸、图集和设计变更等）的要求。

（3）建设单位与施工单位签订的工程施工承包合同。

（4）国家现行的工程施工与验收规范、建筑工程施工质量验收统一标准以及各省市规定的技术规程。

（5）工程项目可行性研究报告、城市建设规划部门批准的建设工程规划许可证。

12.1.3　工程项目竣工验收的作用

从宏观上看，工程项目竣工验收是国家全面考核项目建设成果，检验项目决策、设计、施工、设备制造、管理水平，总结工程项目建设经验的重要环节。项目竣工验收，标志着项目投资已转化为能产生经济效益的固定资产，能否取得预想的宏观效益，需经国家权威性的管理部门按照技术规范和技术标准组织验收确认。

从投资者角度看，工程项目竣工验收是投资者全面检验项目目标实现程度、投资效果，并就工程投资、工程进度和工程质量进行审查和认可的重要环节。它不仅关系到投资者在项目建设周期的经济利益，也关系到项目投产后的运营效果。因此，投资者非常重视并集中力量组织验收，督促承包者抓紧工作收尾，通过验收发现隐患，消除隐患，为项目达到设计能力和使用要求创造良好的条件。

从承包商角度看，工程项目通过竣工验收之后，就标志着承包商已全面履行了合同义务。承包商应对所承担的工程项目接受投资者的全面检查，积极主动配合投资者组织好试生产，将技术经济资料整理归档，办理工程移交手续，同时按完成的工程量收取工程价款。

由于工程项目竣工验收有大量的检验、签证和协作配合，容易产生利益上的冲突，故应严格管理。国家规定：已具备竣工验收和投产条件的项目，3个月内不办理验收手续的，取消建设单位和主管部门（或地方）的基建试车收入分成，由银行监督全部上缴财政，并由银行冻结其基建贷款或停止贷款。如3个月内办理验收和移交固定资产手续确有困难，经验收主管部门批准，期限可适当延长。竣工验收对促进工程项目及时投入生产、产生经济效益、总结建设经验有着重要作用。

12.2 工程项目竣工质量验收

12.2.1 单位工程竣工质量验收

建筑工程施工质量验收应划分为单位工程、分部工程、分项工程和检验批。单位工程竣工质量验收是工程项目投入使用前的最后一次验收,也是最重要的一次验收,在施工单位自行质量检查与评定的基础上,参与建设活动的有关单位共同对检验批、分项、分部、单位工程的质量进行抽样复查,根据相关标准以书面形式对工程质量达到合格后与否作出确认。

检验批质量验收合格应符合下列规定。

(1) 主控项目的质量经抽样检验均应合格。

(2) 一般项目的质量经抽样检验合格。当采用计数抽样时,合格点率应符合有关专业验收规范的规定,且不得存在严重缺陷。对于计数抽样的一般项目,正常检验一次、二次抽样可按标准判定。

(3) 具有完整的施工操作依据、质量验收记录。

分项工程质量验收合格应符合下列规定。

(1) 所含检验批的质量均应验收合格。

(2) 所含检验批的质量验收记录应完整。

分部工程质量验收合格应符合下列规定。

(1) 所含分项工程的质量均应验收合格。

(2) 质量控制资料应完整。

(3) 有关安全、节能、环境保护和主要使用功能的抽样检验结果应符合相应规定。

(4) 观感质量应符合要求。

单位工程竣工质量验收合格应符合下列规定。

(1) 单位工程所含分部工程的质量均应验收合格。

① 各分部工程均按规定通过了合格质量验收。

② 各分部工程验收记录表内容完整,填写正确,收集齐全。

(2) 质量控制资料应完整。

单位工程验收时,应对所有分部工程资料的系统性和完整性进行一次全面的检查,重点核查有无需要拾遗补缺的,从而达到完整无缺的要求。

工程质量控制资料应齐全完整,当部分资料缺失时,应委托有资质的检测机构按有关标准进行相应的实体检验或抽样试验。

质量控制资料核查的具体内容按表12-1的要求进行。

表 12-1 单位工程质量控制资料核查记录

工程名称：　　　　　　　　　　施工单位：

序号	项目	资料名称	份数	施工单位		监理单位	
				核查意见	核查人	核查意见	核查人
1	建筑与结构	图纸会审记录、设计变更通知单、工程洽商记录、竣工图					
2		工程定位测量、放线记录					
3		原材料出厂合格证书及进场检验、试验报告					
4		施工试验报告及见证检测报告					
5		隐蔽工程验收记录					
6		施工记录					
7		预制构件、预拌混凝土合格证					
8		地基、基础、主体结构检验及抽样检测资料					
9		分项、分部工程质量验收记录					
10		工程质量事故调查处理资料					
11		新技术论证、备案及施工记录					
12							
1	给排水与采暖	图纸会审记录、设计变更通知单、工程洽商记录、竣工图					
2		原材料出厂合格证书及进场检验、试验报告					
3		管道、设备强度试验、严密性试验记录					
4		隐蔽工程验收记录					
5		系统清洗、灌水、通水、通球试验记录					
6		施工记录					
7		分项、分部工程质量验收记录					
8		新技术论证、备案及施工记录					
9							
1	建筑电气	图纸会审记录、设计变更通知单、工程洽商记录、竣工图					
2		原材料出厂合格证书及进场检验、试验报告					
3		设备调试记录					
4		接地、绝缘电阻测试记录					
5		隐蔽工程验收记录					

续表

序号	项目	资料名称	份数	施工单位 核查意见	施工单位 核查人	监理单位 核查意见	监理单位 核查人
6	建筑电气	施工记录					
7		分项、分部工程质量验收记录					
8		新技术论证、备案及施工记录					
9							
1	通风与空调	图纸会审记录、设计变更通知单、工程洽商记录、竣工图					
2		原材料出厂合格证书及进场检验、试验报告					
3		制冷、空调、水管道强度试验、严密性试验记录					
4		隐蔽工程验收记录					
5		制冷工程运行调试记录					
6		通风、空调系统调试记录					
7		施工记录					
8		分项、分部工程质量验收记录					
9		新技术论证、备案及施工记录					
10							
1	建筑节能	图纸会审记录、设计变更通知单、工程洽商记录、竣工图					
2		原材料出厂合格证书及进场检验、试验报告					
3		隐蔽工程验收记录					
4		施工记录					
5		接地、绝缘电阻测试记录					
6		负荷试验、安全装置检查记录					
7		分项、分部工程质量验收记录					
8		新技术论证、备案及施工记录					
9							
1	建筑智能化	图纸会审记录、设计变更通知单、工程洽商记录、竣工图、竣工图及设计说明					
2		原材料出厂合格证书及进场检验、试验报告					
3		隐蔽工程验收记录					
4		施工记录					

续表

序号	项目	资料名称	份数	施工单位		监理单位	
				核查意见	核查人	核查意见	核查人
5	建筑智能化	系统功能测定及设备调试记录					
6		系统技术、操作和维护手册					
7		系统管理、操作人员培训记录					
8		系统检测报告					
9		分项、分部工程质量验收记录					
10		新技术论证、备案及施工记录					
11							

结论：

施工单位项目负责人　　年　月　日　　　　　　总监理工程师
　　　　　　　　　　　　　　　　　　　　　（建设单位项目负责人）　　年　月　日

（3）单位工程所含分部工程有关安全、节能、环境保护和主要使用功能的检测资料应完整。

检查的内容按表12-2的要求进行。其中大部分项目在施工过程中或分部工程验收时已做了测试，但也有部分需单位工程完工后才能进行。在单位工程验收时对这部分检测资料进行检查，是对原有检测资料所做的一次延续性的补充、修改和完善。

表12-2　单位工程安全和功能的检测资料核查及主要功能抽查记录

工程名称：　　　　　　　　　施工单位：

序号	项目	安全和功能检查项目	份数	施工单位		监理单位	
				核查意见	核查人	核查意见	核查人
1	建筑与结构	地基承载力检验报告					
2		桩基承载力检验报告					
3		混凝土强度试验报告					
4		砂浆强度试验报告					
5		屋面淋雨试验记录					
6		地下室防水效果检查记录					
7		有防水要求的地面蓄水试验记录					
8		建筑物垂直度、标度、全高测量记录					
9		抽气（风）道检查记录					

续表

序号	项目	安全和功能检查项目	份数	施工单位 核查意见	施工单位 核查人	监理单位 核查意见	监理单位 核查人
10	建筑与结构	外窗气密性、水密性、耐风压检测报告					
11		幕墙及外窗气密性、水密性、耐风压检测报告					
12		建筑物沉降观测测量记录					
13		节能、保温测试记录					
14		室内环境检测报告					
15		土壤氡气浓度检测报告					
16							
1	给排水与采暖	给水管道通水试验记录					
2		暖气管道、散热器压力试验记录					
3		卫生器具满水试验记录					
4		消防管道、燃气管道压力试验记录					
5		排水干管通球试验记录					
6							
1	建筑电气	照明全负荷试验记录					
2		大型灯具牢固性试验记录					
3		避雷接地电阻测试记录					
4		线路、插座、开关接地检测记录					
5							
1	通风与空调	通风、空调系统运行记录					
2		风量、温度测试记录					
3		空气能量回收装置测试记录					
4		洁净室洁净度测试记录					
5		制冷机组试运行调试记录					
6							
1	建筑智能化	系统试运行记录					
2		系统电源及接地检测报告					
3							
1	建筑节能	外墙热工性能					
2		设备系统节能性能					
3							

结论：

施工单位项目负责人　　年　月　日

总监理工程师
(建设单位项目负责人)　　年　月　日

注：抽查项目由验收组协商确定。

（4）主要功能项目的抽查结果应符合相关专业质量验收规范的规定。

这项检查可选择在当地容易发生质量问题或施工单位质量控制比较薄弱的项目和部位进行抽查。

（5）观感质量应符合要求。

单位工程观感质量验收的检查内容见表 12-3。凡在工程上出现的项目，均应进行检查，并逐项填写"好""一般"或"差"的质量评价。

观感质量验收不单纯是对工程外表质量进行检查，同时也是对部分使用功能和使用安全所做的一次宏观检查。

表 12-3 单位工程观感质量检查记录

工程名称：　　　　　　　　　　　施工单位：

序号	项目		抽查质量状况	质量评价		
				好	一般	差
1	建筑与结构	主体结构外观	共检查　　点，其中合格　　点			
2		主体结构尺寸、位置	共检查　　点，其中合格　　点			
3		主体结构垂直度、标高	共检查　　点，其中合格　　点			
4		室外墙面	共检查　　点，其中合格　　点			
5		变形缝	共检查　　点，其中合格　　点			
6		水落管、屋面	共检查　　点，其中合格　　点			
7		室内墙面	共检查　　点，其中合格　　点			
8		室内顶棚	共检查　　点，其中合格　　点			
9		室内地面	共检查　　点，其中合格　　点			
10		楼梯、踏步、护栏	共检查　　点，其中合格　　点			
11		门窗	共检查　　点，其中合格　　点			
12		雨罩、台阶、坡道、散水	共检查　　点，其中合格　　点			
13						
1	给排水与采暖	管道接口、坡度、支架	共检查　　点，其中合格　　点			
2		卫生器具、支架、阀门	共检查　　点，其中合格　　点			
3		散热器、支架	共检查　　点，其中合格　　点			
4		检查口、扫除口、地漏	共检查　　点，其中合格　　点			
5						
1	建筑电气	配电箱、盘、板、接线盒	共检查　　点，其中合格　　点			
2		设备器具、开关、插座	共检查　　点，其中合格　　点			
3		防雷、接地、防火	共检查　　点，其中合格　　点			
4						

续表

序号	项目		抽查质量状况	质量评价		
				好	一般	差
1	通风与空调	风管、支架	共检查　点，其中合格　点			
2		风口、风阀	共检查　点，其中合格　点			
3		风机、空调设备	共检查　点，其中合格　点			
4		阀门、支架	共检查　点，其中合格　点			
5		水泵、冷却塔	共检查　点，其中合格　点			
6		绝热	共检查　点，其中合格　点			
7						
1	建筑智能化	机房设备安装及布局	共检查　点，其中合格　点			
2		现场设备安装	共检查　点，其中合格　点			
3						
	观感质量综合评价					
结论	施工单位项目负责人 　年　月　日			总监理工程师 　年　月　日		

注：1. 对质量评价为差的项目应进行返修。
　　2. 观感质量检查的原始记录应作为本表附件。

单位工程质量验收完成后，按表12-4要求填写工程质量验收记录。其中验收记录由施工单位填写，综合验收结论由参加验收各方共同商定，建设单位填写，并对工程质量是否符合设计和规范要求及总体质量水平作出评价。

表12-4　单位工程质量竣工验收记录

工程名称：　　　　　　　结构类型：　　　　　　　层数/建筑面积：
施工单位：　　　　　　　技术负责人：　　　　　　开工日期：
项目负责人：　　　　　　项目技术负责人：　　　　完工日期：

序号	项　目	验收记录	验收结论
1	分部工程验收	共　分部，经查　分部 符合标准及设计要求　分部	
2	质量控制资料核查	共　项，经审查符合要求　项 经核定符合规范要求	
3	安全和使用功能核查及抽查结果	共检查　项，符合要求　项 共抽查　项，符合要求　项 经返工处理符合要求　　项	

续表

序号	项　目	验收记录	验收结论
4	观感质量验收	共检查　项，符合要求　项 不符合要求　　项	
5	综合验收结论		

参加验收单位	建设单位	监理单位	施工单位	设计单位	勘察单位
	（公章） 项目负责人 年　月　日	（公章） 总监理工程师 年　月　日	（公章） 项目负责人 年　月　日	（公章） 项目负责人 年　月　日	（公章） 项目负责人 年　月　日

注：质量评价为差的项目，应进行返修。

12.2.2　工程项目质量不符合要求的处理规定

工程项目的质量验收是以检验批的施工质量为基本验收单元。检验批质量不合格可能是由于使用的材料不合格，或施工作业质量不合格，或质量控制资料不完整等原因所致，其处理方法有以下几种。

（1）经返工或返修的检验批，应重新进行验收。

（2）经有资质的检测机构检测鉴定能够达到设计要求的检验批，应予以验收。

（3）经有资质的检测机构检测鉴定达不到设计要求、但经原设计单位核算认可能够满足安全和使用功能的检验批，可予以验收。

（4）经返修或加固处理的分项、分部工程，满足安全及使用功能要求时，可按技术处理方案和协商文件的要求予以验收。

经返修或加固处理仍不能满足安全或使用要求的分部工程及单位工程，严禁验收。

12.3 工程项目竣工验收的条件及程序

12.3.1　工程项目竣工验收应具备的条件

1. 施工项目竣工验收应具备的条件

（1）完成建设工程设计和合同约定的各项内容。

（2）有完整的技术档案和施工管理资料。

（3）有工程使用的主要建筑材料、建筑构配件和设备的进场试验报告。

(4) 有勘察、设计、施工、监理等单位分别签署的质量合格文件。

(5) 工程达到窗明、地净、水通、灯亮，室内上下水、采暖通风、电气照明及线路安装敷设工程经试验达到设计与使用要求，与竣工验收项目相关的室外管线工程施工完毕并达到设计要求。

(6) 工业建筑设备安装工程（包括其中的土建工程）施工完毕，经调试、试运转达到设计与质量要求。

(7) 有施工单位签署的工程质量保修书。

(8) 建设行政主管部门及其委托的建设工程质量监督机构等有关部门要求整改的质量问题全部整改完毕。

2. 建设项目竣工验收应具备的条件

(1) 有完整的工程项目建设全过程竣工档案资料。

(2) 规划行政主管部门对工程是否符合规划要求进行了检查，并出具认可文件。

(3) 有公安消防、环保等部门出具的认可文件或准许使用文件。

(4) 建设单位已按合同约定支付了工程款，有工程款支付证明。

工程造价在150万元以下的、面积在 $1\,000\text{m}^2$ 的建筑工程，竣工验收条件可根据工程实际情况简化。

12.3.2 工程项目竣工验收的程序

1. 由施工单位做好竣工验收的准备

(1) 做好施工项目的收尾工作。

项目负责人要组织有关人员逐层、逐段、逐房间地进行查项，看有无丢项、漏项，一旦发现丢项、漏项，必须确定专人逐项解决并加强检查。

对已经全部完成的部位或查项后修补完成的部位，要组织清理，保护好成品，防止损坏和丢失。高标准装修的建筑工程（如高级宾馆等），每个房间的装修和设备安装一旦完毕，立即加封，乃至派专人按层段加以看管。

要有计划地拆除施工现场的各种临时设施、临时管线，清扫施工现场，组织清运垃圾和杂物。有步骤地组织材料、工具及各种物资回收退库、向其他施工现场转移和进行相应处理。

做好电气线路和各种管道的交工前检查，进行电气工程的全负荷试验和管道的打压试验。

(2) 组织工程技术人员绘制竣工图，清理和准备各项需向建设单位移交的工程档案资料，编制工程档案资料移交清单。

(3) 组织预算人员（为主）、生产、管理、技术、财务、劳资等管理人员编制竣工结算表。

(4) 准备工程竣工通知书、工程竣工报告、工程竣工验收证明书、工程保修证书。

（5）组织好工程自验，报请企业管理层进行竣工验收检查，对检查出的问题及时进行处理和修补。

（6）准备好工程质量评定的各项资料。

2. 工程项目竣工初验

单位工程中的分包工程完工后，分包单位应对所承包的工程项目进行自检，并应按标准规定的程序进行验收。验收时，总包单位应派人参加。分包单位应将所分包工程的质量控制资料整理完整后，移交给总包单位。

单位工程完工后，施工单位应组织有关人员进行自检。总监理工程师应组织各专业监理工程师对工程质量进行竣工预验收。存在施工质量问题时，应由施工单位及时整改。整改完毕后，由施工单位向建设单位提交工程竣工报告，申请工程竣工验收。

建设单位收到工程竣工报告后，应由建设单位项目负责人组织监理、施工、设计、勘察等单位项目负责人进行单位工程验收。

3. 工程项目竣工正式验收

1）竣工验收组织

建设单位负责工程项目竣工验收，质量监督机构对工程项目竣工验收实施监督。

当建设单位收到勘察、设计、施工、监理等质量合格证明，即《施工单位工程竣工质量验收报告》《勘察、设计单位工程竣工质量检查报告》《监理单位工程质量评估报告》，工程具备竣工验收条件后，组织成立竣工验收小组，制定验收方案，向质量监督机构提交《建设单位竣工验收通知单》，质量监督机构审查验收组成员资质、验收内容、竣工验收条件，合格后建设单位向建设工程质量监督机构申领《建设工程竣工验收备案表》及《建设工程竣工验收报告》，确定竣工验收时间。

2）竣工验收人员

检验批应由专业监理工程师组织施工单位项目专业质量检查员、专业工长等进行验收。分项工程应由专业监理工程师组织施工单位项目专业技术负责人等进行验收。分部工程应由总监理工程师组织施工单位项目负责人和项目技术、质量负责人等进行验收。

勘察、设计单位项目负责人和施工单位技术、质量部门负责人应参加地基与基础分部工程的验收。

设计单位项目负责人和施工单位技术、质量部门负责人应参加主体结构、节能分部工程的验收。

由建设单位负责组织竣工验收小组。竣工验收组组长由建设单位法人代表或其委托的负责人担任。成员由建设单位该项目负责人、现场管理人员及勘察、设计、施工、监理单位成员组成，也可邀请有关专家参加验收小组。验收组中土建及水电安装专业人员应配备齐全。

3）竣工验收的实施

（1）由竣工验收组组长主持竣工验收。

（2）建设、施工、勘察、设计、监理单位分别书面汇报工程项目建设质量状况、合同履约及执行国家法律、法规和工程建设强制性标准情况。

（3）验收内容分为三部分，分别验收。

① 实地查验工程实体质量情况。

② 检查施工单位提供的竣工验收档案资料。

③ 对建筑的使用功能进行抽查、试验。如水池盛水试验，通水、通电情况，接地电阻、漏电、跳闸测试等。

（4）对竣工验收情况进行汇总讨论，并听取质量监督机构对该工程质量监督情况。

（5）形成竣工验收意见，填写《单位工程质量竣工验收记录》中的综合验收结论，填写《建设工程竣工验收备案表》和《建设工程竣工验收报告》，验收小组人员分别签字，建设单位签章。

（6）当竣工验收过程中发现严重问题，达不到竣工验收标准时，验收小组应责成责任单位立即整改，并宣布本次竣工无效，重新确定时间组织竣工验收。

（7）当竣工验收过程中发现一般需整改的质量问题，验收小组可形成初步意见，填写有关表格，有关人员签字，但需整改完毕并经建设单位复查合格后，加盖建筑单位公章。

（8）在竣工验收时，对某些剩余工程和欠缺工程，在不影响交付使用的前提下，经建设单位、设计单位、施工单位和监理单位协商，施工单位应在竣工验收后的限定时间内完成。

（9）建设单位竣工验收结论必须明确是否符合国家质量标准，能否同意使用。

参加验收各方对工程质量验收意见不一致时，可请当地建设行政主管部门或工程质量监督机构协商处理。

4）《建设工程竣工验收备案表》和《建设工程竣工验收报告》的内容

《建设工程竣工验收备案表》的内容包括：工程名称，备案日期，竣工验收日期，工程质量监督机构名称，勘察、设计、施工、监理、建设单位竣工验收意见，工程竣工验收文件目录，备案意见，备案机关盖章。

《建设工程竣工验收报告》的内容包括：工程概况，建设单位执行基本建设程序情况，对勘察、设计、施工、监理等方面的评价，工程竣工验收时间、程序、内容和组织形式，验收小组人员签署的竣工验收意见等内容。

12.4 工程项目交付使用与档案移交

12.4.1 工程项目档案资料的主要内容

工程技术档案的内容包括建设项目报建及前期资料、施工指导性文件、施工过程中形成的资料、质量竣工验收资料、工程保修回访资料等几个方面。

1. 建设项目报建及前期资料

（1）立项、行政主管部门批准文件。
（2）可行性研究、方案论证材料。
（3）征用土地、拆迁、补偿等文件。
（4）初步设计及规划、消防、环保、劳动等部门审批文件。
（5）地质勘探资料。
（6）承发包合同、协议书、招投标文件。
（7）地下管线埋设的实际坐标、标高资料。

2. 施工指导性文件

（1）施工组织设计和施工方案。
（2）施工准备工作计划。
（3）施工作业计划。
（4）技术交底。

3. 施工过程中形成的资料

（1）开工报告。
（2）工程测量及定位记录。
（3）洽商记录。包括图纸会审记录、施工中的设计变更通知单、技术核定通知单、材料代用通知单等。
（4）建筑材料质保、试验记录、施工试验记录，包括各种成品、半成品的试验记录，各种半成品、构件的出厂证明书。
（5）地基处理、基础工程施工文件资料。
（6）水、电、气、暖等设备安装施工记录。
（7）隐蔽工程检查验收记录、预检复核记录、结构检查验收证明。
（8）工程质量事故处理报告及处理记录。
（9）沉降观测记录、垂直度观测记录。
（10）单位工程施工日志。
（11）分部分项工程质量评定记录及单位工程质量综合评价表。
（12）竣工报告。

4. 质量竣工验收资料

（1）建设工程竣工验收报告、建设工程竣工验收备案表、工程竣工质量验收记录。
（2）竣工决算及审核文件。
（3）竣工验收会议文件、会议决定。
（4）工程竣工质量验收记录、功能检验资料核查及主要功能抽查记录。
（5）工程建设总结。
（6）有关照片、录音、录像等。
（7）竣工图等。

12.4.2 竣工图的有关规定

竣工图是真实记录各种地下、地上建筑物等详细情况的技术文件，也是使用单位长期存在的技术资料，是工程项目竣工验收、投产交付使用的维修、改建、扩建的依据。按照现行规定绘制竣工图是竣工验收的条件之一，在竣工验收前不能完成的，应在验收时明确商定补交竣工图的期限内完成。竣工图的要求如下。

（1）当按设计图纸施工没有变动时，由施工单位在原施工图上加盖"竣工图"标志后，即作为竣工图。

（2）凡在施工中，虽有一般性设计变更，但能将原施工图加以修改、补充作为竣工图的，可以不重新绘制，由施工单位负责在原施工图（必须是蓝图）上注明修改部分，并附以设计变更通知单和施工说明，加盖"竣工图"标志后，即作为竣工图。

（3）凡结构形式改变、工艺改变、平面布置改变及有重大改变，不宜在原施工图上修改补充者，应重新绘制改变后的竣工图。因设计原因造成的，由设计单位负责重新绘图；因施工原因造成的，由施工单位负责重新绘图；由其他原因造成的由建设单位自行绘图或委托设计单位绘图，施工单位负责在新图上加盖"竣工图"标志后，并附以有关记录和说明即作为竣工图。重大的改建、扩建工程涉及原有项目变更时，应将相关项目的竣工图资料统一整理归档，并在原图案卷内增补必要的说明。

（4）各项基本建设工程，特别是基础、地下建筑物、管线及设备安装等隐蔽部位都要绘制竣工图。各种竣工图的绘制，在施工过程中就应着手准备，由现场技术人员负责，在施工时做好隐蔽工程检验记录，整理好设计变更文件，确保竣工图质量。

（5）竣工图一定要与实际情况相符，要保证图纸质量，做到规格统一、图面整洁、字迹清楚，不得用圆珠笔或其他易于褪色的墨水绘制，并要经过承担施工的技术负责人审核签认。竣工图的数量视其工程的重要程度而定，但至少具备一套，并将其移交生产（使用）单位保管。

12.4.3 工程档案资料的验收与移交

工程档案资料是在项目建设中，逐步积累起来的大量的文字、图纸资料，经过整理、编目形成的反映项目建设过程的全套资料。它是建设工程的永久性技术文件，是对施工项目进行质量复查，进行维修、改建、扩建的重要依据。因此必须充分重视并搞好工程档案资料的收集、整理和归档工作。凡列入工程项目档案的技术文件、资料必须经有关技术负责人正式审定。所有的资料文件都必须如实反映情况，不得擅自修改、伪造或事后补做。

工程竣工后，这些资料经过整理，移交给技术档案管理部门汇集、复印，立案存档。

12.4.4 工程保修与回访

为使工程项目在竣工验收后达到最佳使用条件和最长使用寿命，施工单位在工程移交时必须向建设单位提出建筑物使用要求,并在用户使用后,实行回访和保修制度。

工程质量保修和回访属于项目竣工后的管理工作。这时,项目部已经解体,一般由承包企业建立施工项目交工后的回访与保修制度,并责成企业的工程管理部门具体负责。

1. 工程质量保修

工程质量保修是指施工单位对房屋建筑工程竣工验收后,在保修期限内出现的质量不符合工程建设强制性标准以及合同的约定等质量缺陷,予以修复。通过保修可以听取和了解使用单位对工程施工质量的评价和改进意见,维护自己的信誉,提高企业的管理水平。

施工单位应当在保修期内,履行与建设单位约定的关于保修期限、保修范围和保修责任等义务。

1) 保修期限

在正常使用条件下,房屋建筑工程的保修期应从工程竣工验收合格之日起计算,根据《建设工程质量管理条例》第40条规定,建设工程的最低保修期限如下。

(1) 基础设施工程、房屋建筑的地基基础工程和主体结构工程,为设计文件规定的该工程的合理使用年限。

(2) 屋面防水工程、有防水要求的卫生间、房间和外墙面的防渗漏为5年。

(3) 建筑物的供热及供冷系统为2个采暖期及供冷期。

(4) 电气管线、给排水管道、设备安装和装修工程为2年。

(5) 住宅小区内的给排水设施、道路等配套工程及其他项目的保修期限由建设单位和施工单位约定;建设工程的保修期,自验收合格之日起计算。

2) 保修范围及其经济责任

(1) 保修范围。

保修范围应在《工程质量保修书》中具体规定。根据《房屋建筑工程质量保修书(示范文本)》的要求,工程质量保修范围是"地基基础工程,主体结构工程,屋面防水工程、有防水要求的卫生间、房间和外墙面的防渗漏,供热与供冷系统,电气管线、给排水管道、设备安装和装修工程以及双方约定的其他项目"。保修书中具体商定保修的内容。总之,工程的各部位都应实行保修,具体内容应是由于施工单位的责任或者施工质量造成的问题,就过去已发生的情况分析,一般包括以下几方面。

① 屋面、地下水、外墙、阳台、厕所、浴室、厨房以及厕浴间等处渗水、漏水者。

② 各种通水管道(包括自来水、热水、污水、雨水等)漏水者,各种气体管道漏气以及通气孔和烟道不通者。

③ 水泥地面有较大面积的空鼓、裂缝或起砂者。

④ 内墙抹灰有较大面积起泡,乃至空鼓脱落或墙面浆活起碱脱皮者,外墙粉刷自动脱落者。

⑤ 暖气管线安装不良,局部不热,管线接口处及卫生器具接口处不严而造成漏水者。

⑥ 其他由于施工不良而造成的无法使用或使用功能不能正常发挥的工程部位。

凡是由于用户使用不当而造成建筑功能不良或损坏者,不属于保修范围;凡属工业产品项目发生问题,也不属于保修范围。以上两种情况应由建设单位自行组织修理。

(2) 维修的经济责任处理。

对各种类型的建筑工程及其各个部位，施工单位应按照有关规定履行保修义务。维修的经济责任的具体规定如下。

① 施工单位未按国家有关规范、标准和设计要求施工造成的质量缺陷，由施工单位负责返修并承担经济责任。

② 因建筑材料、构配件和设备质量不合格引起的缺陷，属于施工单位采购的或经其验收同意的，由施工单位承担经济责任；属于建设单位采购的，由建设单位承担经济责任。

③ 因设计单位造成的质量缺陷，由设计单位承担经济责任。由施工单位负责维修，其费用按有关规定通过建设单位向设计单位索赔，不足部分由建设单位负责。

④ 因使用单位使用不当造成的质量缺陷，由使用单位自行负责。

⑤ 因地震、洪水、台风等不可抗拒原因造成的质量问题，施工单位、设计单位不承担经济责任。

(3) 保修方法。

① 发送保修证书(房屋保修卡)。在工程竣工验收的同时(最迟不应超过3天到一周)，由施工单位向建设单位发送《建筑安装工程保修证书》。保修证书目前在国内没有统一的格式或规定，应由施工单位拟定并印制。保修证书一般的主要内容包括：工程概况、房屋使用管理要求；保修范围、保修内容、保修时间、保修说明、保修情况记录。此外，保修证书还应附有保修单位(施工单位)的名称、详细地址、联系接待部门(如科、室)和联系人，以便于建设单位联系。

② 检查和修理。在保修期内，建设单位或用户发现房屋的使用功能不良，又是由于施工单位质量而影响使用者，可以口头或书面方式通知施工单位的有关保修部门，说明情况，要求派人前往检查修理。施工单位自接到保修通知书之日起，必须在两周内到达现场，与建设单位明确责任，商议返修内容。属于施工单位责任的，如施工单位未能按期到达现场，建设单位有权自行返修，所发生的费用由原施工单位承担。不属于施工单位责任的，建设单位应与施工单位联系，商议维修的具体期限。

③ 验收。在发生问题的部位或项目修理完毕后，要在保修书的"保修记录"栏内做好记录，并经建设单位验收签字，以表示修理工作完结。

2. 工程回访

工程回访一般由施工单位的领导组织生产、技术、质量等有关方面的人员参加。回访时，查看建筑物和设备的运转情况，并应作出回访记录。

1) 回访的方式

回访的方式一般有3种。

① 季节性回访。大多是雨季回访屋面、墙面的防水情况，冬季回访锅炉房及采暖系统运行情况，发现问题及时解决和返修。

② 技术性回访。主要了解在工程施工过程中所采用的新材料、新技术、新工艺、新设备等的技术性能和使用后的效果，发现问题及时补救和解决，同时也便于总结经验，获

取科学依据,并为不断改进、完善与进一步推广创造条件。

③ 保修期结束前的回访。这种回访一般是在保修期即将结束前进行回访。

2) 回访的方法

应由施工单位的领导组织生产、技术、质量、水电(也可以包括合同、预算)等有关方面的人员进行回访,必要时还可以邀请科研方面的人员参加。回访时,由建设单位组织座谈会或意见听取会,并查看建筑物和设备的运转情况等。回访必须认真,必须解决问题,并应做出回访记录,必要时应写出回访纪要。

12.5 工程项目总结与综合评价

12.5.1 工程项目经验总结

工程项目经验总结主要包括以下内容。

1. 工程技术经验总结

主要总结工程项目所采用的新技术、新材料、新工艺等方面的情况,以及为保证施工项目质量和降低施工项目成本所采取的技术组织措施情况。

2. 工程经济经验总结

通过计算工程项目各项经济指标,与同类工程进行比较,从而总结其经验教训。此项经验总结的内容主要包括:工程项目承包合同履行情况、工程造价、成本降低率、全员劳动生产率、设备完好率和利用率,以及工程质量和施工安全状况。

3. 管理经验总结

主要总结工程项目在管理方面所采取的措施和不足。其中包括项目的目标管理、施工管理、内业管理等方面,为今后的工程项目实施总结经验。

在认真总结的基础上,写出文字材料。总结应实事求是,简明扼要,用数据、事实说话,力求系统地、概括地全面总结出本工程项目实施过程中较有价值的成功经验和失败的教训,以利于后续工程项目中加以借鉴。

12.5.2 工程项目综合评价

随着改革开放的深入发展,社会需求的不断变化,过去对工程项目以质量为主要目标的单一评价方法往往不能适应形势的要求,也不符合实际情况。这就要求对工程项目进行全面考核、综合评价。

一般工程项目可用 10 项指标对其进行综合评价。

1. 工期

工程工期是从工程开工到竣工验收的全部时间。工期的考核评价应以国家规定的工期定额为标准,以合同工期为依据。随着建设投资主体的多元化,合理地缩短建设工期的意义更为重要。虽然缩短工期要耗用赶工费,但是由于合理地缩短工期,使工程项目早日建成投产,产出的效益更大。具体指标可用工程项目定额工期率来表示。它反映了工程项目实际工期与国家统一制定的定额工期或与确定的计划工期的偏离程度。工程项目定额工期率计算公式为

$$\text{工程项目定额工期率} = \frac{\text{工程项目实际工期} - \text{定额工期}}{\text{工程项目定额(计划)工期}} \times 100\% \qquad (12.1)$$

2. 质量

工程项目质量是指建筑安装工程产品的优劣程度,是衡量工程项目生产、技术和管理水平高低的重要标志。提高工程项目质量,不但可以降低工程的返修率,延长其使用寿命,而且还可以为企业节省资金。因此,不断提高产品质量,保证生产出优良的建筑产品是至关重要的。具体可用实际工程合格率来表示。实际工程合格率的计算公式为

$$\text{实际工程合格率} = \frac{\text{实际单位工程(一次)合格品数量}}{\text{竣工验收的单位工程总数}} \times 100\% \qquad (12.2)$$

3. 利润水平

利润是施工企业在某工程项目上,收入大于支出的差额部分,也是工程项目管理质量的一项综合型经济指标。所以,利润可以从资金价值上很好地反映工程项目的效果。可用产值利润率、实际建设成本变化率、实际投资利润反映被评价对象的利润水平。产值利润率的计算公式为

$$\text{产值利润率} = \frac{\text{工程项目实现的利润总额}}{\text{工程项目完成的总产值}} \times 100\% \qquad (12.3)$$

4. 施工均衡度

施工均衡度是衡量建筑安装工程施工是否连续、均衡、紧凑的指标。工程项目在实施过程中,应合理地安排施工进度计划,以避免或尽量减少过程中的人员窝工和机械闲置。施工均衡度的计算公式为

$$\text{施工均衡度} = \frac{\text{建设期内施工高峰人数}}{\text{建设期内施工平均人数}} \times 100\% \qquad (12.4)$$

5. 机械效率

机械效率是反映机械利用率和完好率的指标。机械化施工可以使人们从繁重的体力劳动中解放出来,加快工程进度,提高质量,降低成本。机械效率的计算公式为

$$\text{机械效率} = \frac{\text{建设期内机械实际作业台班数}}{\text{建设期机械定额台班数}} \qquad (12.5)$$

6. 劳动生产率

劳动生产率是指投入工程项目的每名员工,在一定时期内完成的产值,即工作量。它

反映了劳动者劳动的熟练程度、企业的科学和技术发展水平及其在工艺上的应用程度、生产组织和劳动组织、生产资料的规模效能及自然条件等。劳动生产率的计算公式为

$$劳动生产率 = \frac{建设期内自行完成的建筑安装总工作量}{年平均人数} \qquad (12.6)$$

7. 实物消耗节约率

实物消耗节约率即为实物消耗量的节约程度。一般主要考虑主要材料的节约率。实物消耗节约率的计算公式为

$$实际能源节约率 = \frac{预算定额物耗率 - 实际物耗率}{预算定额物耗率} \times 100\% \qquad (12.7)$$

8. 能量消耗

一个工程项目的能源消耗主要有电、燃油、煤、水等。在保证能源供应的条件下,应采取一系列技术措施,节约能耗。

9. 管理现代化水平

管理现代化水平反映了员工和领导者的自身素质和水平,企业和项目管理方法、手段和工作效率等。管理现代化水平的定量计算可采用专家打分与权重乘积后求和的方法。

10. 伤亡强度

伤亡强度表示每单位劳动量因伤亡事故而损失的劳动量,反映了施工期间发生伤亡事故而造成的损失程度。伤亡强度的计算公式为

$$伤亡强度 = \frac{建设期内因伤亡事故而损失的劳动量}{建设期内总劳动量} \times 100\% \qquad (12.8)$$

工程项目以施工效果为总目标,以工期、质量、利润水平为重要指标,以其中的 7 项指标为基本指标进行综合评价,全面提高施工企业适应市场的能力,提高企业技术和管理水平。

工程项目的综合评价涉及的因素很多,随着工程项目各异,评价指标也略有不同,但都是以各种指标进行综合评价的,其每类指标的权重可由专家结合实际情况给出。

本 章 小 结

本章首先介绍了工程项目竣工与竣工验收的概念,竣工验收的依据和作用,然后介绍了对工程项目质量不符合规定要求的处理规定,工程项目竣工验应具备的条件和程序,又介绍了竣工图的有关规定与工程保修和回访,最后介绍了工程项目的总结与评价指标。本章内容重点是要掌握在建设工程项目中竣工验收所需的有关要求,要严格执行。

习 题

一、思考题

1. 简述当工程项目质量不符合要求时应如何处理。
2. 简述工程项目竣工验收应具备哪些条件。
3. 简述竣工图的有关规定。
4. 简述国家对工程项目保修期的规定。

二、单项选择题

1. 根据《建筑工程施工质量验收统一标准》(GB 50300—2013)，对于通过返修可以解决质量缺陷的检验批，应（　　）。
   A. 按验收程序重新进行验收　　　　B. 按技术处理方案和协商文件进行验收
   C. 经检测单位检测鉴定后予以验收　D. 经设计单位复核后予以验收
2. 单位工程的竣工预验收由（　　）组织。
   A. 施工单位技术负责人　　　　　　B. 建设单位技术负责人
   C. 总监理工程师　　　　　　　　　D. 施工项目技术负责人
3. 根据我国相关文件的规定，施工质量验收的基本单元是（　　）。
   A. 分项工程　　　　　　　　　　　B. 检验批
   C. 检验批和分项工程　　　　　　　D. 分部工程

三、多项选择题

1. 分项工程质量验收合格的规定有（　　）。
   A. 所含的检验批均应符合合格的质量规定
   B. 质量验收记录应完整
   C. 质量控制资料应完整
   D. 观感质量应符合要求
   E. 主要功能项目应符合相关规定
2. 施工项目竣工验收应具备的条件有（　　）。
   A. 完成建设工程设计和合同约定的各项内容
   B. 有完整的技术档案和施工管理资料
   C. 有施工单位签署的工程保修书
   D. 有勘察、设计、施工、工程监理等单位分别签署的质量合格文件
   E. 有质量监督机构的审核意见

附录

部分章节习题答案

第1章 绪论

二、1. C 2. A 3. B 4. A

三、1. CD 2. ABCD

第2章 工程经济分析要素

二、1. B 2. C 3. A 4. A 5. A

三、1. ABCDE 2. ABDE 3. ABC

第3章 工程项目经济评价

二、1. B 2. C 3. A 4. C 5. B 6. B

三、1. ADE 2. ABE 3. BCDE 4. BCE 5. BDE 6. ACE

四、1. 答：设该企业可接受的国库券最低出售价格是 P

$100\times(1+3\times10\%)=(1+2\times12\%)P$

$P=104.84$(元)

2. 答：(1) 还款总额：$2\times5+10\times10\%+8\times10\%+6\times10\%+4\times10\%+2\times10\%=10+3=13$

现值：$2\times(P/A,10\%,5)+10\times10\%(P/F,10\%,1)+8\times10\%(P/F,10\%,2)+6\times10\%(P/F,10\%,3)+4\times10\%(P/F,10\%,4)+2\times10\%(P/F,10\%,5)=10$

(2) 还款总额：$10+10\times 10\%\times 5=15$

现值：$10\times 10\%\times(P/A,10\%,5)+10\times(P/F,10\%,5)=1\times 3.791+10\times 0.620\ 9=10$

(3) 还款总额：$10\times(A/P,10\%,5)\times 5=10\times 0.263\ 80\times 5=13.20$

现值：$10\times(A/P,10\%,5)\times(P/A,10\%,5)=10\times 0.263\ 80\times 3.791=10$

(4) 还款总额：$10\times(F/P,10\%,5)=10\times 1.611=16.1$

现值：$10\times(F/P,10\%,5)\times(P/F,10\%,5)=10\times 1.611\times 0.620\ 9=10$

3. 答：实际利率 $i=(1+12\%/12)^{12}-1=12.68\%$

应归还本利和：$20\times(1+12.68\%)^3=20\times 1.430\ 8=28.62$（万元）

4. 解：(1) 求静态投资回收期（附表1）。

附表1　静态投资回收期计算表　　　　　　　　　　　单位：万元

年　末	1	2	3	4	5	6	7	8	9	10
净现金流量	−15 000	−2 500	−2 500	4 000	4 000	4 000	4 000	5 000	6 000	7 000
累计净现金流量	−15 000	−17 500	−20 000	−16 000	−12 000	−8 000	−4 000	1 000	7 000	14 000

$$P_t=8-1+\frac{|-4\ 000|}{5\ 000}=7.8(年)$$

(2) 求动态投资回收期（附表2）。

附表2　动态投资回收期计算表　　　　　　　　　　　单位：万元

年　末	1	2	3	4	5	6	7	8	9	10
净现金流量	−15 000	−2 500	−2 500	4 000	4 000	4 000	4 000	5 000	6 000	7 000
8%折现系数	0.925 9	0.857 3	0.793 8	0.735 0	0.680 6	0.630 2	0.583 5	0.540 3	0.500 2	0.463 2
净现金流量折现值	−13 889	−2 143	−1 985	2 940	2 722	2 521	2 334	2 702	3 001	3 242
累计净现金流量折现值	−13 889	−16 032	−18 017	−15 077	−12 355	−9 834	−7 500	−4 798	−1 797	1 445

$$P'_t=10-1+\frac{|-1\ 797|}{3\ 242}=9.6(年)$$

(3) 求净现值。

$NPV=-15\ 000(P/F,8\%,1)-2\ 500(P/F,8\%,2)-2\ 500(P/F,8\%,3)+$
$\quad 4\ 000(P/A,8\%,4)(P/F,8\%,3)+5\ 000(P/F,8\%,8)+6\ 000(P/F,8\%,9)+7\ 000(P/F,8\%,10)$
$\quad =1\ 445.47(万元)$

(4) 求内部收益率。

$i_1=8\%$，$NPV_1=1\ 445.47$ 万元

$i_2=10\%$，$NPV_2=-478.57$ 万元

$$IRR=8\%+\frac{1\ 445.47}{1\ 445.45+|-478.57|}\times(10\%-8\%)=9.50\%$$

5. 解：$i_1=34\%$，$NPV_1=5.08$ 万元

$i_2=36\%$,$NPV_2=-2.22$ 万元

$$IRR=34\%+\frac{5.08}{5.08+|-2.22|}\times(36\%-34\%)=35.39\%$$

6. 解:$NPV=-1\,000-2\,000(P/F,12\%,1)-1\,500(P/F,12\%,2)+1\,450(P/A,12\%,8)(P/F,12\%,2)=1\,760.65$(万元)

由于净现值 $NPV>0$,该项目可行。

7. 方案 A 和 0 方案比较:

$-1\,500+(1\,150-650)(P/A,\Delta IRR_{A-0},10)=0$,$\Delta IRR_{A-0}=31.1\%$

由于 $\Delta IRR_{A-0}=31.1\%>15\%$,方案 A 优于 0 方案

方案 A 和方案 B 比较:

$-(2\,300-1\,500)+(650-500)(P/A,\Delta IRR_{A-B},10)=0$,$\Delta IRR_{A-B}=13.43\%$

由于 $\Delta IRR_{A-B}=13.43\%<15\%$

方案 A 优于方案 B。

8. 解:

$NPV_A=-10\,000-10\,000(P/F,15\%,5)+4\,500(P/A,15\%,10)+$
$\qquad 1\,000(P/F,15\%,5)+1\,000(P/F,15\%,10)$
$\qquad =8\,357$(元)

$NPV_B=-30\,000+10\,000(P/A,15\%,10)$
$\qquad =20\,188$(元)

$NPV_A=8\,357$ 元 $<NPV_B=20\,188$ 元,选择 B 设备的经济效益较好。

$NAV_A=-10\,000(A/P,15\%,5)+4\,500+1\,000(A/F,15\%,5)$
$\qquad =1\,665$(元)

$NAV_B=-30\,000(A/P,15\%,10)+10\,000$
$\qquad =4\,021$(元)

$NAV_A=1\,665$ 元 $<NAV_B=4\,021$ 元,选择 B 设备的经济效益较好。

9. 解:

$$PC_1=35+\frac{0.2}{5\%}=39(\text{万元})$$

$$PC_2=20+\frac{1\times(A/F,5\%,3)+4\times(A/F,5\%,12)+10\times(A/F,5\%,36)}{5\%}$$

$\qquad =33.45$(万元)

由于 $PC_1>PC_2$,选用方案 2 较经济。

10. 有关方案组合及净现值计算见附表 3。

附表 3 方案组合及净现值   单位:万元

组合号	A B C	投 资	年净收益(0~10 年)	NPV
1	0 0 0	0	0	0
2	1 0 0	200	42	58

续表

组合号	A B C	投 资	年净收益(0～10年)	NPV
3	0 1 0	375	68	43
4	0 0 1	400	75	61
5	1 1 0	575	110	101
6	1 0 1	600	117	119
7	0 1 1	775	143	104
8	1 1 1	975	投资超限	

投资限额为 800 万元时，最优结合为 A、C 方案，其年净现值总额为 119 万元。

第 4 章 不确定性分析

二、1. D 2. C 3. D

三、1. CDE 2. ABCE

四、1. 解：单位产品的销售价为(55－0.003 5Q)；单位产品的变动成本为(25－0.001Q)。

(1) 求盈亏平衡点时的产量 Q_1 和 Q_2。

$TC=60\ 000+(25-0.001Q)Q=60\ 000+25Q-0.001Q^2$

$TR=55Q-0.003\ 5Q^2$

根据盈亏平衡原理，$TR=TC$，即 $60\ 000+25Q-0.001Q^2=55Q-0.003\ 5Q^2$

求解得：$Q_1=2\ 536$(件)，$Q_2=9\ 464$(件)

(2) 求最大利润时的产量 Q_{max}。

由 $TR-TC=-0.002\ 5Q^2+30Q-60\ 000$

将上式求导得零，即 $-0.005Q+30=0$，得 $Q_{max}=30/0.005=6\ 000$(件)

2. 解：各方案总成本为产量的函数，分别为

$CA=800+10Q$；$CB=500+12Q$；$CC=300+15Q$。

有 $CB=CC$，即

$500+12QI=300+15QI$

解得 $QI=66.7$(万件)

有 $CB=CA$，即

$500+12QJ=800+10QJ$

解得 $QJ=150$(万件)

若市场预测该项目产品的销售量小于 66.7 万件时，应选择 C 方案；大于 150 万件时，应选择 A 方案；在 66.7 万件与 150 万件之间时，应选择 B 方案。

3. 略

第 5 章 工程项目财务评价

二、1. B 2. D 3. D

三、CD

四、略

第6章 工程项目管理组织

二、1. A 2. B 3. D

三、1. ABE 2. ABDE

第7章 网络计划

二、1. A 2. D 3. C

三、1. ABCD 2. ABCD

四、1. 解：采用六时标注法的结果如附图1所示。

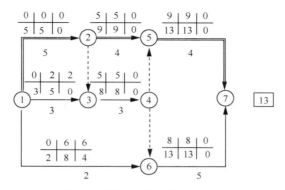

附图1 某工程的双代号网络图

2. 由题中条件可计算出总工期为14天，双代号网络图见附图2（双箭线所示即为关键线路）。

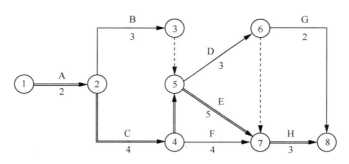

附图2 某工程双代号网络图

第8章 工程项目进度控制

二、1. B 2. B 3. C

三、1. ACE 2. ADE

四、1. 解：$K=2$，$b_1=3$，$b_2=1$，$b_3=2$，$n_1=3+1+2=6$，$m=6$

$T=(6+6-1)\times2=22$(天)

2. 解：$K_{1-2}=7$，$K_{2-3}=2$，$K_{3-4}=5$；

$T=7+2+5+4+2+2+3=25$(天)

第9章　工程项目成本控制

二、1. B　2. D　3. D

三、1. ABCE　2. BC

四、解：(1) 计算各项因素增减和累计增减率，见附表4。

附表4　某分项工程材料成本统计数据表

项　　目	单　　位	计　　划	实　　际	增　　减	增减率/(%)
工程量	m³	200	210	+10	+5
单位材料耗量	kg	340	320	−20	5.9
材料单价	元/kg	40	44	+4	+10
材料成本	元	2 720 000	2 956 800	+236 800	+8.7

(2) 因素差异分析。

第一次替代，由于工程量增加造成的成本变化：

$(210-200)\times340\times40=136\ 000$(元)

第二次替代，由于单位材料消耗量减少造成的成本变化：

$210\times(320-340)\times40=-168\ 000$(元)

第三次替代，由于材料单价提高造成的成本变化：

$210\times320\times(44-40)=268\ 800$(元)

综合成本差异为：$136\ 000-168\ 000+268\ 800=236\ 800$(元)

第10章　工程项目质量控制

二、1. C　2. C　3. C　4. D

三、ACDE

第11章　工程项目安全与环境管理

二、1. B　2. A　3. C

三、1. ABCE　2. ACE

第12章　工程项目竣工验收

二、1. A　2. C　3. C

三、1. AB　2. ABCD

主要参考文献

[1] 国家发展和改革委员会,建设部. 建设项目经济评价方法与参数[M]. 3版. 北京:中国计划出版社,2006.
[2] 建设部标准定额研究所. 建设项目经济评价案例[M]. 北京:中国计划出版社,2006.
[3] 肖跃军,等. 工程经济学[M]. 北京:高等教育出版社,2009.
[4] 全国造价工程师执业资格考试培训教材编审组. 工程造价计价与控制[M]. 北京:中国计划出版社,2009.
[5] 傅家冀,仝允桓. 工业技术经济学[M]. 3版. 北京:清华大学出版社,1996.
[6] 都沁军. 工程经济学[M]. 北京:北京大学出版社,2012.
[7] 杨克磊. 工程经济学[M]. 上海:复旦大学出版社,2010.
[8] 齐宝库. 工程项目管理[M]. 4版. 大连:大连理工大学出版社,2007.
[9] 全国一级建造师执业资格考试用书编写委员会. 建设工程项目管理[M]. 3版. 北京:中国建筑工业出版社,2011.
[10] 丛培经. 工程项目管理[M]. 4版. 北京:中国建筑工业出版社,2011.
[11] 顾慰慈. 工程项目职业健康安全与环境管理[M]. 北京:中国建筑工业出版社,2007.
[12] 李明安,邓铁军,杨卫东. 工程项目管理理论与实务[M]. 长沙:湖南大学出版社,2012.
[13] 戚安邦. 项目管理学[M]. 天津:南开大学出版社,2007.
[14] 白思俊. 现代项目管理概论[M]. 北京:电子工业出版社,2006.
[15] 丁士昭. 工程项目管理[M]. 北京:中国建筑工业出版社,2006.
[16] 田金信. 建设项目管理[M]. 北京:高等教育出版社,2002.